초연결사회의 탄생
모든 것은 어떻게 연결되었나

초연결사회의 탄생
모든 것은 어떻게 연결되었나

지은이 김정섭
펴낸이 박찬규 | **엮은이** 이대엽 | **디자인** 북누리 | **표지디자인** Arowa & Arowana

펴낸곳 위키미디어 | **전화** 031-955-3658, 3659 | **팩스** 031-955-3660
주소 경기도 파주시 문발로 115, 311호 (파주출판도시, 세종출판벤처타운)

가격 18,000 | **페이지** 440 | **책규격** 152 × 210

초판 발행 2019년 05월 09일
ISBN 979-11-89989-00-2 (03500)

등록번호 제406-2006-000040호 | **등록일자** 2010년 04월 22일
홈페이지 wikibook.co.kr | **전자우편** wikibook@wikibook.co.kr

Copyright © 2019 by 김정섭
All rights reserved.
Korean translation rights © 2019 by WIKIMEDIA

이 책의 한국어판 저작권은 저작권자와 독점 계약으로 위키북스가 소유합니다.
신저작권법에 의해 한국 내에서 보호를 받는 저작물이므로 무단 전재와 복제를 금합니다.
이 책의 내용에 대한 추가 지원과 문의는 위키북스 출판사 홈페이지 wikibook.co.kr이나
이메일 wikibook@wikibook.co.kr을 이용해 주세요.

이 도서의 국립중앙도서관 출판시도서목록 CIP는
서지정보유통지원시스템 홈페이지(http://seoji.nl.go.kr)와
국가자료공동목록시스템(http://www.nl.go.kr/kolisnet)에서 이용하실 수 있습니다.
CIP제어번호 CIP2019013294

초연결사회의 탄생
모든 것은 어떻게 연결되었나

| 김정섭 지음 |

위키미디어

서문

직장 생활을 시작한 지 20년째 되던 어느 날, 필자는 지인과 미래에 대해 이야기를 나누고 있었다. 필자는 앞으로 무엇을 하면 좋을지 그에게 의견을 물었다. 그는 다음과 같이 답했다. "그동안 커넥티비티(connectivity)를 해왔으니, 계속해야죠." 종종 타인이 나보다 나에 대해 더 잘 알고 있는 경우가 있다. 혹은 타인이 나 자신을 돌아보게 만드는 경우도 있다. 이 책은 지인의 조언에 따른 결과물이다.

커넥티비티는 자동차의 내외부 연결을 총칭하는 데 주로 사용되는 용어다. 그동안 스마트폰, 스마트 TV, 스마트 홈처럼 연결기술이 중요한 역할을 하는 제품들은 많았지만, 자동차처럼 다양한 연결 기술이 동시에 적용된 사례는 없었다. 자동차는 유선 연결, 무선 연결, 저속 연결, 고속 연결, 5G에 이르는 각종 연결 기술의 각축장이다. 초연결사회의 대표 아이콘이라고 할 수 있다.

초연결사회는 단일한 기술로 이뤄진 것이 아니다. 다양한 기술들이 오랜 기간 동안 서로 접목되며 초연결사회를 만들어 가고 있는 중이다. 하지만 그 많은 기술들을 개별적으로, 그리고 단편적으로 살펴보는 것은 쉽지 않다. 이 책에서는 개별 기술에 대한 설명을 피하고, 여러 기술을 한꺼번에 바라볼 수 있는 관점을 제시하고자 했다.

이 책은 네 부분으로 나뉘어 있다. 1부에서는 초연결사회의 탄생 과정을 다룬다. 셀룰러 이동통신, 인공위성, 인터넷, 그리고 반도체의 탄생과 발전사를 통해 초연결사회가 만들어지는 과정을 살펴본다. 기술 자체에 대한 이야기는 상대적으로 적고, 기술의 발명을 둘러싼 인물들과 사건들에 대한 이야기가 중심을 이룬다. 2부에서는 초연결사회를 구성하는 기술들을 고속화, 계층화, 통합화의 관점에서 살펴본다. 3부에서는 부품의 연결에서 제품의 연결, 네트워크의 연결에 이르기까지의 시야를 순차적으로 확장해가며 다양한 통신 기술의 동작 방식을 살펴본다. 마지막 4부에서는 전체를 아우르는 연결 및 데이터의 흐름과 초연결사회의 미래 모습을 들여다본다. 애플리케이션과 서비스를 구성하는 기술의 동작 방식을 살펴보고, 사람과 기기, 기기와 기기 간의 새로운 연결을 통해 펼쳐질 새로운 세상을 그려본다.

주제가 '연결'인 만큼, 이 책에서는 연결에 관한 다양한 기술이 등장한다. 연결 자체를 위한 기술도 있지만, 연결의 대상이 되는 기술도 있다. 이들을 쉽게 설명하려고 노력했으나 필자의 한계로 오로지 독자의 이해만 바라고 있는 내용들이 있을 수 있다. 혹시라도 이 책의 내용 중 부연 설명이 필요한 부분이 있다면, 필자에게 요청해 주기 바란다.

얼마 후면 "어벤져스 4: 엔드게임"이 개봉한다. 판타지 영화를 별로 좋아하지는 않지만, 마블 영화는 과학이라는 표피를 두르고 유머 코드가 적당히 들어 있기 때문에 딱 필자의 취향이다. 그래서 마블 스튜디오의 영화들을 즐겨 본다. 게다가 영화의 소재가 서로 연결돼 있기도 하다. 연결이라는 주제에 천착하고 있는 필자는 갑절의 감동과 재미를 느낀다. 그러한 이유로 이 책의 에피소드에 등장하는 인물들의 이름은 모두 마블 영화의 캐릭터에서 빌려왔다. 연결된 세계관을 만든 마블 스튜디오를 향한 필자의 소박한 오마주다. 한글 이름이 아닌 영어 이름을 사용한 것에 대해 독자 여러분의 양해를 구한다.

마지막으로 감사의 인사를 전해야 할 분들이 많다. 20년 가까운 시간 동안 제품과 기술 개발을 하면서 필자는 회사 안팎의 많은 분들께 가르침을 받았고, 영감을 얻었다. 가장 큰 영향을 주신 분이 이 책의 추천사를 써주신 민병훈 사장님이며, 이 자리를 빌려 존경과 감사를 드린다. 그리고 지금도 주변에는 묵묵히 신기술 개발을 위해 헌신하는 분들이 많다. 이 분들이 초연결사회를 탄생시킨 숨은 주역들이다. 따라서 이 책은 그분들께 바쳐지는 것이 마땅하다.

초연결사회의 탄생 ──── 서문 / 추천사

이 책의 출간을 허락해 주시고, 구성에 대해 조언해 주신 박찬규 대표님께 감사드리며, 교정을 해주신 이대엽 님께 감사드린다. 무엇보다 이 책이 나오기까지 딸 재연이의 도움이 컸다. 철자 하나하나까지 꼼꼼하게 봐준 덕분에 덤벙거리는 필자의 글이 가지런한 모습을 갖게 됐다. 책을 쓴다는 구실로 항상 컴퓨터에만 빠져 있어도, 늘 기다려주고 배려해준 아내에게 사랑과 감사를 전한다.

디즈니 애니메이션 '라이언 킹'의 한 대사로 마무리하고자 한다.

"We are all connected in the great Circle of Life."

추천사

PC통신, 인터넷, 휴대폰 등이 보편화되기 시작하면서 일반인에게도 네트워크라는 용어가 낯설지 않게 됐다.

예전 같으면 엔지니어에게나 관심이 있을 법한 기술 영역인데 상상 이상으로 발전, 진화하는 기술과 비즈니스 모델, 콘텐츠 속에서 이제 일반인도 네트워크나 기술 용어를 대화 속에서 심심치 않게 사용하고 있는 현실이다.

LG전자에서 커넥티비티(Connectivity) 전문가로 기술과 제품을 함께 연구개발했던 듬직한 후배 김정섭 책임연구원의 경험과 생각이 녹아있는 《초연결사회의 탄생》에서는 사회적인 요구에 맞춰 기술과 제품이 어떻게 발전해 왔는지를 흥미진진하게 설명한다.

최적조건에 부합하지 못해 꽃피우지 못하고 사장돼 버린 기술과 제품을 들여다보면서 엔지니어들은 어떤 관점으로 연구를 진행하고 제품이나 서비스를 어떻게 기획해야 할지를 다시 한번 R&D가 아닌 R&BD 관점에서 되짚어보는 계기가 됐으면 좋겠다.

네트워크의 발전으로 모든 것이 연결돼 가는 초연결사회에서 이 책은 관련 분야를 공부하는 학생이나 업계 엔지니어, 심지어 일반인에게도 총정리가 되는 책이다.

히타치엘지데이터스토리지
대표이사 사장 **민병훈**

1부
연결을 위한 기술의 탄생

사람과 사람을 연결하다
셀룰러 이동통신

0세대, 이동통신의 시작과 핸드폰의 출현	2
이동통신 0세대의 시작	2
이동통신 1세대를 위한 연결 기술들의 잉태	4
이동통신 1세대를 위한 최초의 셀룰러 폰	5
1세대, 셀룰러 방식의 도입	7
이동통신 0세대의 한계	7
오늘날까지 이어지고 있는 셀룰러 방식	9
셀룰러 방식에서의 셀 간 이동	12
이동통신 1세대의 전 세계 확산	13
2세대, 디지털 통신과 시분할 다중접속	16
이동통신 2세대를 연 GSM	16
주파수 다중접속에서 시분할 다중접속으로	17
시분할 다중접속(회선 방식)에서 패킷 방식으로	19
아날로그에서 디지털로	21
코드분할 다중접속(CDMA)	23
코드분할 다중접속이 상용화되기까지	25
3세대, 스마트폰과 인터넷	27
비동기식 WCDMA와 동기식 CDMA2000	27
이동통신과 인터넷의 만남	30
스마트폰의 탄생 순간, 원 디바이스	32

4세대, LTE	34
데이터 전송 속도, 75Mbps	34
코드분할 다중접속의 막을 내리다	36
마침내 진정한 4세대의 속도를 내다: LTE-A와 광대역 LTE	36
데이터 전송 속도의 실제	38
5세대, 미래	39

전 세계를 실시간으로 연결하다
통신위성

스푸트니크 충격, 인터넷과 GPS를 낳다	42
역사는 꿈꾸는 자가 만든다	42
인류 최초의 인공위성	43
스푸트니크 충격	44
통신위성, 전 세계를 실시간으로 연결하다	45
미국의 도전	45
최초의 통신위성, SCORE	46
최초로 텔레비전 영상을 전송한 인공위성, 텔스타	47
최초의 중계위성과 최초의 정지궤도위성	49
인텔샛과 인마샛, 인공위성의 상업화 시대	51
최초의 상업용 인공위성, 인텔샛	51
항공, 선박의 통신을 위한 인공위성, 인마샛	53
이리듐 프로젝트, 위성 전화의 시작	55
이리듐 프로젝트의 배경	55
66개의 인공위성과 이리듐	56
이리듐 프로젝트의 실패	58
극적인 회생	59

목차

우리나라의 인공위성 — 60
위성 통신 시대의 개막 — 60
우리나라의 통신위성들 — 62

통신위성과 드론, 전쟁의 양상을 바꾸다 — 64
무인전투기, 전투의 양상을 바꾸다 — 64
무인전투기와의 통신 — 65
미래의 무인전투기 — 67

만물이 연결되는 세상
IoT

메인프레임의 시대, 컴퓨터 대중화 시대의 서막 — 69
인터넷 출생의 진실 — 69
진공관 컴퓨터의 시대 — 70
트랜지스터 컴퓨터의 등장 — 72
시스템 360과 범용 컴퓨터들의 등장 — 73

동시 접속, 시분할과 다중 사용자의 연결 — 75
일괄처리 방식의 도입 — 75
키보드와 모니터의 등장 — 76
동시 접속과 시분할 — 77

컴퓨터의 최초 원격 연결, 인터넷의 시작 — 79
첫 번째 인터넷 메시지 — 79
최초의 인터넷 라우터 — 80
아파넷의 확장 — 82

이메일, 인터넷의 킬러 애플리케이션 — 83
메일 박스를 이용한 메시지 보내기 — 83
최초의 이메일 전송 — 84
최초의 스팸메일 — 86

아파넷, 인터넷으로 승화되다	87
해외로의 확장	87
자생적 패킷 네트워크의 등장과 아파넷의 종료	88
IoT, 모든 것의 연결의 시작	90
우리나라의 인터넷	92

연결의 시작은 스위치
집적회로

스위치, 정보화 시대에 알려지지 않은 영웅	95
디지털 세상을 위한 스위치와 네트워크를 위한 스위치	95
전화교환기와 스위치	97
계산기에 사용되는 스위치	99
진공관, 전자식 디지털 컴퓨터의 탄생	104
에디슨 효과	104
진공관의 발명	106
트랜지스터, 실리콘 밸리의 시작	108
트랜지스터의 발명	108
트랜지스터의 구성	110
트랜지스터의 동작	112
실리콘 밸리의 탄생	114
집적회로와 시스템-온-칩	118
집적회로의 탄생	118
집적회로의 발전과 무어의 법칙	119
집적회로의 구조	121
복합 쇼핑몰과 같은 시스템-온-칩	122

2부
연결을 위한 기술의 진화

속도 변화의 지수함수
고속화

변화의 속도, 속도의 변화	126
변화의 속도	126
속도의 변화	129
이론과 현실	131
비트 간격 좁히기	132
동작 주파수 높이기	133
게이트 지연 줄이기	136
대역폭 넓히기	137
저전압 차분 신호 전송	139
CPU와 메모리 간 통신 속도: 더블 데이터 레이트(DDR)	141
병렬 전송	143
유선 병렬 전송 시의 타이밍 틀어짐 현상	143
CPU와 메모리 사이는 여전히 병렬 전송인 이유	145
유선 병렬 전송과 무선 병렬 전송	146
첫 번째 무선 통신의 병렬 전송: 다중입력-다중출력(MIMO)	147
두 번째 무선 통신의 병렬 전송: 주파수집성기술(채널 본딩)	150
압축, 4K 영상을 볼 수 있는 이유	151
디지털 통신의 과정	151
멀티미디어 데이터의 손실 압축	153
이미지 데이터의 압축	156
문서 데이터의 무손실 압축	157
선(라인) 부호화의 개선	159

계층의 분업화
프로토콜

통신 프로토콜의 계층화	161
프로토콜	161
프로토콜을 변환해 주는 게이트웨이	163
대표 프로토콜, TCP/IP	164
인터넷 프로토콜(IP)	165
전송 제어 프로토콜(TCP)	166
프로토콜 스택	168
OSI 7계층	170
프로토콜 계층의 실제	171
모든 디지털 통신은 패킷으로	173
회선에서 패킷으로	173
패킷의 구조	176
인터넷 프로토콜 패킷	177
전송 제어 프로토콜 세그먼트	179
프로토콜 스택과 패킷	181
캡슐화	181
캡슐화와 터널링	182
다양한 패킷 통신	184
컴퓨터 내부의 패킷 통신	184
원거리 통신에서의 패킷 사용	185
LTE의 패킷화	186
디지털 방송의 패킷화	188

단순한 것이 아름답다
통합화

무선 통신 기술들의 통합화	190
블루투스와 와이파이의 저전력 규격	190
메시 네트워크화	191
와이파이와 셀룰러 이동통신	192
유선 통신 기술의 통합화	194
USB-C로 커넥터 단일화	194
하나의 케이블로 여러 종류의 데이터를, 썬더볼트	196
프로토콜의 통합화	198
정보시스템 분야에서의 HTTP	198
HTTP의 탄생과 발전	200
HTTP 라이브 스트리밍	201
HTTP의 버전 2: HTTP/2	204
HTTPS와 공인인증서	207
컴퓨팅 아키텍처의 통합화	210
클라우드 앞의 넷 하드(NAS)	210
인터넷의 한계를 극복하다	213
클라우드의 데이터와 딥러닝	215

3부
연결을 위한 기술의 종류

박스 안의 세상
부품 간 연결

초연결 사회와 커넥티비티의 계층 구조	218
인쇄회로기판, 부품 연결의 토대	219
연결의 시작, 집적회로 내부의 연결(레벨 0)	219
집적회로 간 연결, 인쇄회로기판	220
도시의 도로를 닮은 인쇄회로기판	222
집적회로 간 다양한 통신 방식	223
집적회로 간의 통신	223
동기식 전송	224
비동기식 전송	227
동기식 통신의 기본: I²C	228
칩 활성화 핀을 사용하는 직렬 주변기기 인터페이스	230
임베디드 개발자들의 영원한 도구, 범용 비동기화 송수신기	232
컴퓨터의 내부 연결	233
과거보다 단순해진 컴퓨터 아키텍처	233
메인보드의 확장, 추억의 ISA 버스	235
플러그 앤 플레이와 PCI, 그리고 PCI 익스프레스	237
메인보드 위의 케이블, 병렬 ATA와 직렬 ATA	240
스마트폰의 내부 연결	242
손 안의 컴퓨터를 위한 호환성 규격, MIPI	242
스마트폰 내부 연결의 실제	245

자동차의 내부 연결	246
자동차용 인포테인먼트 시스템	246
자동차 내부의 기본 네트워크, CAN	249
간단한 데이터 전송을 위한 LIN	251
고속의 대용량 데이터 전송	252
차량 커넥티비티	253

편리함과 불편함의 사이
유선 연결

USB	256
범용 직렬 버스	256
데이터와 충전을 하나로	258
연결의 불편함과 USB-C	260
USB-C가 또 한 번의 범용을 만든다	261
버스에서 일대일 연결로	263
장치 인식과 데이터의 전송	264

이더넷	266
이더넷과 인터넷의 관계	266
레이저 프린터를 위한 조연에서 인터넷을 위한 주연으로	268
더미 허브에서 스마트 스위치로	269
지금까지 외관상 변함이 없는 케이블과 커넥터	270
이더넷 프레임의 충돌 회피와 대책	271
이더넷 프레임	274
이더넷 주소 결정 프로토콜	275
서로 다른 이더넷 네트워크상의 컴퓨터 간 통신	276
혁신의 연구소, 제록스 파크	277

오디오/비디오 신호의 전송, HDMI	279
세상을 바꾼 혁신, HDMI	279
이진 신호의 변환 최소화 방법과 차분 신호 방법	281
HDMI의 리모컨 지원 기능	282
버전과 지원 해상도	283
HDMI의 오디오 전송	286
스마트폰과 텔레비전의 연결, MHL	287

디스플레이 포트	289
디스플레이 포트의 탄생	289
디스플레이 포트의 패킷 전송 방식	290
디스플레이 포트의 데이터 전송 레인	291

차고 넘치는 신호들
무선 연결

와이파이	293
와이파이 기기의 무덤, CES	293
넘쳐나는 2.4기가헤르츠 대역의 기기	295
와이파이의 탄생	297
와이파이와 이더넷의 버스 시스템 동작 비교	300
와이파이 기기의 네트워크 등록	301

블루투스	303
기술의 탄생	303
블루투스의 호핑 방식이란	304
와이파이와 블루투스	306
블루투스 사용 전 단계인 페어링	307
멀티페어링과 멀티포인트	308
다양한 블루투스 기기들을 위한 프로파일	310

음성통화를 위한 동기식과 데이터를 위한 비동기식	311
블루투스 오디오 스트리밍	313
저전력 무선 통신	315
지웨이브(Z-wave)와 스레드	315
스마트홈과 지웨이브	316
지웨이브와 지그비	317
지그비의 무선 전송 거리	318
지그비의 데이터 전송	319
RFID	320
마라톤 경기와 RFID	320
일상생활과 RFID	322
RFID의 동작과 종류	323
NFC	325
RFID와 무선충전	326

지구라는 마더보드
네트워크와 네트워크의 연결

네트워크 연결 장비	328
네트워크의 정의	328
스위치와 라우터, 그리고 공유기	330
IX	333
IX의 동작 방식: 레이어 2 방식과 레이어 3 방식	335
국내의 인터넷 연결도	337
해외의 IX	339

해저 케이블 340
지구라는 메인 보드 340
광케이블 342
우리나라의 해저 케이블 343
해저 케이블로 연결되는 육양국 344
해저 케이블의 임대 345

계층화된 연결 346
전화 시스템의 계층 구조 347
인터넷의 계층 구조 349
인터넷 동작의 실제 350
패킷 감청 352

연결 계층 구조의 다양한 사례들 354
콘텐츠 전송 네트워크의 계층구조 354
도메인 네임 시스템의 계층구조 356
클라우드의 계층 구조: 엣지 클라우드 357

4부
연결을 위한 기술의 응용

지평을 넓히다
연결의 응용

위치 정보의 전송, GPS	360
선박의 안전한 항해를 돕는 선박자동식별장치	360
삼변측량을 이용하는 GPS	363
대중교통에 이용되는 위치 기반 서비스	366
영상 정보의 전송, 커넥티드 카메라	368
인간의 눈을 대체하는 카메라	368
넘쳐나는 CCTV	369
커넥티드 카메라의 확장	370
이미지 센서의 원리	371
커넥티드 카메라와 영상 인식, 딥러닝	374
커넥티드 카메라의 미래	377
커넥티드 카메라와 빅브라더	379
원격 검침, 스마트 미터링	381
낯선 사람을 집안에 들이지 않기	381
원격 기기 관리	382
에러 리포트	382
실시간 원격 에러 리포트	385
원격 소프트웨어 업데이트	387

새로운 연결과 새로운 세상

서비스와 서비스의 연결 — 389
네이버 아이디로 로그인하기와 오픈 API — 389
기기와 서비스의 연결 — 391
서비스 간 정보의 공유 — 393
이 모든 연결이 가능했던 이유 — 395

기기 간의 협업과 연동 — 396
사람과 기기의 연결 — 396
기기와 기기의 연결 — 398
기기와 인공지능의 연결 — 400

컴퓨터 네트워크에서의 협업 — 403
컴퓨터 간 협업을 통한 무설정 연결 — 403
자동 서비스 발견을 위한 협업 — 405
스마트 홈을 위한 기기들의 협업 — 407
분산 컴퓨팅 — 409

새로운 연결을 위한 경쟁 — 411
CPND로 들여다보는 세상 — 411
CPND 생태계 주도권 — 413

1부

연결을 위한 기술의 탄생

사람과 사람을 연결하다
셀룰러 이동통신

전 세계를 실시간으로 연결하다
통신위성

만물이 연결되는 세상
IoT

연결의 시작은 스위치
집적회로

사람과 사람을 연결하다
셀룰러 이동통신

2007년 5월 21일, 미국의 인기 있는 신문인 USA투데이는 '25년간 미국인의 삶을 변화시킨 발명품 25개'를 선정해 발표했다. 1위를 차지한 발명품은 휴대폰이었다.

0세대, 이동통신의 시작과 핸드폰의 출현

이동통신 0세대의 시작

세종, 정조와 같은 왕의 이름은 그가 죽은 후에 정해진다. 이를 묘호라고 한다. 종묘에서 제사를 지내거나 역사서를 편찬할 때 이 묘호를 사용한다. 따라서 왕은 살아생전에 자신의 이름을 알지 못한다.

이동통신 0세대는 일종의 묘호다. 그 시절에는 한 번도 0세대라는 말이 사용되지 않았다. 1세대가 나온 다음, 이전 세대를 규정하기 위해 0세대라는 이름이 지어졌다. 1세대도 마찬가지다. 당시에는 한 번도 1세대라고 불린 적이 없다. 2세대가 나오면서 이전 세대를 규정하기 위해 1세대라는 말을 사용하기 시작했다. 그런데 2세대는 탄생 전부터 자신의 이름을 사용했다. 2세대는 자신을 규정하기 위해 이전 세대를 1세대로 규정했다.

이동통신 0세대는 사람을 위한 이동통신이 아니라 자동차를 위한 이동통신, 즉 카폰 서비스였다. 서비스를 위해 카폰 단말기를 자동차의 트렁크에 싣고 다녔다. 통신 장비는 36킬로그램에 달했고, 차량의 배터리로부터 전원을 공급받았다. 차량 외부에는 기다란 안테나가 장착됐다.

카폰 서비스는 시대의 요구로 탄생했다. 사람들은 자동차를 이용해서 빈번하게 이동하기 시작했다. 제2차 세계대전이 막 끝났을 때 미국에는 3천만 대가 넘는 자동차들이 등록돼 있었다[1]. 사람들은 이동 중에도 비즈니스 등을 수행하고 싶어 했다. 이들을 위해 유선전화망 회사들은 무선을 이용한 카폰 서비스를 출시했다. 마치 40년 후 비행기를 이용해 전 세계를 여행하는 비즈니스맨들이 많아지자 이리듐 위성 전화가 만들어진 것과 같다.

당시에도 카폰 서비스가 완전히 새로운 기술은 아니었다. 이미 군사용, 경찰용, 그리고 벨 연구소의 내부 테스트 용도로 일부 무선 통신 서비스가 사용되고 있었다. 그러나 일반인이 사용하기 위해서는 기지국과 같은 기반 시설이 좀 더 갖춰져야 했다. 통신 방식도 기존의 AM 라디오에서 사용되던 방식이 아닌 FM 라디오에서 사용되는 방식이 필요했다. 필요한 기술적 개선은 대부분 벨 연구소에서 이뤄졌다. 차량에 탑재되는 장비들은 모토로라 같은 업체가 공급했다. 모토로라의 '모토'는 자동차를 의미한다. 레이저 휴대폰으로 기억되는 이 회사의 시작은 카폰 시스템이었다.

그림 1.1 영화 "사브리나(1954년)" 속의 카폰

---

1 https://www.fhwa.dot.gov/ohim/summary95/mv200.pdf

카폰 서비스는 처음부터 시장에서 성공적으로 전개됐다. 미국에서는 AT&T에 의해 '모바일 전화 서비스'라는 이름으로 출시 2년만에 6천 명에 가까운 가입자가 카폰 서비스를 사용했다. 북유럽에서도 카폰 서비스는 인기가 많았다. 스웨덴의 최고 가입자 수는 20,000명에 이르렀다. 핀란드에서는 가입자 수가 35,000명에 이르기도 했다.

오늘날 이동통신 가입자 수에 비하면 보잘 것 없는 정도지만 이는 수요가 적었던 것이 아니라 공급이 부족했기 때문이다. 미국의 경우 기지국 하나당 통화 회선은 고작 3채널에 불과했다. 당시의 기술로는 가입자 3명만 동시에 사용할 수 있다는 의미다. 통화를 원하는 4번째 사람은 누군가가 통화를 마치기를 기다려야 했다. 카폰 서비스 회사는 가입자를 더 받고 싶어도 그럴 수 없는 상황이었다.

우리나라는 1960년대에 카폰 시스템을 도입했다. 정부 고위 관료들의 차량에 설치된 20대가 시작이었다. 이듬해부터 일반인들을 대상으로 가입자를 모집했다. 남산에 기지국을 설치했고, 5채널이 사용 가능했다. 가입자 수는 미미했는데, 가입 비용도 컸지만 무엇보다 5채널로는 신규 가입자를 받는 데 한계가 있었다. 가입자를 더 받고 싶어도 받을 수가 없었다. 그로부터 20년이 지나도 308명 정도의 가입자가 있었을 뿐이었다.

이동통신 1세대를 위한 연결 기술들의 잉태

0세대에 해당하는 AT&T의 '모바일 전화 서비스'는 향후에 등장할 이동통신 방식의 원조격이다. 하지만 네안데르탈인이 현생 인류의 직접적인 조상이 아니고, 다만 호모 사피엔스와의 교배를 통해 일부 자신들의 유전자를 오늘날 인류의 유전자 속에 남겨 놓았듯이, 0세대의 모바일 기술은 오늘날의 LTE나 5G의 직접적인 조상은 아니지만 모바일이라는 유전자를 남겨 놓은 셈이다.

오늘날 이동통신 방식의 직계 조상에 대한 아이디어는 0세대가 시작된 이듬해에 탄생했다. 인류로 따지자면 호모 사피엔스의 조건이 만들어진 셈이다. 조건이란 바로 '셀룰러' 방식의 모바일 네트워크다[2]. 그런데 그 시대에는 셀룰러 네트워크를 구현할 수 있는 기술이 없었다. 아직 30여 년을 더 기다려야 기술적으로 구현이 가능한 세상이 된다.

이듬해 같은 연구소에서 아날로그 신호를 디지털 신호로 변환하는 펄스 부호변조[3] 기술에 대한 중요한 논문이 발표됐다. 이 기술은 천동설을 지동설로 바꾸는 코페르니쿠스적 대전환과 비견할 만하다. 아날로그 세상에서 디지털 세상으로의 대전환을 예고한 것이다. 이동통신의 디지털화는 2세대부터 시작된다. 디지털 통화가 가능한 휴대 전화기의 제작이 가능해진 것도 30년이 더 지나서였다.

한편, 무선 통신 기술은 라디오와 텔레비전의 발전에 힘입은 바가 크다. 전파는 진동수가 클수록 더욱 많은 정보를 보낼 수 있다. 0세대의 무선 통신으로는 초당 3백만~3천만 사이의 주파수를 갖는 단파가 사용됐다. 그런데 컬러 텔레비전 방송으로 인해 초당 3억~30억 사이의 주파수를 갖는 극초단파를 사용할 수 있는 기술들이 개발됐다. 이는 장차 1세대부터 4세대 이동통신까지 사용될 주파수 대역이다.

이동통신 1세대를 위한 최초의 셀룰러 폰

1973년 어느 날, 뉴요커들이 쉴 새 없이 오가는 맨해튼의 힐튼호텔 옆. 한국전쟁에 잠수함 장교로 참전하기도 했던 마틴 쿠퍼는 최초의 휴대전화인 다

---

2 https://www.theatlantic.com/technology/archive/2011/09/the-1947-paper-that-first-described-a-cell-phone-network/245222/: 셀룰러 네트워크를 다룬 논문(1947)

3 PCM(Pulse-code modulation): 잠시 뒤에 구체적으로 살펴본다.

이나택[4]을 들고, 전화번호를 버튼으로 입력하고 있었다. 입력을 마치고 연결 버튼을 누르자, 휴대폰의 전파 신호가 주변에 있던 50층 건물 타워 꼭대기에 설치된 기지국으로 곧장 날아갔다. 기지국은 모토로라에서 개발해서 설치한 것으로, AT&T의 유선 전화망에 연결돼 있었다. 잠시 후 뉴저지에 있는 벨 연구소의 연구원 조엘 엥겔의 책상 위에 놓인 유선전화기가 울렸다. 맨해튼에서 벨 연구소까지는 37킬로미터 떨어져 있었다.

"조엘, 나 지금 자네에게 셀룰러 폰으로 전화를 걸고 있다네, 손으로 들고 다닐 수 있는 휴대폰 말일세."

마틴이 경쟁 회사의 연구원에게 전화한 이유는 자기 회사의 기술을 경쟁자에게 뽐내기 위함이었다. AT&T 산하의 벨 연구소에서는 셀룰러 네트워크 기술을 먼저 개발했지만 카폰용으로만 고려하고 있었다. 셀룰러 이동통신 서비스가 아직 개인들을 위한 시장은 아니라고 판단한 것이다. 어쩌면 AT&T가 옳았다. 실제 셀룰러 이동통신 서비스는 그로부터 10년이 더 지나서 제공됐으니 말이다. 다만 최초의 셀룰러 폰 개발이라는 타이틀은 모토로라에게 빼앗겼다.

마틴을 포함한 모토로라의 임직원들은 미래를 보았다. 당시에는 그들 자신조차도 얼마나 정확히 미래를 보았는지 짐작도 하지 못했을 것이다. 그들은 자신들의 아이디어를 증명하기 위해 프로토타입을 제작했다. 소요된 시간도 불과 90여 일밖에 되지 않았다.

아직 셀룰러 방식의 1세대가 열리기 이전이므로 당시의 시연은 임시로 설치된 기지국 한 개를 사용했다. 단 한 개가 있었던 셀룰러 망 기지국도 데모를 위한 것이었고, 상용 서비스를 위한 것은 아니었다. 최초의 셀룰러 망은 1980년이 넘어서야 구축됐다. 최초의 셀룰러 망이 개통됐을 때 시중에 판매된 최초의 셀룰러 폰이 바로 다이나택을 개선한 모델이었다.

---

4 14쪽에 나오는 그림 1.5의 셀룰러 폰과 모습이 거의 동일하다.

마틴의 최초 셀룰러 폰 통화는 새로운 시대의 개막을 알렸다. 셀룰러 폰 이전까지 전화번호는 한정된 장소라는 정체성을 지니고 있었다. 전화는 장소와 장소를 연결했다. 집과 집을 연결했고, 집과 사무실을 연결했다. 그리고 자동차라는 장소가 추가돼 있었다. 전화를 걸면 신호는 장소를 향했다. 따라서 그 장소에 사람이 있다면 통화가 이뤄지지만 장소에 아무도 없다면 전화벨 소리만 울릴 뿐이었다. 그러나 셀룰러 폰은 사람과 사람을 연결해 준다. 이제 전화번호는 그 사람을 나타내는 정체성의 일부가 되었다. 노키아는 '사람 연결하기'를 회사의 모토로 삼았다.

휴대전화를 이용한 모토로라의 최초 시험 후 실제로 일반인들이 개인용 휴대전화를 사용하기까지는 10여 년을 더 기다려야 했다. 단말은 준비될 수 있었지만 셀룰러 망이 구축되지 못했기 때문이다. 또한 통신에 사용할 주파수를 선정해야 했고, 이동통신 사업자 선정 등의 이슈가 산적해 있었다. 이 모든 이슈들이 해결되고, 마침내 서비스를 시작한 시점이 1세대 셀룰러 이동통신 시대의 시작이었다.

1세대, 셀룰러 방식의 도입

이동통신 0세대의 한계

벨 연구소에서 셀룰러 이동통신 방식에 대한 연구가 진행된 지 약 30년 후에 마침내 실제 통신망이 구축됐다. 서비스 지역을 셀 단위로 구분하고 셀마다 기지국이 설치됐다. 기지국들은 유선 전화망으로 연결됐다. 기기와 기지국 간의 통신 방식이나 셀의 크기, 백본망의 구성 등 세부적인 내용은 조금씩 변화하고 있지만 그 기본 구조는 지금까지 이어지고 있다.

1세대의 가장 큰 특징은 셀의 크기와 그에 따른 주파수의 재사용이다. 그림 1.2에서 볼 수 있는 바와 같이 0세대는 한 대의 기지국이 광활한 지역을 담당했다. 그러나 1세대는 한 대의 기지국이 아주 작은 지역을 담당할 뿐이다.

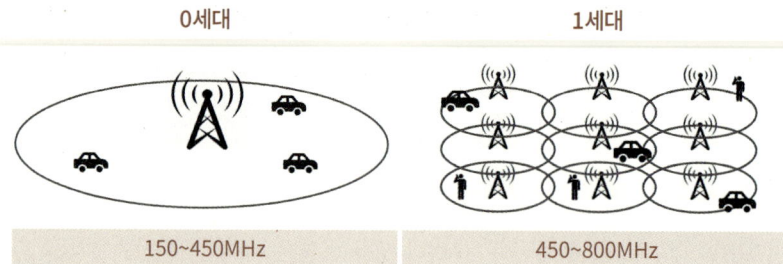

그림 1.2 0세대와 1세대 비교

얼핏 보기에는 0세대가 더 단순해 보이고, 단순한 것이 아름답다(simple is beautiful)는 철학에 따르면 앞으로 지향해야 할 방식 같아 보인다. 그러나 0세대 방식에는 치명적인 결함이 있다. 동시에 무선 전화를 사용할 수 있는 사람의 수에 제한이 있다는 점이다. 말이 제한이지, 사실은 몇 사람밖에 사용하지 못한다는 표현이 맞다. 미국에서 서비스된 최초의 카폰 시스템은 3개의 채널이 있었다. 이는 딱 3명만 동시에 사용할 수 있다는 의미다. 한 사람이 하나의 채널을 사용하는 것이다. 극초단파를 사용하는 방식으로 업그레이드된 방식[5]의 경우에는 32개의 채널이 있었다. 이는 동시에 32명만 사용할 수 있다는 의미다. 문제는 가령 서울보다 큰 지역에서 카폰 사용을 원하는 사람들이 아무리 많아도 32명만 동시에 통화할 수 있다는 점이다.

그런데 카폰 서비스 가입자들은 꾸준히 증가했다. 채널 부족에 따른 고객들의 불만이 터져 나오기 시작했다. 지금 당장 통화를 해야 하는데, 모든 채널이 사용 중인 현상은 과거보다 빈번하게 발생하기 시작했다. 적지 않은 돈이 서비스 사용료로 지불되고 있는데 말이다. 이제 새로운 기술이 등장해야 할 시점이 왔다. 이렇게 해서 30년 전의 셀룰러 논문이 다시 빛을 보게 됐다.

---

5 IMTS(Improved Mobile Telephone Service)

제한된 채널로 더욱 많은 사용자에게 양질의 서비스를 제공하는 것은 모든 통신회사가 영위하는 사업의 본질이기도 하다. 그리고 앞으로 살펴볼 이동통신의 발전사이기도 하다.

오늘날까지 이어지고 있는 셀룰러 방식

컴퓨터의 소프트웨어 기법 가운데 분할 정복(Divide and Conquer) 알고리즘이라는 것이 있다. 큰 문제를 작은 문제로 나눠서 해결하는 것이다. 필자는 이 기법을 집에서 양말의 짝을 맞출 때 사용한다. 식구가 4명이라 일주일에 한 번 빨래를 하면 색상과 모양이 제각각인 양말이 56개 쏟아져 나온다. 맨 먼저 색깔별로 분리한다. 검은색과 검은색이 아닌 것으로 나눈다. 검은색이 아닌 것은 다시 무늬가 있는 것과 없는 것으로 나눈다. 이러한 식으로 양말은 몇 개의 소그룹으로 나뉘는데, 8~10개 정도가 모여 있으면 양말의 짝을 빠르게 맞출 수 있다.

셀룰러 방식은 다름 아닌 이 같은 분할 정복의 좋은 사례다. 큰 지역을 작은 지역의 셀로 구분해서 문제를 해결하고자 한다. 작은 셀에서는 사용자의 수가 적기 때문에 동시 통화의 문제를 해결할 수 있다. 그리고 셀들을 연결함으로써 처음의 큰 지역을 커버할 수 있게 된다.

셀룰러 방식의 동작 방식을 이해하기 위해 마블이라는 이동통신 사업자가 있다고 가정해 보자. 그림 1.3과 같은 지역에 이동통신 서비스를 제공하려고 하고, 정부로부터 초단파 주파수 7개 채널(A~G)을 할당받았다. 0세대라면 전체 지역을 7개의 채널로 서비스한다. 따라서 최대 7명만이 동시에 이동통신 서비스를 이용할 수 있다.

그러나 1세대는 넓은 지역을 셀로 구분한다. 예를 들어, 그림 1.3과 같이 총 21개의 셀로 구분한다. 기지국과 단말기의 신호 세기는 셀의 범위를 넘어가지 않도록 설정된다. 그리고 인접하지 않은 셀에서 같은 채널을 사용할 수 있게 한다. 왜냐하면 기지국 간의 거리가 떨어져 있어서 전파의 혼선이 발생할 가능성이 없기 때문이다.

    셀로 구분한 결과, 그림 1.3에서 7개의 채널이 각각 3개의 큰 범위 셀에서 사용되고 있다. 이렇게 21개의 셀을 설정함으로써 21명이 동시에 무선통화를 할 수 있다. 0세대보다 3배나 많은 가입자가 동시에 통화를 할 수 있게 된 것이다. 마블 이동통신회사는 그만큼 많은 신규 가입자를 유치할 수 있게 됐다. 실제 1세대 이동통신에서는 180~1000개의 채널이 사용됐다.

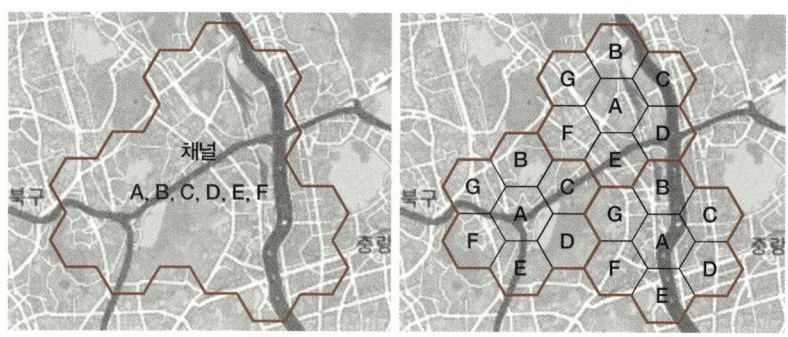

그림 1.3 셀룰러의 이해(1)

    와이파이도 일종의 셀룰러 방식과 유사하다. 와이파이 신호는 수십 미터 이내에서만 사용할 수 있도록 설정됨으로써 소규모의 셀을 이룬다. 그리고 와이파이는 채널을 13개로 나눠 놓았는데, 이는 셀마다 다른 채널을 사용하게 함으로써 다른 셀 신호의 간섭을 방지하기 위해서다. 무선 공유기가 기지국 역할을 한다.

    그러나 이동통신의 경우에는 이동통신 서비스 업체가 셀의 위치나 크기를 철저히 계산해서 구축하는 데 비해, 와이파이의 경우에는 개인이 임의로 설치하기 때문에 셀 간의 신호 간섭 현상이 나타난다. 와이파이 신호는 이웃집 벽을 넘어가기 일쑤이고 인접한 셀들이 같은 채널을 사용하기도 한다. 이는 와이파이의 품질에 영향을 주고 통신 속도를 저하시키는 원인이 된다. 와이파이와 셀룰러 이동통신의 가장 중요한 차이점은 셀 간의 이동 가능 여부다. 셀룰러 이동통신은 셀 간 이동에도 연결이 끊어지지 않지만 와이파이는 셀을 넘어서면 연결이 끊어진다.

인공위성을 이용하는 이동통신 서비스인 이리듐 프로젝트 역시 일종의 셀룰러 방식이다. 지구 전체를 셀로 구분했는데, 셀의 기지국 역할을 인공위성이 담당했다. 이를 위해 66개의 인공위성이 사용됐다. 지구상에 존재하는 가장 큰 셀룰러 방식인 셈이다.

한편, 실제 환경에서 이동통신을 위한 셀의 크기는 지역마다 다르게 설계된다. 그 이유는 지역마다 사용자 수가 다르기 때문이다. 사용자들이 밀집한 셀에서는 0세대 방식의 문제점이 고스란히 재현된다. 사용자들이 할당된 채널 수만큼만 동시에 사용할 수 있기 때문이다. 해결 방식 역시 똑같다. 문제가 되는 셀을 더 잘게 쪼개는 것이다. 셀의 크기를 작게 만들기 위해 기지국의 출력을 더 낮춘다. 이동 인구가 많은 강남역 근처는 이동통신사들이 설치한 소형기지국들의 천국이다.

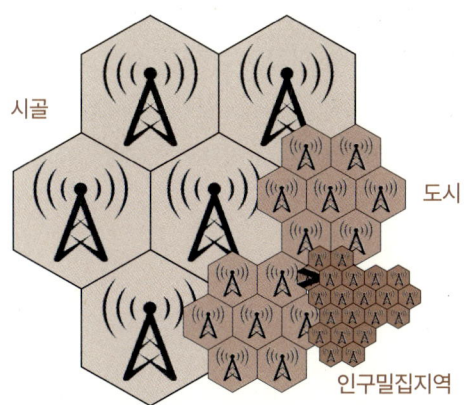

그림 1.4 셀룰러의 이해(2)

셀룰러 방식에서의 셀 간 이동

셀룰러 방식의 기술적 어려움은 셀 간 이동 시에 발생한다. 0세대에서 통화 연결이 된 사용자는 도시 어디를 가든지 무선 연결이 끊어지지 않는다. 0세대의 셀은 반경 60~70킬로미터라는 점을 상기해 보자. 그러나 1세대에서 셀의 반경은 1~2킬로미터 정도다. 자동차를 타고 이동하는 경우라면 순식간에 셀의 경계를 넘나들게 된다. 이런 경우에도 통화 연결이 끊어지지 않게 하는 것이 셀룰러 방식의 핵심이다.

이 문제는 핸드 오버라는 기술로 해결한다. 사용자가 셀의 경계를 넘어갈 때 단말기는 다음 셀에서 사용되는 주파수로 바뀌게 되는데, 사용자가 이를 알지 못하게끔 만드는 기술이다. 주파수분할 다중접속(FDMA)[6] 방식을 사용했던 1세대의 핸드 오버 기술은 하드 방식이라고 한다. 이는 핸드 오버 직전에 일단 연결을 끊기 때문이다. 그러나 2세대 코드분할 다중접속(CDMA)[7] 방식부터는 소프트 방식이라고 하는데, 이는 이중 연결을 사용하면서 한쪽 연결을 서서히 끊기 때문에 붙여진 이름이다.

핸드 오버 기술은 2세대, 3세대, 4세대 이동통신으로 점차 발전하면서 더욱 중요한 역할을 담당하게 된다. 일반적으로 세대교체는 순식간에 이뤄지는 것이 아니라 점진적으로 이뤄진다. 예를 들어 도심 지역에서 먼저 4세대 이동통신 서비스가 이뤄지고, 산간 지역은 3~4년의 시차를 두고 서비스가 이뤄진다. 이 경우 도심에서 산간 지역으로 이동하게 되면 어느 순간 4세대 서비스에서 3세대 서비스로 바꾸어야 한다. 이를 핸드 오버 기술이 담당한다.

---

6 FDMA(frequency-division multiple access)

7 CDMA(code-division multiple access)

이동통신 1세대의 전 세계 확산

1983년에 아메리테크사가 시카고에서 미국 최초의 아날로그 셀룰러 서비스를 개통했다. 1세대 셀룰러 이동통신망을 이용한 첫 번째 통화는 이 회사의 전 사장이 독일에 있던 알렉산더 벨의 손자에게 한 것이었다. 유선 전화의 시대에서 무선이동통신 시대로의 전환을 알리기 위해 유선 전화 발명자의 후손에게 연락한 것이다.

미국에서 도입된 셀룰러 시스템을 '진보된 모바일 폰 시스템'[8]이라고 한다. 이 시스템은 셀룰러 방식이라는 점 외에도 0세대와 차별화된 요소를 갖고 있었다. 오늘날 사용되는 주파수와 같은 800~900메가헤르츠의 극초단파를 사용한다는 점과 카폰이 주된 시장이 아니라 개인들의 이동통신이 주된 시장이라는 점이었다. 이것이 이 시기를 이동통신의 진정한 1세대라고 부르는 이유다.

처음에는 카폰을 염두에 두고 시작된 서비스였지만 점차 개인 휴대폰 사용자들을 위한 시장이 급성장한다. 개인 사용자들을 위한 시장을 전혀 고려하지 않은 것은 아니었지만 초기 휴대폰의 가격이 당시 4,000달러에 이를 정도로 고가였기 때문에 시장은 매우 제한적일 것이라고 예상했던 것이다. 무엇보다도 사람들이 셀룰러 폰을 들고 다니면서 통화할 이유가 없다고 생각했을 것이다. 필자도 같은 시대에 살았다면 왜 셀룰러 폰이 필요한지 이해하지 못했을 것이다. 필요하면 언제든지 사용할 수 있는 공중전화가 거리 곳곳에 있는데 말이다.

그러나 현실은 모두의 예상을 비껴갔다. 최초 시판된 모토로라의 휴대전화 판매를 위해 "30분간 통화하고 8시간 대기 가능. 충전에는 10시간, 30개 번호 저장!"이라는 광고를 내보냈다. 길이가 무려 30센티미터에 달하는 이

---

[8] AMPS(Advanced Mobile Phone System)

초기 모델은 무게가 1킬로그램이 넘었다. 마틴 쿠퍼의 말처럼 무거워서 오래 통화할 수 없었기 때문에 배터리 용량은 오히려 문제가 되지 않았다. 그런데도 수천 명의 사람이 줄을 서서 속칭 '벽돌폰'을 구입했다. 1년 뒤에는 휴대전화 가입자가 30만 명으로 늘었다.

이후 단말기 가격이 기술의 발전에 힘입어 지속적으로 하락하면서 무선통신 가입자 수도 급증했다. 1980년대 후반이 되자 미국에서는 1세대 무선통신 가입자 수가 수백만 명을 넘어섰다. 이제 사람들은 정말로 길을 걸으면서 통화를 하기 시작했다.

 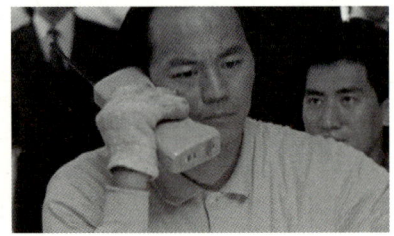

그림 1.5 영화 "월스트리트(1987)"와 "영웅본색(1986)" 속에 등장한 1세대 셀룰러 폰

일본과 유럽은 미국과 거의 같은 시기에 각자의 방식으로 셀룰러 방식을 도입했다. 상용화 관점에서는 오히려 이들이 미국보다 더 빨랐다. 최초로 셀룰러 방식이 도입되어 상용화 서비스가 제공된 장소는 미국보다 4년이나 빨랐던 일본 도쿄였다. 아직 휴대폰이 없던 시절이라 카폰을 대상으로 적용됐다. 스웨덴의 에릭슨이 미국보다 2년 앞서 개발한 노르딕 모바일 폰 시스템[9] 기술은 덴마크, 핀란드, 노르웨이, 스웨덴에서 카폰에 적용됐다. 이 표준은 무료로 사용 가능했기 때문에 여러 단말기 제조사가 카폰용 단말기 제작에 나섰다. 대표적인 단말 생산 업체는 에릭슨과 노키아였다. 한편, 영국에서는

---

[9] NMT(Nordisk Mobil Telefoni). NMT는 450메가헤르츠와 900메가헤르츠 대역의 초단파를 사용했고, 셀의 크기는 2~30킬로미터였다.

미국의 방식을 들여와 이를 일부 수정 및 개선해서 사용했으며[10], 이탈리아와 오스트리아에서도 이 방식이 채용됐다.

우리나라 1세대 이동통신은 미국의 방식을 채용해서 미국보다 1년 늦게, 한국이동통신[11]이 처음으로 카폰 서비스를 시작했다. 이후 서울 올림픽과 함께 개인 휴대전화 서비스를 시작했다[12]. 수도권에서만 제공되던 이동통신 서비스는 점차 지방으로 확산됐다. 가입자 수는 꾸준히 늘어 초기에 2,658명에 불과하던 이동전화 가입자 수가 10년 만에 100만 명을 넘겼고, 이듬해에는 직전 해의 2배를 넘어섰다[13].

	북미	유럽	북유럽	일본
명칭	AMPS	ETACS	NMT-450	NTT
다중 접속	FDMA	FDMA	FDMA	FDMA
포워드 채널[14]	869~894MHz	935~960MHz	463~467.5MHz	870~885MHz
리버스 채널[15]	824~849MHz	890~915MHz	453~457.5MHz	925~940MHz
채널 간격	30KHz	25KHz	25KHz	25KHz
데이터 전송 속도	10Kbps	8Kbps	0.6~1.2Kbps	0.3Kbps
채널 수	832 Channels	1000 Channels	180 Channels	600 Channels

표 1.1 1세대 아날로그 이동통신 기술

---

[10] TACS(Total Access Communication System)와 이를 개선한 Enhanced TACS
[11] 현 SK텔레콤
[12] 당시에 구매할 수 있었던 휴대전화는 모토로라가 제작한 '다이나텍 8000SL'이었다. 이는 초기 제품의 후속작이었는데, 미국에서 엄청난 가격에 팔리던 제품이었던 만큼, 국내에서도 엄청난 가격인 약 400만원에 출시됐다. 당시 포니 한 대 값이 500만원이었고, 서울 지역 전셋값 평균과 맞먹었다. 그해 말까지 이 휴대폰을 사용하는 사람은 784명이었다. 같은 해 삼성전자에서도 국내 최초 휴대전화 SH-100을 개발 완료했으나 일반에게 판매되지는 않았고, 올림픽을 위해 방문한 귀빈들에게만 제공됐다. 국산 휴대전화는 이듬해 5월부터 일반에 시판됐다. 이 제품이 바로 애니콜 신화의 시작이었다.
[13] 1996년에는 290만 명의 가입자가 있었다.
[14] Forward Channel, 기지국에서 단말기로 신호 전송을 위해 사용하는 채널
[15] Reverse Channel, 단말기에서 기지국으로 신호 전송을 위해 사용하는 채널

2세대, 디지털 통신과 시분할 다중접속

이동통신 2세대를 연 GSM

1세대 셀룰러 이동통신의 시대가 본격적으로 개막하기도 전인 1983년 유럽에서는 범유럽용 이동통신 시스템을 개발하기 위한 노력이 GSM[16]을 설립함으로써 시작됐다[17]. 목표는 0세대의 카폰에서 사용되던 시스템을 개선하고 지역별로 다른 무선 통신 방식을 유럽 내에서 통일시키는 것이었다.

그런데 GSM이 활동을 시작한 지 얼마 되지 않아 1세대 셀룰러 이동통신 시대의 서막이 열렸다. 이에 GSM은 1세대 셀룰러 통신 방식의 문제점을 개선하고 2세대 이동통신 서비스를 제공하는 것으로 목표를 수정했고, 기본적으로 디지털 방식의 통신을 지향했다. 1세대 통신 방식의 가장 큰 문제점은 국가 간에 서로 다른 방식의 셀룰러 이동통신을 사용했기 때문에 국가 간 이동 시 로밍에 어려움이 많다는 것이었다. GSM은 로밍이 불필요한 이동통신을 원했다.

1987년에 GSM 기술 표준 초안이 만들어졌다. 그해 9월에는 유럽 13개국 대표들이 모여서 양해 각서를 체결하고, 동일한 셀룰러 이동통신 시스템을 개발 및 구축하기로 하고, 유럽 내 이동통신 서비스를 제공하는 업체들에게 이에 동참할 것을 권유했다. 당시 유럽연합이라는 기치 아래 유럽이 단합돼 가는 모습을 보여주기는 했지만 이때처럼 신속하게 유럽의 거의 모든 국가가 단합한 사례는 과거에 보기 드물었다.

---

[16] GSM(Group Special Mobile)

[17] 주관 조직은 유럽우편전기통신주관청회의(CEPT, European Conference of Postal and Telecommunications Administrations). CEPT는 미국 FCC나 우리나라의 KCC와 같은 역할을 담당하는 유럽 연합의 조직이다.

GSM은 유럽 국가들이 중심이 되어 유럽 대륙에 있는 국가들은 모두 같은 기술 기반의 이동통신을 사용할 수 있는 기반을 만들었다. 주파수도 900메가헤르츠로 단일화했고, 나중에 1800메가헤르츠를 포함시켰다. GSM은 미국을 비롯해 전 세계로 확산되어 오늘날에도 가장 널리 사용되고 있는 통신 방식이다[18]. GSM이 사용되지 않는 나라는 손가락으로 꼽을 정도인데, 그 중 대표적인 곳이 바로 우리나라다. 우리나라가 GSM을 사용하지 않는 이유는 잠시 후에 나오는 코드분할 다중접속, 즉 CDMA라는 기술 때문이다.

오랜 기간 준비된 GSM은 마침내 1991년 7월 1일에 첫 통화가 이뤄졌다. GSM을 기반으로 한 2세대 셀룰러 이동통신을 이용한 첫 번째 통화는 핀란드에서 이뤄졌다. 최초의 통화는 아직 휴대용 단말이 준비되지 않은 관계로 카폰을 사용했다. 통화 당사자들은 음질이 좋다고 감탄사를 연발했다. 디지털 방식 덕분이었다. 이듬해에는 GSM망을 통해 최초의 문자(SMS)가 전송됐다. 최초의 문자는 "메리 크리스마스"였다[19].

주파수 다중접속에서 시분할 다중접속으로

0세대와 1세대에서는 주파수 대역이 이동통신 사업자에게 할당되면 이를 작은 단위의 주파수 대역인 채널로 나눴다. 그리고 사용자 간 통화가 필요할 경우에는 채널을 할당하는 방식이다. 이를 주파수분할 다중접속이라고 한다. 그림 1.6에서는 3개의 채널이 사용 중임을 보여준다. 이 방식에서는 준비된 채널이 모두 할당되고 나면 더 이상의 통화 요청이 있어도 서비스를 제

---

18 GSM의 성공적인 출시와 전 세계적인 보급으로 돈방석에 앉은 기업이 있으니 바로 노키아다. GSM이 유럽에서 시작된 만큼 노키아는 모토로라처럼 다른 대륙에 있는 기업들 대비 시장에서 유리한 위치를 점할 수 있었다. 노키아는 미국의 모토로라를 제치고 1998년 세계 제1의 휴대전화 제조업체로 등극했고, 2011년까지 1위 자리를 지켜낸다. 최고 전성기의 노키아는 40%를 웃도는 시장점유율로 세계시장을 완전히 장악했다. 영화 매트릭스에서 주인공 네오가 들고 있는 폰이 노키아 제품이었다.

19 최초의 문자는 컴퓨터에서 Orbitel 901이라는 휴대전화로 전송됐다. 당시에는 휴대전화에 문자 메시지를 작성할 수 있는 기능이 없었기 때문에 답변 문자를 보낼 수는 없었다.

공할 수 없다. 이미 통화를 진행 중인 누군가가 통화를 끝낼 때까지 대기해야 했다. 당시에 이 문제를 해결할 수 있는 방법은 채널 수를 늘리는 것밖에 없었다. 1세대에서는 1,000개의 채널이 사용되기도 했다. 그러나 사용자가 수백만 명에 이르는 등 수요가 급증하자 이를 해결하기 위해 새로운 방식인 시분할 다중접속(TDMA, Time Division Multiple Access) 방식이 도입됐다.

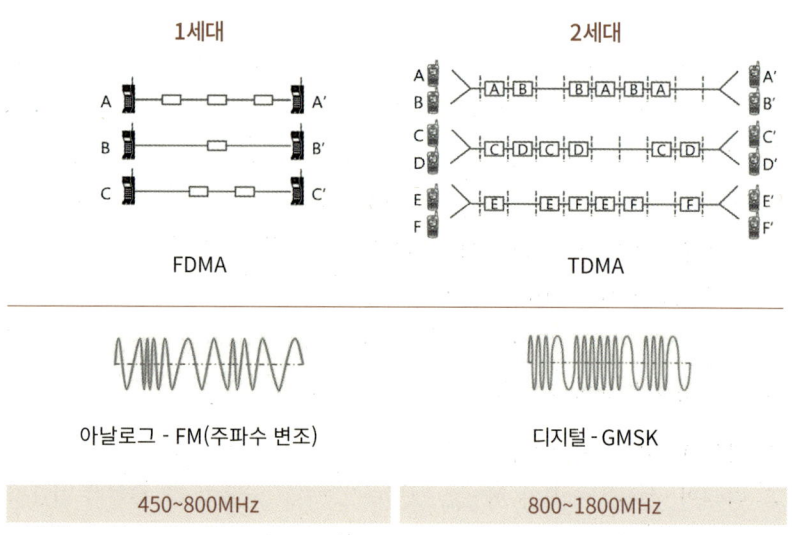

그림 1.6 1세대와 2세대의 비교

시분할 다중접속 방식은 기본적으로 채널을 공유하되 시간을 나누어 사용하는 것이다. 마치 오늘날의 카셰어링과 유사하다. 한 대의 자동차를 여러 사람이 같이 공유하며 사용하는 것이다. 방법은 사용자의 사용 시간만 잘 배분하면 된다. 그러면 사용자는 마치 자신이 차를 소유하고 있는 것과 똑같은 효과를 얻을 수 있다. 시분할 다중접속 방식도 마찬가지로, 채널을 다른 사람들과 공유하지만 마치 자신이 혼자 사용하는 것과 같이 느낀다.

이를 위해 통신 기술은 시간을 매우 짧은 단위로 나누어 여러 사람의 음성을 채널에 실어 보냄으로써 사용자들이 이를 전혀 눈치채지 못하게 한다. 그림 1.6에서는 하나의 채널에 두 쌍의 사용자가 연결돼 있다. 이들의 음성은 서로 섞여 있지만 사용자들은 마치 전용선을 갖고 있는 것처럼 통화하게 된다.

시분할 다중접속이 카셰어링과 다른 점은 사용하는 시간이 엄격하게 설정돼 있다는 점이다. 예를 들어, 시분할 다중접속은 매시간의 10분부터 20분까지는 토니가 사용하고, 20분부터 30분까지는 로저스가 사용하고, 30분부터 40분까지는 버키가 사용하는 것과 같다. 자동차가 사용 중이지 않으면 언제든지 사용할 수 있는 카셰어링과 다르다. 실제로 통신에서 이뤄지는 시분할은 밀리초 단위로 분할된다. 이렇게 구분된 시간 영역을 타임 슬롯이라고 한다. 사용자들의 음성은 지정된 타임 슬롯에 채워져 보내지고, 수신 측에서는 일정한 간격으로 전송되는 타임 슬롯 안에 있는 음성 신호를 끄집어낸다.

시분할은 안정적이고도 신뢰성 높은 데이터 전송이 가능하기 때문에 오늘날에도 다양한 영역에서 사용되고 있다. 예를 들어, 블루투스에서 음성 데이터를 전송할 때 시분할 방식을 사용하며, 자동차에서 사용되는 컨트롤 영역 네트워크에서도 유사한 방식을 사용한다. 다만 데이터 전송 효율을 더 높이기 위해 오늘날에는 순수한 시분할 방식보다는 다른 방식과 혼합된 형태로 사용된다.

시분할 다중접속(회선 방식)에서 패킷 방식으로

인터넷을 소개하는 자료에서 항상 다루는 소재가 회선 방식과 패킷 방식의 비교다. 인터넷을 통해 패킷 방식이 완성됐기 때문이다. 널리 알려진 것과 같이 인터넷은 회선의 중간에 장애가 생기더라도 우회 경로를 통한 통신이 가능하도록 패킷 방식을 채용했다. 그런데 패킷 방식이 갖는 또 다른 장점이 있다.

회선 방식에는 문제점이 있었다. 일단 통화를 원하는 두 전화기 간에 연결이 이뤄지면 전화가 끊어질 때까지는 독점이다. 다른 사람들이 사용할 수 없다. 심지어 연결된 회선으로 데이터가 전혀 이동하지 않더라도 말이다. 통신사의 입장에서 회선은 효율적으로 사용되지 못하고 있는 셈이다. 회선의 독점으로 인한 문제를 시분할 방식이 일부 해결했다. 하나의 회선으로 여러 사람이 동시에 사용할 수 있게 됐기 때문이다.

그러나 시분할 방식으로 회선의 독점 문제가 완벽히 해결된 것은 아니다. 시분할된 타임 슬롯들은 여전히 통화가 연결된 사람들 간에 독점되고 있었다. 이에 비해 패킷 방식은 필요할 때만 사용하는 방식이다. 회선의 독점이란 없다. 따라서 더욱 많은 사람이 통화할 수 있다. 통신사 입장에서 더욱 많은 사람에게 서비스할 수 있게 된다.

이에 2세대 이동통신의 회선 방식을 개선한 규격이 2.5세대라고 불리는 '범용 패킷 무선 서비스GPRS(General Packet radio Service)'다. 이동통신에서 패킷의 등장은 시사하는 바가 크다. 모바일 인터넷이라고 부르는 시대를 예고하고 있는 것이다. 음성 통화뿐만 아니라 데이터 통신이 가능해지면서 이동통신도 속도 전쟁에 발을 들여놓게 됐다. 범용 패킷 무선 서비스의 데이터 전송 속도는 초당 56~114킬로비트 수준이었다. 이를 개선하기 위해 나온 EDGE Enhanced Data rate for Global Evolution는 4배 정도 많은 데이터 전송이 가능했다.

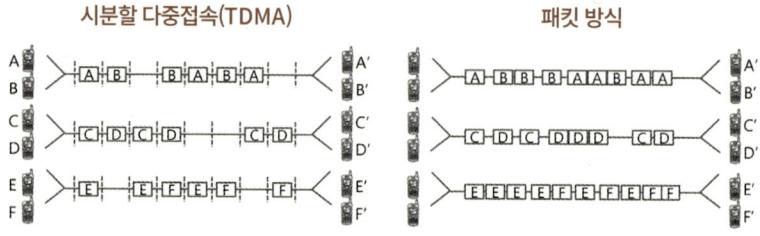

그림 1.7 시분할 다중접속과 패킷

아날로그에서 디지털로

이동통신 1세대에서 2세대로 바뀌면서 주파수 다중접속은 시분할 다중접속으로 바뀌었고 회선 방식에서 패킷 방식으로 바뀌었다. 그리고 빠뜨릴 수 없는 변화가 아날로그에서 디지털로의 전환이었다. 디지털 전환은 음성 신호의 디지털화와 무선 전송 방식의 디지털화로 이뤄졌다.

음성 신호의 디지털화는 30년 전 벨 연구소에서 발표했던 펄스부호변조 방식을 기반으로 한다. 펄스부호변조는 아날로그 신호를 일정한 주기로 샘플링(표본화)하고 그 값들을 일정한 구간으로 구분해서 그 대푯값을 설정하는 절차(양자화)를 거쳐 최종적으로 이진수로 표현된다(부호화). 촘촘히 샘플링할수록 신호의 미세한 변화를 포착해 낼 수 있고, 양자화를 세분할수록 원래 신호에 좀 더 가까운 값을 표현할 수 있다. 다만 이 경우 처리해야 할 데이터의 양이 많아지는 단점이 생긴다.

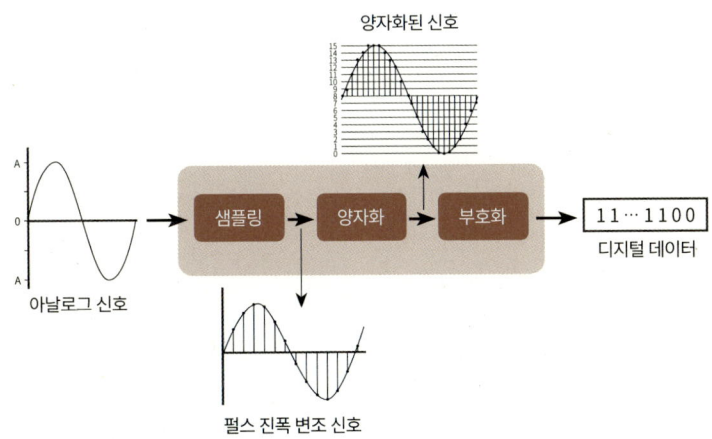

그림 1.8 아날로그와 디지털

아날로그 음성을 디지털로 변환할 수 있는 알고리즘 외에도 이를 모바일폰에 탑재하기 위해서는 소형화된 부품이 필요했다. 그동안 집적회로는 무어의 법칙에 따라 18개월마다 성능이 2배씩 향상되고 있었다. 음성의 디지털화는 집적회로로 구현되어 2세대 모바일 폰에 탑재되기 시작했다.

음성신호의 디지털화뿐만 아니라 전송 방식도 디지털화됐다. 1세대 이동통신은 아날로그 전송 방식이었다. AM 또는 FM 라디오 방송과 같이 진폭 변조 또는 주파수 변조를 사용했다. 이 방식은 신호의 간섭이나 외부의 영향에 취약했다. 일단 신호가 영향을 받더라도 이를 분간해 낼 방법이 없었다. 그런데 디지털 전송 방식에서는 전송되는 신호가 0 아니면 1이기 때문에 신호 왜곡 여부를 판단할 수 있었다. 그리고 일정 정도의 왜곡은 복원이 가능해졌다[20].

사용자가 체감하는 아날로그 방식과 디지털 방식의 차이는 통화 중 들리는 잡음의 유무다. 과거 아날로그 방식의 경우 무선 환경이 좋지 않으면 치익치익하는 소리를 듣게 된다. 이는 아날로그 모바일폰이 잡음과 통화를 구별할 수 없기 때문에 발생한다. 그런데 디지털의 경우에는 아예 들리지 않는 경우는 있어도 잡음이 들리는 경우는 없다. 따라서 깨끗하게 들린다고 느끼게 된다.

그림 1.9 영화 "매트릭스(1999)"와 "제리맥과이어(1996)" 속의 2세대 폰

---

20 GSM은 GMSK(Gaussian low-pass-filtered Minimum Shift Keying)를 표준으로 삼았다.

코드분할 다중접속(CDMA[21])

코드분할 다중접속이 주파수분할 다중접속, 시분할 다중접속과 가장 큰 차이점은 나의 신호이든, 남의 신호이든 일단은 모두 받는다는 점이다[22]. 주파수분할 다중접속의 경우에는 자신에게 할당된 주파수를 사용하는 신호만 수신하며, 시분할 다중접속의 경우에는 자신에게 할당된 타임 슬롯에 들어 있는 신호만 수신한다. 주파수분할 다중접속이나 시분할 다중접속의 경우 타인의 신호를 수신하기 위해서는 사용하는 주파수를 변경하거나 사용하는 타임 슬롯을 변경해야 한다.

그러나 코드분할 다중접속의 경우에는 주파수, 타임 슬롯과 무관하게 모든 신호가 혼합돼 있기 때문에 일단 나의 신호와 남의 신호를 모두 수신한다. 전체 신호를 받으면 그중에서 내가 받아야 할 신호만 골라서 뽑아내면 된다. 나에게 전송된 신호는 나만 알아볼 수 있게 코드화돼 있다.

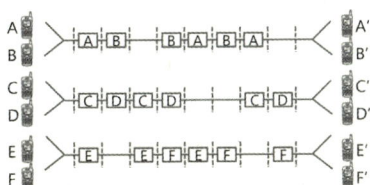 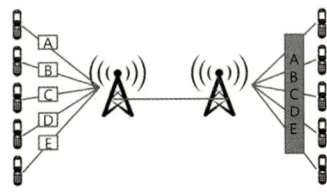

그림 1.10 시분할 다중접속과 코드분할 다중접속

---

21 CDMA(Code Division Multiple Access). 한동안 2세대 이동통신 방식으로 GSM과 CDMA가 경쟁하는 것처럼 인식되던 때가 있었다. 엄밀한 의미에서 GSM과 CDMA를 비교하는 것은 합당하지 않다. 동등한 비교를 위해서는 CDMA와 TDMA를 비교해야 한다. 즉, 코드분할 다중접속 방식과 시분할 다중접속 방식의 비교다. GSM에 대응하는 용어는 cdmaOne, 또는 IS-95다.

22 네트워크에 연결된 모든 노드에게 메시지(패킷)를 보내는 방식은 1971년 알로하넷에서 구현됐다. 이 방식은 이더넷, 와이파이 등의 원천 기술로 이어졌다.

코드분할 다중접속에서 전송하려는 데이터를 코드화하고, 수신된 신호를 원래의 데이터로 복원시키는 역할을 하는 코드를 PN-코드[23]라고 한다. PN-코드는 무작위로 생성된 백색잡음과 유사한 특성을 보이면서도 그 속에 일정한 규칙을 갖고 있어서 필요한 경우에 잡음 성분만 분리해서 제거가 가능한 코드를 말한다. PN-코드는 사용자 단말기마다 다른 값을 갖고 있다. 따라서 여러 사용자의 통화 내역이 섞여 있어도 이 코드를 이용하면 분리해 낼 수 있다[24].

코드분할 다중접속은 주파수분할 다중접속, 시분할 다중접속에 비해 분명한 장점들을 갖고 있었다. 이 때문에 3세대 이동통신은 자연스럽게 코드분할 다중접속 방식을 표준으로 채용했다. 코드분할 다중접속의 첫 번째 장점은 다른 통신 방식에 비해 신호 대 간섭비가 매우 낮아서 잡음 및 간섭 극복에 필요한 송신전력을 감소시켜 준다는 점이다. 좁은 대역폭의 강한 신호를 넓은 대역폭의 약한 신호로 변환하는 대역확산 기법 덕분이다. 그 덕분에 이동전화 단말기의 배터리 수명도 오래 지속될 수 있다.

두 번째로 코드분할 다중접속은 동일 주파수의 대역폭 안에서 동시에 다수의 채널을 사용하므로 셀 간 이동을 위한 핸드 오버 시, 통화의 단절이 생기지 않는 소프트 핸드 오버를 지원한다. 기존의 통신 방식에서는 핸드 오버를 위해 현재 연결을 끊고 새로운 연결을 형성하는 하드 핸드 오버를 채용했었다.

세 번째로 주파수분할 다중접속, 시분할 다중접속은 채널 수나 타임 슬롯의 물리적 구분으로 인해 통화 회선 수의 한계치가 명확한 데 비해 코드분

---

[23] Pseudo Random Noise Sequence. 와이파이의 802.11b에서도 PN-코드가 적용되는데, PN-코드로 Barker Code(10110111000)를 사용하고, 이를 칩 코드(Chipping Code)라고도 부른다. 이 PN-코드를 생성하는 원천 기술을 퀄컴이 특허로 보유하고 있다.

[24] 칵테일 파티 효과에 비유되기도 한다.

할 다중접속은 1~5회선 정도의 통화를 추가할 수 있다. 이는 음성 통화의 가변 비트율을 적용해서 트래픽이 많은 경우에는 각 통화 회선의 비트율을 낮춤으로써 전체 통화 회선의 수를 늘릴 수 있기 때문이다.

코드분할 다중접속이 상용화되기까지

코드분할 다중접속의 상용화는 K-팝에 견줄 만큼 대한민국의 위상을 높였다. 이미 전 세계의 70%에 달하는 국가가 시분할 다중접속 방식의 GSM을 선택하고 있던 때에 새로운 방식에 도전해서 이뤄낸 쾌거다. 이때부터 시작된 이동통신 분야에서의 역주는 모바일 폰, 스마트폰 등 단말기 시장의 석권으로 이어졌다.

코드분할 다중접속은 정부의 주도로 추진됐다[25]. 정부는 불과 수년 전 디지털 전화교환기 개발을 국가 주도로 진행해서 성공한 경험이 있었다[26]. 그 성과로 그동안 수입에만 의존하던 디지털 방식 전화교환기를 국산화해서 많은 외화를 아꼈던 것이다. 그러한 성공 체험을 미래의 먹거리로 예상되는 이동통신 분야에서 재현해 보자는 것이었다.

상황은 디지털 전화교환기를 개발할 때와 유사했다. 1990년대 초까지만 해도 우리나라의 이동통신 관련 기술 수준은 매우 낮은 상태였다. 대부분의 이동통신 장비는 AT&T나 모토로라로부터 수입해서 사용했으며 단말기의 경우는 모토로라가 시장을 지배하는 상황이었다. 국내 기업에 의해 단말기가 보급되기도 했지만 외국 제품을 수입해다 팔거나 조립해서 파는 수준이었다.

---

25 '이동통신 기술 개발 과정에 관한 연구: 기술정치와 기술학습의 상호작용'(송위진, 1999)
26 1977년에서 1991년까지 추진됐던 TDX기술개발사업

이 프로젝트의 최초 목적은 GSM과 같은 시분할 다중접속 방식의 구현이었다. 코드분할 다중접속은 아무도 신경 쓰지 않던 기술이었다. 이미 상당수의 국가들이 GSM을 표준으로 사용하겠다고 발표한 상황이었다. 기술 개발을 담당하던 전자통신연구소[27]도 시분할 다중접속 기술을 자체 개발하고자 했다.

그러나 당시 이동통신 관련 경험이 워낙 일천했던 탓에 자체 개발은 불가능하다는 것으로 결론을 내게 됐다. 그 대신 미국의 이동통신 업체와 기술을 공동 개발하는 전략을 선택했다. 이 역시 쉬운 일은 아니었다. AT&T, 모토로라, 노던 텔레콤에게 기술을 공동으로 개발하자는 제안을 했으나 모두 거절 당했다.

그러던 중 전자통신연구소의 한 책임연구자가 우연찮게 퀄컴 관계자를 만나게 됐다. 당시 코드분할 다중접속 기술 관련 스타트업 회사였던 퀄컴은 원천 기술을 갖고 있었으나 상용화하기 위한 자금 조달에 애를 먹고 있었다. 퀄컴 입장에서는 자금 조달이 된다면 기술 공동 개발은 큰 문제가 아니었다. 이렇게 해서 서로에게 아쉬운 점을 보완해 줄 만남이 성사됐다.

처음엔 모두에게 생소했던 코드분할 다중접속 방식이 연구를 거듭할수록 우수성이 입증되기 시작했다. 물론 성공 여부에 대해서는 누구도 확신할 수 없었다. 여전히 정부의 일각에서는 시분할 다중접속의 개발을 주장하고 있었다. 결국 의견 통합을 위한 진통을 겪은 후 코드분할 다중접속을 국가적 이동통신 표준으로 제정하게 됐다.

---

[27] 한국전자통신연구소(ETRI)는 1985년 3월 26일 특정연구기관육성법에 의해 설립된 정부 출연연구소로서 한국전기통신연구소와 한국전자기술연구소가 통합해서 발족된 기관이다. 1992년 3월에는 정부출연연구기관의 기능 재정립 방침에 따라 과학기술처에서 체신부로 감독 기관이 바뀌었다. 1997년 1월에는 한국전자통신연구원으로 명칭이 바뀌었다.

1995년 마침내 전자통신연구소는 퀄컴과 함께 코드분할 다중접속 단말기용 집적회로를 개발했다. 그리고 이듬해에 일반인들을 대상으로 상용 서비스가 제공됐다. SK텔레콤의 전신인 한국이동통신이 디지털 011이라는 이름으로, 신세기통신이 파워디지털 017이라는 이름으로 서비스를 시작했다. 이는 세계 최초의 코드분할 다중접속 상용 서비스였다.

그로부터 2년 후에는 1.8기가헤르츠 대역의 코드분할 다중접속 기술이 가능해졌다. 이를 개인 휴대 통신서비스(PCS[28])라고 부른다. 이 서비스는 한국통신 프리텔, 한솔PCS, LG텔레콤에서 시작했다. 이때를 기점으로 우리나라의 이동통신 서비스 가입자 수는 문자 그대로 폭발적으로 증가한다. 필자를 포함한 대다수의 직장인들이 휴대폰을 갖게 됐다.

한편, 5세대 이동통신이 코앞에 와 있는 시점에 전 국민이 4세대 이동통신을 사용할 것 같지만 현실은 그렇지 않다. 2018년 11월말 기준으로 우리나라의 2세대 이동통신 사용자는 180만 명에 달한다[29].

3세대, 스마트폰과 인터넷

비동기식 WCDMA와 동기식 CDMA2000

GSM이 유럽 대륙의 무선 이동통신의 통합을 위한 노력이었다면 IMT-2000[30]은 전 세계적인 무선 이동통신의 통합을 위한 노력이었다. 이 노력은 유엔의 산하 기관이던 국제 전기 통신 연합[31]에 의해 주도됐다. 어쩌면 기관의 이름에 걸맞게 당연히 해야 할 일을 한 것이었다. 그런데 각국의 경제적

---

[28] PCS(Personal Communications Service)
[29] 2021년에 주파수가 회수되어 2세대 이동통신 서비스는 종료될 예정이다.
[30] IMT(International Mobile Telecommunication)
[31] ITU(International Telecommunication Union)

이해관계가 얽힌 문제였기에 순조롭게 진행되지는 못했으며 무려 15년간 진행됐다. IMT-2000은 최소 초당 2메가비트의 데이터 전송 속도를 구현하도록 했으며, 영상 통화 및 모바일 인터넷 서비스를 구현하게 했다. 이 기준들을 만족하는 경우에는 3세대라는 이름을 사용할 수 있게 규정했다.

IMT-2000 프로젝트가 진행되는 동안, 벌써 세상은 3세대 방식에 대해 두 진영으로 나눠져 있었다. 하나는 동기식 방식인 CDMA2000이었고 다른 하나는 비동기식 방식인 WCDMA[32]였다. 이 둘의 차이점은 GPS로부터 받은 신호를 가지고 기지국 간에 동기를 맞추느냐 또는 그렇지 않느냐에 달려 있다. GPS가 미국의 위성 시스템을 사용하기 때문에 미국에서는 동기식인 CDMA2000이 채택됐다. 그러나 미국의 위성 시스템에 전적으로 의존할 수 없었던 유럽은 비동기식인 WCDMA를 채택하게 된다. 유럽의 통신 사업자들은 언제 미국이 변심해서 GPS 사용료를 지불하라고 요구할지 몰라 걱정이었던 것이다. 결과적으로 2세대 이동통신을 평정했던 GSM으로부터 발전한 비동기식인 WCDMA가 시장에서 우세했다[33].

전 세계에서 3세대 서비스를 상용으로 처음 시작한 나라는 일본이었다. 일본 NTT 도코모는 WCDMA에 기반한 3세대 서비스를 2001년에 시작했으나 시스템의 신뢰성 등의 문제로 인해 제한적인 서비스만 제공됐다. 그다음으로 3세대 서비스를 상용으로 시작한 나라는 대한민국이다. 2002년에 SK텔레콤이 먼저, 그 뒤를 이어 KT가 3세대 서비스를 시작했다.

---

32 Wideband-CDMA

33 WCDMA는 3GPP(3rd Generation Partnership Project)에서 연구 및 표준화 활동이 전개됐고, CDMA2000은 3GPP2(3rd Generation Partnership Project2)에서 진행됐다. 이름이 유사해서 동일한 프로젝트로 오해할 소지가 있으나, 이 둘은 아무런 관련이 없다.

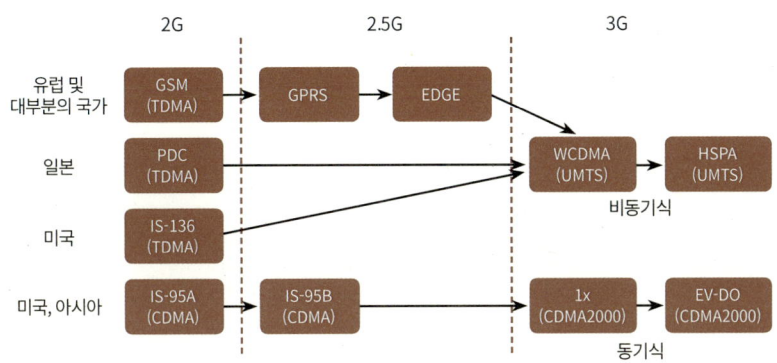

그림 1.11 2세대에서 3세대로의 발전 과정

우리나라는 국가적 차원에서 동기식과 비동기식 중 어느 쪽을 채택할 것인가를 놓고 의견이 분분했다. 2세대에서 코드분할 다중접속 방식으로 재미를 봤기 때문에 여기서 발전된 동기식으로 가자는 의견이 있는가 하면, 여전히 대다수의 국가가 표준으로 선택한 비동기식으로 가자는 의견이 있었다. 동기식을 선택하면 기존의 망을 활용할 수 있어 투자 비용이 비교적 적게 들고, 무엇보다 축적된 기술을 바탕으로 기술의 주도권을 가져갈 수 있다는 이점이 있었다. 다만 이동통신 규격의 섬으로 고립될 위험도 있었다.

결국 정부의 IMT-2000 서비스 이원화 정책에 따라서 SK텔레콤과 KT를 비동기식 WCDMA 사업자로 선정했고, LG텔레콤을 동기식 CDMA2000 사업자로 선정했다. SK텔레콤과 KT는 2004년도부터 WCDMA 서비스를 시작했고, 2007년도에는 전국망을 갖춰 본격적인 3세대 서비스를 제공하기 시작했다.

그런데 LG텔레콤이 동기식 IMT-2000 사업권을 2006년 7월 정부에 반납하면서 동기식 3세대 무선 이동통신 서비스는 빛을 보지 못했다. 문제는 세계적으로 IMT-2000 서비스 방식으로 동기식을 선택한 기업이 LG텔레콤

밖에 없다는 점이었다. 따라서 상용 서비스를 위해 필요한 단말기, 기지국 장비 등을 제조업체들로부터 제때에 공급받을 수 없었다.

그림 1.12 영화 "아이언맨(2008)" 속의 3세대 폰

이동통신과 인터넷의 만남

아이폰을 위시한 스마트폰이 아직 세상에 모습을 드러내기 전, 휴대폰 회사들은 저마다 인터넷과의 연결을 고민하고 있었다. 빨라진 통신 속도, 향상된 휴대폰 성능, 그리고 커진 디스플레이는 자연스럽게 모바일 인터넷의 등장을 예고하고 있었다. 하지만 컴퓨터에서 보던 인터넷의 모습 그대로를 손바닥 위로 옮기는 것은 여러 측면에서 무리였다. 아직 터치 스크린을 지원하는 휴대폰은 손가락으로 꼽을 때였다.

CPND[34]라는 가치사슬의 전 단계에 대한 막강한 영향력을 통신회사가 갖고 있을 때였기 때문에 이동통신과 인터넷의 만남은 통신사들의 주도하에 이뤄졌다. 그 결과 콘텐츠는 인터넷에서 사용되는 주요 기능 일부만을 휴대폰에 탑재하는 방식으로 이뤄졌다. 예를 들어 멀티미디어, 게임, 뉴스 보기를 휴대폰의 메뉴에 포함시키고, 사용자가 이를 선택하면 해당하는 콘텐츠를 보여주는 방식이다. 무엇을 보여줄 것인가는 통신사가 결정했다. 컴퓨터

---

34 콘텐츠(Contents)―플랫폼(Platform)―네트워크(Network)―디바이스(Device)

환경의 인터넷에서는 콘텐츠 제공업체가 무엇을 보여줄 것인가를 결정하는 것과 차이가 있었다.

화려한 도시 생활을 경험한 청년의 눈에 한가로운 시골 생활이 만족스러울 리가 없다. 컴퓨터로는 인터넷에서 무엇이든지 할 수 있는데, 휴대폰은 그에 한참 못 미치고 있었다. 통신사도 휴대폰 제조회사도 그 점을 모를 리 없었다. 그즈음에 풀브라우징이라는 말이 솔솔 나오기 시작했다.

풀브라우징(full browsing)이란 휴대폰을 통해 모든 웹사이트에 접근할 수 있는 개념으로 컴퓨터에서의 인터넷 사용 경험을 휴대폰으로 그대로 옮겨 놓는 것을 말한다. 휴대폰에서도 컴퓨터에서 보는 웹사이트와 동일한 형태로 볼 수 있으며 모든 인터넷 페이지의 웹서핑이 가능하다. 이동통신사의 무선포털이 제공하는 콘텐츠 범위를 넘어서 직접 인터넷 주소를 입력해서 네이버나 다음과 같은 웹 포털로 접속하는 것이 가능하다. 풀브라우징 서비스는 기존의 폐쇄적인 환경을 벗어나 개방형으로의 전환을 의미한다고 할 수 있다.

많은 사람이 고대하던 기능이었지만 실상은 맛있는 단팥죽을 주면서 숟가락 없이 젓가락만 주는 꼴이었다. 휴대폰에 장착된 2~3인치 크기의 디스플레이로 18인치 스크린에 최적화된 화면을 보기 위해서는 끊임없이 줌인/줌아웃과 상하좌우 스크롤을 해야 한다. ActiveX 같은 비표준기술, 용량이 큰 플래시 등을 활용한 웹사이트는 제대로 볼 수조차 없었다.

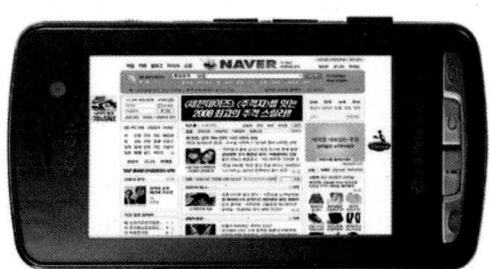

그림 1.13 풀브라우징

그렇다고 해도 풀브라우징은 혁명적인 사건이었다. 풀브라우징으로 인해 CPND의 가치 사슬에 대한 통신사의 주도권이 다른 곳으로 넘어가기 시작했다. 우선 콘텐츠 제공업체의 힘이 더 커졌다. 인터넷에 직접 접속하는 것이 가능해졌기 때문에 더 이상 통신사가 콘텐츠를 선택하지 않게 됐다. 콘텐츠는 사용자가 직접 선택하는 것이고, 콘텐츠 제공업체가 무엇을 보여줄 것인가를 결정하게 됐다. 그리고 새로운 플랫폼 강자들이 서서히 모습을 나타내기 시작했다. 디바이스는 새로운 세상의 탄생을 예고하고 있었다.

스마트폰의 탄생 순간, 원 디바이스

"오늘 여러분과 저는 역사를 만들 것입니다."

2007년 1월 9일. 샌프란시스코의 모스콘 웨스트에서 열린 맥월드 2007 기조연설에서 스티브 잡스가 운을 떼자 관중석에서 박수 갈채와 환호가 터져 나온다. 맥 컴퓨터와 애플TV에 대한 프레젠테이션을 마친 애플 CEO는 잠시 목을 축이기 위해 생수를 마신다. 그리고 고개를 약간 숙인 채 진지한 분위기를 연출하며 단상의 가운데로 천천히 걸어 나온다. 청중들은 숨을 죽이고 그의 다음 멘트를 기다리고 있다.

"전 이 날을 지난 2년 반 동안 기다려 왔습니다."

마치 잡스와 같이 2년 반을 기다린 것처럼 관중석에서 박수가 터져 나온다. 박수 소리가 끝나기도 전에 그는 가끔 혁신적인 제품들이 나와서 세상을 바꿨다고 말하며, 애플은 매우 운이 좋았다고 말한다.

"1984년, 애플은 매킨토시를 만들었습니다. 매킨토시는 애플만 바꾼 것이 아니라 컴퓨터 산업 전체를 바꿨습니다. 2001년, 아이팟을 만들었습니다. 아이팟은 우리가 음악을 듣는 방법만 바꾼 것이 아니라 음악 산업 전체를 바꿨습니다. 그리고 오늘 세 가지 혁신적인 제품을 소개하고자 합니다."

잡스가 소개한 세 가지 제품은 와이드 스크린을 탑재한 아이팟, 혁신적인 휴대폰, 그리고 인터넷 커뮤니케이션 기기였다. 세 번째 제품을 언급하자, 관중석에서는 호기심이 역력한 표정들이 나타났다. 발표자는 세 가지 제품을 단상 위의 큰 화면에 반복적으로 보여주기 시작했다. 아이팟, 폰, 웹 브라우저를 상징하는 아이콘들이었다. 서서히 현장의 분위기가 달아오르기 시작했다.

"아시겠어요? 이건 별도의 세 가지 기기가 아닙니다. 원 디바이스(One device)입니다. 우리는 이것을 아이폰이라고 부르겠습니다. 애플은 오늘 폰을 다시 발명할 것입니다."

그 순간 화면에 나타난 기기는 전화 다이얼이 붙어 있는 아이팟이었다. 진지한 순간에도 그는 유머를 잊지 않았다. 그리고 나서 그는 자신의 바지 주머니에서 진짜 아이폰을 꺼내서 청중들에게 보여준다. 이렇게 아이폰은 세상에 첫 선을 보였다. 그로부터 6개월 후, 아이폰은 첫 번째 고객의 손에 쥐어졌다.

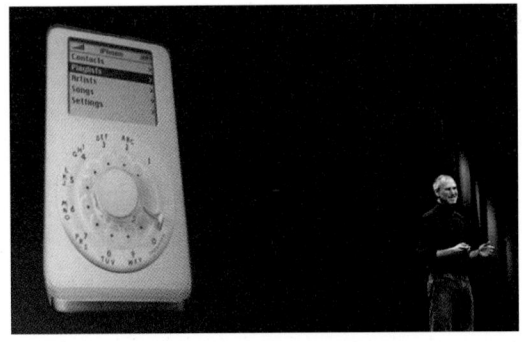

그림 1.14 아이폰을 소개하는 스티브 잡스[35]

---

[35] https://www.youtube.com/watch?v=9hUlxyE2Ns8&t=196s

3.5인치 크기의 디스플레이, 480×320 해상도, 멀티터치를 지원하는 정전식[36] 터치 스크린, 2세대 통신 모듈이 첫 아이폰의 모습이었다. 애플의 컴퓨터나 아이팟에서 각광받은 미니멀한 디자인을 한층 더 세련되게 다듬어 물리적 버튼은 단 하나만 남긴 미니멀리즘의 극치를 보여줬다. 피처폰으로 어설프게 흉내 내던 풀브라우징은 아이폰에서 완성됐다. 아이폰에는 컴퓨터에서 사용되던 사파리 웹 브라우저가 탑재됐다.

피처폰의 풀브라우징이 CPND의 세상을 미풍으로 흔들기 시작했을 때 아이폰은 가치 사슬을 뿌리부터 흔들기 시작했다. 그리고 그해 6월 애플 개발자들을 위한 WWDC[37]에서 소개된 '앱스토어'는 플랫폼 혁명을 불러오게 된다. CPND의 주도권을 놓고 춘추전국시대가 도래한 셈이었다.

4세대, LTE

데이터 전송 속도, 75Mbps

2008년 국제 전기 통신 연합은 IMT-2000에 이어서 더욱 발전된 형태의 이동통신 서비스인 IMT-Advanced를 정하고 이를 만족하는 이동통신 기술을 4세대로 인정한다고 발표했다. 국제 전기 통신 연합에 의하면 고속 이동 중 데이터 다운로드 속도는 초당 100메가비트를 지원하고, 정지 상태에서는 초당 1기가비트를 지원해야 하며, 인터넷 프로토콜과 호환돼야만 4세대 이동통신이라고 할 수 있었다. 그 후보 기술로 LTE-Advanced와 Wibro-Evolution을 선정했다.

---

[36] 정전식 터치 스크린은 전기 신호의 변화를 이용해 터치를 판정하는 방식으로, 손가락 같은 전도성이 있는 물체로만 터치할 수 있다. 이전에는 감압식 터치 스크린이 사용됐다. 이는 물리적인 압력을 감지해서 터치를 판정하는 방식이다.

[37] Apple Worldwide Developers Conference. 애플이 개발자들을 위한 새로운 소프트웨어와 기술들을 공개한다.

마침 이동통신 업계에서는 꾸준히 데이터 전송 속도를 끌어올려 놓고 있었다. 최대 데이터 다운로드 속도는 초당 75메가비트였다. 이를 LTE[38]라고 이름 짓고 새로운 세대의 이동통신 서비스를 마케팅할 계획이었다. 그런데 느닷없이 국제 전기 통신 연합이 뒤통수를 친 셈이 됐다. 새로운 규격에 의하면 4세대라는 이름을 붙일 수 없게 된 것이다.

돈을 벌어야 하는 업계가 그냥 물러설 리가 없었다. 국제 전기 통신 연합의 표준을 무시하고 자신들의 LTE는 이미 4세대라고 주장했고, 4G LTE라고 광고하기 시작한 것이다. 돈이 위력을 발휘하는 순간이었다[39]. 그렇게 일반인들의 머릿속에는 LTE가 4세대라는 인식이 생기게 됐다. 간간히 일부 식자들만 현재의 LTE는 3.9세대라고 주장했을 뿐이다. 결국, 2년 후 국제 전기 통신 연합은 한발 양보해서 LTE도 4세대라고 불러도 된다는 보도자료를 내놓기에 이르렀다. 그러면서도 LTE-Advanced를 진정한 4세대, 'True 4G'라는 이름으로 규정했다.

LTE의 최초 상용서비스는 2009년 스웨덴 스톡홀름과 노르웨이 오슬로에서 텔리아소네라 사업자에 의해 시작됐다. 당시 모바일 폰이 아직 출시되지 않아 노트북에 연결해서 사용하는 USB 모뎀 형태로 공급됐다. 첫 상용 USB 모뎀 제품은 삼성전자에서 출시했다.

---

38 3GPP 컨소시엄에서 개발했다. 본래는 표준화가 시작된 2004년 시점에서 2020년경까지의 긴 시간 동안의 통신 수요를 지원하는 의미에서 Long Term이란 용어를 쓰고, 또한 2004년 시점에서 주로 쓰이고 표준화되고 있던 WCDMA/HSxPA 기술의 진화형 기술이라는 의미에서 Evolution이란 용어를 사용해서 Long Term Evolution이라고 명명됐다.

39 4K UHD에서도 같은 현상이 목격되고 있다. 엄밀한 의미에서 이 둘은 다르다. UHD는 FHD(1920x1080)의 4배에 달하는 해상도를 갖는다. 따라서 UHD의 해상도는 3840x2160이다. 그러나 4K는 가로 해상도가 4096 화소를 갖는 것이다. 일반적으로 4096x2160, 또는 4096x1716이 사용된다. 그런데 4K 해상도가 먼저 세상에 소개됐고, 이후 TV 제조회사들이 UHD를 생산하기 시작했다. 4K가 소비자들에게 쉽게 수용되자 텔레비전 제조업체들은 4K UHD라는 문구로 광고를 시작했고, 현재는 이 둘이 같은 의미로 받아들여지고 있는 추세다.

코드분할 다중접속의 막을 내리다

2세대, 3세대에서 사용됐던 코드분할 다중접속은 태생적으로 데이터 전송 속도를 향상시키는 데 한계가 있었다. 따라서 4세대 LTE[40]에서는 코드분할 다중접속 기술을 더 이상 사용하지 않고, 직교형 주파수분할 다중접속[41]을 사용한다. 이 기술은 50년 전부터 개념이 제안됐으나 연산량이 많아서 CPU 등의 발전 및 소형화가 충분히 이뤄지기까지 많이 활용되지 못했다. 마침 와이파이 진영에서 이 기술을 개선해서 사용 중이었으므로 이를 활용하게 됐다.

직교형 주파수분할 다중접속은 특정한 상황에서 여러 개의 신호를 겹쳐 놓더라도 신호 간에 서로 간섭 현상이 생기지 않는 성질을 활용한다. 이때 신호 간섭 현상이 생기지 않는 두 신호를 직교성(Orthogonal)이 있다고 한다[42]. 이러한 신호들을 이용해 다수 사용자의 신호를 동시에 전송하는 방식이다. 이 방식을 통해 초당 75메가비트의 데이터 전송 속도를 달성했다.

마침내 진정한 4세대의 속도를 내다: LTE-A와 광대역 LTE

LTE의 데이터 다운로드 속도가 초당 75메가비트였던 이유는 사용할 수 있는 주파수 대역폭이 10메가헤르츠였기 때문이다. 주파수 대역폭이 늘어날수록 데이터 전송 속도는 높아진다. 만약 20메가헤르츠를 사용할 수 있다면 데이터 전송 속도는 초당 150메가비트가 된다. 고속도로에서 차량의 통행량을 늘리기 위해 도로를 넓히고 차선을 추가하는 것과 같다.

---

40 LTE(Long Term Evolution)
41 OFDMA(Orthogonal frequency-division multiple access). 다운링크에서는 OFDMA를 사용하고 업링크에서는 SC-FDMA를 사용한다.
42 직교성을 갖는 신호들은 하나의 신호의 세기가 최대일 때 겹쳐진 다른 신호의 세기가 최저로 일치하는 신호들이다.

대역폭의 확대는 2가지 방법으로 이뤄졌다. 첫째는 인접한 주파수 대역을 함께 사용하는 것이다. 10메가헤르츠 + 10메가헤르츠 = 20메가헤르츠를 확보함으로써 초당 150메가비트의 전송 속도를 얻을 수 있었다. 이를 광대역 LTE라고 한다. 이는 마케팅 용어이며, 소비자들의 이해를 돕기 위한 표현이다. LTE 규격에는 처음부터 20메가헤르츠 대역폭을 사용할 수 있도록 정의하고 있다. 그동안 관련 기술이 구현되지 않아서 사용되지 못했을 뿐이다. 따라서 정확한 표현은 20메가헤르츠 대역폭을 사용하는 LTE다.

두 번째 방법은 인접해 있지 않은 두 주파수 대역을 함께 사용하는 것이다. 이들은 서로 떨어져 있기 때문에 광대역 LTE는 아니다. 그리고 광대역 LTE보다는 고도의 기술을 필요로 한다. 이를 주파수집성기술[43]이라고 부른다. 이 기술이 적용된 경우를 LTE-A라고 부른다. LTE-Advanced를 줄인 말이다. 국제 전기 기술 연합이 진정한 4세대의 후보로 선정했던 통신 방식이다. 이제는 LTE 표준화를 주도했던 3GPP와 국제 전기 기술 연합이 다툴 필요가 없어졌다.

2개의 주파수를 합칠 수 있는데, 3개의 주파수를 못 합칠 이유가 없다. 최근에는 20메가헤르츠 대역 주파수 1개와 10메가헤르츠 대역 주파수 2개를 합쳐서 서비스하기도 한다. 3개의 대역을 사용한다고 해서 '3대역 LTE', 또는 '3밴드 LTE', '3밴드 LTE-A' 등 다양한 이름으로 마케팅하고 있다. 이 경우 이론상으로는 150Mbps + 75Mbps + 75Mbps = 300Mbps의 데이터 전송 속도를 얻을 수 있다.

---

[43] CA(Carrier Aggregation)

데이터 전송 속도의 실제

기술의 발전에 힘입어 현대인들의 삶은 편리해졌다. 과거에는 없었던 제품들이 등장해서 인간이 해야 할 일들을 대신해 주기 때문이다. 오늘도 새로운 제품들이 텔레비전에 등장해서 어떻게 우리 삶을 편리하게 해 주는지 열심히 설명하고 있다.

그런데 오늘날 텔레비전 광고를 통해 소개되는 제품의 기능들이 현실에서도 100% 사용 가능하다고 생각하는 사람은 없다. 광고는 단지 이상적인 모습을 그린다는 것을 이미 오랜 경험을 통해 소비자들은 알고 있다. 광고는 다만 이미지를 전달할 뿐이다.

2018년 2월, 영국의 이동통신 네트워크 품질조사 업체인 오픈 시그널에 따르면 우리나라의 4세대 LTE의 평균 다운로드 속도는 초당 40.44메가비트로, 조사 대상 88개 국가 가운데 4위로 나타났다. 다운로드 속도가 가장 빠른 국가는 싱가포르로, 초당 44.31메가비트였다. 그 밖에 네덜란드와 노르웨이가 근사한 수치로 각각 2위, 3위를 차지했다. 대부분 국가가 전년보다 평균 다운로드 속도가 저하됐는데, 4세대 네트워크의 대역폭은 제한돼 있지만 이용자 수가 늘면서 평균 속도가 느려졌기 때문이다.

이 속도는 처음 소개됐던 LTE의 데이터 전송 속도인 초당 75메가비트와는 많은 차이가 있다. 실제로 국내 여러 장소에서 측정해 보면 장소에 따라 많은 차이를 보인다. 특히 유동인구가 많은 지역일수록 데이터 전송 속도가 저하되는 현상이 두드러지게 나타난다. 또한 LTE 전파의 사각 지역에서도 데이터 전송 속도는 크게 떨어진다. 대표적으로 지하철의 역과 역 사이를 통과할 때는 한 자리 숫자의 데이터 전송 속도를 보이기도 한다.

5세대, 미래

눈 앞에 다가와 있지만 아직도 그 실체가 완전히 드러나지 않은 5세대 이동통신의 비전은 다음과 같다. 첫째는 기존의 4세대에 비해 20배나 빠른 데이터 전송 속도이며, 둘째는 4세대보다 10배나 많은 기기를 동시에 연결할 수 있다는 것, 셋째는 4세대에 비해 10분의 1에 불과한 초저지연이다.

	4세대	5세대
데이터 속도	초당 1기가비트	초당 20기가비트
지연 시간	10밀리초	1밀리초
연결 기기 수	제곱킬로미터당 10^5대	제곱킬로미터당 10^6대

표 1.2 4세대와 5세대 비교

첫째, 5세대의 데이터전송 속도는 아직 확정되지 않았다. 하지만 초고해상도 기반의 가상현실(VR)/증강현실(AR) 기술[44] 및 홀로그램 등 대용량 전송이 필요한 서비스를 감당하기 위해 사용자당 초당 100메가비트에서 최대 20기가비트까지 훨씬 빠른 데이터 전송 속도를 목표로 한다. 이 때문에 '광섬유 없는 광 네트워크'라는 이야기가 나온다.

이를 위해 현재 이동통신에서 사용 중인 주파수 대역보다 훨씬 높은 대역의 주파수를 사용할 예정이다. 그래야만 이동통신사별로 더 큰 주파수 대역폭을 할당할 수 있다. 잠정적으로 밀리미터파에 해당하는 6기가헤르츠 이상의 주파수가 사용될 예정이다. 우리나라는 28기가헤르츠를 표준으로 밀고 있다.

---

[44] VR(Virtual Reality), AR(Augmented Reality)

한편, 밀리미터파를 사용함으로써 파장이 짧아지고, 짧은 파장 덕분에 더 빠른 속도로 통신이 가능하다. 하지만 파장이 짧기 때문에 신호가 벽, 나무 등 물질을 관통하기 더 어려워진다. 따라서 통신 기기와 기지국 간의 거리가 가까워져야 하고, 과거보다 더 많은 기지국을 설치해야 한다.

4세대의 경우 700~1000미터마다 기지국이 설치돼 있다. 28기가헤르츠를 사용하는 5세대의 경우 250~300미터마다 기지국이 설치돼야 한다. 즉, 과거보다 4.3배의 기지국이 필요할 것으로 보인다. 이는 막대한 투자 비용을 필요로 한다. 따라서 전국적으로 5세대 이동통신 서비스 구축이 완료되기에는 다소 시간이 걸릴 것으로 예상된다.

둘째, 초연결이다. 5세대에서는 단위 면적당 더 많은 기기가 동시에 연결될 수 있게 한다. 수많은 가정용, 산업용 IoT 기기들이 상호 연결되어 동작할 미래 환경을 대비하기 위한 것이다. 1제곱킬로미터 면적당 1백만 개의 연결을 지원하는 것이 목표다.

셋째, 초저지연성이다. 5세대 단말기를 통해 인터넷 검색을 한다고 가정해 보자. 스마트폰에서 검색어를 입력한 후 검색 버튼을 누르면 통신이 시작된다. 검색어는 이동통신망을 이용해 기지국으로 전달된 다음, 유선망을 통해 인터넷망으로 전달된다. 그리고 인터넷망을 통해 구글 서버에 도착한다. 구글의 처리 과정을 거친 다음, 검색 결과는 반대 경로를 따라서 단말기로 되돌아온다. 이때 구글 서버의 처리 과정에 소요된 시간을 제외한 나머지 소요시간이 네트워크 지연 시간이다. 이는 순전히 네트워크 상에서 데이터 전송을 위해 소요된 시간이다. 이 시간이 5세대에서는 1밀리초[45] 이하가 된다. 4세대에서는 20밀리초다.

---

45 1밀리초 = 1000분의 1초

초저지연은 미래의 중요한 애플리케이션들을 위한 핵심적인 요소다. 대표적인 사례로 자율주행차를 들 수 있다. 미래의 자율주행차가 클라우드의 인공지능과 연결돼 있고 카메라와 센서를 통해 보행자를 발견하고 즉시 멈춰야 하는 상황이라고 해보자. 클라우드 상의 인공지능에게 정보를 보내고, 다시 받기까지 얼마나 많은 시간이 소요되는지에 따라 완전히 정지하기까지 걸리는 시간은 다를 것이다. 예를 들어, 자동차가 시속 100킬로미터로 주행하고 있었고, 네트워크 지연이 1초라면 자동차는 무려 27미터를 움직인 다음에 완전히 정지하게 된다. 4세대 LTE라면 네트워크 지연이 20밀리초이므로 0.81~1.35미터를 움직인 다음 정지한다. 5세대라면 1밀리초이므로 0.027미터를 움직이고 정지하게 된다.

군집주행[46]의 경우에도 초저지연은 중요하다. 자율주행차들은 선행하는 차와 매우 가까운 거리에서 뒤따르게 된다. 앞차가 속도를 늦추게 되면 이에 맞춰서 뒤차들도 즉각적으로 속도를 줄여야 한다. 5세대를 이용한 초저지연이 가능한 상황에서는 마치 자동차들이 보이지 않는 케이블로 연결된 것처럼 일사불란하게 움직일 것이다.

---

46 이 책의 마지막 장에서 차량들의 군집주행을 위한 프로젝트에 대해서 상세히 다룬다.

전 세계를 실시간으로 연결하다
통신위성

"나는 이 더 빠른 통신이 ...
모든 사람의 복지와 안전을
더욱 증대시켜 줄 것이라고 믿습니다"

- 텔스타 위성의 성공을 축하하기 위한 존 F. 케네디 대통령의 연설 중에서

스푸트니크 충격, 인터넷과 GPS를 낳다

역사는 꿈꾸는 자가 만든다

최초의 셀룰러 폰이 공상과학 영화에서 영감을 얻었듯이, 인공위성도 공상과학 작가의 아이디어에서 출발했다. 그 작가는 바로 영화 '2001: 스페이스 오디세이'의 극작가이기도 한 영국 출신의 소설가 아서 C. 클라크[1]다. 그는 최초의 인공위성이 발사되기 10여 년 전에 우주에 떠 있는 인공위성을 이용하면 지구 상의 많은 사람들이 서로 통신할 수 있을 것이라고 생각했다[2]. 그가 제안한 개념은 정지궤도 통신위성이었는데, 오늘날 정지위성 궤도를 클라크 궤도라고도 한다. 클라크 궤도는 36,000킬로미터 상공에 있다.

---

1 아이작 아시모프, 로버트 A. 하인라인과 함께 3대 공상과학 소설가로 불림.
2 역사상 다른 위대한 사상들처럼 우주정거장, 혹은 인공위성을 이용하는 통신에 대한 아이디어는 클라크만 갖고 있었던 것은 아니었다. 1901년 대서양을 건너는 무선 통신이 성공한 지 벌써 40년이 지난 시기였고, 우주정거장에 대해 일반인들도 이야기할 때였다. 누군가가 우주정거장에서 지구와의 무선통신에 대한 아이디어를 냈더라도 그리 놀라운 사건은 아니었다. 오늘날 누군가가 물로 가는 자동차를 만들 수 있다고 아이디어를 내는 것과 같은 일이다.

클라크의 통신 인공위성에 대한 제안이 있은 지 40년 후 모토로라는 77개의 통신인공위성을 띄워서 전 세계 어디서나 통화할 수 있는 시스템을 제안했다. 이리듐으로 명명된 이 프로젝트는 부침을 거쳐 오늘날 오지를 여행하는 사람들에게 필수품인 위성 전화를 공급하고 있다. 이 위성들은 780킬로미터 상공에 떠 있다.

다시 30년의 세월이 흐른 뒤, 전기자동차 업체 테슬라와 우주개발업체 최고경영자인 일론 머스크는 전 세계에 초고속 인터넷 네트워크를 구축하기 위해 4,425개의 인공위성을 쏘아 올리겠다는 제안서를 미국연방통신위원회에 제출했다. 여기에는 직간접적으로 구글도 참여하고 있다. 만약 프로젝트가 성공적으로 진행된다면 이 위성들은 1,200킬로미터 상공에 위치하게 된다.

현재까지 지구 궤도에 있는 위성은 공식적으로는 4천여 개지만 비밀리에 발사된 위성을 포함하면 6천여 개가 될 것이라고 한다. 그중에서 1천여 개의 위성만 정상적으로 동작 중이며 나머지는 자리만 차지하고 있다. 이 모든 위성은 지난 60년간 쏘아 올린 것들이다. 이 모든 것의 시작이 스푸트니크였다.

인류 최초의 인공위성

1957년 옛 소련(소비에트연방)은 카자흐스탄의 바이코누르 우주기지[3]에서 세계 최초의 인공위성인 스푸트니크 1호를 쏘아 올렸다. 대형 비치볼 크기였으며 4개의 기다란 안테나를 갖고 있었다. 마치 쇠구슬에 낚싯대 4개가 붙어 있는 모양이었다. 위성은 3개월 정도 궤도를 지켰고, 그 이후 대기권으로 진입하면서 소멸했다. 신호 전송은 배터리 문제로 22일 정도만 가능했다.

---

3   바이코누르 우주기지는 한국 최초 우주인 이소연 박사가 소유즈호를 타고 우주로 올라간 곳이다.

첫 번째 인공위성이 발사되고 한 달 뒤, 스푸트니크 2호에는 살아있는 개 '라이카'를 태워서 쏘아 올렸다. 라이카의 몸에는 맥박을 잴 수 있는 센서가 부착됐고 센서의 값은 지상으로 전송됐다. 라이카는 7시간 가량 지난 후 과열과 스트레스로 사망했다. 2호도 대략 6개월 정도 비행한 후 대기권으로 진입하면서 소멸했다.

이듬해에는 과학탐사 위성 스푸트니크 3호를 성공적으로 발사했다. 3호의 무게는 1.3톤에 달했다. 이렇게 소련은 냉전 시대의 경쟁자에게 3연타를 날렸다. 당시 미국은 연거푸 인공위성 발사에 실패하면서 체면을 구기고 있었다.

그림 2.1 영화 "월-E" 속의 스푸트니크

스푸트니크 충격

스푸트니크라는 인공위성 자체가 갖는 기술적인 의미는 크지 않았다. 그보다 소련의 인공위성이 미국에 가한 충격이 불러온 그 이후의 기술적 발전이 훨씬 의미가 크다. 미국인들은 자신들의 머리 한참 위에서 날아가는 인공위성을 상상하며 경악하기 시작했다. 하늘에서 어느 날 갑자기 핵폭탄이 떨어질 수도 있다는 공포감에 사로잡히게 된 것이다. 이 때문에 미국 사회 전반에 걸쳐 각성과 과학 기술 전반에 많은 투자가 이뤄졌다. 이듬해에 아이젠하워 대통령은 2개의 국가 기구를 설립하라고 지시했는데, 바로 고등연구 계획국[4]과 미 항공우주국[5]이다.

---

4   ARPA(Advanced Research Projects Agency), 1972년에 DARPA로 바뀌었다.

5   NASA(National Aeronautics and Space Administration)

고등연구 계획국은 핵폭탄 공격에 대처하기 위한 네트워크를 만들게 되는데, 네트워크의 이름을 아파넷으로 명명했다. 아파넷은 인터넷의 모태가 되는 네트워크다. 초기에는 인공위성 관련 기술을 개발하기도 했다. 그 밖에도 슈퍼컴퓨터를 포함한 초대형 컴퓨터 개발, 인공지능, 음성인식 등의 개발을 주도했다. 조직의 이름에서 알 수 있듯이 이 기관은 직접 연구를 수행하는 대신 민간 연구 기관에게 과제를 의뢰하는 형태로 운영됐다.

미 항공우주국은 최초로 텔레비전 영상을 전송한 인공위성 텔스타로 소련과의 우주 경쟁에서 우위를 점하기 시작했다. 그리고 머큐리 계획, 제미니 계획에 이어 아폴로 계획으로 인간이 달에 첫 발을 내딛게 했다.

스푸트니크가 가져온 또 하나의 혁명적인 기술은 GPS다. 스푸트니크는 기다란 안테나를 이용해 20메가헤르츠와 40메가헤르츠 주파수로 발신했는데, 인공위성이 머리 위를 지나갈 때 전파 수신기를 이용하면 신호음을 들을 수 있었다. 우연히 이 신호를 연구하던 미국의 과학자들은 도플러 효과를 이용하면 인공위성의 위치를 파악할 수 있음을 깨닫게 되는데, 이를 역이용해서 사용자들의 위치를 파악하는 방법을 알아냈다. 이렇게 시작된 GPS는 군사용으로 사용되다가 소련에 의한 대한항공 격추 사건 이후, 레이건 대통령의 지시로 민간에 공개됐다. 오늘날 GPS는 비행기, 선박의 항법 장치뿐만 아니라 자동차 내비게이션 시스템에도 사용되고 있으며, 모든 핸드폰에 탑재돼 있다.

통신위성, 전 세계를 실시간으로 연결하다

미국의 도전

스푸트니크 발사 전부터 미국도 인공위성을 쏘아 올리기 위한 노력을 진행 중이었다. 다만 미국은 인공위성보다는 대륙간 탄도미사일 개발에 좀 더 치

중하고 있었다. 그런데 느닷없이 소련에 허를 찔린 격이 됐다. 이제 대륙간 탄도미사일은 관심사가 아니었다. 경쟁의 무대는 우주로 바뀌었다.

미국은 소련에 뒤질세라 인공위성 발사에 박차를 가했지만 번번이 실패를 거듭했다. 다급해진 미국은 그동안 푸대접하던 독일 출신 이민 과학자들을 중용해서 가까스로 최초 인공위성 발사보다 넉 달 뒤에 익스플로러 1호를 성공적으로 쏘아 올린다. 미국의 공식적인 우주 개발 역사는 이때부터 시작됐다.

익스플로러 1호의 성공은 간신히 체면치레를 한 정도였다. 당시 소련이 1톤이 넘는 위성을 쏘아 올리고 있었던 것에 비해 익스플로러 1호는 14킬로그램에 불과했다. 인공위성만 놓고 보자면 다윗과 골리앗의 대결이었다. 이후의 역사도 성경 속 싸움처럼 전개됐다.

최초의 통신위성, SCORE

신설된 고등연구 계획국은 특별한 목적의 인공위성을 제작하기 위한 프로젝트를 진행했다. 실제 개발에 참여한 일부 연구원들을 제외하면 어느 누구도 프로젝트의 목적을 알지 못했다. 위성은 익스플로러 1호가 성공적으로 발사된 지 10개월 뒤에 성공적으로 궤도에 진입했다. 그동안 비밀리에 개발되어 위성에 탑재됐던 장치가 동작을 시작했다. 이윽고 미국 대통령 아이젠하워의 크리스마스 인사가 전파를 타고 지구로 전송됐다. 이는 우주에서 지구로 전송된 최초의 메시지였다.

그동안 비밀리에 개발된 장치는 일종의 테이프 녹음기였다. 이 장치는 지상의 기지국에서 신호를 보내 동작시킬 수 있었다. 녹음 모드로 설정한 후 지상에서 음성 신호를 전송해서 테이프에 저장할 수 있었고, 재생 모드로 설정해서 저장된 음성 신호를 외부로 송출할 수 있었다. 신호는 단파 무선신호를 이용해 지구로 보내졌다. 캘리포니아, 조지아, 텍사스, 아리조나 주에 위치한 기지국 간에 위성을 이용해 음성 신호를 주고받는 실험에 성공했다.

아직 인공위성에는 신호를 증폭할 수 있는 장치가 없었기 때문에 송출되는 신호의 세기는 지상까지 도달하기에 미약했다. 감도가 우수한 안테나를 이용해야 위성에서 보낸 신호를 받을 수 있었다. 따라서 미국 대통령의 음성은 지상으로 보내졌지만 그것을 들을 수 있는 사람은 거의 없었다. 나중에 언론은 녹음 원본을 정부로부터 전달받아서 이를 일반인들에게 들려줬다.

이로써 인공위성이 가질 수 있는 능력이 검증됐다. 그리고 미국은 이 프로젝트를 통해 인공위성 기술에서 소련과 대등한 지위로 올라섰다. 이 프로젝트는 SCORE[6]라고 불렸다. 이 위성은 12일만에 궤도를 이탈하면서 지구의 대기권에서 불타 사라졌다.

최초로 텔레비전 영상을 전송한 인공위성, 텔스타

인공위성을 이용해 음성 신호를 보낼 수 있다는 뉴스를 접하고 제일 먼저 기민하게 움직인 곳은 당연히 통신 회사였다. 당시 미국의 유선전화 시장을 거의 독점하고 있던 AT&T는 분명 새로운 세상이 열리고 있음을 직감했다. 그들도 위성을 이용한 새로운 통신기술 개발에 투자하기 시작했다.

이렇게 해서 미국 항공우주국과 AT&T가 1960년에 공동으로 진행한 에코 1 프로젝트가 탄생했다. 이 위성은 알루미늄으로 코팅된 풍선과 같은 형태로 지름이 30미터에 달했다. 별다른 기기가 탑재되지는 않았지만 지상으로부터 송신된 신호를 다시 지상으로 반사시킬 수 있는 장치가 설치돼 있었다. 이 위성은 향후 통신위성이 갖춰야 할 기술에 대한 기본적인 데이터를 제공했다.

---

6 SCORE(Signal Communication by Orbiting Relay Equipment)

에코 1은 신호의 증폭 기능이 없는 수동형 통신위성이었다. 증폭을 하기 위해서는 진공관을 사용해야 했는데 위성에서는 사용할 수가 없었다. 진공관은 많은 전원을 필요로 하는데 이를 공급하기가 불가능했기 때문이다. 또한 진공관은 자주 고장이 났는데 위성에서 수리가 불가능하기 때문에 적용할 수 없었다.

마침 트랜지스터가 상용화의 단계를 넘어서 다양한 영역에서 사용되기 시작했다. 사실 트랜지스터는 AT&T 산하의 벨 연구소에서 발명됐다. 이에 트랜지스터를 인공위성에 적용해 신호의 증폭이 가능한 능동형 인공위성을 개발하기에 이른다. 통신위성의 가능성을 믿은 AT&T 신임 사장의 통 큰 투자도 이어졌다. 당시 짐 피스크 신임사장은 5천만 달러를 투자하며 사업을 적극적으로 지원했다. 최초의 통신위성의 이름은 텔스타[7]로 정해졌다.

그림 2.2 텔스타[8]

텔스타는 2시간 36분에 한 번씩 지구를 돌았다. 한 번 지구를 돌 때마다 대서양 상공에 위치하는 18분 정도만 지상관제국과 통신할 수 있었다. 비록 짧은 시간이었지만, 하늘에 창문이 열리는 것과 같았다.

---

7 1970년 멕시코 월드컵 경기에 사용된 공인 축구공의 이름이 텔스타였는데, 흰색과 검은색으로 구성된 축구공의 모습이 텔스타 위성과 닮았다.

8 https://www.youtube.com/watch?v=uKH-GijnAGk

얼마 후, 존 F. 케네디 대통령은 방송 카메라 앞에서 텔스타 통신위성의 의미를 설명했다. 기자회견은 통신위성에 연결돼 대서양을 건너 유럽에서 방송됐다. 그리고 이듬해 케네디 대통령이 암살됐을 때 그의 장례식은 다시 한번 텔스타를 통해 유럽 각지로 생중계됐다. 이때부터 사람들은 뉴스를 듣기 위해 라디오나 신문을 찾는 대신 텔레비전을 켜게 됐다.

미국에서의 영상을 유럽에서 실시간으로 볼 수 있다는 사실은 두 물리적 공간이 시간적으로 동기화됐음을 나타내는 것이었다. 당시에도 해저케이블이나 무선 전신을 이용해 대륙 간 정보의 실시간 공유가 가능했다. 하지만 단위 시간당 송수신할 수 있는 정보의 양은 제한적이었다. 또한 정보의 실시간 공유는 통신 장비 주변에서 전송되는 정보를 직접 확인할 수 있는 사람들에게만 가능했다. 텔스타 이전에는 매우 적은 정보만 매우 적은 인원에게 실시간으로 공유가 가능했다면 텔스타 이후에는 매우 많은 정보를 매우 많은 인원에게 실시간으로 공유할 수 있게 됐다.

정보의 공유라는 현상 차원의 동기화뿐만 아니라 실제 시간의 동기화 또한 가능해졌다. 텔스타 이전에는 해저케이블이나 무선 전신을 이용해서 미국과 영국의 사용 시간을 2초 가량의 차이로 맞출 수 있었다. 그런데 새로운 시스템을 이용하게 되자 1밀리초 차이로 맞출 수 있게 됐다.

한편, 케네디 대통령의 기자회견이 있던 날 저녁에는 부통령 린든 존슨과 AT&T 의장 프레데릭 카펠 간에 최초의 위성 통화가 이뤄졌다. 통화 당시 부통령은 워싱턴 D.C에 있었고 의장은 메인 주의 앤도버에 있었다.

최초의 중계위성과 최초의 정지궤도위성

인공위성을 통한 통신은 대서양을 사이에 둔 두 대륙에서만 시험적으로 이뤄지고 있었다. 지구 반대편에 위치한 극동지역과는 통신이 불가능했다. 이러한 문제를 해결하기 위해 중계 역할을 해 주는 인공위성을 발사하기로 했다. 1962년에 발사된 릴레이 1호가 그것이다.

릴레이 1호를 이용해 미국에서 존 F. 케네디 대통령의 연설 녹화 방송을 일본으로 송출할 예정이었다. 그러나 갑작스러운 대통령 암살로 인해 대통령의 일대기가 미국과 일본에서 동시에 방송됐다. 이후 장례식도 실시간으로 방송됐다.

1964년 8월 최초의 정지궤도[9] 위성인 신콤3이 성공적으로 발사됐다. 지상에서 36,000킬로미터에 위치한 정지궤도 상의 물체는 지구의 자전과 같은 주기로 돌기 때문에 지구에서 봤을 때는 항상 정지하고 있는 것처럼 보인다. 따라서 특정 지역에 전파를 계속 쏠 수 있다. 이 위성을 통해 동경 올림픽을 미국으로 위성 중계했다. 이로써 정지궤도위성을 이용한 통신이라는 작가 클라크의 상상은 완벽하게 실현됐다. 한편, 일본에서 발사된 영상 신호를 유럽으로 전달하기 위해 다시 한번 릴레이 1호가 중간 역할을 했다.

스푸트니크	스코어	에코	텔스타	릴레이1	신콤3	인텔샛1
1957년 1월	1958년 12월	1960년 08월	1962년 07월	1962년 12월	1964년 08월	1965년 04월
최초의 인공위성	최초의 통신위성	마이크로파를 벨 연구소에 전송	최초 TV전송, 최초 무선 전화 통화	최초 연계 통신위성	최초 GEO 정지궤도위성	최초 상업용 위성
소비에트	ARPA	NASA/ 벨 연구소	AT&T	NASA/RCA	NASA/Hughes Space and Communications	국제 무선통신위성 기구

그림 2.2 인공위성의 변천사

---

[9] GEO(Geostationary Orbit). 적도 상공 약 36,000킬로미터의 정지궤도를 비행하는 위성

인텔샛과 인마샛, 인공위성의 상업화 시대

최초의 상업용 인공위성, 인텔샛

미국과 소련 일색으로 진행되던 인공위성 발사는 1964년 인텔샛의 출범으로 전환기를 맞는다. 인텔샛은 11개 국가가 결성한 국제 무선통신위성 기구로부터 발전한 정부 간 컨소시엄이었다. 인텔샛 1호는 출범 이듬해에 발사되어 대서양 서경 28도 정지위성 궤도에 올라서 서비스하게 된다. 얼리 버드[10]라는 별명이 붙은 인텔샛 1호는 최초의 상업용 인공위성이었다. 특정 국가에 소속되지 않았기 때문에 인공위성 서비스가 필요한 기업은 누구라도 비용을 지불하고 서비스를 받을 수 있었다. 인텔샛은 주로 통신[11] 및 위성 중계 방송 업무를 수행했다. 현재는 대서양 외에도 인도양과 태평양 상공의 정지 궤도 위에 52개의 인공위성을 운용 중이다.

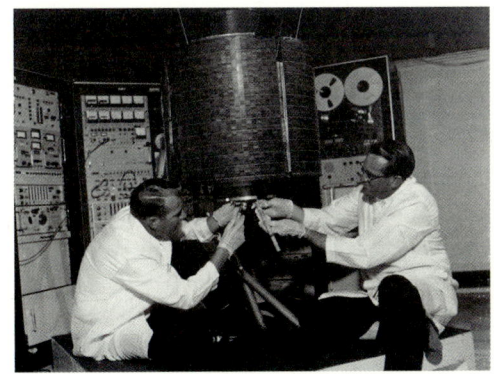

그림 2.3 인텔샛 1호(얼리 버드)[12]

---

10 "Early bird catches the worm"에서 따옴
11 인텔샛-I호의 회선 용량은 음성 회선 240, 또는 1개의 텔레비전 채널이 사용 가능했고, 인텔샛-V호의 회선 용량은 음성 회선 12만과 텔레비전 3채널이 사용 가능했다.
12 https://commons.wikimedia.org/wiki/File:INTELSAT_I_(Early_Bird).jpg

인텔샛을 통해 인류는 많은 역사적인 순간을 함께했다. 1969년 닐 암스트롱이 인류를 위한 위대한 발걸음을 달 표면에 남기는 영상을 전 세계 6억 명 인구가 볼 수 있었던 것은 인텔샛 덕분이었다. 이 역사적인 광경은 태평양 정지궤도에 떠 있던 인텔샛 3호를 통해 전송됐다. 대서양에 떠 있던 인텔샛 1호는 이미 정해진 복무기간을 마친 뒤였지만 아폴로 11호의 비행을 위해 임시로 재가동되기도 했다.

또한 인텔샛은 인터넷이 미국 본토만의 네트워크가 아니라 전 세계와 연결되는 네트워크의 네트워크가 될 수 있음을 증명했다. 1973년 캘리포니아에 위치한 미 항공우주국의 에임스 연구 센터와 태평양 한가운데에 위치한 하와이 대학교가 위성을 이용한 패킷망으로 연결됐다. 이로써 하와이 대학교의 알로하넷이 아파넷의 일부가 됐다.

오늘날에도 인텔샛은 올림픽이나 월드컵 경기와 같이 인류의 큰 행사가 있을 때 대륙 간 실시간 영상 전송을 위해 사용되고 있다. 과거와 달리 해저케이블을 이용하는 경우가 많아지고 있기는 하지만, 위성 중계가 갖고 있는 장점으로 인해 꾸준히 사용되고 있다. 대표적인 장점은 위성을 사용할 경우 중계를 위한 준비에 소요되는 시간이 상대적으로 짧다는 것이다. 해저케이블의 경우에는 중간에 거쳐야 하는 회선이나 라우터 등의 설정에도 시간이 필요하며, 주 경로에 이상이 생겼을 때 사용할 수 있는 보조 경로까지 준비해 둬야 하기 때문에 많은 시간이 필요하다. 2016년 리우 올림픽의 영상을 브라질로부터 우리나라까지 전송하기 위해 주경로, 보조경로, 복구경로 등 3세트의 해저케이블 조합을 준비했다.

우리나라도 인텔샛을 통해 1988년 서울 올림픽을 전 세계로 생중계했다. 1990년에는 카이스트와 하와이를 연결하는 전용 회선을 제공함으로써 명실상부한 인터넷 연결을 대한민국에 제공했다.

항공, 선박의 통신을 위한 인공위성, 인마샛

1979년에 유엔 산하 국제해사기구[13]에서 출범한 인마샛은 항공, 선박을 위한 통신 서비스 제공을 목적으로 설립됐다. 인텔샛이 대륙 간 통신이나 방송을 주목적으로 삼은 것과는 차이가 있다. 인텔샛에 비해 운용 중인 위성의 숫자도 적다. 현재 정지궤도 상의 4개의 통신위성을 포함해서 모두 11기가 운용 중이다.

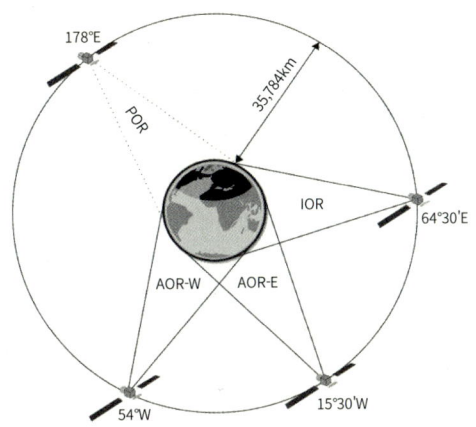

그림 2.4 인마샛 위성의 위치[14]

오늘날 대규모 선박이나 항공기는 대부분 인마샛과의 통신 장비를 갖추고 있다. 대양 한가운데를 항해 중인 선박이나 운항 중인 항공기 조종사들이 관제소와 통신하기 위해 인마샛을 사용한다. 선박과 항공기로부터 수신된 통신 내용은 인공위성을 통해 육상의 기지국으로 전송된다. 인마샛이 출

---

13 IMO(International Maritime Organization)

14 https://commons.wikimedia.org/wiki/File:Couverture_satellite_inmarsat.svg
 AOR-E(Atlantic Ocean Region - East), POR(Pacific Ocean Region), IOR(Indian Ocean Region), AOR-W(Atlantic Ocean Region - West)

현하기 이전에는 바다나 하늘에서 육지와 통신할 수 있는 방법이라고는 모스 신호밖에 없었다. 위급한 상황에서도 모스로 긴급 구조 신호를 보내는 정도였다. 그러나 인공위성의 도움으로 위급상황에 대해서 더욱 정확한 정보를 공유할 수 있게 됐다. 그리고 기상 정보와 같이 항해나 비행에 유용한 정보를 실시간으로 공급받을 수 있게 됐다.

만물 인터넷 시대에 이르러, 조종사와 관제사 간의 통화 외에도 엔진이나 선체, 기체의 중요 센서 정보도 실시간으로 인공위성을 이용해 관제소나 유지보수 팀으로 전송된다. 이 정보들은 컴퓨터와 엔지니어들에 의해 실시간으로 분석되며, 고장이 났거나 교체가 필요한 부품들은 선박이나 항공기가 항구나 공항에 도착하기 전에 미리 준비된다. 특히 비행기의 경우, 부품교체로 인한 지연시간을 최소한으로 줄일 수 있다. 엔진에 이상이 있을 경우 과거에는 엔진을 뜯어내어 별도의 테스트 장소에서 이상 원인을 찾아내야 했는데, 지금은 이상 징후 및 원인을 실시간으로 파악할 수 있으며, 비행기가 공항에 도착하자마자 바로 조치가 가능하다.

원양 어선은 한번 출항하면 오랜 시간을 바다에서 머문다. 인마샛 이전에는 항해 중인 선원들은 가족과의 연락이 거의 불가능했다. 그러나 인마샛의 도입으로 제한적이지만 가족과의 연락이 가능해졌다. 이후, 인공위성의 수도 많아지고 통신 대역폭도 넓어짐에 따라 지금은 훨씬 자유로운 통신이 가능하다. 바다 한가운데에서도 카카오톡과 이메일 사용이 가능하다[15].

하늘에서도 마찬가지다. 과거에는 일단 비행기에 탑승하면 휴대폰은 휴대게임기로 전락하는 신세였다. 주변에 이동통신 신호와 와이파이 신호란

---

15 하지만 이 역시 사진이나 영상을 보내기에는 부족하다. 이러한 문제를 VSAT(Very Small Aperture Terminal)와 인텔샛(Intelsat)이 해결했다. 이 조합은 Ku밴드 주파수를 사용함으로써 L밴드를 사용하는 인마샛의 서비스보다 10배 빠른 데이터 전송 속도를 갖게 됐다. 최근에는 많은 원양 선박들이 VSAT라는 초소형위성통신 기지국을 선상에 장착하고 있다.

찾아볼 수 없었다. 일명 비행기 모드다. 그러나 오늘날에는 점점 더 많은 비행기에서 와이파이 서비스가 제공되고 있다. 기내에 설치된 무선 공유기를 통해 인마샛과 통신이 이뤄진다. 인텔샛도 기내 와이파이 서비스를 제공하지만 인마샛을 사용하는 경우가 훨씬 많다. 한편 그동안 비행기 안에서나마 연결 문명에서 도피할 수 있었던 것조차 불가능해졌다는 우울한 목소리가 들리기도 한다.

이리듐 프로젝트, 위성 전화의 시작

이리듐 프로젝트의 배경

미국 하버드 비즈니스 스쿨의 시어도어 레빗 교수는 1983년 '시장의 글로벌화'라는 기고문에서 "각국 소비자의 기호에 맞게 상품을 생산, 공급하는 다국적기업의 시대는 가고 규모의 경제를 실현한 글로벌 기업이 활약하는 세상이 올 것"이라고 예측했다. 그로 인해 나라의 국경 개념이 무너지고 경쟁력 있는 글로벌 기업이 세계 소비시장을 석권할 것이라는 주장이었다[16].

1980년대 중반은 로널드 레이건 대통령이 재선에 성공하면서 람보를 연상케 하는 '강한 미국'이라는 기조를 유지하고 있었다. 또한 냉전 시기가 와해되는 조짐을 보이면서 미국의 다국적 기업들이 전 세계를 하나의 시장으로 인식하며 활동하던 시기이기도 했다.

당시 모토로라는 최초의 셀룰러 폰을 출시한 후, 이동통신 시장에서 승승장구하면서 1세대 단말기 시장을 거의 석권하고 있었다. 이를 바탕으로 새로운 글로벌 시대에 걸맞는 원대한 계획을 세웠다. 언제 어디서나 통화가

---

16 또한, 마샬 맥루한이 1988년 브루스 R. 파워스와 함께 지은 책 《지구촌 – 21세기 인류의 삶과 미디어의 변화》(커뮤니케이션북스 2005)로 지구촌(global village)이라는 용어가 회자되기 시작했다.

가능한 범세계 위성휴대통신 서비스가 바로 그것이다. 이 계획은 당시 모토로라 연구원들의 가슴을 뛰게 만들었다.

이러한 계획 뒤에는 사업성이 충분하다고 판단한 모토로라 경영진의 인식도 있었다. 1980년 중반 이후, 항공 등 교통의 발전과 함께 전 세계를 여행하는 비즈니스맨들의 수가 증가했다. 이들은 1세대 이동통신을 사용하고 있었는데, 로밍이 되지 않았기 때문에 해외로 출장갈 때마다 별도의 셀룰러폰을 준비하는 번거로움을 겪어야 했다. 그리고 장소에 따라 통화가 되지 않는 지역도 많았다. 수요 조사 결과, 이들은 비즈니스를 위해 고가의 서비스를 사용할 의지가 있는 것으로 나왔다. 모토로라는 42개국의 23,000명과 인터뷰를 진행했다[17].

66개의 인공위성을 띄우는 이리듐 프로젝트는 엄청난 규모의 투자가 필요했기 때문에 모토로라는 전 세계 주요 이동통신 사업자들을 끌어들였다. 세계 15개국 19개 기업이 여기에 참여했고 미국에 이리듐 사를 설립해서 프로젝트를 주관하게 했다. 우리나라에서는 SK텔레콤이 뒤늦게 참여했다. 이리듐 프로젝트는 개발비에 50억 달러가 소요됐다. 프로젝트가 시작된 지 10년만인 1997년에 첫 번째 위성이 발사됐고, 이듬해에 서비스[18]를 시작했다. 첫 통화는 미 부통령 알 고어와 알렉산더 벨의 증손자 사이에서 이뤄졌다. 1세대 이동통신의 첫 통화처럼, 알렉산더 벨의 자손들은 새로운 통신 시대가 열렸음을 항상 누구보다 먼저 연락받았다.

66개의 인공위성과 이리듐

이리듐 이전에도 인텔샛, 인마샛을 비롯한 정지위성을 이용한 통신이 실용화되고 있었다. 그러나 이들은 36,000킬로미터 상공에 위치하고 있었기 때

---

17 http://www.tech-go.com/manuals/Iridium.pdf
18 *881 6 또는 +881 7로 시작한다.

문에 위성과 지상 사이가 너무 멀었다. 그 결과 중간에서 손실되는 신호들이 있었다. 이리듐은 이 문제를 해결하기 위해 780킬로미터 상공에 위성들을 배치하기로 했다. 그 위치에서 인공위성 하나당 커버하는 지역은 반경 4000 킬로미터였다. 전 세계를 커버하기 위해 필요한 인공위성의 개수는 77개로 계산됐다. 원소 번호 77번은 바로 이리듐. 그래서 이 프로젝트는 이리듐 프로젝트로 불리게 됐다. 프로젝트를 진행하면서 66개로도 충분하다는 것이 밝혀져 위성의 수는 66개로 수정됐다[19].

정지궤도 위성이 아니기 때문에 이리듐 위성들은 같은 위치에 머물지 않고 계속 움직인다. 따라서 지상의 위성폰은 계속해서 새로운 위성과 연결된다. 셀룰러 이동통신의 경우 사용자가 움직이면서 셀의 경계를 넘어갈 때 핸드 오버가 발생했다면, 이리듐의 경우에는 기지국이 움직이면서 셀이 바뀜에 따라 핸드 오버가 발생한다. 핸드 오버가 발생하기 전까지 하나의 위성과 위성폰이 연결될 수 있는 시간은 서로의 위치에 따라 4~15분 정도다.

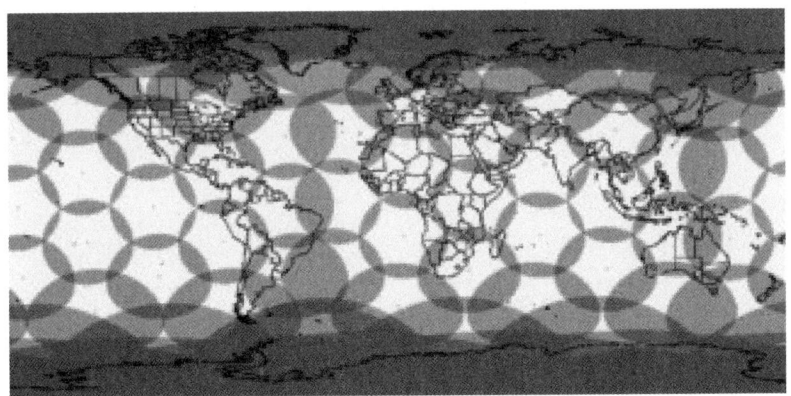

그림 2.5 이리듐 위성의 커버리지[20]

---

19 원자번호 66인 디스프로슘(Dysprosium)으로 바꾸는 방안을 검토했지만 디스프로슘의 어원이 '접근하기 어려운(bad approach)'으로, 그리 좋은 뜻을 가진 이름이 아니어서 이리듐이라는 이름을 그대로 쓰기로 했다.
20 https://commons.wikimedia.org/wiki/File:Iridium_Coverage_Animation.gif

이동통신 0세대의 가장 큰 단점은 동시에 통화할 수 있는 가입자 수가 적었다는 점이다. 한 셀의 크기가 너무 컸기 때문인데, 이 문제를 해결하기 위해 1세대에서는 작은 규모의 셀로 지역을 분할했다. 이리듐의 경우는 이동통신 0세대와 비교가 되지 않을 만큼 한 셀의 크기가 크다. 무려 반경이 4000킬로미터에 달한다. 비록 하나의 셀에서 240개[21]의 채널을 사용하는 주파수분할 다중접속과 시분할 다중접속을 동시에 적용하고 있지만 동시에 서비스를 제공할 수 있는 가입자 수는 172,000명이었다. 이리듐은 언제 어디서나 사용 가능하지만 누구나 사용 가능한 서비스는 아니었다. 이리듐은 비즈니스 리더급들만을 마케팅 대상으로 고려했다.

이리듐 프로젝트의 실패

결과는 참담했다. 1998년에 서비스가 시작된 후 실가입자 수는 5만 명 수준에서 정체됐다. 서비스를 유지하기 위한 최소한의 가입자 수인 약 40만 명에 한참 모자라는 숫자였다. 채무 부담이 가중됐고 이리듐 사는 재정적 위기에 몰렸다. 결국 서비스 개시 후 채 1년이 안 된 1999년 44억 달러 상당의 부채를 갚지 못하고 자발적 파산을 신청했다.

이리듐 프로젝트의 실패 원인은 다방면으로 분석됐다. 무엇보다 이리듐 서비스는 너무 비쌌다. 단말기 가격은 3,000달러였으며 사용 요금은 분당 5~9달러였다. 만약 프로젝트가 10년보다 훨씬 짧은 기간 내에 완료됐다면, 또는 셀룰러 2세대가 그만큼 빠르게 보급되지 않았다면 역사는 다르게 전개됐을지도 모른다. 값도 싸고 보편화된 셀룰러 이동통신 덕분에 비싼 이리듐 서비스를 사용할 필요가 없어진 것이다.

---

21 채널 대역폭은 31.5킬로헤르츠이며, 채널 사이는 41.67킬로헤르츠다.

그리고 애초에 수요 예측이 잘못됐다. 비즈니스맨들을 위한 위성 통신 서비스라고 홍보하던 이리듐 서비스의 장점은 남극과 북극에서도 통화가 된다는 것이었다. 정작 비즈니스맨들은 그런 오지에 가는 것이 아니라 사무실이 많은 도심으로 출장을 간다. 그곳에는 온갖 통신 수단이 널려 있다. 더군다나 도심에서는 이리듐 서비스가 되지 않는 곳들이 많았다. 예를 들어 지하철 안에서는 통화가 되지 않았다.

전 지구를 커버할 수 있는 위성 휴대전화 시스템이지만 지구의 70퍼센트는 바다여서 사람이 살지 않는다. 그 말은 이리듐 위성의 70%에 해당하는 46개는 대부분의 시간 동안 그저 중계기 역할을 하는 셈이다.

한편 위성 이동통신 사용자들이 전 세계 곳곳에 퍼져있는 바람에 가입자 관리가 허술했다. 워낙 소수의 가입자가 전 세계 각국에 따로따로 떨어져 있다 보니 이리듐 본사에서는 가입자 관리와 기술 서비스를 직접 하지 못하고 각 지역의 셀룰러 이동통신 영업 사원들에게 위탁했다. 그것은 고양이에게 생선을 맡긴 꼴이었다. 셀룰러 이동통신 영업 사원들이 자신들의 경쟁업체인 위성 통신 사업자의 고객들을 위해 정성을 다했을 리 없다.

극적인 회생

수익은 거의 없는 상황에서 매월 1,100만 달러에 달하는 유지비용만 축내고 있던 이리듐은 차라리 없는 것만 못했다. 결국 모토로라는 66개의 위성을 지구 대기권으로 진입시켜 소멸시키기로 했다. 그 시행 시점을 정하지 못하고 시간이 흐르던 중에 극지방에 추락한 조종사가 이리듐 폰으로 구조 요청을 하면서 이리듐 서비스가 새롭게 조명을 받았다.

오지에서 통화가 된다는 점은 비록 수요가 많지 않을 뿐, 이리듐의 최대 강점 중 하나임은 확실했다. 오지로 여행을 나선 사람들은 선택의 여지도 없으니 그들을 대상으로 높은 가격에 서비스를 제공할 수 있었다. 그리고 항공, 선박 운수업계와 미국방부가 이리듐을 채택함에 따라 그 명맥을 유지할 수 있게 됐다. 현재 이리듐 사는 이리듐 커뮤니케이션으로 이름을 바꾸고 사업을 진행 중이다. 이 회사의 주인은 개인 투자자들이다.

이리듐 전화기는 오지에서의 통신이 필요한 영화 장면에서 어김없이 등장한다. 쥬라기 공원 3편을 비롯해 브래드 피트 주연의 좀비 영화인 '월드 워 Z', 이라크에서 활동한 저격수의 이야기를 다룬 '아메리칸 스나이퍼', 최근 한국 영화 '강철비'에서 북한 군인으로 분한 정우성이 사용하는 소품으로 이리듐 전화기가 등장한다.

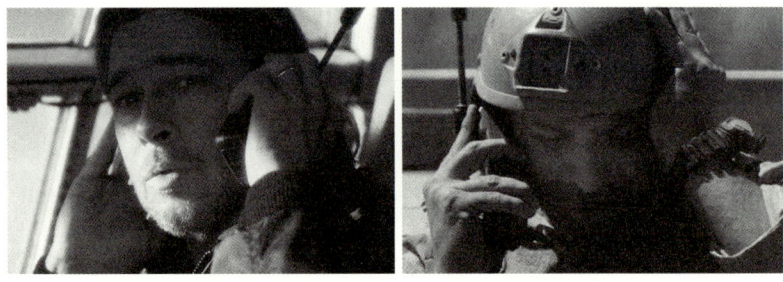

그림 2.6 영화 "월드 워Z(2013)"와 "아메리칸 스나이퍼(2014)" 속의 이리듐 폰

우리나라의 인공위성

위성 통신 시대의 개막

1960년대 우리나라에서 국제 전화를 하려면 국제 전화국을 찾아가야 했다. 창구에 가서 사전 신청을 하고, 담당 직원이 시간을 지정해 줬다. 야외 나들이 가는 것도 아닌데, 날씨가 좋은 날에만 국제 전화 이용이 가능했다. 국제 전화국은 서울, 부산, 대구에 있었다.

우리나라는 아직 해저케이블도 없고 위성 통신을 위한 기지국도 없던 시절이라, 국제 전신과 전화는 단파 신호를 이용했다. 단파는 전리층과 지상에 반복적으로 반사되어 원거리까지 도달이 가능하므로 적절한 설비를 사용하면 전 세계와 통신 가능하다. 그렇다고 단파 신호만으로 유럽이나 미국과 직접 연결됐던 것은 아니다. 우리나라에서의 단파는 일본과의 통신을 위해 사용됐다. 당시 일본은 전 세계와 연결되는 전화 케이블을 갖추고 있었다. 따라서 우리나라에서는 단파로 일본과 연결되고, 일본을 통해 유럽이나 미국과 연결됐다. 최근까지도 우리나라에서 미국으로의 인터넷 연결을 위해 일단 일본으로 해저케이블을 통해 연결하고, 그다음 일본과 미국을 연결하는 해저 광케이블을 사용하는 것과 같다.

우리나라는 1960년대 후반부터 급증하는 국제 통신의 수요를 충족시키기 위해 범국가적인 투자를 시작했다. 대표적인 사례가 충청남도 금산에 세워진 '금산 위성 통신 지구국'이었다. 본격 개국을 앞두고 일본 오사카 엑스포 한국의 날 기념식 실황을 텔레비전으로 중계했다. 이로써 우리나라도 위성 통신 시대에 접어들었다. 기지국은 1970년에 정식으로 개국했다.

무엇보다 금산 기지국의 개국이 갖는 큰 의미는 일본을 경유하지 않고 바로 미국으로 국제 전화를 할 수 있게 됐다는 점이다. 금산 기지국은 태평양 상공의 정지궤도에 있는 인텔샛 3호와 연결됐다. 이 통신위성을 통해 미국, 홍콩, 대만 등 태평양 연안 7개 국가 간 136개 회선의 국제 통신망을 구축했다[22]. 1977년에는 금산 제2지구국을 완성해 인도양 위성을 직접 이용할 수 있게 됐다.

---

22 금산 위성 통신 지구국, http://dic.kumsung.co.kr/web/smart/detail.do?headwordId=6783&findCategory=B002005&findBookId=31

그림 2.7 KT SAT 금산위성센터[23]

우리나라의 통신위성들

우리나라 최초의 인공위성인 우리별 1호는 영국의 서리 대학교와의 협력 프로그램으로 개발됐다. 개발도 전적으로 영국에서 이뤄졌고, 카이스트 졸업생들이 유학생 신분으로 참여했다. 1992년 중남미의 쿠르 우주센터에서 성공적으로 발사됐다. 이로써 우리나라는 22번째 위성 보유국이 됐다.

그 후, 개발에 참여했던 연구원들이 복귀해서 서리 대학교로부터 전수받은 기술을 그대로 적용한 우리별 2호가 발사됐다. 1999년에는 우리나라 순수기술로 만든 최초의 고유 인공위성 모델인 우리별 3호가 성공적으로 발사됐다. 이 3기의 위성들은 과학기술위성으로서의 사명을 다한 후 연료가 모두 소진되어 임무가 종료됐다.

우리나라의 첫 상업 위성이자 통신용 정지 궤도 위성인 무궁화 위성은 KT가 광복 50주년을 기념하는 차원에서 진행된 위성 사업이었다. 정부의 자금 지원을 받아 제작된 무궁화 위성은 1995년에 미국 플로리다 주 케이프커내버럴 미 공군기지에서 발사됐다. 이 장면은 위성 중계를 통해 국내에 생

[23] http://www.sisa-news.com/news/article.html?no=112836

방송됐다. 발사체인 델타 로켓에는 태극기가 선명하게 그려져 있었다. 이로써 그동안 인텔샛 등 외국 위성을 임차하던 처지에서 벗어나게 됐고, 통신과 방송 분야에서의 주권을 확보하게 됐다.

그러나 무궁화 1호는 발사 도중 발생한 기술적 문제로 인해 10년 예정이던 수명이 절반 이하로 단축됐다. 그 때문에 비상시 백업 역할을 담당하기로 예정돼 있던 무궁화 2호가 일정을 앞당겨 이듬해에 발사됐다. 1호 위성은 이후 기능을 완전히 상실한 채 정지궤도를 확보하기 위한 용도로 프랑스 위성회사에 6년간 임대된 후 폐기됐다.

2017년에 발사된 무궁화위성 7호와 5A호는 각각 동경 116도, 113도로 인도네시아 상공에 있다. 이들은 동남아시아 지역에 최적화된 커버리지를 제공한다. 특히 무궁화위성 5A호에는 동해부터 아라비아해까지 커버할 수 있는 고출력 글로벌 해양통신 전용빔이 탑재됐다. 이로써 바다 한가운데서도 통화는 물론 유튜브도 즐길 수 있게 됐다.

무궁화 1호	무궁화 2호	무궁화 3호	무궁화 5호	천리안	무궁화 6호 (올레 1호)	콘도샛	무궁화 7호	무궁화 5A
최초의 통신위성	무궁화 1호 예비	무궁화 1호를 대체	최초의 민군겸용 통신위성	최초의 해양 관측, 기상 관측, 통신	무궁화 3호를 대체		한국 4번째 방송통신위성	무궁화 5호를 대체
1995년 8월	1996년 1월	1999년 9월	2006년 8월	2010년 6월	2010년 12월	2014년 2월	2017년 5월	2017년 1월
동경 116도	동경 116도	동경 116도	동경 113도	동경 128.2도	동경 116도	동경 75도	동경 116도	동경 113도
			KT에서 개발	한국항공우주연구원				

표 2.2 우리나라 인공위성 변천사

무궁화 3호는 시간이 흐른 뒤 다른 사건으로 세간의 이목이 집중됐다. KT가 그것을 홍콩의 위성전문회사에 헐값으로 매각한 것이다. 인공위성을 제작하는 데 국민의 혈세 3,000억이 들어갔는데 매각 금액은 불과 5억 원이었다. 한편 홍콩의 위성회사는 무궁화 3호를 미국 국방부에 무인전투기 통신용으로 임대해서 막대한 수익을 올렸다.

이리듐도 비슷한 과정을 거쳤다. 50억 달러가 들어간 이 위성들은 2001년에 개인투자자들이 소유하고 있는 회사에 단돈 2,500만 달러에 매각됐다.

통신위성과 드론, 전쟁의 양상을 바꾸다

무인전투기, 전투의 양상을 바꾸다

2016년 5월 21일, 아프가니스탄과 파키스탄의 접경 지역에서 탈레반의 최고 지도자가 차량을 이용해 이동 중이라는 첩보가 미 국방부로 입수됐다. 적의 우두머리를 사살할 수 있는 절호의 기회였다. 공격 대상이 탈레반의 최고 지도자였던 만큼, 공격 계획은 오바마 대통령에게 보고됐다. 대통령으로부터 재가를 받은 미군은 빠르게 움직였다. 명령은 네바다 주에 있는 드론 전투기 조종 부대로 하달됐다. 근처를 정찰 중이던 MQ-9 리퍼[24]는 현장으로 기수를 돌렸다. 얼마 지나지 않아 목표 차량이 포착됐다. 원격 조종 모니터 속에서는 이동 중인 차량에 십자 모형의 조준 표시가 꽂혀 있다. 다시 한 번 공격에 대한 최종 확인이 떨어졌다. 조종간의 방아쇠를 당기자 지옥불(Hellfire) 미사일이 지상을 향해 날아간다. 물론 모니터 속에서는 미사일이 보이지 않는다. 조종사는 미사일이 목표 차량을 찾아갈 수 있도록 레이저를 움직이는 차량에 쏘아 보내고 있다. 미사일은 이동하는 차량을 따라가며 큰 궤적의 원을 그린다. 셋, 둘, 하나… 순간 모니터에는 온통 연기와 먼지만 보인다.

---

[24] 기존의 MQ-1 프레데터의 공격형을 업그레이드한 드론. 프레데터가 정찰 기능에 간단한 무장을 장착했다면 리퍼는 프레데터의 무장 기능을 강화했다.

그림 2.8 영화 "굿킬(2014)" 속의 조종사의 모습과 영화 "아이 인 더 스카이(2015)" 속의 리퍼

드론 무인 전투기가 전쟁의 양상을 바꾸고 있다. 과거에는 정찰과 공격이 분리돼 있었다. 정찰을 위해 필요한 기능과 공격을 위해 필요한 기능이 다르기 때문이며, 임무에 배정되는 조종사도 다르기 때문이었다. 그러나 드론의 등장으로 정찰과 공격을 하나로 수행할 수 있게 됐다.

드론은 정찰에 필요한 장시간 비행이 가능하다. MQ-9 리퍼의 경우 이륙하면 40시간 이상 비행할 수 있다. 첨단 센서 장비로 거주지 밀집 지역의 구석구석을 감시할 수 있다. 한편, 공격을 위해 지옥불 미사일과 같은 스마트 폭탄으로 언제든지 정확하고도 치명적인 타격이 가능하다. 그리고 어떠한 경우에도 아군의 인명 피해는 제로다.

이런 조건이라면 드론의 주인은 전투를 마다할 이유가 없다. 통계를 보더라도 드론 무인 전투기가 등장한 이래 전투 횟수는 증가했다. 또한 2015년에 이르러 공중으로부터 지상으로 가해지는 공격의 50% 이상은 드론 전투기였다. 드론 투입 초창기였던 2011년에는 단 5%만이 드론에 의한 공격이었다.

무인전투기와의 통신

드론 무인 전투기는 인공위성을 통해 조종된다. 임무 수행 중에는 대부분의 시간을 적진의 한복판 상공에서 머물러야 하므로 인공위성을 사용할 수밖에 없다. 따라서 드론의 상부에는 우주 쪽으로 향하는 접시 안테나가 설치돼 있다. 드론은 안테나를 이용해서 통신용 위성과 Ku밴드[25]를 사용해 통신한다. Ku밴드는 12~18기가헤르츠 주파수 대역의 전파를 이용한다. 이 전파를 이용하면 초당 5~10메가비트의 속도로 통신할 수 있다. 드론은 비행 속도가 빠르지 않고, 일정한 지역의 정찰이 주된 목적이어서 임무 중에는 하나의 인공위성과 통신 채널을 유지한다.

드론과 통신하는 인공위성은 민영 업체인 인텔샛의 소유다. 민영 업체의 통신망을 사용하게 된 이유는 아이러니하게도 드론 무인 전투기의 미래에 대해 확신이 없었기 때문이었다. 제한적인 목적으로 소수의 드론만 사용될 것으로 봤다. 그래서 미 국방부 전용 위성을 사용하거나 새로운 위성을 발사할 생각을 하지 않았다. 그런데 시간이 지나면서 드론의 사용이 급격히 늘고 드론이 인공위성을 이용하는 통신량도 크게 증가했다. 드론에서 촬영해서 기지로 전송하는 영상 데이터들 때문이었다. 이 데이터를 인공위성을 통해 송신하기 위해 인텔샛에 엄청난 채널 사용료를 지불하고 있다.

한편, 드론의 이착륙 시에는 인공위성과의 통신을 사용하지 않는다. 그 대신 드론과 컨트롤 스테이션이 직접 통신한다. 이 경우에는 C밴드[26]를 사용한다. C밴드는 4~8기가헤르츠 대역의 전파를 사용한다. C밴드의 전파를 사용하기 위해 드론은 아래쪽에 안테나를 설치해 두고 있다. 이처럼 드론이 이착륙하는 경우와 작전 수행 중일 때 사용하는 통신 방식이 다른 것처럼, 각각의 경우 조종을 담당하는 장소도 다르다. 작전 수행은 미국 네바다주의 미 공군기지에서 담당하지만 이착륙의 경우에는 아프가니스탄, 혹은 근방의 미군 기지에서 담당한다. 이착륙 시에는 조종사가 드론을 직접 눈으로 관찰하면서 제어할 수 있기 때문이다.

---

25 전기전자 기술자 협회에서 제정한 주파수 대역 중 하나. 원래는 K밴드였으나 이 주파수 대역은 수증기에 영향을 많이 받는 것으로 알려져 문제가 되는 주파수 대역을 제외하고 Ku와 Ka로 나눠졌다.
26 전기전자 기술자 협회에서 제정한 주파수 대역 중 하나.

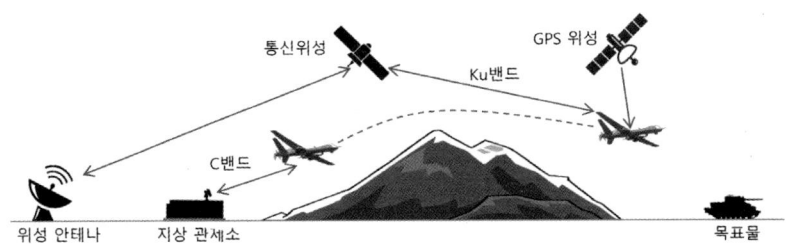

그림 2.9 드론의 동작

미래의 무인전투기

2008년에 드론 전투기에서 인공위성으로 전송되는 영상 신호들이 이라크 무장단체들에 의해 고스란히 수신되고 있음이 밝혀졌다. 이 영상들은 암호화돼 있지 않기 때문에 수신된 영상은 그대로 재생됐다. 미군은 드론이 처음 비행을 시작할 때부터 이 문제를 알고 있었으나 암호화했을 때 발생하는 지연 현상이 우려됐고, 또한 암호화로 인해 내부의 다른 조직과의 영상 공유가 복잡해지는 것을 우려해서 덮어 두고 있었던 것이다. 이러한 문제는 드론에 탑재되는 영상처리용 하드웨어의 개선으로 해결될 것으로 예상된다.

한편, 초고해상도 카메라의 탑재로 얻은 영상이 하드웨어와 알고리즘의 발전에 힘입어 실시간으로 분석되어 좀 더 효율적이고 효과적으로 임무를 수행하게 될 것으로 예상된다. 이미 미 국방부는 인공지능을 영상 분석에 활용하는 방안을 모색하기 위한 프로젝트를 진행 중이다.

미래에는 드론 무인 전투기의 역할도 다양화될 것이다. 지금은 정찰 임무 및 지상 공격만 담당하고 있다. 그러나 공중전을 위한 드론 무인 전투기가 곧 등장할 것으로 보인다. 현재의 드론 무인 전투기는 프로펠러로 동작하므로 비행 속도가 느리다. 프레데터의 경우 최고 속도가 시속 217킬로미터, 리퍼의 경우 최고 속도가 시속 480킬로미터다. 여객기의 평균 운항 속도인 시속 925킬로미터보다 훨씬 늦다. 따라서 마하 2.25의 F-22나 마하 1.6

의 F-35와 같은 전투기와 대적할 수 없다. 그러나 제트 엔진을 탑재한다면 유인 전투기를 월등히 앞서는 비행속도를 낼 수 있다. 이미 마하 6.0 이상의 속도를 낼 수 있는 무인 비행기에 대한 연구가 진행 중이다. 일단 비행속도가 갖춰지면 실제 공중전을 자율적으로 수행할 수 있는 능력을 갖춰야 한다. 그러나 이러한 능력을 갖추는 데는 더욱 많은 시간이 필요할 것으로 보인다. 따라서 현실적으로는 한 대의 유인 전투기가 여러 대의 무인 전투기를 거느리고 공중전을 지휘하는 형태로 진행될 것으로 보인다.

만물이 연결되는 세상
IoT

인터넷이 성공할 수 있었던 요인은

개방성(openness)에 있다

- 빈튼 서프

메인프레임의 시대, 컴퓨터 대중화 시대의 서막

인터넷 출생의 진실

인터넷은 스푸트니크 충격으로 탄생한 것으로 알려져 있다. 반은 틀리고 반은 맞는 말이다. 시간상으로 보면 두 사건은 무려 12년의 차이가 있다. 두 사건이 직접적으로 관련이 있다는 것은 최초의 인공위성이 발사된 후, 12년이라는 오랜 시간 동안 누군가에 의해 인터넷을 만들기 위한 노력이 있어 왔다는 의미다. 당연히 그러한 일은 없었다. 따라서 반은 틀렸다.

  진실은 이렇다. 스푸트니크의 충격으로 미국에서는 고등연구 계획국이라는 국가 조직이 만들어졌다. 이 조직은 출범 후 10여 년이 지난 시점에 신뢰성 있는 컴퓨터 네트워크를 만들기로 하고 연구 자금을 지원한다. 과제는 4개월짜리였다. 이 과제를 통해 최초의 인터넷 연결이 이뤄졌다. 즉, 소련의 인공위성은 고등연구 계획국이라는 조직을 만들게 했고, 이 조직이 인터넷을 만든 것이다. 거꾸로 이야기하면 고등연구 계획국이 없었으면 인터넷이 없었다. 그리고 스푸트니크가 없었으면 고등연구 계획국도 없었다. 따라서 스푸트니크가 없었다면 인터넷이 없는 것이 된다. 그래서 인터넷은 스푸트니크 충격으로 탄생했다는 말이 반은 맞게 된 것이다.

그렇다면 스푸트니크의 발사 시점부터 최초의 인터넷 메시지가 전송되기까지 어떤 일들이 있었던 것일까? 이 시기는 바로 컴퓨터가 트랜지스터를 사용하면서 엄청난 속도로 발전하던 때다. 컴퓨터의 보급이 확산되면서 대중화의 시대에 들어서고 있었다. 또한 컴퓨터의 성능도 나날이 발전해서 여러 사용자들의 입력을 동시에 처리할 수 있을 정도가 됐다. 통신의 경우 전화선은 음성을 실어나르는 수단에서 데이터를 실어 나르는 수단으로 발전하고 있었다. 시대적으로 인터넷이 나타날 때가 됐던 것이다. 이때 고등연구계획국이 깃발을 들었다. 명목은 핵폭탄 공격에도 견뎌 낼 수 있는 컴퓨터 통신망이었다.

진공관 컴퓨터의 시대

스푸트니크가 하늘을 날아오르기 10년 전으로 돌아가 보자. 세계 최초의 컴퓨터로 이름을 알렸던 에니악이 대포의 탄도를 계산할 목적으로 제작됐다. 그것도 단 한 대만 제작했다. 너무 늦게 제작이 완료되어 실전에 투입되지는 못했지만 전쟁이 끝난 후에는 일기 예보, 난수 계산 등을 위한 목적으로 재활용됐다. 그 이후에도 특수한 용도의 진공관 컴퓨터[1]들이 공장의 생산 설비를 제작하듯 한 대씩만 생산됐다. 1951년 마크 1이 범용으로 사용될 목적으로 제작되어 일반에게 판매를 시작하면서 복수의 제품이 나타났다. 같은 해에 제작된 유니박 1은 무려 46대가 생산되어 고객에게 전달됐다.

---

1 에드삭(EDSAC: Electronic Delay Storage Automatic Calculator), BINAC(Binary Automatic Computer), CSIRAC(Council for Scientific and Industrial Research Automatic Computer), SEAC(Standards Eastern Automatic Computer, 또는 Standards Electronic Automatic Computer), SWAC(Standards Western Automatic Computer) 등

이 시점에 서서히 두각을 나타내던 기업이 있었으니 바로 IBM이다. 이 회사에서 제작한 704 모델은 140대가 판매됐다. 이 진공관을 사용한 메인프레임 컴퓨터는 판매 대수도 놀라웠지만 성능 면에서도 오늘날까지 사용되는 기술들이 탄생할 만큼 발전해 있었다.

IBM의 첫 대박 제품이라고 할 수 있는 이 컴퓨터는 여러 면에서 특별했다. 이 메인프레임 컴퓨터는 부동소수점[2] 연산이 가능해서 당시 복잡한 사칙연산을 할 수 있는 유일한 컴퓨터로 여겨졌다. 따라서 당시 과학 기술의 다양한 분야에서 사용됐다.

최초의 고급 프로그래밍 언어인 포트란도 이 컴퓨터를 기반으로 탄생했다. 그전까지 프로그래머들은 어셈블리어라고 하는 사용하기 어려운 언어로 작업했다. 어셈블리어와 고급 프로그래밍 언어의 차이는 언어가 통하지 않는 외국에서 몸짓으로 소통하는 것과 통역사를 옆에 두는 것의 차이와 같다. 이 프로그래밍 언어는 오늘날까지 자연과학이나 공학 분야에서 사용되고 있다.

또한 이 컴퓨터는 최초의 컴퓨터 음악을 만드는 데 사용됐다. 벨 연구소는 노래 '데이지 벨'을 컴퓨터 음성으로 합성했다. 이 광경을 우연히 목격한 소설가 아서 클라크—인공위성을 제안했던 바로 그 사람—는 노래하는 컴퓨터를 영화 '2001: 스페이스 오디세이'에서

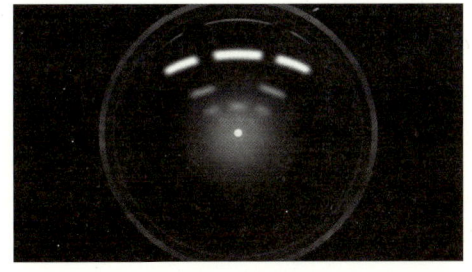

그림 3.1 영화 "2001: 스페이스 오디세이(1968)" 속의 인공지능

---

2 실수를 컴퓨터에서 근사해서 표현할 때 소수점의 위치를 고정하지 않고 그 위치를 나타내는 수를 따로 적는 것으로, 유효숫자를 나타내는 가수와 소수점의 위치를 풀이하는 지수로 나누어 표현한다. 컴퓨터에서는 고정 소수점 방식보다 넓은 범위의 수를 나타낼 수 있어 과학기술 계산에 많이 이용되지만 근삿값으로 표현되며 고정 소수점 방식보다 연산 속도가 느리기 때문에 별도의 전용 연산 장치를 두는 경우가 많다.

재현했다. 마지막 장면에서 인공지능인 '할(HAL[3])'은 이 최초의 컴퓨터 합성 노래를 부른다.

IBM은 이 모델을 기반으로 하는 보급형 제품을 출시해서 전작의 10배가 넘는 물량을 판매했다. 이로써 얼마 지나지 않아 메인프레임 컴퓨터 시장의 대부분을 IBM이 점유했다. 이러한 성공의 배경에는 IBM 내의 우수한 연구 개발 자원의 역할도 컸지만 최고 의사결정권자의 단호한 방침도 큰 몫을 했다.

당시, IBM 외에도 메인프레임 컴퓨터 시장에 뛰어든 회사들이 있었으나 대부분 시장 점유율이 미미했다. 선두 주자를 제외하고 일곱 개의 회사가 작은 시장을 나누어 갖고 있었다. 이러한 형국을 두고 백설 공주와 일곱 난쟁이가 컴퓨터 산업을 구성하고 있다고 비유했다. 일곱 난쟁이 모임에는 RCA, 유니박, GE, 하니웰, CDC, 버로스, NCR이 있었다. 나중에 GE와 RCA는 철수했고, SDS[4]와 DEC[5]가 새롭게 컴퓨터 산업에 참여했다. 다른 난쟁이들은 잊어도 SDS는 인터넷의 출현에 일조한 만큼 기억해 두자. 잠시 후 다시 등장할 것이다.

트랜지스터 컴퓨터의 등장

진공관 메인프레임 컴퓨터 시장에서 독주하고 있던 백설 공주를 향한 난쟁이들의 따라잡기가 시작됐다. 일곱 난쟁이들은 차별화 전략으로 트랜지스터를 자신들의 제품에 적극 도입하고자 했다. 트랜지스터가 발명된 지 벌써 10년이나 지났지만 컴퓨터에 본격적으로 적용되지 못하고 있었다.

---

[3] 영화 속 인공지능인 HAL은 IBM의 알파벳을 하나씩 앞당긴 것이어서 이름의 배경에 대한 억측이 난무하기도 했다. 한편, 인공지능에 관련된 내용은 당시 MIT 교수였던 마빈 민스키의 자문을 받았다.

[4] SDS(Scientific Data Systems)

[5] DEC(Digital Equipment Corporation). 미니 컴퓨터 시장의 선두주자였으며, 1998년 컴팩에 합병됐다.

위기를 느낀 IBM 사장 토마스 왓슨은 IBM에서 제작되는 모든 컴퓨터에 트랜지스터를 사용하도록 지시했다. 당시 IBM 개발 부서는 트랜지스터의 사용에 대해 호의적이지 않았다. 예나 지금이나 변화를 두려워하는 것은 인지상정이다. 토마스 왓슨은 개발자들의 생각을 바꾸기 위해 수백 대의 초창기 트랜지스터 라디오를 구매해서 개발자들에게 사용해 보도록 요구했다. 그리고 1958년 6월 1일자로 IBM에서는 진공관을 이용하는 컴퓨터는 제작하지 않을 것을 선언했다. 왓슨의 지시가 즉시 100% 지켜진 것은 아니었지만 IBM 제품들은 진공관을 점점 줄이고, 더 많은 트랜지스터를 사용하게 됐다. 이듬해에는 진공관과 트랜지스터를 같이 사용하는 IBM 1401이 출시됐는데 전 세계적으로 만 대 이상 판매된 최초의 컴퓨터다[6]. 그리고 같은 해 마침내 100% 트랜지스터 컴퓨터를 생산하게 된다.

트랜지스터를 사용했다고 해서 갑자기 컴퓨터의 크기가 획기적으로 작아진 것은 아니었다. 많은 부품을 연결하기 위해 컴퓨터는 여러 대의 캐비닛으로 구성됐다. 자기 테이프 입출력 장치용 캐비닛이 따로 있었고, 데이터 저장용 캐비닛, 연산용 캐비닛도 따로 있었다. 이들을 모두 수용하기 위해 널찍한 방이 필요했다. 다만 예전과는 달리 진공관을 식히기 위한 냉각 장치나 통풍 장치는 필요하지 않았기 때문에 트랜지스터 컴퓨터로 채워진 방은 훨씬 단정한 모습을 띨 수 있었다.

시스템 360과 범용 컴퓨터의 등장

당시 많은 사람은 시스템 360 프로젝트를 '역사상 유례 없는 바보 같은 사업'으로 평가했다. 그만큼 360의 컨셉은 혁신적이었다. IBM의 엔지니어들

---

6   이 제품은 1967년 우리나라 땅을 밟은 최초의 컴퓨터이기도 하다. 당시 경제기획원 조사통계국에 도입되어 인구조사 센서스와 같은 통계 계산 작업에 사용됐다. 희귀한 제품이었던 만큼 박정희 대통령도 동작 과정을 직접 지켜볼 정도였다.

은 기존의 패러다임으로는 당시 컴퓨터의 한계를 넘어설 수 없다고 판단했다. 그들은 모든 것을 출발점에서 다시 시작해야 한다고 제안했다. 그 제안을 IBM의 경영진이 받아들인 것이다.

프로젝트는 엄청난 규모의 비용을 필요로 했다. 연구 개발에만 7억 5천 달러, 공장과 기기 설비에 45억 달러 등 50억 달러가 넘는 막대한 자본이 시스템 360의 개발에 들어갔다. 이는 정부 주도의 사업을 제외하고 그간 진행된 사업 중 가장 큰 규모였다. 만약 시장에서 성공하지 못하면 회사가 파산할 수도 있는 투자였다. 한때 세상에는 다섯 대의 컴퓨터만 필요할 것이라고 말했던 토마스 왓슨이 엄청난 도박을 한 것이다.

제품은 성공적으로 개발됐다. MIT 공대 링컨 연구실에 처음으로 설치된 이후, 시스템 360은 시장에서 엄청난 성공을 거뒀다. 이 제품만으로 IBM은 한때 메인프레임 시장의 70%를 장악하기에 이르렀다.

IBM 360은 상업용 애플리케이션을 포함한 보편적인 업무를 수행할 수 있는 다목적 컴퓨터였다. 이름에 붙여진 360은 다름 아닌 다양한 업무를 처리할 수 있음을 나타낸다. 또한 동시에 여러 명이 접속해 작업할 수 있으며 입출력 장치를 비롯한 시스템의 주변기기와 완전한 호환성을 제공했다. 제조에 있어서는 부품의 모듈성을 강화해서 다양한 조합의 제품이 가능하도록 설계됐다. 이로써 시스템 360은 이후의 모든 컴퓨터들이 설계를 따르는 전형이 됐으며, 개인용 컴퓨터가 탄생할 수 있는 길을 터놓았다.

그림 3.2 영화 "THX 1138(1971)" 속의 시스템 360

IBM의 시스템 360이 시장을 장악하기 시작할 즈음, 이에 대적할 수 있는 유일한 경쟁 제품은 SDS사의 제품들이었다. SDS는 백설 공주와 일곱 난쟁이에 포함되지 못한 신생 기업이었다. 그런데 SDS는 미래의 애플과 같은 회사였다. 그들은 항상 혁신적인 아이디어를 제품에 적용했다. IBM에 앞서 최초로 트랜지스터가 적용된 컴퓨터를 출시하는가 하면 집적회로를 본격적으로 컴퓨터에 사용했다. 집적회로 덕분에 컴퓨터의 크기는 줄어들기 시작했으며, 가격의 하락과 함께 성능의 향상을 가져왔다.

무엇보다 획기적인 시도는 컴퓨터에 시분할 동작 방식을 도입한 것이다. 집적회로의 적용만큼이나 시분할 기능의 적용도 혁신적이었다. 이 기능을 탑재하기 위해 회사는 별도의 하드웨어를 컴퓨터에 추가했다. 운영체제는 버클리 대학교에서 제작했다. 혁신은 또 다른 혁신을 낳았으니 바로 인터넷의 탄생이다.

동시 접속, 시분할과 다중 사용자의 연결

일괄처리 방식의 도입

초창기 컴퓨터는 한 번에 하나의 애플리케이션—당시에는 애플리케이션이라는 용어 대신 프로그램이라는 용어를 사용했다—만이 실행될 수 있었다. 한 번에 하나의 프로그램만 실행할 수 있었기 때문에 컴퓨터를 사용하고 싶은 사람은 순서를 기다려야 했다. 문제는 얼마나 기다려야 하는지 알 수 없다는 것이었다.

이러한 대기 문제를 해결하기 위해 일괄 처리 방식을 도입하게 된다. 일거리를 모아서 한꺼번에 순차적으로 처리하는 방식이다. 연구원들은 순서를 기다릴 필요 없이 요청서와 함께 프로그램을 컴퓨터실에 놓고 가면 된다. 그러면 컴퓨터 담당자가 프로그램들이 순차적으로 처리될 수 있도록 입력해 둔다. 컴퓨터는 프로그램을 순서대로 처리하게 된다. 컴퓨터실에서 프로그램을 작동시키기 위해 자신의 순서를 기다릴 필요가 없어졌다. 맥줏집에서 맛있는 맥주를 마시면서 결과가 나왔다는 연락을 기다리면 그만이었다.

당시의 프로그램은 천공카드나 페이퍼 테이프를 사용했다. 프로그래머가 작성한 코드는 숙련된 인원들에 의해 천공카드 형태로 변환됐다. 프로그래머는 이 천공카드를 컴퓨터 운영 부서에 맡긴다. 이 천공카드들을 컴퓨터의 입력장치에 걸어두면 컴퓨터가 자동으로 이를 끌어들여 처리했다. 하나의 프로그램 천공카드 세트 처리가 끝나면 실행 결과는 프린터로 인쇄됐다. 그리고 다음 순서의 프로그램 천공카드가 읽히고 처리되는 방식이었다.

키보드와 모니터의 등장

이 시기에 컴퓨터의 역사를 바꿔 놓을 장비들이 속속 컴퓨터 산업으로 유입되기 시작했다. 대표적인 제품이 타자기처럼 생기고 그와 유사한 역할을 하는 텔레타이프였다. 텔레타이프는 이미 오랜 기간 원거리 데이터 전송을 위해 보편적으로 사용되고 있었다. 또한 프로그램 처리 결과를 화면으로 바로 보여 줄 수 있는 텔레비전 역시 NTSC[7]라는 표준의 성립과 함께 빠르게 보급되고 있었다.

그림 3.3 텔레타이프[8]

---

7 미국 텔레비전 시스템 위원회(National Television System Committee)에서 제정한 아날로그 텔레비전 규격. 유럽에서는 PAL(Phase Alternation Line)이 사용됨.

8 https://commons.wikimedia.org/wiki/File:Teletype-IMG_7287.jpg

텔레타이프와 텔레비전, 즉 모니터의 결합으로 프로그래머들이 천공카드를 들고 컴퓨터실로 갈 필요가 없어졌다. 컴퓨터와 케이블로 연결만 돼 있으면 어디서나 컴퓨터를 이용할 수 있었다. 당시로써는 혁신적인 아이디어였다. 아마도 사용자들이 느꼈을 감정은 오늘날 우리가 클라우드 서비스를 사용하면서 느끼는 감정과 유사했을 것이다. 컴퓨터가 눈에 보이지 않지만 컴퓨터를 사용할 수 있기 때문이다.

혁신적인 사람들은 늘 새로운 실험을 해보고 싶은 충동을 느낀다. 컴퓨터와 가까운 곳에서 텔레타이프와 텔레비전을 연결해서 동작하는 것은 확인했다. 그렇다면 컴퓨터에서 얼마나 멀리까지 이 장비들을 가지고 갈 수 있을까? 스탠퍼드 연구소가 진행한 실험에서는 무려 48킬로미터나 떨어진 곳에 있던 텔레타이프와 텔레비전이 메인프레임 컴퓨터와 연결됐다. 이 실험을 위해 전화선이 이용됐다. 컴퓨터 원격 접속이 탄생한 순간이었다.

동시 접속과 시분할

또 다른 혁신가는 생각했다. 컴퓨터에 한 세트의 텔레타이프와 텔레비전만 연결할 것이 아니라 복수의 세트를 연결하면 어떻게 될까? 사실 텔레타이프로 프로그램을 직접 입력하는 방식은 편리하다는 장점이 있었지만 프로그래머들의 입력 속도에 문제가 있었다. 요즘 터치스크린 제품을 손에 들고 태어나는 세대는 분당 100문자 이상을 입력할 수 있다. 1980년대 '미래소년 코난'을 보며 자란 세대일지라도 타자 실력을 향상시켜주는 게임기 덕분에 분당 60문자 이상은 입력할 수 있다. 그러나 아직 개인용 컴퓨터라는 단어조차 없던 시절에 전문 타자수가 아닌 연구원들이 프로그램을 텔레타이프로 입력하는 데는 더욱 많은 시간이 소요됐다.

만약 메인프레임의 CPU 사용률을 보여주는 프로그램이 있었다면 그래프는 바닥을 기고 있었을 것이다. CPU가 하는 일이라고는 기다리기가 대부분이었고, 기다린다는 것은 CPU가 사용되고 있지 않다는 것을 나타낸다. 하드웨어의 성능은 끊임없이 발전을 거듭해서 IBM의 709는 초당 42,000번의 가감 연산을 수행할 수 있게 됐지만 텔레타이프 앞에 앉은 프로그래머는 한 글자 한 글자 입력하고 있는 실정이었다.

한 프로그래머의 입력을 기다리며 쉬고 있는 CPU를 다른 프로그래머가 사용하는 방안이 제기됐다. 텔레타이프와 텔레비전 세트를 하나 더 준비하면 됐다. 두 명의 프로그래머는 각자의 프로그램을 입력했다. 컴퓨터는 이들의 입력을 일정한 시간 간격[9]으로 처리했다. 먼저 첫 번째 프로그래머의 입력을 처리한 다음, 두 번째 프로그래머의 입력을 처리한 후, 다시 첫 번째 프로그래머의 입력을 처리하는 식이었다. 즉, 시간을 분할해서 사용자의 입력을 처리하면 됐다.

시간 분할, 즉 시분할 방식에서 컴퓨터가 한 번에 처리할 수 있는 프로그램의 양은 시간으로 결정됐다. 예를 들어, 각 프로그램에는 100밀리초의 시간이 할당된다. 이 시간이 지나면 비록 처리 중인 프로그램이 완료되지 않아도 다음 프로그램 처리로 넘어간다. 이처럼 짧은 시간 단위로 프로그램이 처리되기 때문에 프로그래머들은 컴퓨터가 다른 프로그래머를 위해 일을 하고 있는 것을 알지 못한다. 마치 혼자서 컴퓨터를 사용하고 있는 것처럼 느낀다.

시분할 방식은 포트란을 발명한 존 바커스에 의해 소개됐으나 메인프레임 컴퓨터의 성능이 충분하지 못해 구현되지 못했다. 이후 IBM이 트랜지스터를 이용해 컴퓨터 성능을 개선하면서 조금씩 가능성이 확인되기 시작했다. 마침내 MIT의 존 매카시[10]는 IBM의 메인프레임 컴퓨터를 사용해 시제

---

9 이를 타임슬롯이라고 한다. 이 책에서 자주 언급되는 용어다.
10 인공지능(Artificial intelligence)이라는 용어를 만들어 냈다.

품을 구현했다. 국방부의 지원으로 스탠퍼드 연구소에서 12대의 터미널을 메인프레임 컴퓨터에 연결하는 프로젝트가 진행됐다. 이때는 IBM이 아니라 SDS사의 메인프레임 컴퓨터인 940이 사용됐는데, 이 컴퓨터에는 12대의 텔레타이프와 텔레비전 세트를 지원할 수 있는 시분할 운영체제가 탑재돼 있었다[11]. 그리고 이듬해 UCLA에서 스탠퍼드 연구소에 있는 시분할이 가능한 컴퓨터로 원격 접속을 시도하게 된다.

컴퓨터의 최초 원격 연결, 인터넷의 시작

첫 번째 인터넷 메시지

1969년 가을, 미국 캘리포니아주 로스앤젤레스 서쪽에 위치한 UCLA 실험실에서 한 연구원이 컴퓨터의 키보드 앞에 앉아 있다. 한 손에 전화기를 든 그는 타자기처럼 생긴 키보드에서 "L" 문자를 입력했다. 그리고 나서 전화기에 대고 상대방에게 "L" 문자를 받았냐고 질문했다. 전화는 스탠퍼드 연구소의 한 연구원과 연결돼 있었다. 그는 문자가 잘 도착했다고 대답했다. UCLA의 연구원은 "O"를 입력한 후, 다시 문자를 받았는지 질문했다. 스탠퍼드의 연구원은 다시 한번 문자를 받았다고 답변했다. 세 번째 문자 "G"가 입력됐고, 동일한 질문이 이어졌다. 그러나 스탠퍼드 연구원이 맞닥뜨린 것은 "G"가 아니라 먹통이 되어 버린 시스템이었다.

    이들은 시스템이 먹통이 된 원인을 금세 파악했다. 한 시간 후, 두 번째 시도에서는 완벽하게 "LOGIN"이라는 텍스트를 전송했다. 두 번째 시도의 성공만큼이나 첫 번째 시도의 극적인 실패도 함께 역사에 기록됐다. 이야기는 와전되면서 최초의 인터넷 메시지 "LOG"가 성공적으로 전송됐다는 내용

---

[11] 이 시분할 운영체제는 UC버클리 외 3개 회사에서 합작한 작품이었다.

으로 각색되기도 했다. 이렇게 해서 첫 메시지가 전송된 날[12]을 인터넷이 탄생한 날로 기념하고 있다. 이 실험을 주도한 레너드 클라인록 교수는 인터넷의 아버지로 불린다. 당시 UCLA와 스탠퍼드 연구소의 컴퓨터는 AT&T의 전화선으로 연결됐고, 속도는 초당 50킬로비트였다. 두 대학교는 오늘날 자동차로 5시간 이상 걸리는 거리만큼 떨어져 있다.

그런데 원격으로 떨어져 있는 컴퓨터가 전화선을 통해 연결된 최초의 실험은 이미 4년 전에 MIT에서 수행됐다. 이 실험에서는 매사추세츠에 있는 컴퓨터와 캘리포니아에 있는 컴퓨터를 전화선으로 연결했다. 다만 이 연결이 최초의 인터넷이라는 명예를 갖지 못한 이유는 데이터의 전송 방식 때문이다. 같은 전화선을 사용했지만 MIT는 회선 방식을 사용했고 패킷을 사용하지 않았다. 그리고 클라인록 교수가 인터넷의 아버지라는 명예를 얻은 것은 그가 패킷 네트워크의 이론을 창안해냈기 때문이고, 그의 이론을 바탕으로 동작하는 시스템이 만들어졌기 때문이다.

지금은 UCLA와 스탠퍼드 연구소 사이의 통신을 최초의 인터넷이라고 부르지만, '인터넷'이라는 이름은 이 사건이 있은 후 12년이 지나서 탄생했다. 그 시점은 대략 이종 네트워크의 연결을 지원하는 프로토콜, 즉 TCP/IP[13]의 발명 시점과 같다.

최초의 인터넷 라우터

UCLA와 스탠퍼드를 연결한 핵심 장비는 라우터다. 이 장비는 네트워크상에서 패킷들을 전송하는 일뿐만 아니라 패킷의 전송 경로를 설정해 준다. 따라

---

12 1969년 10월 29일이다.
13 TCP(Transmission Control Protocol)와 IP(Internet Protocol). 다음 장에서 자세히 다룬다.

서 인터넷의 핵심이기도 하다. 라우터의 개발은 BBN[14]이라는 회사에서 이뤄졌다[15]. 초창기 스탠드형 에어컨보다 조금 더 큰 이 제품은 인터페이스 메시지 프로세서[16]라고 명명됐다.

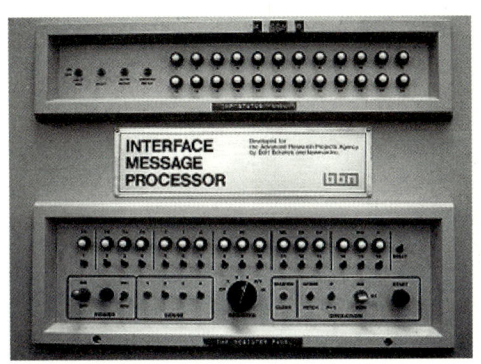

그림 3.4 최초 라우터의 전면 패널부[17]

첫 번째 라우터의 설치 장소는 패킷 네트워크의 창시자가 근무하고 있던 UCLA였다. 한 달 뒤 두 번째 라우터가 스탠퍼드 연구소에 설치됐다. 스탠퍼드 연구소의 라우터는 SDS사의 메인프레임 컴퓨터 940에 연결됐다. 이 컴퓨터는 시분할 운영체제를 탑재했고, 12대의 텔레타이프와 연결 테스트를 마쳤다. UCLA에 있던 컴퓨터에서 스탠퍼드의 컴퓨터로 원격 접속하고자 한 이유는 시분할을 통해 동시 접속이 가능했기 때문이다.

---

14 공동설립자인 Bolt, Beranek and Newman의 머리글자를 따서 만든 회사 이름이다.
15 비슷한 시기에 영국의 국립물리연구소에서도 패킹 스위칭 개발이 진행되고 있었다. 하니웰 컴퓨터에 구현했다.
16 IMP(Interface Message Processor)
17 https://commons.wikimedia.org/wiki/File:Interface_Message_Processor_Front_Panel.jpg

최초의 라우터 개발부터 두 컴퓨터의 원격 연결까지 모두 미국 국방부의 고등연구 계획국이 주도했으며, 모든 연구 자금을 지원했다. 네트워크의 이름을 아파넷으로 명명한 것도 이 때문이다[18]. 이처럼 미 국방부가 직접 나서서 패킷망 방식의 컴퓨터 네트워크 개발을 지원하게 된 것은 스푸트니크 충격 때문이었다. 우주로부터 언제 투하될지 모르는 핵폭탄 공격으로 통신망의 일부가 단절될 경우, 자동으로 우회하는 경로를 설정할 수 있는 방안을 찾는 노력의 일환이었다.

아파넷의 확장

아파넷의 계획은 4대의 컴퓨터를 연결하는 것이었다. 이에 그해 12월에 캘리포니아 주립대학교(샌타 바버라)와 유타대학교에도 라우터가 각각 설치됐다. 전자의 라우터는 IBM 360 메인프레임에 연결됐고, 후자의 라우터는 DEC의 중형 컴퓨터에 연결됐다. 이로써 1969년 말까지 총 4대의 컴퓨터가 아파넷으로 연결됐다.

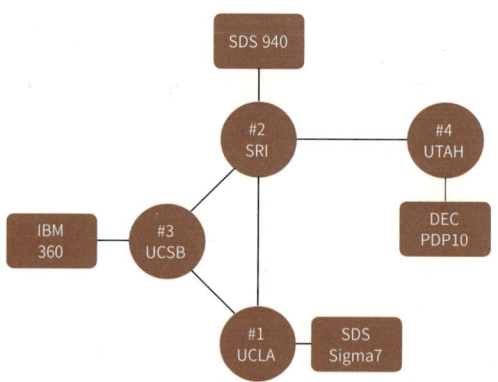

그림 3.5 최초의 인터넷 구성도

---

18 ARPA(Advanced Research Projects Agency)가 고등연구 계획국이다.

인터페이스 메시지 프로세서의 보급 속도에 맞춰서 아파넷은 점점 확장됐다. 1971년에 이르러 총 15대의 라우터를 통해 23대의 컴퓨터가 연결됐다[19]. 아파넷에는 점점 더 많은 컴퓨터가 연결돼 가고 있었지만 실상 킬러 애플리케이션이라고 할 만한 용도가 없었다. 아마 이메일이 등장하지 않았다면 아파넷의 성장은 조만간 한계를 맞았을지도 몰랐다.

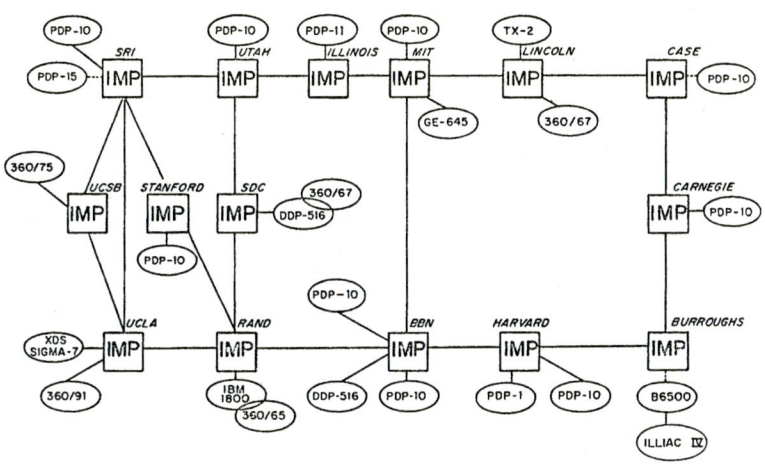

그림 3.6 인터넷 연결도(1971)

이메일, 인터넷의 킬러 애플리케이션

메일 박스를 이용한 메시지 보내기

시분할 시스템은 새로운 기준이 됐다. 한 대의 메인프레임 컴퓨터에 여러 사용자가 동시 접속해서 사용하는 모습은 당연한 것이었다. 사용자들은 컴퓨터에 자신만의 저장 공간을 가졌다. 저장 공간은 디렉터리(폴더)의 형태로

---

19 Historical Maps of Computer Networks, https://personalpages.manchester.ac.uk/staff/m.dodge/cybergeography/atlas/historical.html

제공됐다. 윈도우 운영체제가 등장하면서 폴더라는 이름이 우세하게 사용됐지만 이름의 원조는 디렉터리다.

　디렉터리 안에는 메일 박스 디렉터리도 있었다. 이 메일 박스를 통해 같은 컴퓨터에 접속해 컴퓨터 자원을 공유하는 사람들끼리는 서로 메시지를 보내고 받을 수 있었다. 같은 컴퓨터 내의 메시지 송수신은 이름만 거창할 뿐, 사실은 타인의 디렉터리에 자신의 메시지 파일을 저장하는 것에 불과했다. 오늘날에도 자료 공유를 위해 파일서버가 종종 사용되는데 각자의 폴더 아래에 메일 박스라는 폴더가 있다고 생각하면 된다. 메일을 읽는다는 것은 메일 박스 디렉터리 안에 있는 파일을 열어서 내용을 보는 것이었다. 아주 간단한 프로그램으로도 구현 가능한 수준이었다.

　이러한 방식의 메일 송수신은 동일한 컴퓨터 안에서만 가능했고, 메일 송수신자들은 이 컴퓨터의 사용 권한을 갖고 있어야 했다. 그래야만 메일을 보내거나 읽을 수 있었다. 그런데 아파넷을 통해 다른 대학교의 메인프레임이나 중형 컴퓨터들이 연결되면서 다양한 사람들이 서로 메일을 주고받을 필요가 생겨났다. 하지만 메일을 위해 모든 사람이 모든 컴퓨터에 각자의 계정을 갖는다는 것은 불가능했다. 오직 하나의 계정만 있으면 아파넷에 연결된 계정을 갖고 있는 누구에게나 메일을 보낼 수 있기를 희망했다.

최초의 이메일 전송

국방부의 지원으로 인터페이스 메시지 프로세서를 개발했던 BBN에 근무하던 레이 톰린슨은 이 문제를 풀어보기로 했다. 그는 사용자들이 메일 박스라는 디렉터리를 이용하지 않고도 메시지를 보내고 이를 확인하는 방법을 찾고 싶었다. 그것도 아파넷을 통해 전송되는 메시지였다. 그는 이미 아파넷을 통해 파일을 전송하는 프로젝트를 수행하고 있었기 때문에 여러모로 준비된 상태였다. 더욱이 아파넷에 연결된 2대의 중형 컴퓨터가 그의 앞에 있었다.

그는 한쪽 컴퓨터 앞에 앉아서 메시지를 아파넷으로 전송했다. 그리고 옆에 있는 컴퓨터로 자리를 옮겨서 아파넷으로부터 들어 오는 메시지를 확인했다. 보낸 메시지가 정확하게 수신됐다. 다만 최초의 이메일 프로그래머도 메시지 내용은 기억하지 못했다. 프로그래머들은 종종 제품의 동작 테스트를 위해 두뇌가 아닌 손가락에 의지하는 경우가 있다. 동작하느냐가 중요할 뿐, 내용은 중요하지 않기 때문이다. 만약 톰린슨이 메시지 내용을 기억했다면 "LOGIN"과 같이 조금 더 극적인 역사가 됐을 것이다.

톰린슨의 유명세는 이메일 발명자라는 사실보다는 이메일 주소에 사용되는 골뱅이(@)의 발명자라는 데 있다. 이메일 발명자로서의 유명세가 @의 발명자보다 덜한 이유는 아마도 이메일이 메시지의 전달 형태로 이미 같은 컴퓨터 내에서는 유사한 형태로 사용되고 있었기 때문에 비록 다른 컴퓨터 간의 메시지 전송이었지만, 그 역시 유사하게 여겨졌기 때문일지도 모른다. 그러나 @의 사용은 모든 사람들에게 새롭고 신기하고 유용한 발명품이었다.

그는 자신의 발명이 미래의 세상에 어떤 영향을 미칠지 상상도 못했을 것이다. 그는 이메일을 아파넷에 연결된 프로그래머들 간 정보 공유의 수단으로 봤다. 그런데 1973년에 아파넷 상에 오가는 데이터 트래픽의 73%가 이메일이었다. 2014년 통계에 의하면 하루에 1800억 개의 메일이 전송되고, 2017년 기준으로 49억 개의 이메일 계정이 존재한다.

오늘날 기업에서 모든 업무는 이메일을 통해 이뤄진다. 업무 지시, 업무 보고, 업무 협조 요청, 문의에 대한 답변도 이메일로 이뤄진다. 조직책임자들은 하루에도 수백 통의 메일을 받는다. 본인이 수신자인 메일뿐만 아니라 참조로 포함되는 경우도 허다하다. 어떤 날은 하루의 시작과 끝을 메일 읽기 또는 쓰기로 장식하기도 한다. 스마트폰이 보급된 후에는 길거리에서도 이메일을 확인하고, 답장을 보낸다. 조직 내부적인 의사소통 수단으로 사용될 뿐만 아니라 기업 간 의사소통에도 이메일은 필수불가결하다. 기업 간의 제품이나 서비스에 대한 문의에도 이메일을 사용한다. 특히 모든 기업은 잠재 고객에게 제품의 정보를 전달하고, 회사를 홍보하기 위해 이메일을 사용한다.

최초의 스팸메일

2014년 기준으로 매일 평균 540억 개의 스팸메일[20]이 발송된다. 최초의 스팸메일은 1978년 컴퓨터 제조업체인 DEC의 마케팅 책임자가 아파넷에 연결된 이메일 계정을 갖고 있는 400명에게 보낸 신상품 소개에 관한 메일이었다. 원래는 그보다 훨씬 많은 사람들에게 보낼 계획이었다. 그러나 당시의 메일 프로그램은 사용자의 실수에 대해 피드백을 주는 기능이 없었다. 예를 들어, 수신자 칸에 입력할 수 있는 이메일 계정의 수는 제한이 있다. 오늘날의 이메일 소프트웨어라면 사용자가 너무 많은 이메일 계정을 입력하면 그 순간 에러 메시지를 보여준다. 즉, 더 이상 이메일 계정을 입력할 수 없다는 사실을 알려준다. 그러나 그래픽 사용자 인터페이스도 없던 시절의 이메일 소프트웨어는 사용자의 실수에 대해 무신경하다. 400명의 이메일 계정만 입력받을 수 있는데, 사용자가 500개의 이메일 계정을 입력해도 아무 불평이 없다. 한도 수를 초과한 이메일 계정들은 메일의 본문에 채워졌다. 최초의 스팸메일 발신자는 그 사실을 알지 못했다. 다만 메일을 받은 아파넷 연구원들은 이상한 내용의 메일을 받았다. 메일은 다른 사람들의 이메일 계정으로 거의 대부분이 채워진 후, 끝부분에서 컴퓨터 신제품에 대한 소개 자료를 발견할 수 있었다.

---

20 국립국어원에서 운영하는 '모두가 함께하는 우리말 다듬기'에서는 스팸메일을 '쓰레기편지'라 순화했다. 일본에서는 민폐 메일이라 부른다.

아파넷, 인터넷으로 승화되다

해외로의 확장

인터넷이 탄생한 1969년만큼이나 1973년도 인터넷의 발전사에서 중요한 연도다. 이 해에 아파넷은 하와이 대학의 알로하넷과 인텔샛 인공위성을 통해 연결됐다. 이 연결은 아파넷이 향후 전 세계를 잇는 인터넷으로 발전하는 발판이 됐다. 한편, 알로하넷에서 사용된 패킷 브로드캐스팅은 이더넷과 와이파이의 원천 기술이 됐다. 특히 이더넷의 보급으로 인터넷에 접속하는 컴퓨터의 수는 수직 상승했다.

무엇보다 이 해에 아파넷과 알로하넷을 연결하기 위해 기술적 고민을 하던 중, 이종 네트워크 간의 연결 프로토콜로서 TCP/IP에 대한 개념이 탄생했다. 인터넷이 네트워크의 네트워크로 자리매김하며 마침내 '인터넷'이라고 불리게 됐다. 빈튼 서프와 밥 칸은 호텔 로비에서 새로운 인터넷 프로토콜을 구상했다.

알로하넷과의 연결이 성공하자, 같은 해에 인공위성을 이용해 노르웨이의 지진탐지망을 유지관리하는 노르사르[21]와 아파넷이 연결됐다. 노르사르는 노르웨이와 미국 간 지진과 핵실험 탐지를 위한 조약의 일환으로 설립된 연구소다. 그리고 같은 해 노르웨이와 유니버시티 칼리지 런던이 연결됐다. 이리하여 1973년에는 해외의 두 곳을 포함해서 총 37대의 컴퓨터가 아파넷에 연결됐다. 1977년에는 111대의 컴퓨터가 연결됐다.

우리나라는 1990년 알로하넷을 통해 인터넷으로의 본격적인 연결이 이뤄진다. 본격적인 연결이란 전화회선 방식이 아닌 전용회선 방식으로, 사용 용량에 제한이 없는 방식이다.

---

21 NORSAR(Norwegian Seismic Array)

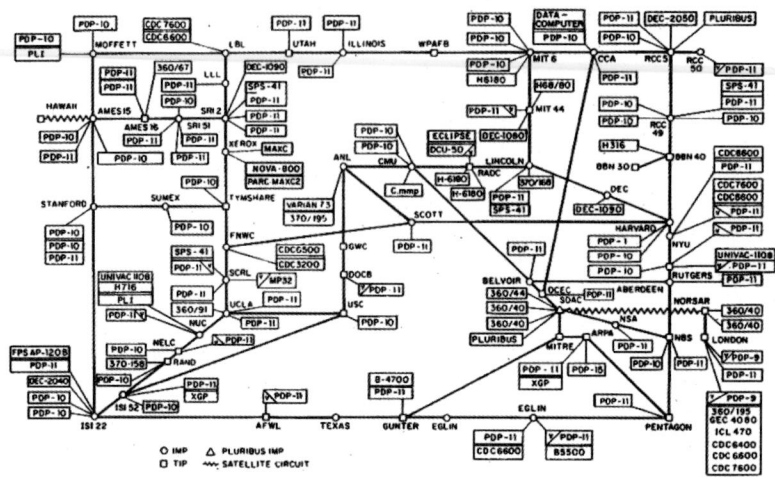

그림 3.7 인터넷 연결도(1977)[22]

자생적 패킷 네트워크의 등장과 아파넷의 종료

아파넷에 연결을 희망하는 컴퓨터와 네트워크는 급증했지만 미국 국방부는 아파넷에의 연결을 엄격히 통제했다. 원하는 사람 누구나 아파넷에 컴퓨터를 연결할 수 있는 것은 아니었다. 연결을 요청하는 주체가 기업이건, 연구소건, 국가이건 상관없었다. 이 같은 연결 제한은 아파넷이 처음부터 군사적 목적을 일부 갖고 있었던 탓이다. 아파넷에서는 국가 안보와 관련된 정보들이 유통될 수 있었다. 실제로 아파넷에는 대학교뿐만 아니라 주요 국방 관련 네트워크들이 연결돼 있었다.

필요는 발명을 낳는 법이다. 아파넷에의 접근이 불허되자 전 세계에 있는 컴퓨터 과학자들은 자생적으로 패킷 네트워크를 구축하기 시작했다. 이미 관련 기술들은 공개돼 있었기 때문에 네트워크 구축 작업은 어려운 일이

---

22 http://walden-family.com/bbn/arpanet-completion-report.pdf

아니었다[23]. 사실 아파넷은 전 세계에서 유일무이한 패킷 네트워크도 아니었다. 아파넷보다 조금 일찍 시작된 영국의 NPL[24] 네트워크는 아파넷에 비교할 수 없을 만큼 소규모였을 뿐이지 기술 면에서 뒤처진 것은 아니었다. 아파넷이 성장하는 동안, NPL 네트워크도 유럽 내에서 성장해 1976년에는 12대의 컴퓨터와 75대의 터미널이 연결됐다[25].

1981년에는 미국 내부에서도 아파넷에 접속이 어려운 대학교나 연구소가 자발적으로 CSNET[26] 네트워크를 구성했다. 이를 통해 컴퓨터 공학 연구원들 간에 정보를 소통할 수 있게 됐다. 이 네트워크는 미국의 국립과학재단[27]의 자금 지원을 받았다. 한편, 아파넷에 비해 개방 정책을 유지했던 CSNET은 전 세계의 여러 연구 기관들과 연결됐다. 1984년에 이르러 이스라엘, 호주, 캐나다, 프랑스, 독일, 일본, 그리고 대한민국에 있는 네트워크들과 연결됐다[28].

어쩌면 CSNET이야말로 진정한 개방과 공유를 표방하는 '인터넷'의 시작이라고 할 수 있다. CSNET은 이후 NSFNET의 토대가 된다. NSFNET은 미국의 5개 지역에 설치된 슈퍼컴퓨터를 공동으로 사용할 수 있도록 구축됐고, 범용 목적을 갖고 있어서 많은 기관들이 연결돼 있었다.

1983년에 미 국방부는 아파넷을 두 개의 네트워크로 분리했다. 군사용으로 MILNET이라는 네트워크를 만들어 남기고, 나머지 노드만으로 아파넷을 구성하게 했다. 이로써 아파넷은 연결된 노드의 개수가 113개에서 68개

---

23 우리나라의 자생적 인터넷도 동일한 이유와 동일한 방법으로 만들어졌다.
24 NPL(National Physical Laboratory). 컴퓨터 과학의 아버지라고 불리는 앨런 튜링이 연구하던 곳이다.
25 1982년에는 유럽의 4개 국가, 네덜란드, 덴마크, 스웨덴, 영국 간에 EUnet이 구성됐고, 이후 점점 더 많은 유럽의 국가들이 연결됐다. EUnet은 미국의 CSNET과 같은 역할을 담당했다.
26 CSNet(Computer Science Network)
27 NSF(National Science Foundation)
28 우리나라의 자생적 인터넷인 SDN과 1984년에 연결된다.

로 줄어들었다. 아파넷은 이전보다는 접근이 자유로워졌지만 그 규모가 더 이상 커지지는 않았다. 이미 주변에 많은 네트워크가 존재했기 때문이다. 1986년에 아파넷은 NSFNET과 연결되어 인터넷의 한 부분을 차지하는 네트워크로 남게 됐다. 1990년 2월 28일 아파넷은 서비스가 종료됐다.

IoT, 모든 것의 연결의 시작

포레스터 리서치사는 2015년 기준으로 대략 20억 대가 넘는 컴퓨터가 지구상에서 사용 중이라고 추정하고 있다. 이는 컴퓨터를 제조, 판매하는 회사의 생산량 정보를 바탕으로 추정한 것이다. 2015년을 기준으로 인터넷에 연결되지 않은 컴퓨터는 거의 없다고 가정하면 인터넷에 연결된 컴퓨터의 대수는 최대 20억 대일 것이다.

한편, 인터넷 시스템 컨소시엄에서는 매년 호스트 이름 검색으로 실제 인터넷에 연결된 컴퓨터의 수를 공개하고 있다. 이에 의하면 2006년에는 4.5억 대의 컴퓨터가 인터넷에 연결됐으며, 2012년에는 9억 대로 파악됐다. 6년 동안 2배 증가한 수치다. 가장 최근인 2017년 7월 조사에 의하면 10.7억 대의 컴퓨터가 인터넷에 연결돼 있다고 한다. 호스트 이름이란 컴퓨터가 네트워크에 연결될 때 자신을 나타내는 텍스트로 구성돼 있는 식별자다. 개인용 컴퓨터의 경우, 운영체제를 설치할 때 입력되는 컴퓨터의 이름을 말한다. 인터넷에서는 IP 주소를 사용해서 컴퓨터를 찾지만 호스트 이름으로도 찾을 수 있다. IP 주소와 호스트 이름 간의 매핑 정보가 보관돼 있는 컴퓨터를 도메인 이름 시스템이라고 한다. 즉, 이 서버 컴퓨터가 갖고 있는 정보를 분석해서 인터넷에 연결된 컴퓨터의 대수를 조사하는 방법이다. 오늘날 인터넷에 연결된 컴퓨터의 대수는 10억에서 20억 사이라고 볼 수 있다.

2008년을 전후한 스마트폰 시대의 도래는 인터넷에 연결되는 기기 수의 증가를 한층 가속시켰다. 2016년 한 해에만 15억 대의 스마트폰이 판매된 것으로 집계됐으며, 2017년 스마트폰의 사용자 수는 23억 명에 이른다. 컴퓨터와 스마트폰을 합치면 인터넷에 연결된 기기는 2017년 기준으로 30~40억 대가 넘는 것으로 보인다.

이제 인터넷에 연결되는 기기는 종류를 가리지 않는다. 시장 조사 기관인 가트너에 의하면 2017년에 이미 80억 대의 기기가 인터넷에 연결됐다고 추정하고, 2020년에는 204억 대에 이를 것으로 예상한다. 이 수치에는 스마트 TV, 셋톱박스, 스마트 미터, 홈 모니터링 카메라, 각종 센서 기기 등이 포함돼 있다. 그러나 현재 컴퓨터와 스마트폰의 대수만 고려하더라도 80억이라는 숫자는 보수적인 추정치로 보인다.

어쩌면 숫자는 더 이상 의미가 없을지도 모른다. 무엇이든 인터넷에 연결될 수 있기 때문이다. 스마트 시계, 스마트 안경은 이미 더 이상 놀라운 구경거리가 아니다. 도어 센서, 창문 센서, 가스 센서 등 인터넷에 연결될 수 있는 기기의 종류는 무한하다. 커넥티드 카는 가파른 성장세를 보일 것으로 예상된다.

시스코는 인터넷에 연결되는 기기의 수가 전 세계 인구수보다 많아진 시점에 사물 인터넷의 시대가 도래했다고 말한다. 그 시기는 대략 2008년과 2009년 사이로 보고 있다. 사물 인터넷의 탄생에는 최초의 셀룰러 핸드폰 통화, 최초의 인공위성 발사, 최초의 인터넷 메시지 전송과 같은 극적인 사건이 없었다. 바이런이 "어느 날 아침에 일어나 보니 유명해져 있었다"라고 말했듯이, 어느 날 아침에 일어나 보니 만물 인터넷의 세상에 살고 있었다.

우리나라의 인터넷

미국 국방부의 아파넷 접근 제한 정책으로 인해 우리나라에서 아파넷에 접속하는 것은 불가능했다. 그렇다고 해서 미국을 원망만 하고 있을 필요는 없었다. 우리나라에 있는 연구기관들을 우선적으로 연결하는 것도 의미 있는 일이었다. 이를 통해 국내 연구자들 간에 우수한 논문이나 중요한 정보를 실시간으로 공유할 수 있게 될 것이었다. 미국의 컴퓨터 연구기관들을 연결하는 CSNET이나 유럽의 EUnet도 아파넷과 연결이 없는 자생적인 패킷 네트워크들이었다.

아파넷을 구성하는 이론들은 학술자료 형태로 공개돼 있다. 그리고 아파넷을 구성하는 핵심 기기인 인터페이스 메시지 프로세서의 동작 원리도 공개돼 있었다. 공개된 자료들을 바탕으로 최초의 인터넷 메시지를 전송했던 UCLA에서 박사학위를 받은 전길남 박사가 주도하는 연구진은 구미의 전자기술연구소[29]의 DEC의 중형컴퓨터와 서울대학교에 있는 하니웰의 중형 컴퓨터를 전용선으로 연결하기에 성공했다. 당시의 데이터 전송 속도는 초당 1200비트에 불과했다. 이 네트워크의 이름은 아파넷에 견주어 SDN[30]이라고 불렀다. 이듬해에 카이스트의 중형 컴퓨터가 SDN에 연결되어 네트워크로서의 구색을 갖추게 됐다.

첫 연결은 아파넷에 13년이나 뒤졌지만 SDN은 기술 면에서 아파넷을 앞섰다. SDN은 TCP/IP에 기반했다. 미국의 아파넷은 우리나라보다 1년 늦게 TCP/IP로 전환하는 작업을 시작했다. 이전에는 NCP[31] 방식이 사용됐다.

---

29 현 한국전자통신연구원(ETRI)
30 SDN(System Development Network)
31 NCP(Network Control Program)

곧 SDN은 미국의 대학 및 연구소의 컴퓨터 학과들을 연결하는 CSNET과 연결됐다. 하지만 당시의 회선은 국제전화를 이용한 다이얼 업 방식을 사용했기 때문에 속도가 너무 느렸고, 회선 유지비도 너무 비쌌다. CSNET의 유즈넷을 통해 다양한 정보들이 공유되고 있었는데, 이 정보들을 실시간으로 전송받기에 무리가 있을 정도였다. 그 결과, SDN과 CSNET의 연결은 네트워크 관리자 간의 이메일 송수신 용도로만 사용됐다. 이메일의 주된 내용은 CSNET 유즈넷의 자료를 자기테이프에 백업받아 이를 우편으로 전달해 줄 것을 요청하는 것이었다. 그 시기를 전후해서 유럽의 네덜란드와 UUCP[32]로 연결됐고, 아·태지역 학술연구망(PACNET)과도 연결됐다.

요금 걱정 없이 자유롭게 인터넷을 사용할 수 있게 된 것은 카이스트와 하와이대학이 인공위성을 통해 하나(HANA)망으로 연결되면서부터다[33]. 당시의 데이터 전송 속도는 초당 56킬로비트였으며, 전용선으로 연결됐다. 하나망은 일정한 회선비용만 지불하면 사용량에 제약이 없었기 때문에 하나망 구축 이후 사용자들은 비교적 자유롭게 인터넷을 이용할 수 있었다. 당시 한—미 간 전용회선 비용을 비롯한 하나망 운영 비용은 1억 5천만 원 가량이었는데, 이를 부담하기 위해 한국통신, 카이스트, 한국전자통신연구원, 포항공대 및 개인 회원들로 구성된 'HANA/SDN'이라는 조직이 출범해 하나망을 운영했다. 이용료 부담이 사라지자 인터넷 사용량이 급증해 불과 3년만에 SDN의 해외 트래픽이 하나망 사용 이전(1998)에 비해 230배를 넘어섰다.

---

32 UUCP(Unix-to-Unix Copy)는 원격 명령 실행, 파일 전송, 이메일, 컴퓨터 간 네트뉴스 등을 가능하게 하는 프로토콜이다.

33 카이스트의 중형컴퓨터에서 청량리 전화국을 경유해서 인공위성 송수신 센터인 금산지국을 거쳐 인공위성을 통해 미국 하와이대학과 56Kbps 전용선으로 연결됐다(1990). 이후 하나망은 1992년 NASA Ames를 통한 해저케이블(56Kbps)로 연결 방식이 바뀌었다.

이후, 우리나라 인터넷의 발전 속도는 타의추종을 불허할 정도였다. 한국통신이 1994년 KORNET[34]이라는 브랜드로 처음 인터넷 상용 서비스를 시작한 데 이어 데이콤[35], 아이네트, 나우콤이 인터넷 서비스를 개시했다. 1998년에는 두루넷이 국내 최초로 케이블 모뎀 방식의 초고속 인터넷 서비스를 시작했으며, 1999년에는 하나로통신[36]이 세계 최초로 기존 전화망을 활용한 ADSL[37] 서비스를 개시했다.

1999년에 우리나라 인터넷 이용자 수는 1,000만 명을 돌파했고, 2002년에는 초고속인터넷 보급률 세계 1위를 차지했다. 우리나라의 인터넷 보급에는 PC방의 확산이 크게 기여했다. 그리고 PC방의 확산은 스타크래프트의 인기 덕분이었다.

---

[34] KORNET(KORea-telecom-interNet)

[35] 현재의 LG U+

[36] 현재의 SK브로드밴드

[37] ADSL(Asymmetric Digital Subscriber Line), 비대칭 디지털 가입자회선

연결의 시작은 스위치
집적회로

―――

"우리는 이것을 트랜지스터라고 부르기로 했습니다.
저항 장치, 즉 반도체 장치이기 때문입니다.
전류가 입력단자에서 출력단자까지 이르는 동안 이 작은 부품 조각 안에서 증폭됩니다.
하지만 이 장치는 진공상태나 필라멘트 혹은 유리관을 필요로 하지 않습니다.
트랜지스터는 오직 차가운 고체 물질로만 이뤄져 있습니다."

- 벨 연구소의 랄프 브라운 소장

스위치, 정보화 시대에 알려지지 않은 영웅

디지털 세상을 위한 스위치와 네트워크를 위한 스위치

오늘날이 디지털 세상이라는 데 이견은 없다. 0과 1로 정보를 표현하는 디지털 기술 덕분에 알파고가 이세돌을 이기는 모습을 봤고, 자율주행 자동차가 도로를 달리는 모습을 봤으며, 어벤저스의 아이언맨과 헐크가 타노스와 싸우는 모습을 볼 수 있다. 우리 주변의 그 많던 아날로그 버튼들은 하나둘 사라지고 디지털 정보로 동작하는 터치스크린으로 대체되고 있다. 시계의 바늘과 자동차 속도계의 바늘은 단지 소프트웨어로 그리는 그래픽에 불과하다.

우리는 이 모든 놀라운 제품들의 이면에서 소프트웨어를 본다. 소프트웨어가 세상을 먹어 치우고 있다. 디지털 세상은 소프트웨어의 발전과 함께 점점 더 정교해지고, 다재다능해지고, 무한한 가능성으로 채워지고 있다.

하지만 하드웨어 없이는 소프트웨어도 존재할 수 없다는 사실은 누구나 안다. 소프트웨어가 프로그래머에 의해 작성되는 0과 1의 무수한 조합이듯이 하드웨어도 전류를 온/오프할 수 있는 스위치들의 무수한 조합이다. 그래서 소프트웨어와 하드웨어는 다른 듯하지만 본질적으로 속성이 같다.

하드웨어 속의 스위치는 우리가 일상생활에서 사용하는 전원 스위치의 변형된 모습이다. 전원 스위치를 사람이 손으로 작동시킨다면 하드웨어 속 스위치는 자동으로 동작한다는 점이 다르다. 전원 스위치든 하드웨어 스위치든 전류가 흐르는 상태와 전류가 흐르지 않는 상태, 두 가지로 구분되며 이를 1과 0으로 표시한다. 전원 스위치를 나타내는 로고는 1과 0을 합쳐 놓은 그림이다.

그림 4.1 스위치 로고

하드웨어의 구조물인 컴퓨터의 CPU는 스위치로 0과 1을 조작해서 사칙연산을 수행한다. 그 스위치는 트랜지스터라고 불린다. CPU가 트랜지스터의 조합이라고 말하는 것은 스위치의 조합이라고 말하는 것과 같다. 예전에는 진공관이 스위치의 역할을 했다.

이렇게 전류의 온/오프를 제어하는 단순한 형태의 스위치가 있는가 하면, 훨씬 복잡한 형태의 스위치가 있다. 바로 전화 시스템이나 인터넷에서 사용되는 통신용 스위치다. 이들은 연결을 원하는 요청을 상대방과 연결하기 위해 어떠한 경로를 사용할지 결정한다. 전화 시스템에 사용되는 교환기는 처음부터 스위치라고 불렸다. 인터넷에서 사용되는 장비는 스위치 또는 라우터라고 불린다. 이 둘은 동작하는 프로토콜 계층에 의해 엄격하게 구분되기도 하지만 가끔은 구분 없이 사용되기도 한다.

이처럼 디지털 세상과 네트워크 세상은 스위치라는 간단한 원리의 부품으로 이뤄져 있다. 따라서 스위치의 동작 원리를 이해한다는 것은 정보화 사회의 기본적인 동작 메커니즘을 이해하는 것이다. 셀룰러 이동통신도, 통신위성도, 인터넷도 스위치의 동작 원리를 기반으로 한다. 스위치의 발전에 발맞춰 방금 전 나열한 거대한 기술들도 진화를 거듭하고 있다.

전화교환기와 스위치

통신에 사용되는 스위치이건, 전등에 사용되는 스위치이건 동작 원리는 동일하다. 그리고 그 원리는 간단하다. 스위치는 전류의 흐름을 제어하기 위해 사용된다. 즉, 전류가 흐르게 하거나 전류가 흐르지 못하게 한다. 방법은 두 전선의 끝을 물리적으로 이어주거나 떨어뜨려 주는 것이다. 그림 4.2에서는 휴대용 전등에 사용된 슬라이딩 스위치를 보여준다. 왼쪽 그림은 양쪽의 전선이 끊어져 있어서 전류가 흐를 수 없으며, 따라서 전등에 불이 들어오지 않는다. 오른쪽 그림은 양쪽의 전선이 연결돼 있어서 전류가 흘러 전등에 불이 들어온다.

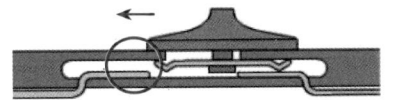 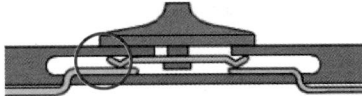

그림 4.2 전등 스위치

스위치가 전등의 보조적 수단의 지위에서 벗어나 현대 정보화 시대의 결정체가 되는 데 중요한 역할을 한 제품은 전화 시스템이다. 전화는 수많은 사람들이 서로 연결돼 있는 시스템인데, 통화를 원하는 두 대의 전화기를 연결하기 위해 스위치가 필요해졌다. 처음에는 수동으로 조작하는 스위치였다면 나중에 자동으로 조작되는 스위치로 발전하게 된다. 자동으로 동작하는 스위치는 장차 컴퓨터로 발전한다.

알렉산더 벨[1]에 의해 전화가 발명된 이듬해에 매사추세츠 보스턴에 처음으로 전화 교환국이 설립됐다. 전화 연결을 위해서는 먼저 교환수와 통화해야 했다. 교환수에게 통화를 원하는 상대방의 이름을 대면 수동으로 상대방을 연결해 줬다. 지금 상상해 보면 수동이니까 불편해 보일 듯해도, 잠깐만 더 생각해 보면 사용자들은 오히려 더 편했을을 수도 있다. 전화번호를 외울 필요도 없고, 어디에 적어둘 필요도 없다. 통화를 원하는 사람의 이름만 알면 되기 때문이다. 심지어 전화번호를 누를 필요조차 없다.

한동안 유지되던 교환원에 의한 수동 연결 방식은 한 장의사에 의해 바뀌게 된다. 전화가 널리 보급되면서 장례가 필요한 상황이 되면 사람들은 전화로 장의사를 찾았다. 그런데 이 발명가 겸 장의사는 같은 도시에서 영업하고 있는 장의사에 비해 자신을 찾는 전화의 수가 훨씬 적다는 사실을 발견한다. 그리고 전화기 교환수가 경쟁 장의사의 아내였다는 사실도 알아냈다. 교환수는 장의사를 찾는 전화가 오면 자신의 남편을 연결해 준 것이었다. 이에 화가 난 장의사는 최초의 자동 교환기를 발명했다. 비록 그가 만든 교환기 때문에 경쟁 장의사의 아내가 직장을 잃은 것은 아니지만 점차 자동 교환기가 일반화되면서 전화 교환수들은 일자리를 잃게 됐다. 그렇게 되기까지는 자동 교환기의 발명 이후에도 많은 시간이 필요했다. 한편, 장의사는 자동 교환기에 대한 특허를 획득했는데, 이를 스트로저 자동 교환기라고 부른다. 영어 표현으로는 '스위치'다.

---

1   100여 년 동안 알렉산더 벨이 전화 발명자로 받아들여져 왔으나 최근에 이탈리아 출신의 안토니오 메우치로 정정됐다. 그는 벨보다 무려 21년 앞서 전화를 발명했으나 특허를 제때 획득하지 못해서 전화 발명자라는 타이틀을 얻지 못했다. 가등록돼 있던 그의 특허권을 유지하기 위해 필요했던 돈은 단돈 10달러였다. 2002년 미국 의회는 안토니오 메우치에게 10달러만 있었어도 벨에게 특허권이 주어지지 않았을 것이고, 그가 전화 발명자로 인정돼야 한다고 공표했다.

그림 4.3 MBC '신비한TV 서프라이즈' 속의 스트로저 자동 교환기

그 후 전화 자동 교환기는 많은 발전이 이뤄졌다. 전화 교환기에 사용되는 핵심 부품을 릴레이라고 부른다. 릴레이는 전등처럼 스위치로 만들어진 독립된 부품이면서도 자동화가 가능했다. 릴레이는 내부에 코일로 이뤄진 전자석을 포함하고 있다. 이 전자석은 전류가 통하면 자석이 되는 성질을 갖고 있다. 그 때문에 전원을 공급하면 릴레이 내부 전자석이 자석이 되어 옆에 있던 금속판을 끌어당겨 스위치가 ON으로 바뀐다. 그림 4.4에서 3, 4번으로 구동 전압을 입력하면 코일에 전류가 흐르면서 자석이 된다. 코일이 자석이 되면 금속판을 끌어당겨 스위치가 ON 된다. 그 결과 1, 2번이 연결되어 전류가 흐르며 전화 당사자들은 통화가 가능해진다.

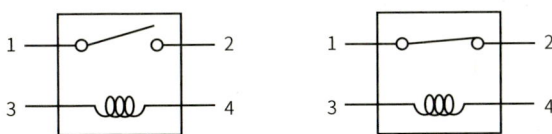

그림 4.4 스위치를 이용하는 릴레이

계산기에 사용되는 스위치

전화교환기를 통해 새로운 가능성을 발견한 릴레이는 다음에는 계산기에서 사용됐다. 과학자들과 엔지니어들은 '0'과 '1'로 이뤄진 이진수 계산기를 제작하기 위해 릴레이의 역할을 연구했다. 십진수를 계산하는 기기는 복잡한

구조를 필요로 했다. 그러나 0과 1로만 이뤄진 이진수를 계산하는 기기는 상대적으로 간단하게 제작할 수 있었다. 예를 들어, 덧셈의 경우 0 + 0 = 0, 0 + 1 = 1, 1 + 0 = 1, 1 + 1 = 10의 네 가지 경우만 처리하면 그만이었다. 이를 위해 자동화한 스위치가 중요한 역할을 할 수 있음이 확인됐다.

먼저 0과 1의 상태에 대해 회로의 실제 구성을 살펴보자. 그림 4.5에서 1은 스위치가 닫혀 있어 전류가 흐르는 상태다. 0은 스위치가 열려 있어서 전류가 흐르지 않는 상태. 이 스위치를 조작해서 1 또는 0의 상태를 표현할 수 있다.

그림 0 + 1 = 1의 경우를 살펴보자. 앞에서 살펴본 것처럼 덧셈의 두 입력값은 스위치로 표현할 수 있다. 이 두 개의 스위치를 어떻게 연결해야 덧셈의 결괏값으로 전류가 흐르는 상태를 만들 수 있을까? 한 스위치는 열려 있고 나머지 스위치는 닫혀 있는데 결괏값으로 전류가 흘러야 한다면 이 두 스위치는 그림과 같이 병렬로 연결돼야 한다. 이 모델은 1 + 0 = 1도 표현하고 0 + 0 = 0도 표현한다.

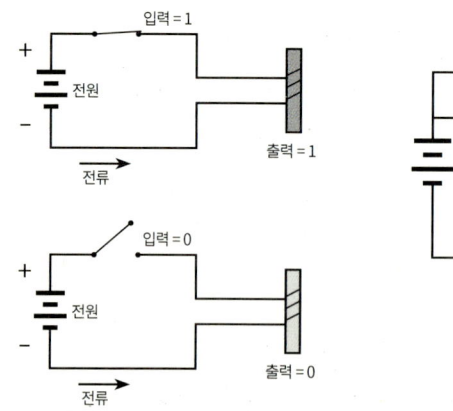
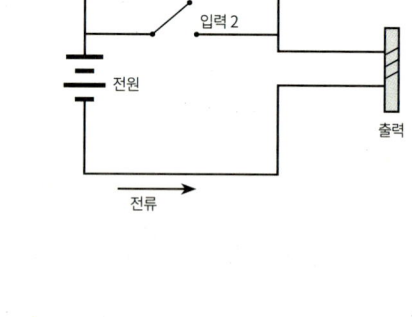

그림 4.5 병렬 연결 회로 구성

문제는 1 + 1이다. 결괏값은 2인데, 이진수 세상에서는 10이 된다. 즉, 1 + 1은 결괏값 0을 만들고 올림 값을 만든다. 조금 전에 설명한 3가지 덧셈의 경우를 표현하면서 추가로 1 + 1을 표현하기는 간단하지 않다. 복잡한 퍼즐 풀기와 같다. 상황을 정리하면 다음과 같다.

입력1	입력2	합	올림	회로 구성
0	0	0	0	병렬 연결
0	1	1	0	병렬 연결
1	0	1	0	병렬 연결
1	1	0	1	?

표 4.1 병렬 연결

먼저, '입력1 + 입력2 = 합'이 이뤄지는 스위치의 연결을 살펴보자. 병렬 연결로 3가지 경우를 처리할 수 있음을 확인했다. 자동 계산기를 만드는 관건은 1 + 1 = 0을 어떻게 만드느냐다.

엔지니어들이 찾아낸 방법은 입력1과 입력2를 여러 번 사용해 원하는 중간값을 만들어 내고, 중간값을 조합해서 최종값을 만들어내기였다. 먼저 입력1과 입력2를 병렬 연결한다. 그런 다음 병렬 연결 결괏값을 반대 값으로 만든다. 0은 1로 바꾸고, 1은 0으로 바꾼다. 임시로 계산한 중간값이므로 너무 고민하지 않아도 된다.

입력1	입력2	병렬 연결	반대 값(첫째 중간값)
0	0	0	1
0	1	1	0
1	0	1	0
1	1	1	0

표 4.2 첫째 중간값 계산

이번에는 입력1과 입력2를 직렬 연결한다. 그러면 1 + 1을 제외하고 모두 0의 값을 갖는다. 이 역시 임시로 계산한 중간값이다. 이제 방금 전 계산한 첫 번째 중간값과 지금 계산한 두 번째 중간값을 사용할 때가 됐다.

입력1	입력2	직렬 연결(둘째 중간값)
0	0	0
0	1	0
1	0	0
1	1	1

표 4.3 둘째 중간값 계산

앞에서 구한 두 개의 중간값을 병렬 연결하고, 병렬 연결 결괏값의 반대값을 구한다. 표 4.4의 최종값은 표 4.1의 '입력1 + 입력2 = 합'의 수치와 일치한다. 어려운 과제였던 1 + 1도 훌륭히 처리됐다. 흥미로운 점은 입력값이 서로 같으면 0이 되고, 서로 다르면 1이 된다는 것이다. 이를 배타적 논리합(XOR)이라고 한다.

입력1	입력2	첫째 중간값	둘째 중간값	병렬 연결	반대값(최종값)
0	0	1	0	1	0
0	1	0	0	0	1
1	0	0	0	0	1
1	1	0	1	1	0

표 4.4 최종값 계산

다음으로 올림 값을 계산하기 위해 다시 한번 입력1, 입력2의 조합을 결정한다. 올림 값은 1 + 1의 경우에만 발생하므로 두 스위치를 직렬 연결하면 된다. 표로 정리하면 표 4.4와 같다. 위의 전체 스위치 조합을 그림으로 표현하면 다음과 같다. AND는 직렬 연결을 나타내고 OR는 병렬 연결을 나타낸다. XOR는 두 입력값이 같을 때 0, 다를 때 1을 나타내는데 그 과정은 앞에서 설명한 것과 같다.

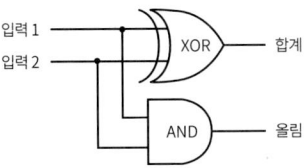

그림 4.6 반가산기를 구성하는 논리 게이트들

앞에서 설명한 스위치 조합으로는 반쪽짜리 덧셈만 가능하다. 올림 값을 입력으로 받지 못하기 때문이다. 따라서 이를 반가산기라고 한다. 이에 비해 전가산기는 올림 값을 처리할 수 있는 스위치 조합을 추가한다. 더 복잡한 구성의 스위치 조합이 나온다. 요점은 스위치 조합만으로 덧셈뿐만 아니라 뺄셈, 곱셈, 나눗셈이 가능하다는 사실이다[2]. 오늘날 컴퓨터 CPU와 같은 고성능 집적회로에는 10억 개가 넘는 트랜지스터가 사용되지만 이것들이 연결되는 모습은 지금까지 살펴본 것과 크게 다르지 않다. 그리고 모든 것은 전구를 켜고 끄는 스위치에서 시작됐다.

한편, 전화기에서 사용되던 릴레이 스위치와 방금 전 설명한 회로를 이용해 실제로 계산기가 만들어졌다. 독일의 콘래드 추제(Konrad Zuse)가 만든 계산기인데, 최초의 이진 디지털 컴퓨터였다. 그래서 그를 컴퓨터의 발명가라고 부른다. 최초의 전자식 디지털 컴퓨터라 불리는 미국의 아타나소프-베리 컴퓨터보다 1~2년이 빠르다. 한편, 아타나소프-베리와 최초 컴퓨터라는 타이틀을 두고 경합했던 에니악에도 18,000여 개의 진공관 외에 1,500개의 릴레이 스위치가 사용됐다.

---

2 https://www.youtube.com/watch?v=wvJc9CZcvBc: 집적회로를 이용해 초간단 계산기를 제작하는 과정을 확인할 수 있다.

그림 4.7 추제의 컴퓨터

추제의 컴퓨터를 비롯해 초기의 기계식 계산기는 금속판이라는 움직이는 부품이 있다 보니 동작하기 위해 시간이 걸렸고, 전자석에 의해 금속판이 닿힐 때마다 소리가 나서 시끄러웠고 내구성이 없었으며 쉽게 고장 났다. 릴레이를 대체할 수 있는 스위치를 찾던 엔지니어들은 진공관으로 눈을 돌리게 된다.

진공관, 전자식 디지털 컴퓨터의 탄생

에디슨 효과

1879년 에디슨은 탄소필라멘트 백열등으로 미 특허청에 특허출원을 했다. 잘 알려진 바와 같이 그가 전구의 핵심부품인 탄소필라멘트를 찾기까지는 험난한 길을 걸어야 했다[3]. 처음 백금으로 시작해서 니켈 필라멘트를 갖고 실험했다. 필라멘트가 너무 빨리 타버리는 것을 방지하기 위해 전구를 진공으로 만들기 시작했다. 연소에 필요한 산소를 제거해서 필라멘트가 오래 지속되게 하기 위해서였다. 마침내 그는 원하는 시간과 밝기를 충족시켜주는 탄화된 목화실 조각을 찾아냈다. 이것이 탄소필라멘트다.

---

[3] 에디슨이 전구를 개발하기 위해 1만 번에 가까운 실패를 하자 주위 사람들은 계속 전구를 만들 것이냐는 질문을 했고, 이에 에디슨은 '나는 전구 만들기에 실패한 것이 아니다. 다만 전구가 켜지지 않는 방법을 알게 된 것이다'라는 이야기를 했다고 한다.

특허를 획득한 이후에도 그는 백열등의 성능을 개선하기 위해 실험을 계속했다. 필라멘트를 탄화한 대나무로 바꾸자, 필라멘트는 진공 유리 속에서 무려 1,500시간 동안 빛을 발했다. 이렇게 백열등 전구 발명이 거의 막바지에 이르렀을 때 에디슨의 조수는 진공 유리의 안쪽이 검게 변하는 현상을 발견했다. 전구의 상품화를 위해서는 이 문제를 반드시 개선해야 했다.

필라멘트를 찾기 위한 실험에 이은 또 다른 일련의 실험들이 진행됐다. 상상할 수 있는 모든 것은 실험돼야 했다. 그중 하나가 금속 막대기를 전구 안에 넣어 보는 것이었다. 그런데 금속 막대기에서 전류가 흐르는 것이 목격됐다. 항상 그런 것은 아니었는데, 금속 막대기의 반대쪽 끝을 배터리의 양극에 연결할 때만 그러한 현상이 나타났다. 반대로 배터리의 음극에 연결하면 금속 막대기에는 전류가 흐르지 않았다. 에디슨과 조수가 관찰한 것은 전류가 필라멘트에서 금속 막대기로 흘렀고, 전류가 진공인 공간을 흘렀다는 사실이었다. 왜 이런 현상이 발생하는지, 이 현상이 무엇을 의미하는지 몰랐지만, 에디슨을 이를 특허로 등록했다. 그리고 그들은 다시 백열등 성능을 개선하는 실험으로 되돌아갔다. 1년 뒤에 영국의 한 엔지니어에 의해 이 현상은 '에디슨 효과'라는 이름이 붙게 된다[4].

에디슨이 발견한 것은 최초의 열전자 방출 현상이었다. 그러나 이 현상이 이론적으로 설명되기까지는 약 20년의 시간이 더 필요했다. 그 사이에 에디슨 효과가 처음 발견되고 14년이 지난 1897년 톰슨은 전기가 전자의 흐름이라는 사실을 발견한다. 그리고 나서 4년 후, 영국의 물리학자 리처드슨은 실험을 통해 에디슨 효과가 진공 상태에서 자유전자의 발생과 이동으로 인해 생겨난 현상이라는 것을 증명했다. 그는 이 공로로 노벨물리학상을 받았다.

---

4   에디슨이 전류가 진공 속을 흐르는 현상을 목격한 이듬해인 1884년에 독일의 물리학자 하인리히 헤르츠는 무선 전파시대를 여는 실험을 했다.

진공관의 발명

20세기에 들어서자마자 오른손 법칙과 왼손 법칙[5]으로 잘 알려진 영국의 플레밍이 이극 진공관을 발명했다. 이것이 최초의 진공관이다. 그는 과거 에디슨 연구소의 고문으로 일했던 경험으로 에디슨 효과에 대해 알고 있었다. 이극 진공관은 에디슨이 금속 막대기로 실험했던 전구와 기본적인 구조가 동일했다. 그러나 플레밍의 이극 진공관은 교류를 직류로 만들어주는 정류 작업을 할 수 있도록 구성됐다. 즉, 특정한 목적을 위해 개조된 것이다.

그로부터 2년 후 미국의 디포리스트에 의해 삼극 진공관이 발명됐다. 삼극 진공관은 전자를 방출하는 전극과 전자를 흡수하는 전극 사이에 전자의 흐름을 조절할 수 있는 제3의 전극을 추가했다. 이로써 진공 상태에서 전자의 흐름을 조절해서 신호의 변경과 증폭이 가능해졌다. 처음에는 진공관의 신호 증폭 기능에 관심이 모아졌다. AT&T의 장거리 전화선에서 증폭기로 진공관이 사용됐다. 또한 마르코니의 무선 전신도 진공관의 혜택을 받았다.

이처럼 초기의 진공관은 신호 증폭을 위한 수단으로서 사용됐으나 디지털 계산기에 대한 연구가 진행되면서 진공관을 스위치로 사용하기 위한 연구도 진행됐다. 세계 최초의 전자식 디지털 컴퓨터로 인정되고 있는 아타나소프-베리 컴퓨터[6]는 280개의 진공관을 사용해서 개발됐다. 이 컴퓨터는 이진수를 사용해서 수치나 데이터를 표현했고, 과거의 계산기와 달리 기어나 기계적인 스위치를 사용하지 않고 진공관을 이용해서 계산했다.

---

5   전류·자장·도체 운동의 3방향에 관한 것
6   1973년 미국 법원은 에니악이 아타나소프-베리 컴퓨터로부터 많은 아이디어를 도용했다고 판결했다. 이로써 에니악은 관련 특허를 취소당했고, 세계 최초의 전자식 디지털 컴퓨터라는 타이틀도 압수당했다. 아타나소프-베리 컴퓨터는 1937년부터 1942년까지 아이오와 주립 대학에서 개발됐다.
    한편, 최초의 컴퓨터라는 타이틀이 붙는 또 다른 제품이 있다. 1944년 영국에서 튜링이 고안하고 영국 체신청의 기술자인 토미 플라워스가 설계한 '콜로서스(Colossus)'라는 전자식 컴퓨터가 그것이다. 콜로서스는 세계 최초의 '실용화된' 컴퓨터로 분류하기도 한다. 콜로서스는 제2차 세계대전 중에 독일군의 암호를 해독하는 등, 주로 군사용으로 사용됐기 때문에 극비로서 외부에는 거의 알려지지 않았다.

삼극 진공관은 3가지 주요 소자로 구성돼 있었다. 음극(cathode)은 진공관의 정가운데에 위치한다. 그 속에는 백열전구에 사용되는 필라멘트가 들어 있어서 전원에 연결되면 열을 발생하는 과정에서 전자가 진공관 속으로 방출된다. 음극에서 방출된 전자는 음극을 둘러싸고 있는 양극(anode)으로 이동한다. 그리고 음극과 양극 사이에는 전자의 이동을 제어하는 그리드(grid)가 있다. 그리드는 스위치 역할을 담당한다. 즉, 그리드에 전원이 연결되면 그리드 주변으로 전기장이 형성되면서 전자의 이동을 방해한다. 그 결과, 음극에서 양극으로 전자가 이동하지 못하게 된다.

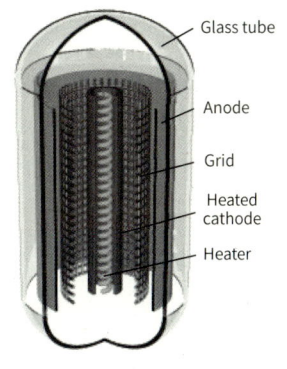

그림 4.8 진공관[7]

진공관을 사용함으로써 조용하면서도 빠르게 동작하는 컴퓨터를 만들 수 있게 됐다. 그러나 기계식 스위치에서는 볼 수 없었던 단점들도 드러났다. 진공관에서는 열이 많이 났다. 그렇다 보니 이를 식히기 위한 선풍기, 혹은 냉각 장치가 필요해졌다. 진공관의 장점은 조용함이었지만 선풍기 소리는 이 장점을 무색하게 만들었다. 그리고 과거 대비 계산하는 정보가 많고 계산 속도가 빠르다 보니 이에 비례해서 사용되는 전기 소모량도 엄청나게 많아졌다. 냉각 장치들도 전력 소모를 거들었다. 18,000여 개의 진공관이 사용됐던 에니악이 가동되면 펜실베이니아에 있던 가로등이 희미해질 정도였다.

---

7 https://commons.wikimedia.org/wiki/File:Triode-english-text.svg

트랜지스터, 실리콘 밸리의 시작

트랜지스터의 발명

에디슨 효과가 우연히 발견된 것이라면 트랜지스터는 진공관을 대체하기 위한 필요에 의해 탄생했다. 당시 세계 최대 전화망 회사인 AT&T에게 전화 교환기와 장거리 신호 전송 장비는 사업을 위한 핵심 장비였다. 이 장비들의 핵심 부품으로 사용되던 진공관은 신호의 증폭과 스위치의 역할을 담당했는데, 전력 소모도 많고 열도 많이 나는 등 단점이 명확히 보였다. 무엇보다 고장이 잦았다. 진공관 내부의 필라멘트가 일정 시간이 지나면 타서 끊어져 버리는 것이다. 전구와 달리 진공관은 24/7 켜져 있어야 했기 때문이다.

따라서 반도체를 이용해 진공관을 대체할 수 있는 신호 증폭기를 만들 필요가 있었다. 당시에도 저마늄[8]과 같은 반도체의 특이성에 대해 알려져 있었다. 하지만 원하는 방식으로 동작하는 제품의 형태로 만드는 방법은 아무도 알지 못했다.

반도체를 이용하는 신호 증폭기의 개발을 위해 벨 연구소에서는 연구팀을 조직했다. 윌리엄 쇼클리가 지휘하던 이 팀에는 존 바딘과 월터 브래튼이 실무자로 참여했다. 그들은 2년의 연구와 실험을 통해 마침내 동작하는 시제품을 완성했다. 1947년 크리스마스 이브를 하루 앞둔 날, 회사의 많은 사람들이 지켜보는 앞에서 동작 시연을 했다. 신호의 증폭을 마이크와 헤드셋을 이용해서 입력된 목소리가 얼마나 커지는지로 보여줬다. 빌게이츠가 만약 시간 여행이 가능하다면 직접 보고 싶다고 했던 그 순간이었다. 아마도 지구상에서 빌 게이츠만큼 트랜지스터의 혜택을 받은 사람도 없을 것이다.

---

8   게르마늄은 왜색 화학용어라 해서 2005년부터 영어식으로 바뀌었다. 게르마늄은 독일식 발음인데, 일본을 통해 들어 왔다.

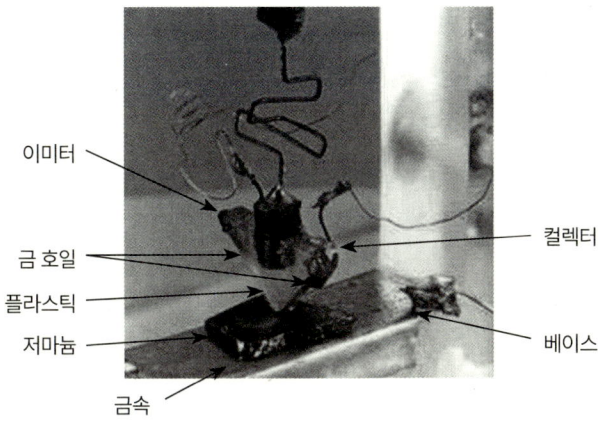

그림 4.9 최초의 트랜지스터

　최초의 트랜지스터는 오늘날 사용되는 트랜지스터의 동작 방식과 일치한다. 다만 모양이나 구조만 다르다. 반투명한 플라스틱 양쪽으로 연결된 전선은 각각 이미터와 컬렉터의 역할을 한다. 이들은 각각 입력과 출력을 담당한다. 그리고 바닥에 있는 저마늄은 베이스의 역할을 한다. 그것이 전류의 흐름을 제어하는 역할을 하는 스위치다. 베이스에 전압이 인가되지 않으면 이미터에서 컬렉터로 전류가 흐르지 않는다. 그러나 베이스에 전압이 인가되면 이미터에서 컬렉터로 전류가 흐를 뿐만 아니라 증폭된다. 저마늄에 있던 전자들이 컬렉터로 몰려가기 때문이다.

　이듬해 여름, 벨 연구소는 기자들을 초청해서 최초의 트랜지스터의 탄생을 알렸다. 그런데 참석자들의 반응은 대부분 미지근했다. 무엇보다 조잡한 생김새는 발명의 상품성을 의심스럽게 했다. 특수한 산업 영역에서 사용될 부품으로 여겨졌다. 예를 들면, AT&T 같은 장거리 전화 회사에서나 사용될 법했다. 비록 당일 행사에 참석하지 못했지만 삼극 진공관의 발명가였던 디 포리스트만은 일찌감치 이 제품의 진가를 알아봤다. 그는 자신의 발명품이 머지않아 이 새로운 발명품에 의해 대체될 것임을 직감했다.

그 후, 트랜지스터는 모든 것이 연결되는 세상의 반석이 됐다. 그동안 진공관이 어쭙잖게 담당했던 스위치 역할과 신호 증폭 역할을 트랜지스터가 이어받은 후, 연결을 위한 기술들은 가파르게 발전하기 시작했다. 트랜지스터는 소니의 최초 트랜지스터 라디오에 사용됐고, 텔스타 인공위성에 탑재됐다. 트랜지스터가 집적회로에 들어간 이후, 컴퓨터의 성능은 18개월마다 두 배로 높아졌고, 손으로 들고 다닐 수 있는 셀룰러 폰이 태어났다.

트랜지스터의 구성

트랜지스터는 복잡한 구조를 갖고 있지 않다. 구조보다는 연결이 핵심이다. 트랜지스터는 특성이 다른 두 반도체가 나란히 연결(결합)된 제품이다. P형 반도체와 N형 반도체의 결합으로 동작하는 트랜지스터는 연결 방식에 따라 PNP 또는 NPN으로 구분된다(P형, N형은 잠시 후 설명한다). NPN형 트랜지스터라면 N형 반도체 + P형 반도체 + N형 반도체 순서로 접합되고, PNP형 트랜지스터라면 P형 반도체 + N형 반도체 + P형 반도체 순으로 접합된다. 배열의 가운데 있는 반도체들이 스위치의 역할을 하며, 베이스라고 불린다.

흔히 반도체라고 하면 실리콘을 떠올린다. 이는 반도체를 실리콘으로 만들기 때문이다[9]. 실리콘 자체는 반도체가 아니다. 실리콘(silicon)은 우리말로 규소라고 한다[10]. 규소는 원자번호 14번의 원소다. 실리콘, 즉 규소로만 이뤄진 순수한 단결정체는 전기가 통하지 않는 부도체다. 실리콘 원자가 규칙적으로 늘어서서 이웃한 실리콘 원자와 전자를 공유하면서 굳게 결합돼 있기 때문이다. 아무리 외부에서 전압을 걸어도 전자들은 이동할 수가 없다. 모든 전자들은 원자핵에 결합돼 있기 때문이다. 따라서 전류가 흐르지 않는다.

---

9 초창기에는 저마늄을 이용했고, 오늘날에도 일부 제품은 저마늄으로 반도체를 만든다.

10 또 다른 실리콘이 있다. 영어로 silicone이고, 규소와 산소로 이뤄진 고분자 화합물이다. 규소 수지라고도 하며, 콘택트렌즈의 재료, 접착제, 성형수술에 사용되는 보형물 등으로 사용된다.

실리콘으로 반도체를 만들기 위해서는 불순물을 첨가한다. 불순물을 추가하는 목적은 자유 전자가 생기게 하는 것이다. 그래서 외부에서 전압을 걸면 자유 전자가 움직일 수 있게 되고, 전류가 흐를 수 있게 된다. 이러한 목적으로 전자 5개를 갖고 있는 인(P)과 같은 원소를 첨가하게 된다. 이제 불순물이 들어간 실리콘은 공유 결합에서 제외된 자유 전자를 갖게 된다. 이들은 외부의 자극에 의해 쉽게 움직이게 될 것이다. 이렇게 생성된 반도체를 N형 반도체라고 한다.

N형 반도체의 특성을 극대화하기 위해 정반대의 반도체를 만들게 된다. 이번에는 전자 3개를 갖는 붕소(B)와 같은 원소를 첨가한다. 그러면 공유 결합에 빈자리인 정공(Hole)이 생긴다. 여기에 이웃한 반도체로부터 넘어오는 자유전자가 채워질 것이다. 이렇게 생성된 반도체를 P형 반도체라고 한다.

한편, 첨가되는 불순물의 양은 많지 않다. 그런데도 새롭게 생겨난 물질은 실리콘 단결정과는 크게 다른 성질을 갖게 된다. 이렇게 불순물을 추가하는 과정을 도핑(doping)[11]이라고 한다.

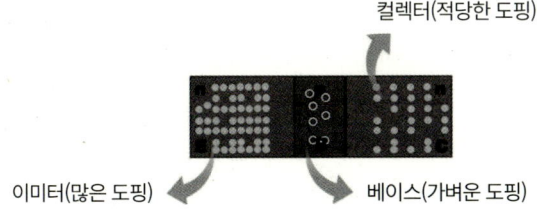

그림 4.10 트랜지스터의 구조

---

11 운동선수가 좋은 성적을 올리기 위해 심장 흥분제나 근육 강화제 따위의 약물을 먹거나 주사하는 일도 도핑이라고 한다. 즉, 불순물을 몸에 추가하는 행위다.

오늘날 사용되는 트랜지스터에는 크게 두 가지 종류가 있다. 접합형 트랜지스터와 장효과 트랜지스터다. 접합형은 제작 방법에서 유래한 이름이고, 장효과는 동작 방법에서 유래한 이름이다. 제작 방법으로 두 트랜지스터를 비교해 보면, 전자는 P형 반도체와 N형 반도체를 개별 제작한 후 이를 접합해서 제작된다. 후자는 하나의 실리콘 판에 영역을 구분한 후 도핑해서 제작된다. 구성을 보면 접합형 트랜지스터는 이미터, 베이스, 컬렉터로 구분된다. 장효과 트랜지스터도 구성은 유사하나 이미터에 해당하는 소스, 베이스에 해당하는 게이트, 컬렉터에 해당하는 드레인을 구성요소로 갖는다. 두 종류의 트랜지스터의 동작 방식이 다르기 때문에 구성은 유사해도 각 구성요소가 담당하는 역할은 서로 다르다.

트랜지스터의 동작

접합형 트랜지스터의 동작 과정을 좀 더 자세히 살펴보자. NPN형 반도체의 베이스에 전류를 흘려주면 이미터에서 베이스로 전자의 이동이 시작된다. 언덕 위에 위치한 수레를 살짝 밀어주는 것과 같다. 이미 이미터(N형 반도체)에는 자유전자가 존재하고, 베이스(P형 반도체)에는 정공이 있으므로 언제든지 자유전자는 이미터에서 베이스 쪽으로 이동할 준비가 돼 있다. 이 상태에서 이미터에 음극 전원을 연결하면 전원은 전자를 이미터 쪽으로 밀어 넣으면서 자유전자들의 이동을 촉발한다. 이에 자유전자는 베이스 쪽으로 이동해서 정공을 채운다. 그리고 베이스에 연결된 양극 전원은 자유전자들을 흡수한다. 언덕 아래로 수레가 슬슬 움직이기 시작하는 것이다.

한편, 양극 전원에 연결된 컬렉터도 베이스에서 자유전자를 끌어당기게 된다. 컬렉터는 베이스보다 훨씬 많은 자유전자를 받아들일 수 있다. 따라서 이미터에서 밀려난 자유전자는 베이스를 거쳐 컬렉터로 이동한다. 이제 수레는 언덕 아래로 달려 내려가게 된다. 이를 통해 트랜지스터는 증폭된 전류를 만들어 낸다.

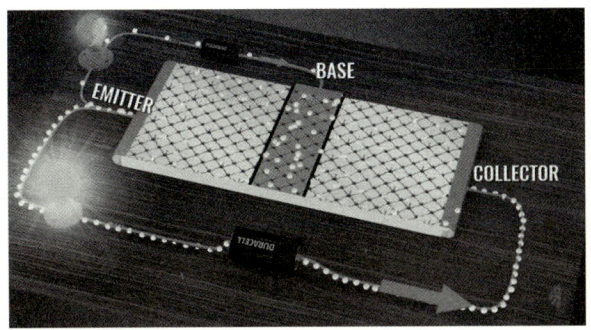

그림 4.11 트랜지스터의 동작[12]

다른 종류의 트랜지스터는 장효과 트랜지스터 또는 전계효과 트랜지스터(Field Effect Transistor)라고 불린다. 접합형 트랜지스터는 이미터, 베이스, 컬렉터가 개별적으로 제작된 후 접합의 과정을 갖는 데 비해 장효과 트랜지스터는 이러한 접합 과정이 없다. 그 대신 도핑이라고 하는 과정을 통해 실리콘 위의 특정한 부위를 N형 반도체, 또는 P형 반도체로 만든다. 이러한 방법은 오늘날 집적회로를 만드는 방식에 사용되는 것과 동일하다. 즉 실리콘 웨이퍼 위의 특정한 부분을 이온화 과정을 통해 N형 반도체, 또는 P형 반도체로 변환한다.

장효과 트랜지스터에서 사용되는 단자들의 이름은 접합형 트랜지스터의 단자들과 다르다. 이미터는 소스에 해당하고, 컬렉터는 드레인, 베이스는 게이트에 해당한다. 접합형의 경우와 같이 게이트는 스위치의 역할을 담당하며, 전자는 소스에서 드레인으로 이동하고, 전류는 그 반대 방향으로 흐른다.

---

12 https://www.youtube.com/watch?v=7ukDKVHnac4

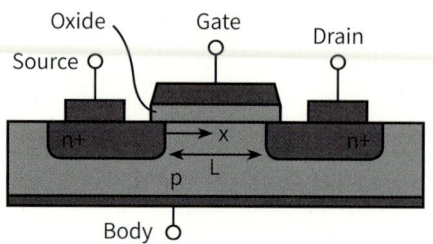

그림 4.12 장효과 트랜지스터의 구조[13]

장효과 트랜지스터는 접합형 트랜지스터와 달리 중간에 위치한 반도체에 전원 공급이 되지 않는다. 그 대신 스위치 역할을 하는 게이트 단자는 전원 공급을 받으면 전기장을 형성한다. 이 전기장에 의해 소스에서 드레인으로 전자가 이동한다.

게이트 단자는 금속판에 연결되고, 그 금속판과 웨이퍼에 해당하는 반도체 사이에는 유전체가 존재한다. 유전체로는 산화막이 사용된다. 최초로 장효과 트랜지스터가 제작되기 시작했을 때는 이처럼 금속과 산화막이 사용되어 MOS[14] 장효과 트랜지스터라는 이름이 생겨났다. 최근에는 금속판 대신 폴리실리콘이 주로 사용되는 추세다.

실리콘 밸리의 탄생

트랜지스터를 발명한 세 영웅의 이야기로 다시 돌아가 보자. 영화에 나올 법한 천재 과학자인 악당의 모습, 고난과 역경, 엄청난 반전과 세기의 성공 스토리 등 흥미진진한 이야기들로 넘쳐난다.

쇼클리가 기본적인 트랜지스터의 개념을 고안했다고 하지만 실제 연구개발은 전적으로 바딘과 브래튼의 몫이었다. 그런데 쇼클리는 자신이 특허

---

13 https://en.wikipedia.org/wiki/Field-effect_transistor#/media/File:Lateral_mosfet.svg
14 MOS(Metal Oxide Semiconductor)

권자임을 주장했고, 두 실무자들은 자신들이 합당한 권리를 갖는다고 주장했다. 이때부터 이들의 협업 관계는 금이 가기 시작했다. 결국, 벨 연구소의 중재로 바딘과 브래튼이 특허권자로 등록됐고, 언론에는 세 사람의 합작품으로 소개됐다. 이들의 불화에 언론도 한몫을 했다. 쇼클리는 트랜지스터 발명 이전부터 이미 유명한 사람이었기에[15] 언론은 쇼클리를 부각시켰다. 쇼클리도 이런 분위기를 즐겼다. 설상가상으로 쇼클리는 최초의 트랜지스터였던 점 접촉 방식은 대량 생산하기에 적합하지 않다고 판단하고 접합형 방식에 대한 새로운 연구를 시작했다[16]. 그리고 프로젝트에 사이가 껄끄러워진 바딘과 브래튼을 참여시키지 않았다. 결국 바딘은 벨 연구소를 떠나 일리노이 대학교 교수로 자리를 옮기고[17], 브래튼은 쇼클리와 함께 일하기를 거부했다.[18]

이 같은 쇼클리의 까칠한 성격과 투박한 인간관계는 연구소에서 승진하는 데 방해가 되었다. 쇼클리는 벨 연구소에서 합당한 대우를 받지 못하고 있다고 여기고, 벨 연구소를 퇴사한다. 잠시 캘리포니아 공과대학의 객원교수로 근무한 뒤 쇼클리 반도체 연구소를 세웠다. 위치는 캘리포니아 산타클라라의 마운틴 뷰로, 장차 실리콘 밸리가 생겨날 곳이었다[19].

---

15 미 국방부는 제2차 세계대전 막바지에 일본 본토를 침공하는 경우 사상자 수 예측을 쇼클리에게 의뢰했는데, 그가 5백만~1천만 수준의 사상자가 발생할 것으로 보고함으로써 일본에 원자폭탄을 투하하기로 결정하는 계기가 됐다.
16 현대적인 트랜지스터의 원조라고 할 수 있다. 인간적인 면모는 부족해도 끈기와 열정을 가진 천재였음은 분명하다.
17 바딘은 고체 물리에 대한 연구를 계속해서 초전도체에 대한 최초의 성공적인 이론으로 1972년, 두 번째 노벨 물리상을 수상했다.
18 이 때문에 진짜 트랜지스터의 아버지를 두고 학계나 언론에서도 논란이 분분해졌다. 결국 노벨상 위원회는 쇼클리와 바딘, 브래튼을 모두 트랜지스터 개발자로 인정했고, 1956년 노벨 물리학상은 3인이 공동 수상하게 됐다. 이들은 서로 사이가 좋지는 않았지만, 노벨 물리학상은 함께 수상했다.
19 "쇼클리는 실리콘 밸리에 실리콘을 가져온 사람이다"라고 일컬어진다.

그는 벨 연구소에서 선임 연구원을 스카우트하고 싶었지만 아무도 그의 제안에 응하지 않았다. 그래서 발로 뛰어 인재들을 모집하게 된다. 쇼클리의 장점은 추진력이었다. MIT 물리학박사인 로버트 노이스, 팔로알토 출신으로 칼텍에서 화학을 공부한 고든 무어[20] 등 각 분야 최고의 20대 박사들을 영입해서 드림팀을 만들었다. 다행인지 불행인지 그들은 쇼클리의 괴팍한 성격에 대해 알지 못했고, 그가 트랜지스터 발명가 중 한 사람이라는 사실만 알고 있었다. 아직 페이스북이나 트위터는 고사하고, 인터넷이 발명되려면 10년을 더 기다려야 했던 시절이라 정보는 매우 느리게 유통되고 있었다.

하지만 벨 연구소를 나왔다고 해서 성격이 달라질 쇼클리가 아니었다. 소장인 쇼클리의 고압적이고 비인간적인 연구소 운영 방식은 계속됐다. 사소한 사고라도 일어나면 이를 자신을 해치려는 음모로 의심하고 연구원들을 상대로 거짓말 탐지기를 동원하는 등 편집증적 면모도 보였다. 결국 8명의 직원들은 단체로 연구소를 떠나게 된다. 연구소장은 '8인의 배신자'들을 평생 비난했다.

트랜지스터가 발명된 지 10년째 되던 해에 8인의 배신자들은 페어차일드[21] 그룹의 도움을 받아 페어차일드 반도체를 창업한다. 그리고 저마늄이 아닌 실리콘 소재를 사용한 트랜지스터[22]를 개발하는 데 성공한다. 페어차일드의 실리콘 트랜지스터는 IBM에 개당 150달러에 판매됐다. 토마스 왓슨의 지시로 IBM은 새로운 컴퓨터에 트랜지스터를 사용할 계획이었다.

---

20 쇼클리와는 고향 선후배, 대학원 선후배 사이다.

21 IBM의 최대 개인 주주였던 페어차일드는 항공기 카메라를 만들어 거부가 됐으며, 미사일과 우주항공산업에 필요한 반도체를 조달하고자 반도체 산업에 참여하게 된 것이다. 페어차일드 반도체는 텍사스 인스트루먼트와 함께 세계 반도체 시장의 양대 산맥으로 떠올랐다.

22 1954년 텍사스 인스트루먼트라는 조그마한 전자 회사에서 개발에 성공했다. 저마늄은 실리콘보다 녹는점이 낮아서 만들기 쉽다는 점 덕분에 초기 트랜지스터의 재료로 사용됐다. 그러나 실리콘을 트랜지스터에 사용할 수 있는 방법이 발견되자 실리콘이 저마늄을 완전히 대체했다. 실리콘은 모래로부터 만들 수 있었기 때문에 재료비에서 저마늄보다 유리했다.

그 후 페어차일드 반도체는 시대의 기술을 선도하면서 승승장구했다. 처음으로 상업적으로 실용적인 집적회로를 발명했다. 4개의 트랜지스터 회로를 하나의 실리콘 웨이퍼에 집적하도록 설계한 제품이었다.

그러나 페어차일드 반도체도 8인의 배신자들을 위한 안식처가 되지 못했다. 페어차일드 그룹 본사의 경영진들과 불화를 겪으며, 하나둘 회사를 떠나기 시작했다. 마지막으로 로버트 노이스와 고든 무어가 회사를 그만뒀다. 그리고 이 두 단짝은 새로운 회사를 창업하기로 한다. 로버트 노이스와 고든 무어가 새로운 사업을 한다고 알려지자 미국 전역에서 투자자들이 줄을 섰다. 그리고 단 하루만에 250만 달러나 되는 돈을 투자받을 수 있었다.

두 창업자들은 자신들의 이름을 따서 회사 이름을 노이스-무어 전자회사로 정했다. 하지만 노이즈가 많다(Noise More)라는 소리로 들린다는 의견에 따라 집적을 뜻하는 Integrate와 전자를 의미하는 Electronics라는 두 단어를 조합해서 회사 이름을 인텔(INTEL)이라고 결정했다. 인텔의 첫 번째 직원은 앤디 그로브다. 앤디 그로브는 페어차일드 반도체에서 출중한 실력으로 이름을 날리던 직원이었다.

페어차일드 반도체는 인텔뿐만 아니라 AMD[23] 등 20여 년간 실리콘밸리에서 65개 반도체 관련 회사가 창업된 계기가 됐다. 이렇게 실리콘 밸리의 신화가 시작됐다.

그림 4.13 실리콘 밸리 전경[24]

---

23 같은 시기에 제리 샌더스(Jerry Sanders)가 7명의 이사를 데리고 나와 5월 1일에 AMD를 설립했다.
24 https://commons.wikimedia.org/wiki/File:AlumRockViewSiliconValley_w.jpg

집적회로와 시스템-온-칩

집적회로의 탄생

8인의 배신자들이 새로운 둥지에서 자리 잡고 있을 때 텍사스 인스트루먼트에 갓 입사한 잭 킬비는 신입연구원이라 여름 휴가도 없이 연구에 몰두하고 있었다. 연구 주제는 트랜지스터와 다이오드, 커패시터 등의 전자 부품들을 최적으로 연결하는 방법이었다. 하루가 다르게 컴퓨터의 성능이 높아짐에 따라 사용되는 전자 부품의 개수가 많아졌는데, 이들을 연결하기가 간단하지 않았다[25]. 특히 좁은 공간에 다수의 부품들이 몰려 있는 경우에 이들을 전선으로 연결하기는 헝클어진 실타래를 푸는 일과 비슷했다. 만약 잭이 헝클어진 실타래를 푸는 일에만 집중했다면 발명의 전당에 이름을 올리지 못했을 것이다. 그는 마치 알렉산더가 고르디우스의 매듭을 푸는 것과 같은 방법을 사용했다. 그는 실타래를 모두 없애 버렸다.

이 문제는 잭 킬비만 고심하던 것은 아니었다. 페어차일드 반도체에서 새로 출발한 로버트 노이스도 이 문제를 해결하기 위해 노력하고 있었다. 그는 잭 킬비보다는 조금 늦게, 그러나 좀 더 실용적인 방법을 찾아냈다. 잭 킬비는 저마늄을 사용했다면 노이스는 실리콘을 사용했다. 집적회로[26]의 발명자로는 이 두 사람을 함께 인정한다.

집적회로의 발명은 트랜지스터의 발명만큼 조명받지 못했다. 빌 게이츠도 집적회로보다 트랜지스터 탄생의 순간을 보고 싶다고 했다. 트랜지스터의 발명가들은 발명 후 8년이 지나서 노벨상을 받았지만 집적회로의 발명가는 40년이 더 지나서 수상했다[27]. 트랜지스터가 없었다면 집적회로도 없었을 것이므로 세상의 대접은 공평한 것일지도 모른다.

---

[25] 이를 "숫자의 횡포(Tyranny of Numbers)"라고 한다.
[26] IC(Integrated Circuit), 칩, 반도체 등 다양한 이름으로 불린다.
[27] 잭 킬비는 2000년에 노벨 물리학상을 수상했다.

트랜지스터가 세포라면 집적회로는 각종 장기와 같다. 장기가 없다면 동물은 존재할 수 없다. 이처럼 집적회로가 없으면 문명의 이기는 존재할 수 없다. 그런 의미에서 진정으로 21세기 초연결 문명이 시작된 계기는 집적회로의 발명이라고 할 수 있다. 스마트폰, 컴퓨터, 자율주행차 등 모두 집적회로 덕분에 탄생했다. 만약 집적회로가 아직 발명되지 않았다면 우리는 스마트폰을 수레에 싣고 다녀야 했을지도 모른다.

덧붙이자면 대한민국의 수출액이 역대급으로 성장한 이유도 메모리라고 하는 집적회로 덕분이다.

집적회로의 발전과 무어의 법칙

잭 킬비가 처음 제작한 집적회로는 손톱만 한 크기에 트랜지스터 한 개와 주변 소자로 구성됐다. 로버트 노이스의 첫 작품에는 트랜지스터 4개가 포함됐다. 최초의 성공이 있은 후, 집적되는 트랜지스터의 개수는 빠르게 증가하기 시작했다. 그 중심에는 로버트 노이스와 고든 무어가 설립한 인텔이 있다.

고든 무어가 아직 페어차일드 반도체에 있을 때 한 학술지로부터 10년 후의 집적회로를 예측해 달라고 요청받았다. 그는 점점 더 많은 트랜지스터들이 실리콘 칩에 들어갈 것이라고 기고문의 헤드라인을 장식했다. 매년 집적되는 소자의 수는 2배씩 증가하고, 1975년에는 65,000개의 달할 것이라고 예측했다. 이미 1962~1965년 동안 트랜지스터 수는 2배씩 증가하고 있었다. 1975년에 이르러, 무어는 2년에 2배씩 증가하는 것으로 자신의 예측을 수정했다. 이렇게 탄생한 무어의 법칙은 1971년부터 2004년까지 인텔의 CPU의 성능 증가 속도를 잘 예측했다.

제품명	연도	트랜지스터 개수	회로폭(나노미터)	면적(제곱밀리미터)
4004	1971	2300	10,000	12
펜티엄	1993	3,100,000	800	294
코어 i7(쿼드 코어)	2012	1,400,000,000	22	160

표 4.5 인텔 CPU의 발전

    2010년 즈음, 집적도 증가가 한계에 부딪치면서 무어의 법칙은 도전받게 된다. 집적도 증가의 한계는 그만큼 높아진 제조 공정의 난이도 때문이었다. 고가의 장비와 공정들이 추가돼야 하는데, 기업의 입장에서는 수익성을 따져 봐야 한다. 지금 당장 투자를 해야 할지, 아니면 현재 기술 수준을 조금 더 유지할지를 판단해야 한다. 28나노미터 공정 이후 업체들은 대부분 새로운 공정을 적용한 제품의 출시 일정을 미루고 있다. 마침내 2015년, 무어의 법칙은 폐기된다.

    비록 무어의 법칙은 폐기됐지만 집적회로의 소형화 및 고성능화의 노력이 중단된 것은 아니다. 집적회로 중 CPU 같은 시스템 반도체의 경우, 멀지 않은 시점에 7나노미터를 넘어서게 될 것으로 보인다. 7나노미터는 상징적인 의미를 갖는다. 기존의 장비를 사용할 수 없고, EUV[28]라고 하는 극자외선 공정이 추가돼야 한다. 2018년 현재의 양산 기술은 7나노미터 직전까지 와 있는 상황이다. 애플의 아이폰용 애플리케이션 프로세서 A11과 퀄컴의 모바일용 애플리케이션 프로세서 스냅드래곤 835는 10나노미터 공정으로 제작됐다. 크기는 1센트 동전보다 작다.

    집적회로의 소형화, 고성능화는 비메모리 반도체에만 적용되는 것은 아니다. 대한민국의 자랑인 메모리 반도체는 초고속ㆍ초절전ㆍ초소형에서 타의 추종을 불허하는 초격차 전략을 이어가고 있다. DRAM의 경우, 15~17

---

28 EUV(extreme ultraviolet). 극자외선은 파장의 길이가 10~120나노미터다.

나노급 제품을 양산 중이다. 플래시 메모리도 다층 구조를 적용해서 나노급 제품을 양산하고 있다.

집적회로의 구조

손톱만 한 크기의 실리콘 웨이퍼 위에 10억 개의 트랜지스터가 탑재돼 있는 모습은 실제로 어떨까? 간단한 계산으로 확인해 보자. 가로×세로 10밀리미터(=10,000마이크로미터)의 웨이퍼에 10억 개의 트랜지스터를 균일하게 배치하기 위해서는 가로×세로로 대략 31,622개의 트랜지스터를 배열하면 된다. 이 경우 하나의 트랜지스터를 배치할 수 있는 웨이퍼 상의 공간은 '10,000마이크로미터/31,622개 = 0.31623마이크로미터/개'가 된다. 다시 말해 316나노제곱미터의 공간이 된다. 오늘날에는 10나노 공정을 사용하며, 하나의 게이트 크기가 기껏해야 수십 나노미터에 이른다.

집적회로는 웨이퍼에 트랜지스터, 다이오드, 콘덴서, 저항 등 소자들을 구현한다. 이 과정은 형상을 만들기 위한 화학 처리와 불순물을 실리콘에 투입하는 도핑으로 이뤄진다. 소자들의 구성이 완료되면 이들을 연결해야 한다. 연결은 층층이 전선을 배치한다. 도시를 이어주는 도로를 만드는 것과 같으나, 모든 교차로가 입체라는 점이 다르다. 이렇게 만들어진 집적회로를 옆에서 보면 맨 밑에 실리콘층이 있고 위로는 수많은 연결선이 있다. 이것들은 현미경을 이용해서 볼 수 있을 정도의 크기다.[29]

그림 4.14 집적회로의 내부 구조[30]

---

29 https://www.youtube.com/watch?v=Fxv3JoS1uY8: 현미경으로 확대한 집적회로의 내부 모습을 볼 수 있다.

30 https://commons.wikimedia.org/wiki/File:Silicon_chip_3d.png

실리콘과 연결선들은 패키지에 의해 보호된다. 패키지는 세라믹이나 플라스틱으로 제작된다. 이들은 불투명해서 내부를 들여다 볼 수 없다. 패키지의 윗면에는 레이저를 사용해서 제품명이나 회사 로고가 새겨진다.

마지막으로 집적회로는 외부와 데이터를 주고받거나 전원을 공급받기 위해 핀[31]을 갖는다. 벌레의 다리 같이 옆쪽으로 핀들이 부착되기도 하고 벌레의 알처럼 밑면에 붙기도 한다. 적게는 4개에서 많게는 수백 개가 된다. 핀 간의 간격이 밀리미터 단위로 매우 작아서 컴퓨터와 정밀 기계를 이용해서 인쇄 회로 기판에 부착된다[32].

복합 쇼핑몰과 같은 시스템-온-칩

스마트폰 이전 시대에는 컴퓨터의 두뇌인 CPU의 발전 속도가 정보화 시대의 발전 속도를 의미했다. 그러나 스마트폰이 등장하면서 시스템-온-칩[33]이 그 자리를 대신했다. 시스템-온-칩은 시스템 전체가 하나의 집적회로로 구현됐다는 의미다. 시스템이란 CPU를 비롯해 메모리, 그래픽 처리 유닛, 와이파이, LTE 모뎀 등 여러 전자부품이 모여서 입력, 처리, 출력을 할 수 있는 모임을 말한다. 손톱만 한 크기의 칩 안에 이 모든 기능이 들어 있다. 시스템-온-칩은 애플리케이션 프로세서(AP)라고 한다.

---

31 비교적 짧은 형태를 핀이라 하고, 길이가 긴 경우는 리드(인출선)라고 한다.
32 https://www.youtube.com/watch?v=GdqbLmdKgw4: 현미경으로 확대한 집적회로의 내부 모습을 볼 수 있다.
33 System-on-Chip. 줄여서 SoC라고 한다.

대표적인 시스템-온-칩을 만드는 회사로 퀄컴, 인텔, 그리고 그래픽 프로세서로 유명한 엔비디아, 텍사스 인스트루먼트 등이 있다. 인텔은 x86 계열의 CPU를 시스템-온-칩에 내장하고, 그 외의 회사들은 ARM[34] 코어 CPU를 사용한다. 애플의 애플리케이션 프로세서도 ARM 코어 제품이다.

시스템-온-칩은 모바일용으로 많이 사용되지만 그 밖에도 스마트 텔레비전, 스마트 시계에 사용되고, 차량용 내비게이션 및 멀티미디어 제품용으로도 사용된다. 칩의 성능이 점점 높아지면서 노트북에서도 사용되고 있다. 대표적으로 퀄컴의 스냅드래곤 835 제품으로 제작된 노트북에 윈도우 10이 탑재되어 출시됐다. 아직은 성능 면에서 인텔의 CPU를 사용한 제품에는 못 미치지만, 초경량, 초슬림에 장시간 사용이 가능하고, LTE가 내장돼 있는 등의 장점이 있다.

스마트폰을 분해해 보면 의외로 부품의 수가 적은 것을 볼 수 있다. 대부분의 부품들이 시스템-온-칩에 들어 있기 때문이다. 그중 가장 크기가 큰 칩은 메모리다. 시스템-온-칩 내부에도 메모리가 있지만 외부 메모리도 사용한다. 시스템-온-칩과 메모리를 나란히 배치하기 위해서는 많은 공간이 필요하다. 하지만 대용량 배터리를 위해 휴대폰의 내부 공간을 더 절약해야 하기 때문에 시스템-온-칩은 메모리 위로 올라간다. 이를 패키지 온 패키지라고 한다. 갤럭시 S9+에는 퀄컴의 스냅드래곤 845와 삼성의 6기가바이트 메모리가 겹쳐져 있고, 아이폰 6S의 경우 애플의 A9 APL0898과 삼성의 2기가바이트 메모리가 겹쳐져 있다.

---

34 임베디드 기기에 많이 사용되는 RISC 프로세서다. 저전력을 사용하도록 설계되어 모바일 시장에서 강세를 보인다. 1985년에 영국의 에이콘 컴퓨터에 의해 탄생했으며, 1990년 애플과의 조인트 벤처 형식으로 ARM(Advanced RISC Machines Ltd.)이 생겼다. 최근 소프트뱅크 CEO인 손정의 회장이 35조 원에 인수했다.

비록 시스템-온-칩과 같은 복합 쇼핑몰은 되지 못해도 대형마트 정도 되는 집적회로가 있다. 마이크로컨트롤러[35]라고 불리는데, 내부에 마이크로프로세서, 메모리, 스토리지, 각종 통신 모듈을 탑재하고 있다. 마이크로컨트롤러는 다양한 임베디드 시스템에서 사용된다. 차량용 인포테인먼트에서는 시스템-온-칩과 마이크로컨트롤러가 함께 사용된다.

---

35 마이콤(Micom)이라고도 한다.

2부 연결을 위한 기술의 진화

속도 변화의 지수함수
고속화

계층의 분업화
프로토콜

단순한 것이 아름답다
통합화

속도 변화의 지수함수
고속화

인생은
속도가 아니라 방향이다
- 괴테

변화의 속도, 속도의 변화

변화의 속도

가장 현명하다고 여겨지던 사람들조차도 순식간에 멍청이로 만들어 버릴 정도의 속도로 기술이 발전하고 있다. 여기에 세기의 조롱거리가 됐던 세 사람의 예가 있다. 20세기에 들어서기 1년 전인 1899년. 당시 찰스 듀얼 미 특허청장은 "발명될 만한 모든 것은 이미 다 발명됐다"는 발언과 함께 대통령에게 특허청 폐지를 건의한 후 사임했다고 한다. 1943년에는 IBM 회장 토머스 왓슨이 "세계를 통틀어 컴퓨터 시장 규모는 5대 정도 뿐이다"라고 했다고 한다. 그리고 1981년에 빌 게이츠는 컴퓨터의 메모리가 "640킬로바이트면 누구에게나 충분하다"라고 했다고 한다.

지금 생각하면 어처구니가 없는 이야기다. 조롱거리가 됐던 본인들은 정작 그런 말을 한 적이 없다고 한다. 아마도 다른 내용의 말이 와전됐을 것이다. 원래 사람들은 듣고 싶은 말만 듣기 때문이다. 그 호사가들이 듣고 싶었고 전하고 싶었던 이야기는 세상의 기술이 너무 빠르게 발전하고 있다는 사실이었을 것이다.

오늘날 전 세계 컴퓨터의 보급 대수는 5대가 아니라 10~20억 대로 추정된다. 스마트폰을 컴퓨터로 간주하지 않는다면 말이다. 개인용 컴퓨터는 640킬로바이트가 아니라 최소 2기가바이트의 메인 메모리를 사용한다. 만약 토마스 왓슨과 빌게이츠에게 미래에 사용될 컴퓨터 대수와 메모리 크기를 예상해 보라고 질문을 했어도 그들은 실제 수치의 근처에도 가지 못했을 것이다. 그들과 동시대를 살았던 그 누구도 오늘날을 예측하지 못했을 것이다. 그들이 섣불리 예측했다면 잘못된 미래를 예측하는 멍청이 리스트에 이름을 올렸을 것이다.

섣부른 예측으로 망신을 당하는 사례는 오늘날에도 줄을 잇는다. 2004년 프랭크 레비 MIT 교수와 리처드 머네인 하버드대 교수는 공저 '노동의 새로운 분류(The New Division of Labor)'에서 사람이 여전히 중요한 이유를 들며, 장거리 트럭 운전수는 컴퓨터로 대체될 수 없다고 주장했다. 그들은 운전 중 발생할 수 있는 수많은 상황에 대해 컴퓨터 프로그램으로 대처한다는 것은 가망없는 일이라고 했다. 당시에는 그럴듯하게 들렸던 이 낙관론은 10년이 채 지나지 않아 자율주행차량에 치여 사그라들었다.

변화의 속도에 현기증이 날 정도라고 하는데, 실제 수치로 보는 변화의 속도는 어떨까? 컴퓨터의 능력은 무어의 법칙에 따라 40년 동안 100만 배가량 향상됐다. 시장에 출시된 최초의 마이크로프로세서인 4004 트랜지스터의 수가 2,300개였다면 인텔의 8코어의 제논은 2,300,000,000개다. 동작 클록수는 30,000배 빨라졌다. 진공관 컴퓨터인 에니악이 100킬로헤르츠를 사용했다면 인텔의 펜티엄 4는 3기가헤르츠를 사용했다.

컴퓨터의 연산 능력과 속도뿐만 아니라 데이터의 전송 속도도 눈부시다. 이더넷은 불과 15년 사이에 초당 10메가비트에서 초당 10기가비트로 1,000배의 속도 향상이 이뤄졌다. USB도 1.0 버전이 처음 소개됐을 때의 전송 속도는 초당 12메가비트였으나, 3.2 버전에서는 초당 20기가비트가 됐다. 20년 사이에 1,000배 이상의 속도 증가를 이룬 것이다.

그림 5.1의 그래프는 45도 경사로 데이터 전송 속도가 증가하는 모습을 보이고 있지만 로그 스케일임에 유의해야 한다. 그렇지 않다면 그래프는 수직으로 하늘을 향하는 막대기 모양이었을 것이다.

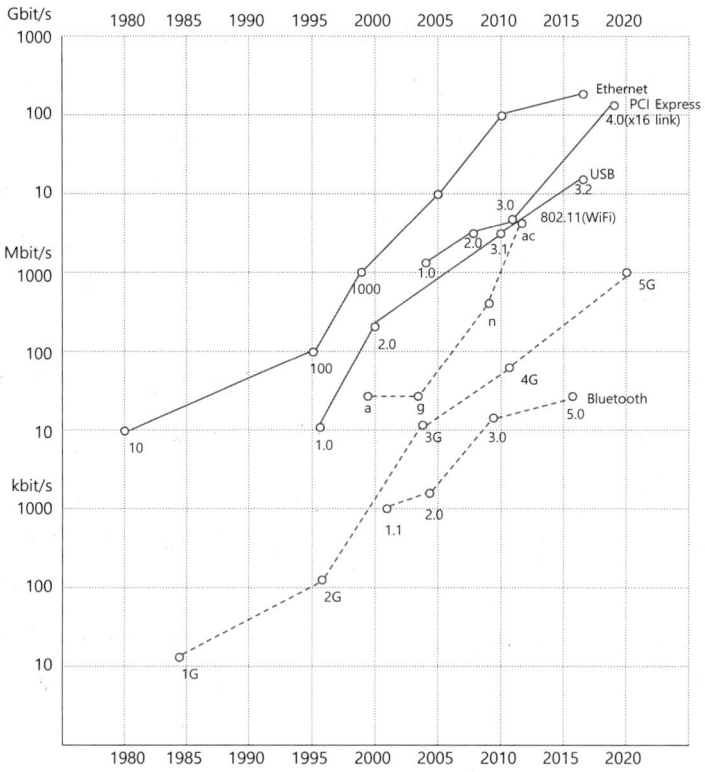

그림 5.1 속도의 변화

속도의 변화

전기적 신호는 빛의 속도로 전송된다. 따라서 전기적 신호로 표현되는 비트는 빛의 속도로 전송된다. 이처럼 한 비트의 전송 속도는 트랜지스터가 발명되던 시기나 알파고가 활약하는 시기나 같다. 빛의 속도가 달라지지 않는 한 과거에도 그러했듯이 앞으로도 그러할 것이다.

그렇다면 데이터 전송 속도가 엄청나게 빨라졌다는 호들갑은 무엇을 의미할까? 그것은 단위 시간당 보낼 수 있는 데이터의 양이 많아졌다는 의미다. 한 비트를 보내는 데 필요한 시간은 과거나 현재나 차이가 없지만 10비트, 100비트를 보내는 데 필요한 시간은 크게 줄어들었다. 달리 표현하면 1초당 보낼 수 있는 데이터의 양이 늘어났다는 의미다. 과거 1초당 1000비트의 정보를 보낼 수 있었다면 오늘날에는 1초당 10억 비트를 보낼 수 있다. 그래서 데이터 전송 속도의 단위는 초당 전송 비트 수인 bps(bit per second)로 표기한다[1].

데이터의 전송 속도는 지금도 증가하고 있다. 머지않아 가정에서도 유선 인터넷으로 초당 10기가비트 전송이 가능해진다. 이 속도면 노트북 컴퓨터에 장착된 128기가바이트 용량의 하드디스크가 2분이면 클라우드로 모두 업로드된다. 이미 초당 400기가비트 전송을 위한 규격도 준비하고 있다. 이 속도면 노트북의 하드디스크는 3초만에 100% 백업된다. 유선 인터넷의 속도를 따라가지는 못하고 있지만 이동통신으로도 초당기가비트 수준의 전송이 가능해진다. 5세대 이동통신은 최대 데이터 전송 속도가 초당 20기가비트다.

---

[1] 1초당 10억 비트는 1Gbps로 표시한다. G는 기가(giga)를 의미하며, 10억에 해당하는 숫자다.

다만 현재와 같은 발전 속도가 미래에도 유지될지는 의문이다. 모든 기술은 급격한 발전 단계를 거친 후 포화 상태에 이른다. 기술적 한계에 부딪힐 수도 있고, 수요의 한계에 맞닥뜨릴 수도 있다. 두 한계 상황이 차례로 오기도 한다. 하드디스크의 용량이 그러했고, CPU의 성능이 그러했다.

그림 5.2 하드디스크의 플래터

하드디스크는 한 장의 플래터[2]에 기록할 수 있는 데이터가 1테라바이트에서 정체됐다. 자기 신호를 기록하는 데 필요한 공간이 부족해진 탓이었다. 그리고 하드디스크 안에 넣을 수 있는 플래터의 개수도 4~5개가 최대였다. 그보다 많은 수의 플래터가 들어가면 공기저항 등으로 충분한 회전 속도를 낼 수가 없었다. 그리하여 하드디스크는 4테라 바이트가 기술적 한계로 여겨졌다[3]. 이어서 수요의 한계도 찾아왔다. 하드디스크는 2010년 6억 5100만 대에서 출하량이 정점을 찍은 후 2015년에는 5억 대 이하, 2016년에는 4억 대를 조금 넘는 수준까지 출하량이 감소했다. SSD의 대중화와 스마트 기기 확산으로 인한 개인용 컴퓨터 출하량의 감소가 복합적으로 작용한 결과였다.

---

2 데이터가 저장되는 원형 금속판. 하드디스크에는 여러 장의 플래터가 사용된다.
3 최근에는 플래터의 기록 밀도를 높이기 위한 연구가 다방면에서 이뤄지고 있다. 또한 하드디스크 내부에 헬륨을 투입해서 공기저항을 낮추는 방법으로 플래터 수를 늘려서 데이터 저장 용량을 늘리고 있다.

CPU도 마찬가지였다. 맹렬한 속도로 동작 주파수가 증가하던 CPU는 2~3기가헤르츠에서 정체되기 시작했다. 발열 문제 때문이었다[4]. 그리고 하드디스크와 같은 이유로 수요의 정체가 찾아왔다. 하드디스크와 CPU는 더 이상 예전과 같은 속도로 발전하지 못하고 있다. 데이터 전송 속도 역시 이 같은 한계 상황에 맞닥뜨릴 가능성이 높다.

이론과 현실

수치로 살펴본 데이터 전송 속도 증가는 실로 놀랍다. 그런데 우리는 대부분 그러한 속도를 체감하지 못한다. 마치 직장인들이 연봉 통지서의 수치를 보는 것과 같다. 왜냐하면 실제로 받은 금액은 그에 못 미치기 때문이다. 각종 세금과 연금으로 인해 연봉과 실제 수령액이 다르듯이, 데이터 트래픽 상황이나 데이터 전송 방식으로 인해 이론적 데이터 전송 속도와 실제 체감 속도가 다르다.

특히 무선 통신의 경우 이론상 성능과 실제 성능의 차이가 크다. 무선 통신은 주변 환경에 영향을 많이 받기 때문이다. 주변 환경이라 함은 무선 통신을 위한 기지국이나 무선 액세스 포인트까지의 거리뿐만 아니라 동일한 지역에 있는 무선 기기들의 수를 포함한다. 와이파이는 주변에 넘쳐 나는 액세스 포인트(공유기) 때문에 제 성능을 내기 힘들다. 와이파이 데이터들의 충돌로 인해 빈번한 재전송이 발생한다. LTE도 장소에 따라 성능에 큰 차이를 보인다. 간혹 이동 중인 지하철 안이나 사람이 많이 모이는 곳에서 LTE 속도는 초창기 와이파이 속도보다도 못하다.

---

[4] 테스트 결과에 의하면 3기가헤르츠 이상부터 CPU가 소모하는 전류량도 급증하고, 그에 따라서 발생하는 열도 많아진다. 열을 식히기 위해서는 별도의 부품들이 사용돼야 하고, 이들은 전체적으로 가격의 상승을 가져온다. 이러한 이유로 최근에는 CPU의 동작 주파수를 높이기보다는 코어의 개수를 늘려서 성능을 향상시키는 방향으로 제품들이 만들어지고 있다. 오늘날 사용되는 컴퓨터 CPU는 대부분 2~4개 이상의 코어를 갖추고 있다.

그나마 유선 통신의 경우에는 상황이 낫다. 무선 통신과 달리 주변 환경에 영향을 덜 받기 때문이다. 또한 과거의 버스 통신 방식에서 현재 일대일 통신 방식으로 개선되면서 실제 데이터 전송 속도의 저하 문제는 줄어들었다.

과거에 사용됐던 버스 통신 방식이란 데이터 통신 채널을 공유하는 방식이다. 시민들이 출퇴근을 위해 누구나 버스를 이용할 수 있는 것과 같다. 그런데 출퇴근 버스는 많은 사람이 한꺼번에 이용할 수 있지만 데이터 버스는 한 번에 오직 하나의 기기만 사용할 수 있다. 서로 데이터 버스를 사용하려고 하면 데이터의 충돌이 발생하게 된다. 데이터의 충돌이란 유선을 따라 흐르는 전기적 신호들이 뒤엉켜서 원래의 신호를 구분해 낼 수 없는 상황을 가리킨다. 이런 상황을 방지하기 위해 기기들은 정해진 절차를 따른다. 만약 충돌이 발생하면 모든 연결된 기기들은 잠시 대기해야 한다. 이런 불필요한 과정은 시간의 낭비로 이어진다.

그러나 현재의 일대일 방식에서는 모든 기기가 스위치와 일대일로 연결된다. 데이터 버스를 공유하지 않으므로 데이터의 충돌이 발생하지 않는다. 따라서 시간의 낭비가 발생하지 않는다. 최신 버전의 이더넷, USB, PCI 익스프레스는 버스 방식이 아닌 일대일 연결을 지원한다.

비트 간격 좁히기

데이터 전송 속도를 높인다는 것은 1초당 더 많은 데이터를 보낸다는 것을 의미한다. 이를 위해 다음과 같은 세 가지 방식이 사용돼 왔다. 첫째는 비트와 비트 사이의 간격을 줄이는 방식이다. 시스템이 동작하는 주파수(클록)를 높이는 방법이 대표적이다. 둘째는 여러 개의 비트를 한꺼번에 보내는 방식이다. 병렬 전송이 이에 해당한다. 셋째는 많은 비트를 좀 더 적은 수의 비트로 변환해서 보내는 방식이다. 즉, 압축 기술을 적용하는 방법이다.

데이터 전송 속도를 높이는 첫 번째 방법은 전송되는 비트 간격을 줄이는 것이다. 비트와 비트의 간격이 좁을수록 단위 시간당 보낼 수 있는 데이터의 양이 많아진다. 이는 지하철이 시민들을 수송하는 능력과 유사하다. 지하철의 운행 속도는 과거나 지금이나 큰 차이가 없다. 그러나 오늘날에는 단위 시간당 더 많은 사람을 수송하는데, 그 이유는 운행 중인 지하철의 간격이 좁아졌기 때문이다. 즉, 지하철이 과거보다 촘촘히 붙어서 운행된다. 기술의 발전으로 지하철의 추돌 위험이 없어졌기 때문이다.

동작 주파수 높이기

비트 간격을 줄이는 기본적인 방법은 동작 주파수를 높이는 것이다. 예를 들어, 많은 사람들이 일사불란하게 움직여야 하는 경우가 있다. 로마 시대의 해상 전투에는 많은 노로 저어야 하는 갤리선이 투입됐는데, 노예들은 북소리에 맞춰 노를 저었다. 또한 육지에서도 전투병들의 행진 속도를 조절하기 위해 북소리를 이용했다. 오늘날 아이돌들의 일사불란한 안무도 음악의 박자를 신호로 삼는다.

이들은 모두 북소리나 음악의 박자에 동기화돼 있다고 한다. 따라서 북소리를 빠르게 하면 배의 전진 속도는 높아지고, 군인들의 행진 속도도 높아진다. 음악의 박자가 빨라질수록 아이돌의 춤은 현란해진다. 이처럼 연결 통신 시스템에서 동작 주파수를 높이면 비트의 이동 속도가 빨라진다.

전자 기기나 통신도 동기화를 위한 신호가 필요한데, 이를 클록이라고 한다. 클록 생성기는 전쟁터의 북소리처럼 주변 부품들에게 일정한 주기로 신호를 입력해 준다. 이 신호를 타이밍 신호 또는 클록 신호라고 한다. 클록은 사인파(sine wave)와 같이 일정한 주기로 상승과 하강을 반복한다. 다만 사인파의 경우 신호가 완만하게 상승했다가 완만하게 하강하기 때문에 특정한 시점에 동기화되기 어렵다. 따라서 사인파는 전용 회로를 거쳐서 각진 구형파(square wave)로 바뀐다. 주변 부품들은 매번 클록 신호가 상승 또는 하강하는 시기에 동기화되어 동작함으로써 일정한 간격으로 데이터를 보낼 수 있다.

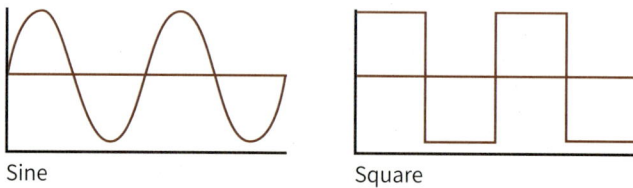

그림 5.3 사인파와 구형파

컴퓨터의 클록 생성기는 일정한 주파수의 구형파를 CPU, 메모리, 각종 컨트롤러를 비롯한 집적회로에게 전달한다. 그런데 모든 집적회로가 같은 클록으로 동작하는 것은 아니다. CPU는 다른 부품들보다 훨씬 높은 클록 신호를 필요로 한다. 따라서 클록 신호를 받은 CPU는 내부에서 좀 더 세분된 클록 신호를 만든다. 예를 들어, 클록 생성기가 100메가헤르츠 신호를 전달하면 CPU는 이를 세분해서 10배가 높은 1기가헤르츠 신호를 내부적으로 만들어 낸다[5]. 이 신호에 맞춰 CPU는 명령어를 처리한다.

---

[5] CPU는 마더보드 상의 클록 생성기로부터 80~100메가헤르츠의 신호를 받으며, 이 값에 배수를 곱해서 최종 동작 주파수를 결정한다. 한편 CPU는 동작 주파수를 동적으로 결정하는데, 만약 처리해야 할 업무가 없으면 최소 동작 주파수로 설정되고, 처리해야 할 업무가 많으면 최고 동작 주파수로 설정된다. 예를 들어, 최소 800메가헤르츠로 동작하고, 최대 1.8기가헤르츠로 동작한다.

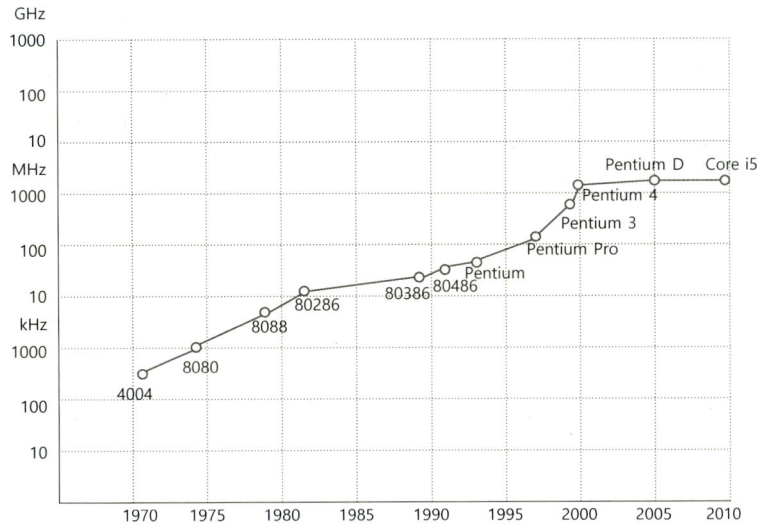

그림 5.4 인텔 CPU 클록

CPU는 메모리로부터 데이터를 읽어 오기 위해서도 클록을 이용한다. 메모리는 CPU에서 오는 클록에 맞춰 데이터를 전송하거나 수신한다. CPU의 동작 주파수가 높아짐에 따라 CPU와 메모리 간 데이터 전송에 사용되는 동작 주파수도 높아졌다. 그 밖에 그래픽 처리 유닛과 네트워크 모듈도 클록에 맞춰 동작한다. 이들은 클록 생성기로부터 직접 클록을 공급받거나 다른 전자 부품으로부터 클록을 공급받는다.

동작 주파수를 높이면서 데이터 전송 속도를 높여 온 대표적인 사례가 무선 이동통신이다. 0세대 이동통신에서는 150메가헤르츠의 주파수를 사용했다. 이후 450메가헤르츠 사용을 거쳐서 1세대에 이르러 800~900메가헤르츠 대역을 사용하게 됐다. 2세대에서는 900메가헤르츠 대역으로 시작해서 나중에 1.8기가헤르츠 대역까지 사용하게 됐다. 800메가헤르츠~1.8기가헤르츠는 3, 4세대까지 이어지는데, 미래의 5세대에서는 28기가헤르츠가 사용될 예정이다.

게이트 지연 줄이기

동작 주파수는 원하는 대로 무한히 증가시킬 수 있는 것은 아니다. 동작 주파수는 게이트 지연에 의해 제한된다. 게이트 지연이 짧아질수록 동작 주파수는 높아질 수 있다. 게이트 지연은 0을 1로 바꾸거나 1을 0으로 바꾸는 데 걸리는 시간을 의미한다.

수도꼭지의 예를 들어보자. 수도꼭지로부터 물이 흐르는 상태는 1을 나타낸다. 이제 수도꼭지를 잠가서 물이 흐르지 않는 상태인 0을 나타내고자 한다. 이를 위해 수도꼭지의 손잡이를 잠금 방향으로 돌린다. 서서히 물의 흐름이 줄어들고, 마침내 더 이상 물이 흐르지 않게 된다. 이때 1에서 0으로 바뀌는 시간은 손잡이를 얼마나 빨리 돌리느냐에 달려 있다. 천천히 돌리면 상태는 천천히 바뀔 것이고, 빨리 돌리면 상태는 빨리 바뀔 것이다. 그러나 아무리 빠르게 돌린다고 하더라도 상태 변화에 걸리는 시간은 0이 될 수 없다. 수도꼭지가 수동식이든 자동식이든 상관없다. 반드시 과도기 상태가 존재한다.

전자의 흐름을 관리하는 집적회로도 이와 같다. 스위치를 이용해 전자 흐름을 조절하면 일정 시간의 과도기 같은 상태가 발생한다. 이를 게이트 지연이라고 한다. 게이트 지연이 짧을수록 집적회로는 더 빨리 동작할 수 있다.

그렇다면 게이트 지연의 감소는 어떻게 이뤄질까? 다시 수도꼭지의 예로 돌아가 보자. 여기에 두 가지 종류가 있다. 하나는 소방 호스에 연결돼 있다. 수도꼭지라기보다는 손잡이가 큰 수도 밸브인 셈이다. 소방 호스는 많은 양의 물을 필요로 하기 때문에 지름이 큰, 굵은 호스다. 따라서 수도 밸브를 열고 잠그기에 시간이 걸린다. 반면 다른 수도꼭지에는 손가락 굵기의 청소용 호스가 연결돼 있다. 당연히 소방 호스보다 빠르게 물을 잠그거나 틀 수 있다.

집적회로도 이와 같다. 집적회로 내의 게이트와 이들을 연결하는 와이어(전선)의 크기와 굵기가 작을수록 게이트 지연은 작아진다. 이를 위해 집적회로 개발자들은 끊임없이 게이트를 더 작게 만들기 위해 노력했다. 그리고 게이트가 작아질수록 더 많은 게이트가 집적회로에서 구현됐다. 이런 과정을 통해 마이크로프로세서는 더 빠르게 연산을 수행하면서 더 다양한 일을 해낼 수 있게 됐다.

최초의 마이크로프로세서가 10마이크로미터(10,000나노미터) 공정으로 제조됐다면 최신 마이크로프로세서들은 수십 나노미터에 불과하며, 곧 10나노미터보다 작은 공정으로 제작될 예정이다. 이는 집적되는 트랜지스터의 개수가 크게 증가했다는 것 말고도 게이트 지연이 크게 감소해서 과거 대비 엄청난 속도로 동작하는 게 가능하다는 것을 의미한다.

대역폭 넓히기

대역폭은 데이터의 전송 속도에 가장 중요한 요소다. 대역폭은 송수관의 지름과 같다. 즉, 송수관의 지름이 클수록 초당 보낼 수 있는 물의 양은 많아진다. 또는 도로의 차선과도 흡사하다. 차선이 많을수록 한 번에 통과할 수 있는 차량의 수는 많아진다.

무선 통신도 마찬가지여서 대역폭이 클수록 초당 보낼 수 있는 데이터의 양이 많아진다. 데이터의 전송 속도가 높아지는 것이다. 예를 들어, LTE의 경우 10메가헤르츠 대역폭을 사용하면 초당 75메가비트의 전송 속도를 내지만 광대역이라고 하는 20메가헤르츠 대역폭을 사용하면 초당 150메가비트의 전송 속도를 낼 수 있다. 2배 빠른 전송 속도다. 인접한 대역을 사용할 수 없을 경우, 서로 떨어져 있는 두 주파수 대역을 사용하는 주파수집성기술을 사용해도 동일하게 대역폭 확대 효과가 있기 때문에 동일한 데이터 전송 속도를 낼 수 있다.[6]

---

6   LTE-A 혹은 LTE-Advanced

무선 통신에서 대역폭은 신호의 최고 주파수와 최저 주파수의 차이를 말한다. 단어에 들어 있는 '폭'은 너비를 나타낸다. 유플러스의 LTE서비스의 경우, 휴대폰에서 기지국으로 데이터를 전송할 때[7] 사용하는 주파수가 839메가헤르츠에서 849메가헤르츠 사이다. 이 둘의 차이는 10메가헤르츠 대역폭이 된다. 한편, 광대역 LTE 서비스를 위해서는 2,520메가헤르츠에서 2,540메가헤르츠 사이를 사용하는데, 이 둘의 차이는 20메가헤르츠 대역폭이 된다.

4세대 셀룰러 이동통신의 경우 대역폭을 넓히는 데 한계가 있다. 특정한 대역의 주파수를 사용하기 위해서는 정부로부터 허가를 받아야 하고, 그에 따른 비용을 지불해야 하기 때문에 각 통신사가 마음대로 사용할 수 있는 주파수 대역이 제한돼 있다.

이에 비해 와이파이는 비교적 자유롭다. 비록 2.5기가헤르츠 대역은 셀룰러 이동통신처럼 한계가 있지만[8] 5기가헤르츠 대역에서는 상당히 넓은 대역폭을 사용할 수 있다. 와이파이는 802.11ac에 이르러 대역폭을 160메가헤르츠도 사용 가능하게 했다. 다음 버전인 802.11ad에 이르러서는 대역폭을 무려 2.16기가헤르츠로 설정할 수 있다. ad 규격이 대역폭을 넓게 설정할 수 있는 이유는 60기가헤르츠 대역의 주파수를 사용하기 때문이다. 주파수 대역이 높을수록 대역폭을 여유 있게 설정할 수 있다. 다른 신호들과의 간섭이 없기 때문이다. 5세대 이동통신의 경우도 28기가헤르츠를 사용하기 때문에 대역폭이 800메가헤르츠에 이른다.

---

7   이를 업링크(uplink)라고 하며, 반대로 기지국에서 휴대폰으로 데이터를 전송하는 것은 다운링크(downlink)라고 한다.

8   와이파이의 경우 채널 1번은 중심 주파수가 2,412기가헤르츠인데, 아래로 2,401기가헤르츠, 위로 2,423기가헤르츠를 사용할 수 있으며, 대역폭은 22메가헤르츠다.

저전압 차분 신호 전송

1부에서 연결 기술을 다루면서 위대한 발명들을 살펴봤는데, 이번에 살펴볼 저전압 차분 신호 전송[9]도 '위대한 발명' 리스트에 포함될 자격이 충분하다. 그만큼 오늘날 다양한 연결 기술에 적용되고 있다. 근거리 통신망인 이더넷, USB, 오디오 비디오 케이블인 HDMI와 디스플레이 포트, 컴퓨터 확장 인터페이스인 PCI 익스프레스, 스마트폰을 위한 MIPI의 디스플레이/카메라 애플리케이션 인터페이스, 하드디스크 연결용 직렬 ATA 등이 대표적이다.

저전압 차분 전송 기술은 그야말로 초연결 사회의 근간을 이루는 기술이라고 할 수 있다. 저전압 차분 신호 덕분에 점점 더 고속의 데이터 전송을 필요로 하는 정보화 사회가 통신의 병목 현상을 겪지 않으며 발전할 수 있었다. 이 새로운 신호 전송 방식 덕분에 초당기가비트 전송이 가능해졌다고 해도 과언은 아니다.

차분 신호 전송 방식이 사용되기 전에는 데이터를 전송하기 위해 하나의 데이터 라인(전선)을 사용했다. 이 라인을 통해 흐르는 전류의 전압 높낮이로 디지털 신호인 '1'과 '0'을 구별한다. 라인으로 들어온 신호의 전압은 그라운드 전압이라고 하는 기준이 되는 전압과 비교해서 0 또는 1로 인식한다. 예를 들어, 기준 전압을 0볼트라고 할 때, 0~1.8볼트까지는 0으로 인식하고, 3~5볼트는 1로 인식한다.

이 방식은 구현이 간단하고 비용도 적게 들어서 오랜 기간 사용돼 왔다. 그런데 고속의 신호 전송이나 원거리의 신호 전송에는 적합하지 않다. 가장 큰 이유는 신호 잡음[10]에 취약하다는 것이다. 고속 신호 전송 중 신호 잡음 성

---

9 LVDS(Low voltage differential signaling)
10 일상에서는 노이즈(Noise)라고 표현한다.

분이 포함되면 원래의 데이터 복원이 불가능해질 수 있다. 더군다나 원거리 전송에서는 신호 잡음에 노출될 가능성이 높아져 더욱 불리했다.

이 같은 문제점을 해결하기 위해서 도입된 기술이 차분 신호 방식이다. 차분 신호 방식은 두 개의 전선을 이용한다. 두 개 중 하나의 전선으로 기존과 동일한 방식으로 신호를 보낸다. 동시에 다른 하나의 전선으로는 그와 반대되는 모양의 신호를 보낸다. 예를 들어, 하나의 전선에 기준 전압-높은 전압-기준 전압 순서로 신호가 전송됐다면 다른 전선에는 기준 전압-낮은 전압-기준 전압 순서로 신호를 전송한다. 이 두 신호는 완전히 대칭을 이룬다. 수신단은 두 신호의 전압 차이를 구해서 0과 1을 구분한다. 두 신호 모두 기준 전압인 경우는 0, 높은 전압과 낮은 전압의 경우 1이 된다. 앞의 예라면, 0-1-0의 신호로 인식된다.

간단해 보이지만, 이 방식으로 신호 잡음을 효율적으로 걸러낼 수 있다. 신호가 전송되는 중에 잡음이 발생한 경우를 생각해 보자. 신호 잡음은 두 개의 전선을 통해 흐르는 신호에 동일한 모양의 영향을 미친다. 수신단은 두 신호를 비교하면서 신호 잡음이 발생한 시점에 기준 전압이 아닌데 두 신호가 동일한 성분의 신호를 갖고 있음을 발견할 수 있다. 기준 전압이 아니라면 반대 방향의 모습을 가져야 정상이기 때문이다. 이렇게 발견된 신호 잡음은 제거하고, 원래의 신호만 복원할 수 있다.

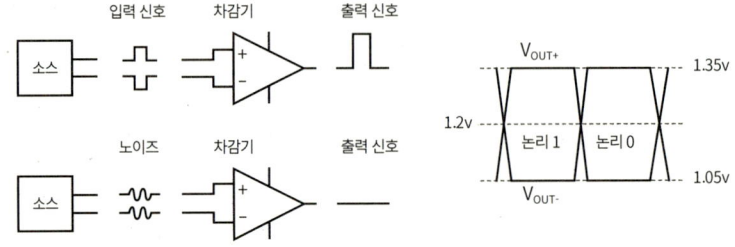

그림 5.5 차분 신호 방식

이처럼 신호 잡음에 강하기 때문에 기존에 사용하던 전압보다 작은 값을 사용하더라도 신호 전달이 가능하다. 두 신호가 사용하는 전압의 최곳값은 1.35볼트에 불과하지만 다른 어떠한 방식보다도 신뢰성 있는 신호 전송이 가능하다. 이렇게 해서 '저전압 차분 신호'라는 이름을 가진 기술이 탄생했다.

특히 '저전압'은 데이터 전송 속도의 향상에 크게 기여했다. 두 신호의 차이는 최대 350밀리볼트다. 따라서 로직 레벨을 0에서 1로 바꾸거나, 1에서 0으로 바꾸는 데 걸리는 시간이 과거 방식보다 짧아졌고, 이는 궁극적으로 데이터 전송 속도를 올리는 원리로 작용했다. 앞에서 살펴본 게이트 지연이 줄어드는 것과 동일한 맥락이다.

저전압 차분 신호 방식은 우리에게 친숙한 연결 방식에서뿐만 아니라 인쇄회로 기판 위의 집적회로들 간에도 고속의 데이터 전송을 위해 사용된다. 예를 들어, CPU와 차세대 플래시 메모리 저장 시스템인 UFS를 연결하는 인터페이스, 이더넷 부품인 PHY와 MAC을 연결하기 위한 인터페이스 등, 부품 간의 고속 통신에 널리 사용되고 있다. 최근에는 컴퓨터 메인보드에서 CPU와 메모리 이외의 다른 프로세서와 연결하기 위한 수단으로 차분 신호 방식을 채택하고 있다. AMD에서는 하이퍼 트랜스포트라는 이름의 규격을 소개했고, 인텔에서는 퀵패스 인터커넥트 기술을 내놓았다.

CPU와 메모리 간 통신 속도: 더블 데이터 레이트(DDR)

CPU와 메모리는 차분 신호 방식을 사용하지 않는다. 차분 신호 방식을 위해 신호당 2개의 라인을 사용하기에는 이미 많은 라인이 사용되고 있다. 64비트 컴퓨터의 경우 64개나 되는 데이터 라인을 사용한다. 데이터 라인 외에도 40개에 달하는 주소 라인을 갖고 있다. 이들을 차분 신호로 전달한다고 하면 208개의 라인이 필요해진다. 이를 위해 CPU와 메모리에 부품이 추가돼야 하고, 칩의 크기도 커져야 한다. 다행히도 CPU와 메모리는 서로 매우 가까운 위치에 있어서 신호 잡음의 영향을 덜 받을 수 있다. 그리고 병렬 전송 방식의 약점인 타이밍 틀어짐 현상에서 자유로울 수 있다. 따라서 이들은 전통적인 방식으로 연결돼 있다.

CPU와 메모리 사이의 데이터 전송의 경우 저전압 차분 신호를 사용하지 않는 대신 다른 방식으로 속도를 개선해 왔다. 첫 번째로 데이터 라인의 수를 늘렸다. 최초의 마이크로프로세서는 데이터 라인과 주소 라인을 합쳐서 4개에 불과했으나, 지금은 각각 64개와 40개다. 두 번째는 더블 데이터 레이트로 데이터 전송 방식을 개선했다.

북소리에 맞춰 노를 젓는 경우를 다시 생각해 보자. 한 번의 북소리에 노를 한 번 젓는 것이 일반적이다. 그런데 만약 한 번의 북소리에 노를 두 번 젓는다면 배는 두 배의 속도로 움직일 것이다. 더블 데이터 레이트는 이처럼 한 번의 클록 신호에 두 개의 비트를 전송한다.

한 번의 클록 신호에 하나의 비트만 전송하는 경우 클록 신호가 상승 또는 하강하는 시점에서 데이터 비트를 전송하게 된다. 그런데 더블 데이터 레이트는 클록 신호가 상승할 때와 하강할 때 각각 데이터를 전송한다. 그 결과, 기존 방식 대비 2배 많은 데이터를 전송할 수 있게 됐다. 그림 5.6에서 한 번의 클록에 한 번의 비트를 전송하는 경우라면 110111이라는 데이터를 얻게 되지만 더블 데이터 레이트의 경우라면 110111111111이라는 데이터를 얻게 된다[11].

---

[11] 더블 데이터 레이트에서는 클록과 데이터 전송 속도를 구분하기 위해 MT/s(Megatransfers per second)라는 단위를 사용한다. DDR4 3200의 경우를 보면 메모리 I/O 버스 클록은 1600메가헤르츠이고, 데이터 전송 속도는 3200MT/s다. 2배의 차이가 있다.

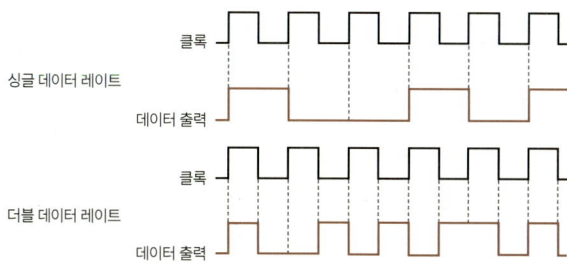

그림 5.6 SDR과 DDR

병렬 전송

유선 병렬 전송 시의 타이밍 틀어짐 현상

다수의 데이터 비트를 다수의 채널을 통해 동시에 전송하는 방식을 병렬 전송이라고 한다. 이 방식은 과거 고속의 데이터 전송이 필요한 곳에서 사용됐다. 대표적으로 CPU와 메모리의 연결, 하드디스크를 시스템 버스에 연결할 경우, 그래픽 카드나 네트워크 카드를 메인보드에 연결할 경우에 병렬 전송 방식을 사용했다. 병렬 전송을 위해 많은 수의 라인이 필요하기 때문에 사용되는 케이블은 폭이 넓은 형태를 띠고, 확장 카드의 경우에는 많은 수의 핀이 연결부에 배치됐다. 케이블을 연결하는 커넥터들도 좌우 방향으로 길쭉한 모습을 보였다. 과거 컴퓨터의 메인보드에는 이처럼 길쭉한 모양의 커넥터(슬롯)들이 여러 개 배치돼 있었다.

병렬 데이터 전송의 가장 큰 문제점은 이른바 타이밍 틀어짐(timing skew), 또는 클록 틀어짐(clock skew) 현상이다. 송신 기기에서 동시 출발한 신호들이 수신기에 제각각의 시각에 도달하는 현상을 말한다. 비교적 낮은 클록을 사용하는 데이터 전송의 경우 클록 틀어짐 현상은 크게 문제되지 않는다. 그러나 높은 클록을 사용하는 경우에는 심각한 문제를 초래할 수 있다. 작은 타이밍 틀어짐으로 인해 보내고자 하는 데이터와 실제로 받은 데이터가 완전히 다른 내용이 될 수 있다. 이 문제는 송신 기기의 특성, 커넥터, 또는 케이블의 물리적 특성에 의해 발생할 수 있다.

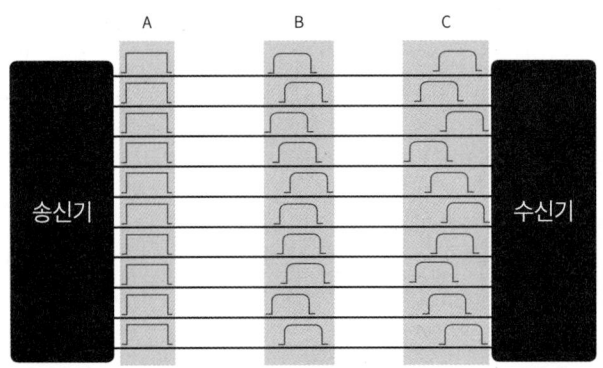

그림 5.7 병렬 통신에서의 타이밍 틀어짐

앞에서 살펴본 것처럼 병렬 전송은 저전압 차분 신호 방식이 도입된 이후, 직렬 전송으로 대부분 바뀌었다. 직렬 전송으로도 병렬 전송에 맞먹는 통신 속도가 가능할뿐만 아니라 오히려 더 빠르게 신호를 전송할 수 있었기 때문이다. 게다가 직렬 전송 방식이 재료비도 적게 들었다. 사용자 입장에서도 케이블과 커넥터의 연결과 분리가 수월해졌다.

오늘날 병렬 전송 방식 대신 직렬 전송 방식이 많이 사용되고 있기는 하지만 더욱더 고속의 데이터 전송이 필요한 곳에서는 차분 신호 전송을 여러 개 사용해서 병렬 통신 방식을 사용한다. HDMI의 경우 4쌍의 차분 신호 라인을 갖고 있다. PCI 익스프레스의 경우에도 규격에 따라 최대 16쌍의 차분 신호 라인을 가질 수 있다. 다만 이 경우에도 타이밍이 틀어지는 문제가 발생할 수 있기 때문에 아주 가까운 거리에서만 사용되거나 4개 정도의 적은 수의 병렬 방식만 사용된다.

CPU와 메모리 사이는 여전히 병렬 전송인 이유

차분 신호 방식 때문에 1비트 전송에 1라인을 사용하는 전통적인 방식의 병렬 전송은 거의 사라졌지만 CPU와 메모리 사이의 데이터 전송에는 아직도 사용된다. 앞에서 설명한 것과 같이 너무 많은 연결선 때문이기도 하지만 본질적으로 두 부품의 데이터를 전송하는 목적과 방식이 일반적인 경우와 다르기 때문이다. 이를 이해하기 위해 CPU와 메모리의 동작 방식에 대해 살펴보자.

CPU는 프로그램을 실행하는 것이 주목적이다. 프로그램은 메모리에 존재한다. 메모리에 존재하는 프로그램은 기계어 명령어들의 집합이다. 64비트 컴퓨팅에서 명령어 하나의 크기는 64비트다. 64비트 명령어가 수만 개, 혹은 수십만 개가 모여서 프로그램이 된다. 각 명령어는 메모리에 순차적으로 저장돼 있지만 특정한 메모리 주소에 매핑돼 있다. 따라서 CPU는 메모리 주소를 메모리 컨트롤러에 전달해서 필요한 한 개의 명령어를 읽어 올 수 있다.

프로그램이 기동되면 CPU는 메모리에서 프로그램의 첫 번째 기계어 명령어를 읽어 온다. 이를 위해 CPU가 메모리에게 주소와 읽기 명령임을 알려준다. 메모리는 해당 주소에서 64비트를 읽어서 CPU에게 보낸다. 그다음 명령어를 읽기 위해 CPU는 다시 주소와 읽기 명령 신호를 메모리에 전달한다. 이처럼 한 번에 64개라는 한 뭉치의 데이터 비트가 전송된다. 64개의 각 데이터 라인은 매번 1비트의 정보만 전송한다. 각 데이터 라인은 연속해서 데이터를 보내는 경우가 없다. 전송은 매번 CPU로부터의 주소와 명령에 의해 이뤄진다.

이처럼 데이터 통신 방식이 일반적인 경우와 다르다. 보통 1비트만 전송하는 경우는 없다. 데이터의 송신 요청이 있으면 최소 8비트다. 임베디드 시스템 개발자들이 개발 용도로 사용하는 직렬 케이블의 경우 한번에 8비트의 데이터를 전송한다. 그런데 CPU와 메모리의 각 데이터 라인은 한 번에 1비트만 전송한다.

이 같은 특수한 형태의 동작 방식 때문에 CPU와 메모리는 병렬 전송 방식으로 남아 있다. 차분 신호 방식을 사용하고 있지는 않지만 더블 데이터 레이트와 같은 방식을 도입해서 고속의 데이터 통신이 가능하다. 최근 메모리의 경우에는 64개의 데이터 라인을 이용해 초당 204.8기가비트의 데이터를 전송한다[12]. 데이터 라인 한 개는 초당 3.2기가비트의 데이터를 전송할 수 있다. 이들 사이에는 1.6기가헤르츠의 클록이 작동한다.

유선 병렬 전송과 무선 병렬 전송

병렬 전송을 위해서는 여러 개의 데이터 전송 채널이 필요하다. 유선의 경우 물리적인 데이터 라인을 추가하는 데 있어서 어려운 점은 순전히 기술적인 부분이다. 제품의 데이터 라인이 많아졌다고 해서 타인에게 피해를 끼치는 일은 없기 때문에 이를 법적으로 규제할 필요는 없다. 그리고 병렬 연결 데이터 라인의 개수에도 제한은 없다. CPU와 메모리 사이의 데이터 전송을 위해 64개의 병렬 전송 라인이 사용되고 있다. 향후에는 128개까지 늘어날 수도 있다. 걸림돌은 여전히 기술적인 이슈다.

그런데 무선의 경우에는 여러 개의 전송 채널을 사용하는 데 있어 어려운 점이 일차적으로 법적 이슈다. 무선 통신의 전송 매체인 전파는 희소자원이다. 개인이 임의로 전파를 사용하게 되면 서로 신호 간섭을 일으키게 된다. 따라서 정부는 전파를 주파수 대역으로 나누고 관리한다. 전파를 사용하기 위해서는 정부의 허가를 받아야 한다. 특히 이동통신용으로 사용되는 주

---

12 가장 최근에 발표된 PCI 익스프레스 버전 4.0의 경우 16개의 레인을 사용했을 때 초당 252.08기가비트의 데이터 전송 속도를 낼 수 있다. 그러나 규격으로만 존재하고 아직 상용 제품은 없다.

파수 대역의 경우에는 막대한 비용을 지불해야만 사용할 수 있다. 10메가헤르츠 주파수 대역을 사용하기 위해 수조 원의 비용을 지불하기도 한다. 따라서 유선 병렬전송과 달리 원하는 대로 여러 대역의 주파수를 병렬 전송용으로 사용할 수 없다.

물론, 국가의 승인 없이 사용 가능한 주파수 대역도 있다. 산업, 과학, 의료용으로 정부의 허가 없이 사용할 수 있다. 이 경우에도 애플리케이션별로 주파수 대역을 어떻게 사용할지 표준 혹은 규격을 두고 있다. 와이파이는 13개 채널을 두고 있고, 블루투스는 79개의 채널을 갖고 있다. 이 채널 중 하나를 사용해 데이터를 전송한다. 임의로 여러 개의 채널을 사용해서 병렬 전송을 할 수 없다. 그렇게 되면 다른 기기들과의 신호 간섭 현상이 발생하기 때문이다.

이러한 법적 제약의 테두리 안에서 무선 병렬 전송을 위한 기술들이 개발돼 있다. 무선 통신은 여러 개의 안테나를 사용해서 병렬 전송을 하는데, 구체적으로 두 가지 방법이 있다. 첫째는 직관적으로 이해하기 쉬운 방법으로, 각 안테나로 서로 다른 주파수 대역의 신호를 사용하는 것이다. 둘째는 복잡한 설명이 필요한 방법으로, 각 안테나로 동일한 주파수 대역의 신호를 사용하는 것이다. 첫 번째 방법은 4세대 이동통신에서 사용되고 있는 주파수집성기술(CA)이고, 두 번째 방법은 와이파이에서 먼저 사용되고 있는 다중입력-다중출력(MIMO)이다.

첫 번째 무선 통신의 병렬 전송: 다중입력-다중출력(MIMO[13])

잠시 후 살펴볼 주파수집성기술은 이름은 어렵지만 여러 개의 안테나로 각기 다른 주파수의 신호를 사용하기 때문에 동작 방식을 이해하는 데 큰 어려

---

13 MIMO(Multiple Input Multiple Output)

움은 없다. 그러나 동일한 주파수를 사용하는 다중입력-다중출력은 조금 복잡한 설명이 필요하다. 그러나 기본적인 개념은 역시 상식적인 수준이다.

    무선 통신의 특성상 안테나로부터 전송되는 신호는 사방으로 뻗어간다. 수신기의 안테나를 향해 곧장 직진하는 신호도 있고, 비스듬한 방향으로 나아가는 신호도 있으며, 심지어 반대 방향으로 날아가는 신호도 있다. 목적지 방향과 달라진 신호들은 영원히 수신기 안테나에 도달하지 못하고 소멸할 수도 있지만 운이 좋으면 주변의 장애물에서 반사될 수 있다. 이렇게 해서 송신기와 수신기의 안테나 사이에는 여러 가지의 신호 전달 경로가 생길 수 있는데, 이를 다중 경로 전파(Multipath Propagation)라고 한다.

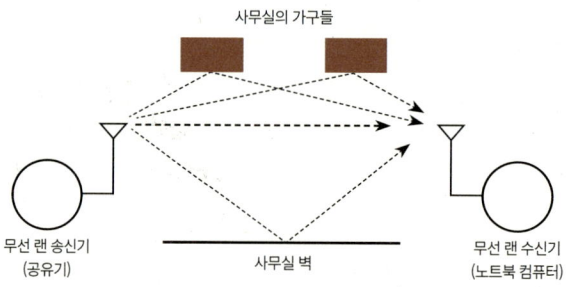

그림 5.8 다중 경로

    다중입력-다중출력[14]은 이러한 다중 경로 전파를 이용한다. 몇 개의 다중 경로를 사용할지는 안테나의 개수에 달려 있다. 만약 송신기의 안테나 개수가 M개이고, 수신기의 안테나 개수가 N개라면 가능한 경로는 M과 N 중 작은 값이 된다. 예를 들어, 송신기의 안테나가 4개이고, 수신기의 안테나가 2개이면 가능한 경로는 2개가 된다. 송신기의 안테나가 4개이고, 수신기의 안테나가 4개인 경우라면 가능한 경로는 4개가 된다.

---

14 다중입력-다중출력은 공간 멀티플렉싱이라고도 한다.

실제 동작 과정을 보자. 예를 들어 송신기 안테나가 2개, 수신기 안테나가 2개이고, 전송해야 할 데이터인 'abcd'가 있다고 하자. 송신기의 첫 번째 안테나를 통해서 'ac'를 전송하고, 두 번째 안테나를 통해 'bd'를 전송한다. 송신기의 두 안테나에서 출발한 신호는 수신기의 두 안테나를 향해 전송된다. 수신기는 전송되는 신호를 사전에 약속된 대로 두 개의 안테나로 구분해서 수신한다. 이로써 데이터 전송 속도가 2배로 향상된다.

다만 다중입력-다중출력은 반드시 다중 경로 전파가 가능해야만 사용할 수 있다. 만약 주변에 장애물이 하나도 없는 상황이라면 다중 경로 전파가 생길 수가 없다. 이러한 경우에는 다중입력-다중출력을 사용할 수 없다. 따라서 송신기와 수신기는 전파의 상태를 확인해서 다중입력-다중출력이 가능하다고 판단되는 경우에만 다중입력-다중출력 방식으로 동작하고, 그렇지 않은 경우에는 동일한 신호를 각 안테나를 통해 송신한다.

와이파이와 4세대 이동통신 규격은 다중입력-다중출력을 지원한다. 최근의 무선 공유기들은 2개 이상의 안테나를 갖고 있는데, 다중입력-다중출력을 지원하기 위해서다. 한편 다중입력-다중출력을 사용하기 위해서는 노트북이나 스마트폰과 같은 기기들도 여러 개의 안테나를 구비해야 한다. 노트북 컴퓨터의 경우 와이파이 통신을 위해 보통 2개 이상의 안테나를 내장하고 있다.

스마트폰의 경우 공간이 협소해서 안테나 배치가 난제다. 최근까지 와이파이 통신을 위한 안테나는 일반적으로 1개, 이동통신을 위한 안테나는 2개가 있었다. 그런데 최근에는 기술 발전에 힘입어 와이파이 안테나도 2개 이상, 이동통신용 안테나도 4개 이상인 제품들이 출시되고 있다.

두 번째 무선 통신의 병렬 전송: 주파수집성기술(채널 본딩)

주파수집성기술, 혹은 채널 본딩 기술은 유선 병렬 통신과 유사하게 여러 개의 데이터 채널을 사용하는 방법이다. 그런데 채널 개수에 제한이 없는 유선과는 달리, 무선은 기껏해야 2~3개 정도의 데이터 채널을 병렬로 사용할 수 있다. 이는 기술적인 문제라기보다는 공공재인 전파를 좀 더 많은 사람들이 사용하기 위한 제도적인 문제 때문이다.

와이파이는 2.4기가헤르츠 대역을 13개의 채널로 나누고 있다. 채널들은 서로 겹쳐져 있기 때문에 신호의 간섭 없이 사용 가능한 채널은 3개에 불과하다. 예를 들어, 1번, 6번, 11번 채널은 겹쳐 있지 않으며 동시에 사용이 가능하다. 채널 본딩 기술은 겹치지 않은 이 채널을 동시에 사용하는 방식이다. 1번과 6번을 동시에 사용하거나, 6번과 11번을 동시에 사용한다.

그런데 하나의 와이파이 네트워크가 채널 본딩 방식을 사용하게 되면 주변의 다른 네트워크가 사용할 수 있는 채널의 선택폭이 좁아진다. 예를 들어, 1번과 6번을 채널 본딩했다면 다른 네트워크는 11, 12, 13번 중 하나만 사용해야 한다. 더군다나 다른 네트워크는 채널 본딩 방식을 사용조차 할 수 없게 된다. 물론 6번과 11번처럼 사용할 수는 있겠지만 같은 채널을 사용하기 때문에 데이터의 충돌이 발생한다. 이러한 이유로 와이파이의 채널 본딩은 5기가헤르츠 대역에서 큰 효과를 보게 된다. 5기가헤르츠 대역에서는 겹치지 않는 채널의 수가 23~25개다.

셀룰러 이동통신에서도 유사한 기술이 사용된다. 첫 번째 방법은 인접한 주파수대역을 합쳐서 사용하는 방법이다. 엄밀한 의미에서 병렬 전송은 아니다. 기존에 좁게 사용하던 대역폭을 넓힌 것이다. 처음에는 10메가헤르츠 대역폭을 사용했으나, 나중에 인접한 대역과 합쳐서 20메가헤르츠 대역폭을 사용하는 것이다. 국내에서는 이를 광대역 LTE로 소개했다. 하지만 20메가헤르츠 대역폭은 처음부터 LTE에서 규정한 대역폭 중 하나이므로 그냥 LTE다. 별도의 이름을 붙일 만큼 특별한 LTE는 아니다.

두 번째 방법은 주파수집성기술이다. 이는 진정한 병렬 전송이다. 이를 위해 2개의 안테나가 사용된다. 일반적으로 주안테나는 스마트폰 내부의 아래쪽에, 보조안테나는 위쪽에 위치해서 둘 사이에는 일정한 거리가 확보돼 있다. 이 안테나들은 주파수집성기술을 위해 사용되는 동시에 다중입력-다중출력에 동일하게 사용된다.

셀룰러 이동통신의 주파수집성기술이 적용된 대표적 사례로, SK텔레콤은 LTE 서비스를 위해 800메가헤르츠와 1.8기가헤르츠를 보유하고 있는데, 800메가헤르츠에서 10메가헤르츠 대역폭을, 1.8기가헤르츠에서 10메가헤르츠 대역폭을 병렬로 사용하고 있다. 이로써 기존에 초당 75메가비트 데이터 전송 속도보다 2배가 빠른 초당 150메가비트에 달하는 데이터 전송이 가능해졌다. 국제전기통신연합에서 규정한 '진정한 4세대, True 4G'가 달성된 것이다.

압축, 4K 영상을 볼 수 있는 이유

디지털 통신의 과정

2017년 11월에 치러진 대학수학능력시험의 국어 영역에는 디지털 통신 방법에 대한 내용이 출제됐다. 당시 지문의 내용은 디지털 통신 시스템은 송신기와 수신기로 이뤄지며, 이들은 전송할 데이터를 빠르고 정확하게 전달하기 위해 부호화 과정을 거치는데, 부호화 과정은 소스 부호화, 채널 부호화, 선 부호화로 구성된다는 것이었다. 대부분의 수험생들에게는 생소한 내용이어서 국어 영역이 아니라 '코딩 영역'이라는 비난이 나오기도 했으며, 불수능이라는 평가를 받는 근거가 됐다.

디지털 통신 방법에 대해 구체적으로 살펴보자면 첫 번째 단계인 소스 부호화는 정보 전송을 효율적으로 수행하기 위해 전송하고자 하는 정보에서 필요치 않은 정보를 제거해서 전송량을 줄이는 과정이다. 간단히 말해 '압축'하는 단계다. 음악, 동영상 등 멀티미디어의 압축과 같이 압축 과정에서 일부 정보가 손실되는 경우도 있고, 문서 압축과 같이 정보가 손실되지 않는 경우도 있다. 어느 경우든 원래의 파일 크기보다 줄어들기 때문에 네트워크를 통해 더욱 빠르게 전송할 수 있다. 압축에 대해서는 잠시 후에 자세히 살펴본다.

두 번째 단계인 채널 부호화는 디지털 데이터가 전송 중 외부의 신호 간섭으로 인해 변경되는 경우 오류를 검출하거나 정정하기 위해 추가적인 정보를 보태는 과정이다. 대표적으로 체크섬을 이용한다. 체크섬은 네트워크에서 패킷을 구성할 때 전송 중에 데이터가 변경됐는지 확인하기 위해 머리부(헤더) 정보의 일부로 포함된다.

세 번째 단계인 선(라인) 부호화는 전송하고자 하는 디지털 데이터 비트열을 네트워크의 전송 매체 특성에 맞는 전기적인 이진 부호로 변환하는 과정이다. 예를 들어, 00000000 또는 11111111과 같이 0 또는 1이 연속되어 전송되지 않고, 10110011과 같이 0과 1이 적당한 비율로 혼합될 수 있게 한다. 이렇게 함으로써 수신 측은 원활한 클록 재생이나 오류 검출을 할 수 있다.

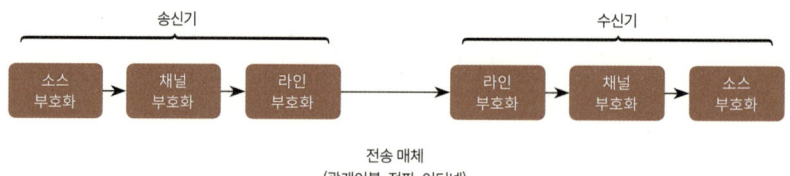

그림 5.9 디지털 통신

멀티미디어 데이터의 손실 압축

엄밀한 의미에서 압축은 데이터의 전송 속도를 높여주는 직접적인 수단이 아니다. 그렇지만 우리가 인터넷을 통해 풀HD[15] 영상이나 4K[16] 영상을 감상할 수 있는 것은 압축 기술의 공이 제일 크다. 아무리 네트워크의 데이터 전송 속도가 빨라져도 콘텐츠의 용량이 너무 크면 네트워크가 감당할 수가 없다. LTE가 이론상 초당 75메가비트의 데이터 전송 속도를 보장한다고 하더라도 압축되지 않은 사진 한 장의 크기가 30메가바이트[17]를 넘는다면 이 사진 한 장을 받기 위해 3초 이상을 기다려야 한다[18]. 이 정도 속도면 30년 전 국내에 인터넷이 처음 보급되기 시작할 즈음의 세상에서 생활하게 되는 셈이다.

압축에는 두 가지 종류가 있다. 첫째는 100% 원본과 동일한 상태로 복원이 가능한 방식이고, 둘째는 원본을 압축하는 과정에서 손실되지 않는 부분만 복원이 가능한 방식이다. 첫째는 무손실 압축이라고 하고, 둘째는 손실 압축이라고 한다. 큰 용량의 문서 파일을 보내기 위해 zip과 같은 압축 형식을 사용하는데, 이것은 무손실 압축이다. 전송 후 압축을 풀면 원본과 동일한 파일이 만들어진다.

---

15 화소수가 1920 x 1080개. HD급(1366×768)의 2배.

16 화소수가 4,096 x 2,160개

17 2018년 현재 출시되는 프리미엄 스마트폰의 후면 카메라는 대부분 1200만 화소 이상이다. 이러한 스마트폰 카메라로 사진을 촬영하면 1200만 화소의 이미지가 생성되며, 한 화소당 적, 녹, 청 색상 정보를 위해 3바이트를 사용한다고 하면 1200만 x 3바이트 = 36메가바이트의 압축되지 않은 파일이 생성된다. 이 파일들은 10분의 1크기로 압축되어 jpg 파일로 저장된다.

18 비트 단위로 환산하면 240메가비트다. 240을 75로 나누면 3.2이므로, 3초 이상이 된다.

음악, 이미지, 동영상의 압축은 손실 압축이다[19]. 멀티미디어를 압축하는 과정에서 인간이 감지할 수 없는 영역의 데이터를 삭제하는 과정이 들어간다. 따라서 이렇게 압축된 파일들은 복원해도 최초의 원본과 100% 일치하지 않는다. 이러한 방식을 손실 압축이라고 한다.

손실 압축의 대표적인 예로 MP3를 들 수 있다. MP3는 음악 파일 중에서 인간이 들을 수 있는 데이터만 남기고 나머지 데이터를 삭제한다. 인간의 귀로는 20~20,000헤르츠 주파수대의 소리만 들을 수 있다. 주파수가 20,000헤르츠가 넘는 소리는 초음파라고 한다. 이처럼 인간이 들을 수 없는 데이터는 삭제한다. 그리고 20헤르츠 미만의 소리도 인간이 들을 수 없기 때문에 삭제한다. 그 후 가청주파수를 576부분으로 나누고 각 부분에서 가장 강한 소리만 남기고 나머지를 삭제한다. 인간은 강한 신호가 발생했을 때 그 신호가 멈춰도 그에 대한 여운이 얼마 동안 남기 때문에 뒤에 있는 약한 신호는 인식하기 힘들기 때문이다[20]. 그 후 남은 데이터는 일반적인 압축 기술을 사용해서 압축한다[21].

한편, MP3를 개선하기 위해 개발된 압축 기술로 AAC[22]가 있다. 이 기술에서는 대표적으로 압축 효율이 높아졌다. 유튜브, 네이버 동영상과 같이

---

19 이미 손실 압축이 적용된 이미지, 음악 파일들을 한꺼번에 묶어서 전송하기 위해 zip으로 압축하는 경우가 있는데, 이 경우는 무손실 압축에 해당한다.

20 이를 마스킹(Masked) 효과라고 한다.

21 이렇게 탄생한 MP3는 음악 콘텐츠 시장과 산업을 송두리째 바꿔 버렸다. 노래 한 곡에 40~50메가바이트 분량이 압축을 통해 4~5메가바이트로 줄면서 인터넷을 통해 쉽게 공유됐다. 더군다나 음악 파일을 인터넷을 통해 공유할 수 있게 도와주는 소프트웨어와 웹 사이트의 등장으로 MP3 공유는 마치 일상생활처럼 자리 잡았다. 대표적인 사례가 냅스터(1999년 발표)였다. 매출과 수익 감소 위기에 처한 음반회사들이 법적 수단을 동원한 결과, 냅스터는 폐쇄됐고, 기술적 수단을 동원해서 DRM이라고 하는 저작권 보호 기술이 적용된 새로운 콘텐츠 포맷을 소개했다. 그러나 DRM은 소비자들에게 기기별 호환성의 부재라는 불편을 선사하며 외면받았고 어둠의 경로를 통한 MP3 공유는 줄어들 줄 몰랐다. DRM은 음반 사업자 스스로를 옭아매는 족쇄가 돼 버렸다. 결국 정액제 무제한 다운로드 서비스와 함께 DRM은 사라졌다.

22 AAC(Advanced Audio Coding), MPEG(위원회)와 AT&T 벨 연구소, 프라운호퍼, 돌비 연구소, 소니 등이 참여

H.264로 압축된 인터넷 스트리밍 동영상 및 MP4 동영상 파일의 대부분이 이 오디오 압축 기술을 사용한다. 동영상 스트리밍 외에도 멜론 등 음원 스트리밍 서비스에서도 기본값으로 AAC를 지원한다. 블루투스 A2DP[23]에서도 사용된다.

동영상도 손실압축을 통해 데이터 전송량을 줄이는 과정이 필수적이다. 동영상 압축 기술의 표준들은 국제전기통신연합의 전기통신표준화부문과 국제표준화기구에서 경쟁적으로, 또는 협력하에 이뤄졌다. 협력의 결과물로는 H.264/MPEG-4 AVC[24]와 H.265/MPEG-4 HEVC[25]가 있다. 특히 UHD 영상을 위해 개발된 HEVC는 압축 효율이 우수해서 H.262/MPEG-2와 비교했을 때 약 4배, H.264/MPEG-4 AVC에 비해 약 2배의 압축 성능을 보여준다. 즉 풀HD 이상의 해상도의 경우 동일 조건하에서 H.264에 비해 같은 화질에 절반 이하의 용량만 차지한다. 다만 H.264보다 압축 알고리즘이 복잡해서 압축 및 복원 시 같은 개인용 컴퓨터 사양을 기준으로 H.264 대비 1.2~2배 정도의 컴퓨팅 리소스를 추가적으로 요구한다.

H.264, H.265를 사용하기 위해서는 로열티를 지급해야 한다. 따라서 로열티가 없는 오픈소스 기반의 동영상 압축 방식들도 인기를 얻고 있다. 대표적인 방식이 유튜브에 적용된 VP9이다. 최근에는 서로 개별적으로 진행되던 구글의 VP10, 모질라의 Daala, 시스코의 Thor 프로젝트를 통합해서 AV1이라는 새로운 코덱이 2018년에 소개됐다. AV1은 무료로 사용할 수 있다.

---

23 A2DP(Advanced Audio Distribution Profile). 블루투스를 통해 다른 장치에 있는 음악 콘텐츠를 스테레오 고음질 사운드로 들을 수 있게 해주는 기술이다.

24 AVC(Advanced Video Coding)

25 HEVC(High Efficiency Video Coding)

ITU-T	H.262	H.263	-	H.264	H.265
ISO/IEC	MPEG-2 Part.2	-	MPEG-4 Part 2	MPEG-4 Part 10	MPEG-H Part.2
별칭	-	-	ASP	AVC	HEVC
발표연도	1995	1996	1999	2003	2013
용도	DVD, 디지털 HDTV의 표준	컴퓨터 스트리밍, 화상 회의와 화상 전화, 유튜브	DivX	블루레이, HD 방송 규격	UHD

표 5.1 영상 압축 방식

이미지 데이터의 압축

음악이나 동영상을 인터넷으로 전송하기 이전에는 이미지가 유일한 멀티미디어 데이터였다. 이미지는 월드 와이드 웹이 처음 소개됐을 때부터 주요한 콘텐츠로서 인터넷에 등장했다. 하지만 초창기의 인터넷은 텍스트 파일보다 훨씬 큰 용량의 이미지 파일을 전송하기에는 데이터 전송 속도가 너무 느렸다. 이 때문에 이미지 파일이 압축된 상태로 전송될 수 있게 다양한 압축 방법들이 소개됐다.

대표적인 방법이 GIF[26]다. GIF는 오늘날에도 인터넷에서 자주 사용되는 압축 방법이다. GIF에 사용된 특정한 압축 알고리즘에 대해 유니시스라는 회사가 특허권을 갖고 있었는데, 사용자들에게 특허료 지불을 요구했다. 이에 반발해서 PNG[27]라는 새로운 압축 방법이 소개됐고, 인터넷 표준 단체인 W3C에 의해 표준으로 승인됐다.

---

26 GIF(Graphics Interchange Format). 최대 256색까지 저장할 수 있는 비손실 압축 형식
27 PNG(Portable Network Graphics). 트루컬러(24비트)인 16,777,216색을 사용

GIF와 PNG는 무손실 압축이다. 이들은 압축 과정에서 사라지는 정보가 없다. 복원을 하면 원래의 데이터로 100%로 회복된다. 따라서 이들은 압축률이 높지 않다. GIF의 경우 원본에 비해 25% 정도의 크기로 줄어든다[28]. 컴퓨터를 통해 제작된 그래픽 이미지의 경우라면 GIF나 PNG 압축으로도 충분하다.

그러나 원본 파일이 카메라로 촬영된 사진이라면 이야기가 달라진다. 사진 이미지는 그래픽 이미지보다 훨씬 많은 정보가 들어간다. 따라서 25%의 압축률로는 충분하지 않을 수 있다. 때로는 원본의 1%에 해당하는 크기로 줄일 필요도 있다. 이를 위해 만들어진 압축 방법이 JPEG다. JPEG는 큰 압축률을 달성하기 위해 손실압축을 사용한다. JPEG도 MP3와 기본 원리가 동일하다. 즉, 사람의 눈으로 분간할 수 없는 정보들을 압축 과정에서 삭제한다. GIF, PNG와 함께 오늘날 인터넷에서 가장 많이 사용되는 압축 포맷인 JPEG는 디지털 카메라 및 스마트폰에서도 사진 촬영 시 기본적으로 사용되는 압축 포맷이다[29].

문서 데이터의 무손실 압축

문서나 데이터베이스의 압축에는 무손실 압축이 사용된다. 이들은 압축 과정에서 데이터 손실이 발생하면 안 된다. 무손실 압축 부호화에 해당하는 허프만 코딩, Run-length 인코딩의 경우 100% 원본으로 복원할 수 있다.

Run-length 인코딩은 동일한 신호를 몇 번 반복하고 있는가를 표시하는 방식이다. 예를 들어, 표 5.2의 첫 번째 사례와 같이 'A'가 연속으로 9번 반복해서 나타나면 압축한 결과로 'A9'이라고 표시하는 방식이다. 하나의 문

---

28 https://www.britannica.com/technology/JPEG
29 구글에서는 WebP라는 인터넷 그래픽 이미지를 위한 압축 포맷을 소개했는데, PNG 대비 25%, JPEG 대비 25~34%만큼 압축 파일을 더 작게 만들 수 있다고 한다.

자를 1바이트로 표현한다고 하면, 'A'를 표현하기 위해 1바이트, '9'를 표현하기 위해 1바이트가 필요하므로 압축의 결과로 9바이트의 데이터가 2바이트로 줄게 된다.

		압축 전	압축 후	정보량의 변화
Run-Length	사례 1	AAAAAAAAA	A9	9바이트 → 2바이트
	사례 2	AAAAA9999	A*59*4	9바이트 → 6바이트
	사례 3	AABCDDE	A2B1C1D2E1	7바이트 → 10바이트
허프만 코딩	사례 4	AABACB	00 00 001 00 0001 001	18비트 → 16비트

표 5.2 무손실 압축 방식

위의 첫 번째 방식은 문서가 문자로만 이뤄진 경우에 사용할 수 있으며, 숫자가 포함된 경우에는 사용할 수 없다. 압축 후에 표시된 숫자가 문자의 연속 발생 횟수를 나타내는지, 원본 문서 속의 숫자인지 판단하기가 어렵기 때문이다. 이를 구분하기 위해 횟수를 나타내는 숫자 앞에는 특별한 기호를 추가해서 원본 문서 속의 숫자와 구별 지을 수 있다. 예를 들어, 사례 2와 같이 *를 사용하면 9바이트의 데이터를 6바이트로 줄일 수 있다.

무엇보다도 이 방식이 가진 결정적인 문제점은 문자나 숫자가 연속해서 반복적으로 나타나는 빈도가 낮으면 압축 후에 오히려 정보량이 더 많아질 수 있다는 점이다. 위의 사례 3에서는 7바이트의 데이터를 표현하기 위해 10바이트가 사용됐다. 오히려 원본보다 3바이트가 늘어난 결과다.

이에 비해 허프만 코딩은 발생 빈도에 따라 다른 길이의 코드를 부여하는 방식이다. 예를 들어, 'A'가 3번, 'B'가 2번, 'C'가 1번 나타난 경우라면, 'A'에는 제일 짧은 코드 '00', 'B'에는 '001', 'C'에는 '0001'을 부여하는 방식이다. 압축 전의 문자들이 각각 3비트로 구성된다면 6×3 = 18비트에 해당하는 정보량인데, 압축 후에는 16비트 정보량이 된다. 사례 4는 단순화된 예이며,

개념적인 이해를 돕기 위한 목적으로 사용한 것이다. 실제로는 허프만 트리라는 이진트리를 형성하는 과정이 포함되며, 허프만 트리로부터 코드값이 결정된다. 허프만 코딩은 JPEG나 MP3의 압축 과정 중 일부 단계에서 사용된다.

선(라인) 부호화의 개선

선 부호화 자체는 데이터 전송 속도에 역효과를 낸다. 예를 들어, 0000이라는 네 비트의 신호를 보내야 하는 경우라면 이를 실제로는 11110이라는 다섯 비트의 신호로 변경해서 보낸다[30]. 원래 신호보다 25%의 오버헤드가 많은 신호를 보내야 한다. 따라서 데이터 전송 속도는 오히려 낮아진다.

이러한 손해를 감수하는 것은 0 또는 1의 신호만 연속해서 전송되는 것을 피하기 위해서다. 만약 0000 0000 0000 0000이라는 원본 신호가 있다면 0 신호가 무려 16번이나 반복된다. 그런데 이를 선 부호화를 통해 11110 11110 11110 11110으로 변환해서 0또는 1이 5회 이상 반복되지 않게 한다.

최근에는 8비트 원본 신호를 10비트 전송용 신호로 변환하는 방법이 사용되고 있다[31]. 이 경우에도 25% 오버헤드가 추가되지만 이전보다는 오류 검출이 용이한 전송용 신호를 골라서 사용한다. 이 방법은 오늘날 많은 통신에서 사용되며, 기가비트 이더넷, HDMI, 디스플레이 포트, PCI 익스프레스, 직렬 ATA, USB 3.0, MIPI[32] M-PHY가 대표적이다.

---

30 4B5B 부호화

31 8B10B 부호화

32 MIPI(Mobile Industry Processor Interface)

선 부호화의 개선을 통한 데이터 전송 속도의 증가는 새로운 기법이 탄생함으로써 가능해졌다. 128비트의 원본 신호를 132비트의 전송용 신호로 변환하는 방법이 그것이다. 결과적으로 3.124%의 오버헤드만 발생했다. 과거 대비 오버헤드의 수를 줄임으로써 더욱 많은 원본 데이터를 보낼 수 있게 된 것이다. 이 같은 기법은 USB 3.1과 USB 3.2에서 사용된다.

계층의 분업화
프로토콜

과학이란

경험의 조직적 분류다.

- 조지 헨리 루이스

통신 프로토콜의 계층화

프로토콜

프로토콜이라는 용어는 다양한 곳에서 사용되는데, 일반적으로 특정한 사안에 대해 다자간에 합의된 내용이나 절차라고 할 수 있다. 영화 '미션 임파서블' 시리즈의 4번째 작품의 부제는 "고스트 프로토콜"이었는데, 이는 특수한 상황에 처했을 때 관련자들이 따라야 할 절차를 의미한다. 영화에서는 주인공이 위기에 처하자 프로토콜에 따라 행동을 취한다. 한편, 외교에서의 프로토콜은 국가 간의 교류를 원활하게 하는 외교상의 의례나 국가 간의 약속을 정한 의정서를 의미한다. 통신의 프로토콜은 외교에서의 프로토콜과 의미가 유사하다.

통신 프로토콜은 서로 연결되어 통신하고자 하는 기기들 간의 약속이다. 구체적으로 기기의 하드웨어와 소프트웨어가 따라야 할 절차와 주고받는 메시지(패킷)에 대한 정의를 포함한다. 하드웨어 프로토콜과 소프트웨어 프로토콜이 독립적으로 만들어지기도 하고, 한 세트로 만들어지기도 한다. 이더넷, 와이파이, 지그비는 전자의 경우에 해당하고, USB와 블루투스는 후자의 경우에 해당한다. 다만 하드웨어 프로토콜과 소프트웨어 프로토콜을 엄격하게 구분하는 것은 불가능하며, 둘 모두의 성격을 갖는 프로토콜이 이들 사이에 존재한다.

하드웨어 프로토콜은 유선의 경우, 전송 신호의 높낮이, 타이밍, 커넥터와 케이블의 규격과 인터페이스, 임피던스 등에 대해 정의한다. 무선의 경우, 주파수 대역, 신호의 세기 등을 정의한다. 또한 앞 장에서 살펴본 라인(선) 부호화를 규정하고, 변조와 복조 방식에 대해 정의한다. 하드웨어 프로토콜은 신호의 전송 전, 전송 매체가 사용 중인지를 먼저 파악하는 캐리어 센싱 작업을 수행하고, 전송 중 발생한 에러를 정정하는 역할을 담당한다. 그리고 신호의 전송 속도를 규정한다.

소프트웨어 프로토콜은 기기 간 주고받는 메시지(패킷)에 대해 정의한다. 메시지를 구성할 머리부에는 어떠한 정보가 실려야 하는지, 데이터가 실리는 몸통부의 길이는 얼마로 할 것인지, 꼬리부를 사용할지 말지를 결정한다. 메시지들은 다양한 역할을 하도록 규정될 수 있으며, 한번의 데이터 전송을 위해 일련의 메시지를 어떠한 순서로 보내야 하는지도 정의한다. 유선과 달리 무선의 경우, 최초의 연결을 위한 네트워크 등록 과정이 필요한데, 이에 대해서도 정의한다.

따라서 서로 다른 프로토콜을 사용하는 기기들은 서로 연결될 수 없다. 하드웨어 프로토콜이 다른 경우 연결이 불가능하리라는 것은 자명하다. USB 장치를 이더넷 포트에 연결할 수 없고, HDMI 케이블을 VGA 포트에 연결할 수 없다. 이들은 커넥터 규격이 서로 다르기 때문이다. 또한 이더넷 장치는 와이파이 장치와 연결될 수도 없다. 전자는 유선 전송 매체를, 후자는 무선 전송 매체를 사용하기 때문이다. 이들은 하드웨어 수준에서의 통신 프로토콜이 다르다.

프로토콜을 변환해 주는 게이트웨이

서로 다른 하드웨어 프로토콜을 사용하는 기기 간의 직접 통신은 불가능하다. 그러나 중간에서 이들을 연결해 주는 기기들이 있다. 흔히 어댑터라고 불리는 이 기기들은 두 개의 하드웨어 프로토콜을 동시에 구비하고 있다. 예를 들어, USB-to-이더넷 어댑터는 한쪽 끝에 USB 커넥터, 다른 쪽에 이더넷 커넥터를 갖고 있다. 이 어댑터를 사용하면 스마트폰과 같이 이더넷 하드웨어 프로토콜을 갖고 있지 않은 기기를 이더넷에 연결해 줄 수 있다. 이더넷과 와이파이도 무선 공유기라는 도구를 이용해 연결된다. 덕분에 스마트폰은 와이파이를 통해 유선 케이블로 연결된 컴퓨터에 접속할 수 있다.

서로 다른 소프트웨어 프로토콜을 사용하는 경우도 유사한 형태로 연결될 수 있다. 게이트웨이라고 불리는 이 소프트웨어는 서로 다른 프로토콜을 갖는 애플리케이션들을 연결해 준다.

일반적으로 게이트웨이는 하드웨어와 소프트웨어의 변환을 동시에 처리해 주는 제품을 지칭한다. 앞에서 설명한 무선 공유기도 일종의 게이트웨이다. 무선 공유기는 하드웨어 프로토콜을 무선에서 유선으로 변환해 줄 뿐만 아니라 소프트웨어 프로토콜을 와이파이에서 이더넷으로 변환해 준다.

그 밖에 대표적인 게이트웨이로 스마트 홈 게이트웨이를 들 수 있다. 스마트 홈에 사용되는 각종 센서들은 지그비 혹은 지웨이브라는 프로토콜을 사용한다. 이 센서들을 인터넷에 연결하기 위해 먼저 하드웨어 프로토콜을 바꿔주는 게이트웨이가 필요하다. 즉, 지그비 혹은 지웨이브를 이더넷이나 와이파이로 변환해줘야 한다. 그다음에는 메시지 타입을 변환해 주는 소프트웨어 프로토콜의 변환도 동시에 수반된다. 이처럼 센서 데이터들은 게이트웨이를 통해 인터넷의 클라우드로 전송된다.

대표 프로토콜, TCP/IP

어댑터, 혹은 게이트웨이의 동작 과정을 좀 더 자세히 살펴보자. USB 기기와 블루투스 기기는 하드웨어 프로토콜도 다르고, 소프트웨어 프로토콜도 다르다. 이들이 통신하려면 먼저 하드웨어 프로토콜을 변환해 줄 수 있는 어댑터가 필요하다. 그다음은 소프트웨어 프로토콜을 변환해 줄 수 있는 게이트웨이가 필요하다. 이 게이트웨이는 USB의 소프트웨어 프로토콜과 블루투스의 소프트웨어 프로토콜을 동시에 구현하고 있어야 한다.

예를 들어, 블루투스 마우스는 컴퓨터에 연결되기 위해 USB 프로토콜과 블루투스 프로토콜을 같이 사용한다. 중간에 위치하는 USB 동글장치가 USB 프로토콜과 블루투스 프로토콜을 변환해주는 역할을 담당하며 어댑터이자 게이트웨이가 된다.

그림 6.1 블루투스 마우스와 USB 동글

이처럼 USB 기기와 블루투스 기기가 서로 통신하려면 여러 가지 도구가 필요하다. USB와 블루투스는 각각의 용도에 맞게 규격이 만들어졌으니 어쩔 수 없다고 하자. 그런데 만약 USB 기기와 블루투스 기기가 빈번하게 서로 연결된다면 기존 방식 중에서 개선할 부분이 있을까?

인터넷이 갓 걸음마를 뗐을 때 미국 본토에 연결된 아파넷의 컴퓨터와 하와이 대학교에서 사용 중이던 알로하넷의 컴퓨터를 연결하려고 고민하던 사람[1]들도 이 문제에 맞닥뜨렸다. 아파넷은 유선망이었고 알로하넷은 무선망을 사용하고 있었다.

---

1 빈트 서프(Vint Cerf)와 밥 칸(Bob Kahn)

이 문제를 해결하기 위해 TCP/IP가 발명됐다. 이 프로토콜은 게이트웨이 역할을 담당하는 별도의 소프트웨어를 만들지 않고, 그 대신 모든 기기들이 공통으로 구현해야 하는 소프트웨어 프로토콜을 정의했다. 만국 공용어가 탄생한 셈이다. 국적이 어느 나라이건 상관없이 공용 언어를 익힌다면 전 세계 누구와도 의사소통이 가능한 것처럼, 비록 하드웨어 프로토콜은 서로 달라도 TCP/IP를 구현하면 어느 네트워크에 속해 있더라도 서로 통신할 수 있게 된다. 이 프로토콜을 통해 진정한 의미의 인터넷이 탄생했다고 볼 수 있다.

인터넷 프로토콜(IP)

TCP/IP는 2개의 프로토콜로 이루어진다. 하나는 인터넷 프로토콜(IP)로서 컴퓨터에 고유한 인터넷 주소를 할당하고 인터넷 패킷을 구성하는 방법을 정의한다. 인터넷을 돌아다니는 패킷들은 모두 이 프로토콜을 구현하고 있다. 다른 하나는 전송 제어 프로토콜(TCP)로서 인터넷에서 통신하고자 하는 두 컴퓨터가 지속적이고 신뢰성 있는 연결을 맺을 수 있게 해 준다. 웹, 이메일을 비롯한 대부분 애플리케이션은 이 프로토콜을 구현한다.

먼저, 인터넷 프로토콜(IP)은 인터넷 주소에 대해 정의한다. 초기 인터넷 프로토콜에서는 4바이트의 주소를 사용했다. 이 주소는 네트워크 주소와 호스트(컴퓨터)의 주소를 혼합한 형태다. 예를 들어, 192.168.1.2라는 주소가 있다고 하면 이는 192.168.1.0이라는 네트워크 주소와 0.0.0.2라는 호스트 주소가 결합한 형태다. 다만 어느 위치까지가 네트워크 주소이고, 어느 위치부터 호스트 주소인지는 일정하지 않다. 경우에 따라서는 192.168.0.0이 네트워크 주소이고, 0.0.1.2가 호스트 주소일 수도 있다. 이의 구분은 인터넷 주소를 할당해주는 기관으로부터 네트워크 주소를 받을 때 결정된다. 예를 들어, 192.168.1.0~192.168.1.254까지 할당받는다면 192.168.1.0이 네트워크 주소가 된다.

한편, 인터넷에 연결되는 기기 수가 급증해서 4바이트 주소가 고갈되고 있다. 이 문제를 해결하기 위해 6바이트 주소가 구성되어 현재 보급 중이다. 그 외에도 한 개의 공인 인터넷 주소를 여러 기기가 공유하는 방식이 사용되고 있다. 가정에서 사용되는 공유기의 기본 개념은 컴퓨터, 스마트폰 등 여러 인터넷 기기들이 공유기가 갖고 있는 공인 인터넷 주소를 공유할 수 있게 내부적으로 사설 인터넷 주소를 이용하는 것이다.

그다음으로 인터넷 프로토콜은 패킷에 대해 정의한다. 패킷은 인터넷 주소를 기반으로 한다. 패킷 머리부(헤더)에는 송신 컴퓨터의 인터넷 주소와 수신 컴퓨터의 인터넷 주소가 들어간다. 이렇게 완성된 패킷은 사전에 정해진 경로 없이, 상황에 따라 경로를 정할 수 있게 해준다. 네트워크와 네트워크를 연결하는 라우터들은 패킷의 머리부에 있는 주소 정보를 보고 패킷을 어디로 보낼지 결정한다. 한편, 패킷을 받은 컴퓨터는 머리부에 들어 있는 송신 컴퓨터의 주소를 보고 응답하는 패킷을 보낼 수 있다. 요청 패킷과 회신 패킷이 같은 경로를 사용하리라는 보장은 없다.

전송 제어 프로토콜(TCP)

패킷들은 각각 독립적이다. 패킷들은 서로 다른 경로를 통해 전송될 수 있기 때문에 먼저 출발한 패킷이 반드시 먼저 도착한다는 보장도 없다. 그런데 만약 전송해야 하는 데이터가 많은 경우에는 경로의 유연함이 문제가 될 수 있다. 예를 들어, 비디오 스트리밍을 전송한다고 해 보자. 각 패킷은 송신단에서 보낸 순서와는 관계없이 임의의 순서로 수신단에 도착한다. 극단적인 경우 영화의 마지막 장면을 본 후에 시작 장면을 보게 될 수도 있다.

실제로는 이런 상황이 발생하지 않는다. 비록 순서가 뒤바뀌어 도착하더라도 순서를 바로잡을 수 있기 때문이다. 이 문제를 해결하기 위해 전송 제어 프로토콜(TCP)이 만들어졌다. 인터넷 프로토콜에 의해 패킷은 무작위 순서로 도착하더라도 전송 제어 프로토콜이 이들의 순서를 바로잡는다. 만약 전송 중에 손실된 패킷이 있으면 재전송을 요청할 수 있다. 이처럼 전송 제어 프로토콜은 신뢰성 있는 패킷 전송이 가능하게끔 해 준다.

전송 제어 프로토콜은 메시지를 세그먼트로 구성한다. 이 세그먼트의 머리부에 일련번호가 들어간다. 이 일련번호를 이용해 비록 패킷의 순서가 뒤바뀌더라도 그 안에 들어 있는 데이터들은 순서를 바로잡을 수 있다. 위의 비디오 스트리밍 전송의 예를 들면, 전송 제어 프로토콜은 잘게 쪼개진 비디오 데이터에 일련번호 및 오류 정정을 위한 정보들을 추가해서 세그먼트를 만들고, 이를 인터넷 프로토콜에 보낸다. 그러면 인터넷 프로토콜은 인터넷 주소를 머리부에 기입한 후 전송하게 된다. 수신단에서는 역순으로 작업이 이뤄진다.

빠른 이해를 돕기 위해 비디오 스트리밍을 예로 들었으나, 일반적인 파일 전송 시에도 전송 제어 프로토콜은 유용하다. 인터넷 패킷은 한 번에 보낼 수 있는 데이터의 크기에 제한이 있다. 특히 물리적 네트워크의 직접적인 제한을 받는다. 이더넷을 사용할 경우 최대 1,500바이트만 보낼 수 있다. 따라서 큰 용량의 데이터를 보내려면 여러 번 나눠서 전송해야 한다. 여러 번 나누어 보내되, 연속해서 받은 패킷의 내용들이 하나의 메시지이고 순서가 중요함을 상대에게 알린다. 상대방은 연속해서 수신된 패킷들을 모아서 순서를 바로잡고, 만약 손실된 패킷이 있으면 재전송을 요청한다.

전송 제어 프로토콜을 통해 데이터 패킷을 전송하기 위해서는 사전에 연결 준비를 하는 과정이 필요하다. 송신 컴퓨터는 전송 제어 프로토콜로 패킷을 보낼 테니 준비를 하라고 수신 컴퓨터에게 통지한다. 수신 컴퓨터는 이에 대해 데이터를 받을 준비가 됐다고 회신하게 된다. 이에 대해 송신 컴퓨터는 마지막으로 모든 준비가 완료됐음을 알리는 확정 패킷을 수신 컴퓨터에게 보낸다. 이를 3단계 설정[2] 방식이라고 한다(이 이름을 기억해 두자. HTTP를 다루는 장에서 중요하게 다뤄진다).

한편, TCP/IP에 이름을 포함시키지 못했지만 사용자 데이터그램 프로토콜(UDP)도 오늘날 빈번히 사용되는 프로토콜이다. 사용자 데이터그램 프로토콜은 전송되는 패킷들의 순서 정보를 관리하지 않는다. 그것은 전송되는 데이터의 크기가 작기 때문이다. 한 번에 모든 데이터를 전송할 수 있을 정도로 데이터의 양이 적은 경우에 사용된다. 그리고 보내는 쪽에서는 받는 쪽이 데이터를 받았는지 받지 않았는지 확인할 수 없고, 또 확인할 필요가 없도록 만들어진 프로토콜이다.

프로토콜 스택

'구슬이 서 말이라도 꿰어야 보배'라는 말은 프로토콜 스택에도 꼭 맞는 말이다. 하드웨어 프로토콜, 네트워크 및 전송 제어 프로토콜, 애플리케이션 프로토콜까지 다양한 프로토콜이 존재한다. 이들이 독립적으로 동작하는 경우는 거의 없다. 서로 연결되어 도움을 주고받아야 완전한 동작이 가능하다. 네트워크 및 전송 제어 프로토콜은 하드웨어 프로토콜과 연결돼야 하고, 애플리케이션 프로토콜도 네트워크 및 전송 제어 프로토콜과 연결돼야 한다. 따라서 프로토콜들은 층층이 구조를 갖게 되는데, 이를 프로토콜 스택이라고 한다.

프로토콜의 계층화는 프로토콜들이 계층 구조 혹은 레이어 구조를 이뤄서 순차적으로 작업을 진행하는 방식을 의미한다. 그리고 통신하는 기기들의 프로토콜 계층이 일대일 매핑된다. 마블 사의 사장이 DC코믹스 사의 사장에게 메시지를 전달하는 과정을 예로 들어 보자.

---

2   Three-Way Handshake.

마블의 사장은 헐크와 슈퍼맨이 대결하는 영화를 만들자는 제안을 DC코믹스 사장에게 전달하고 싶다. 사장은 직속 임원에게 DC코믹스 사장에게 제안을 전달하라고 업무 지시한다. 그리고 임원은 직속 부장에게, 부장은 직속 과장에게 전달한다. 그러면 과장은 상대편 회사의 과장에게 마블 코믹스의 메시지를 전달한다. DC코믹스 사에서는 반대 방향의 메시지 전달이 이뤄진다. 과장은 부장에게, 부장은 임원에게, 임원은 사장에게 메시지를 전달한다. 메시지에 대한 회신이 정확하게 반대 방향으로 진행된다. 두 회사의 과장은 회사 간 메시지 전송에 대해 모든 책임을 진다. 따라서 이들에게 업무를 지시하는 부장은 과장이 이메일로 메시지를 전송하든, 전화로 전달하든, 혹은 직접 만나든 상관없다.

통신도 이 같은 방식으로 계층 구조를 이룬다. 과장에 해당하는 요소는 와이파이, 이더넷, 블루투스 등을 다루는 하드웨어 프로토콜을 담당한다. 그리고 부장에 해당하는 요소는 TCP/IP 같은 네트워크 및 전송 제어 프로토콜에 해당한다. 임원이나 사장은 애플리케이션 프로토콜에 해당한다. 회사에서 계층 구조를 이루는 것처럼 통신도 계층 구조를 갖는다.

사실, 계층 구조를 만드는 것은 여러 단계를 거쳐야 하기 때문에 성능 면에서 불리하다. 하지만 계층 구조는 다양한 기기와 네트워크가 효율적으로 연결되는 데 큰 도움이 됐다. 여기서 효율이란 최소의 투입으로 최대의 효과를 낼 수 있음을 의미한다. 계층 구조의 최하위 계층만 수정하면 전체 네트워크가 서로 연결될 수 있다.

이에 비해 과거의 일체형 프로토콜은 비효율적이었다. 초창기에 통신 모듈을 개발하려면 하드웨어에서부터 애플리케이션까지 하나의 프로그램으로 작성해야 했다. 새로운 하드웨어가 나올 때마다 전 계층을 새로 작성해야 했다.

OSI 7계층

TCP/IP와 함께 프로토콜을 이야기하면 또 빼놓을 수 없는 것이 OSI 7계층이다. 프로토콜 스택을 이해하는 이론적 배경을 제공하기 때문이다. 하지만 실제로 사용되는 것이 아니기 때문에 재미가 없다. OSI[3]는 새로운 통신 시스템들을 위한 프로토콜 제작의 가이드라인을 제시할 목적으로 만들어졌다.

OSI는 통신에 필요한 프로토콜을 기능별로 7개 계층(레이어)으로 나누고, 나눠진 계층들을 층층이 쌓아서 계층 구조로 만들었다. 제1계층은 물리 계층[4]으로, 통신을 위해 필요한 하드웨어 및 이들 간의 물리적인 신호 전달 방식에 관한 계층이다. 서두에서 설명한 하드웨어 프로토콜에 해당하며, 가장 복잡한 내용을 다루는 계층이다. 제2계층은 데이터 링크 계층으로 물리 계층 사이에서 이뤄지는 데이터의 전송을 제어한다. 물리 계층은 신호의 전송만 책임질 뿐 신호가 최종 목적지까지 정확하게 전달되는 것에는 관심이 없다. 이를 책임지는 것은 데이터 링크 계층이다. 이더넷, 와이파이, 블루투스 규격들은 1, 2계층을 정의한다.

제3계층은 네트워크 계층으로, 서로 다른 하드웨어나 네트워크에 속한 기기들이 통신하기 위한 프로토콜에 관한 내용이다. 이들은 물리 계층에서 사용하는 주소와는 다른 논리적인 주소 체계를 사용한다. 제4계층은 전송 계층으로 네트워크 계층에서 이뤄지는 메시지 송수신이 신뢰성을 가질 수 있도록 관여한다. 3, 4계층은 TCP/IP가 대표적이다.

제5계층은 세션 계층으로, 기기 간에 확립된 연결 상태를 관리하며, 제6계층은 메시지 원본에 들어 있는 데이터를 표현하는 방식에 관련된 내용이

---

[3] OSI(Open Systems Interconnection). 1980년대 국제 표준 기구인 ISO에서 제작

[4] 1계층인 물리 계층을 구현한 부품(칩)을 파이(PHY)라고 한다. 영어 Physical의 머리글자로 표현했다. 파이는 부품 제조회사와 개발자들 사이에는 흔히 사용되는 용어다.

다. 오늘날에는 아스키 코드가 일반적으로 사용된다. 마지막 제7계층은 애플리케이션을 위한 프로토콜이다. 예를 들어, 월드 와이드 웹을 위해 사용되는 HTTP 같은 프로토콜을 정의한다. 과거에는 파일 전송을 위한 FTP, 원격 접속을 위한 텔넷 등의 프로토콜이 있었으나 오늘날에는 대부분 HTTP로 대체되고 있다.

계층 구조하에서 각 계층은 바로 아래에 있는 하위 계층의 기능만을 이용하고, 바로 위에 있는 상위 계층에게 기능을 제공한다. 예를 들어, 4번째 계층인 전송 계층은 3번째 계층인 네트워크 계층에서 제공하는 서비스를 이용하고, 5번째 계층인 세션 계층에서 이용할 수 있는 서비스를 제공한다. 그러나 전송 계층은 2번째 계층인 데이터 링크 계층이나 1번째 계층인 물리 계층에서 제공하는 서비스를 이용할 수 없다. 또한 전송 계층은 6번째 계층인 표현 계층이나 7번째 계층인 응용 계층에 서비스를 제공할 필요가 없다.

프로토콜 계층의 실제

OSI는 통신 프로토콜의 계층 구조를 위한 이론적인 체계를 제공한다. 실제에서는 다양한 형태로 재구성된다. 7개보다 적은 수의 계층을 사용하기도 하고, 더 세분화된 계층을 사용하기도 한다.

이미 살펴본 바와 같이 TCP/IP 기반의 인터넷은 네 개의 계층으로만 구성된다. 인터넷 프로토콜과 전송 제어 프로토콜 계층을 중심으로 아래에는 하드웨어 프로토콜에 해당하는 네트워크 액세스 계층이, 위에는 애플리케이션을 위한 응용 계층이 존재한다. 그런데 사실 인터넷에서는 하드웨어 프로토콜을 정의하지 않는다. 네트워크 액세스 계층이라는 것은 편의상 표기한 것일 뿐이다. 마찬가지로 애플리케이션 응용 계층도 구체적으로 정의하지 않는다. TCP/IP 계층보다 위에 있는 프로토콜은 모두 응용 계층이라고 편의상 표기한 것이다.

전기전자 기술자협회(IEEE)는 OSI의 2계층인 데이터 링크 계층을 둘로 세분한다. 물리 계층과 가까운 쪽을 미디어 접근 제어(MAC) 계층이라고 하고, 위쪽을 논리 링크 계층이라고 한다. 그중 미디어 접근 제어 계층은 다수의 기기가 동시에 통신 채널을 사용하려고 할 때 이를 조정하는 역할을 수행한다. 예를 들어, 와이파이 기기들이 서로 데이터를 보내려고 하면 데이터 충돌이 발생해서 실제로 아무도 데이터 전송을 하지 못하는 상황이 발생할 수 있어, 미디어 접근 제어 계층에서 이를 조정하게 된다. 전기전자 기술자협회에서 표준을 정하는 이더넷, 와이파이, 지그비 등은 모두 이를 따른다[5].

블루투스 협회[6]에서 관리하는 블루투스는 독특한 프로토콜 스택의 모습을 갖는다. 다른 통신 기술들과 다르게 매우 세부적으로 계층 구조에 대해 정의하고 있다. 하지만 크게 구분해 보면 물리 계층, 데이터 링크 계층, 세션 계층, 또는 미들웨어 계층, 응용 계층으로 이뤄져 있다고 볼 수 있다.

한편, 계층 구조는 크게 둘로 구분할 수 있다. 여러 기기가 서로 연결되는 구조와 일대일로 연결되는 구조다. 전자의 경우에는 각 기기를 구분할 수 있는 주소의 할당을 담당하는 계층이 필요한 데 비해 후자는 해당 계층이 없다. 인터넷, 지그비 등은 전자에 해당하고, USB, 블루투스는 후자에 해당한다. 일반적으로 전자의 경우에는 패킷의 라우팅을 담당하는 계층이 필요하며, 후자는 필요 없다.

---

5   와이파이의 규격은 IEEE 802.11이고, 이더넷 규격은 IEEE 802.3이다.
6   Bluetooth Special Interest Group(SIG)

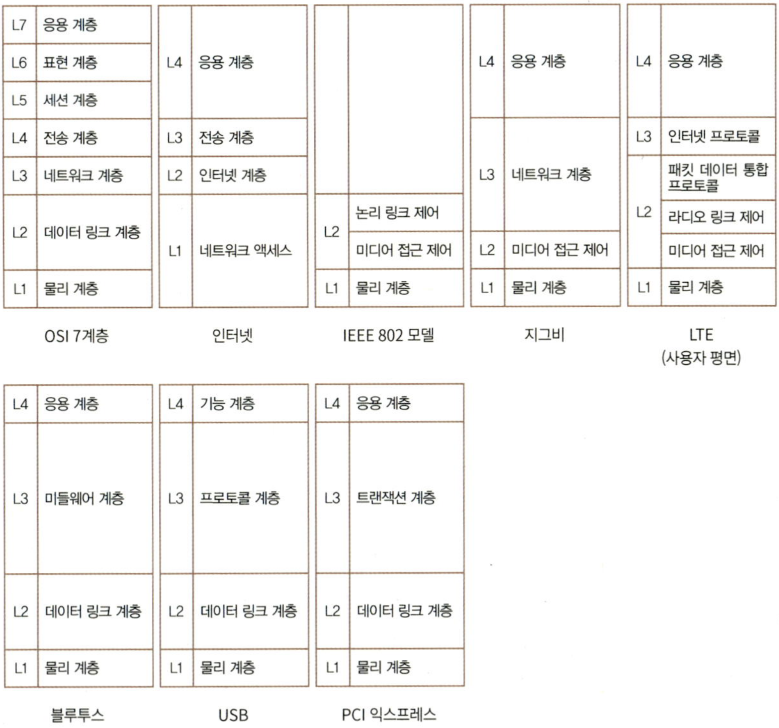

L7	응용 계층
L6	표현 계층
L5	세션 계층
L4	전송 계층
L3	네트워크 계층
L2	데이터 링크 계층
L1	물리 계층

OSI 7계층

L4	응용 계층
L3	전송 계층
L2	인터넷 계층
L1	네트워크 액세스

인터넷

L2	논리 링크 제어
	미디어 접근 제어
L1	물리 계층

IEEE 802 모델

L4	응용 계층
L3	네트워크 계층
L2	미디어 접근 제어
L1	물리 계층

지그비

L4	응용 계층
L3	인터넷 프로토콜
L2	패킷 데이터 통합 프로토콜
	라디오 링크 제어
	미디어 접근 제어
L1	물리 계층

LTE
(사용자 평면)

L4	응용 계층
L3	미들웨어 계층
L2	데이터 링크 계층
L1	물리 계층

블루투스

L4	기능 계층
L3	프로토콜 계층
L2	데이터 링크 계층
L1	물리 계층

USB

L4	응용 계층
L3	트랜잭션 계층
L2	데이터 링크 계층
L1	물리 계층

PCI 익스프레스

그림 6.2 프로토콜 스택

모든 디지털 통신은 패킷으로

회선에서 패킷으로

과거의 소유 방식은 독점이었다. 소유한 사람은 독점적으로 물건이나 서비스를 사용할 수 있다. 물건이 사용 중이지 않더라도 다른 사람은 사용할 수 없다. 대표적인 예가 자동차다. 일주일 내내 아파트 주차장에 주차돼 있는 자동차도 간혹 있다. 주인이 사용하지 않는다고 해서 타인이 마음대로 그 자동차를 사용할 수는 없다.

21세기에 들어서면서 인터넷과 스마트폰이 독점이라는 소유 방식을 공유라는 방식으로 바꾸고 있다. 자신이 필요할 때만 물건을 사용하는 방식이다. 과거에는 불가능했던 방식이 지금은 가능한 이유는 실시간으로 정보의 공유가 가능하기 때문이다. 공유가 가능한 물건이 언제 사용 가능한지 인터넷을 통해 공개된다. 따라서 자신이 필요한 시점에 사용 예약을 하면 된다. 나머지 시간에는 필요한 사람들이 사용한다.

지금은 자동차, 집이 대표적인 공유 아이템이다. 그 밖에도 장난감, 도서, 자전거도 가능하다. 이 같은 공유의 개념이 탄생한 배경에는 자원의 낭비를 줄이자는 개념이 있다. 혼자서는 불가능하지만 연결을 통해 사람들이 함께 하면 가능하다. 이것이 바로 오늘날 연결 기술이 기여하고 있는 영역이다.

통신의 역사에서도 독점이 공유로 발전하는 모습을 살펴볼 수 있다. 통신 채널이 연결자 간의 독점에서 연결자 간의 공유로 변화하는 모습이다. 과거의 회선 방식이 독점 방식이라면 패킷 방식은 공유 방식이라고 할 수 있다.

통신의 역사는 회선 방식에서 패킷 방식으로의 발전사라고 할 수 있다. 회선 방식에서 통신을 원하는 두 기기는 연결이 지속되는 동안 독점적 연결 경로를 갖는다. 반면 패킷 방식에서 통신을 원하는 두 기기는 독점적인 연결을 갖지 않는다. 패킷 방식은 통신 채널을 공유한다. 그만큼 많은 기기가 동시에 연결될 수 있다.

제한된 통신 채널을 가지고 더 많은 가입자에게 서비스를 제공해야 하는 통신 사업자에게 패킷화는 숙명과 같다. 오늘날 유선 전화를 제외한 거의 모든 통신은 패킷을 사용한다. 아직 유선 전화는 아날로그 세상에 있다. 패킷은 디지털 세상에서만 가능하다. 디지털 통신을 하는 LTE는 패킷을 사용한다.

1950년대에 간간이 이뤄지던 패킷[7]에 대한 연구가 실제 개발로 이어진 데는 소련의 첫 인공위성의 역할이 컸다. 살얼음 같던 냉전 시절, 미국은 핵폭탄 공격으로 발생할 수 있는 통신 두절을 막기 위한 방편을 강구하게 됐다. 즉, 핵 공격으로 일정한 지역이 초토화되어 부근의 통신 장비가 망가지더라도 빠르게 우회하는 회선을 사용할 수 있게 해주는 통신 시스템이 필요했다. 이러한 필요성은 미국이 여러 지역에 구축해둔 레이더 시스템들이 유사시 통신망의 두절로 유명무실해지는 피해를 방지하기 위한 것이었다.

이러한 필요성에 의해 통신 메시지를 아주 작게 잘라서 보내는 방식이 제안됐다. 통신 메시지에는 목적지의 주소가 담겨 있다. 네트워크를 연결하는 통신 장비들이 주소 정보를 읽고 어디로 보내야 할지 결정하는 방식이었다. 만약 원래 통신 경로가 핵 공격으로 연결이 끊어졌다면 다른 경로로 메시지를 보낼 수 있었다. 이것이 패킷 네트워크의 시작이었다.

패킷[8]의 특성	이점
주소와 메시지로 구성	상황에 따라서 전송 경로가 바뀜
패킷 전송 중에만 통신 매체를 점유	여러 기기가 동시에 통신 매체를 사용할 수 있음
작은 크기로 구성	여러 기기가 공평하게 통신을 할 수 있음

표 6.1 패킷의 특성

---

7 패킷이란 원래 우체국에서 취급하는 "소포"를 말하는데, 화물을 적당한 크기로 분할해서 행선지를 표시하는 꼬리표를 붙인 형태다.

8 패킷은 대부분의 프로토콜에서 사용되며 용어도 동일하게 사용된다. 그런데 일부 프로토콜에서는 같은 역할을 다른 용어로 표현하기도 한다. TCP/IP의 경우 인터넷 프로토콜에서 패킷을 사용하지만 전송 제어 프로토콜에서는 세그먼트라는 용어를 사용한다. 적은 데이터를 전송하기 위해 사용되는 사용자 데이터그램 프로토콜(UDP)에서는 데이터그램이라는 용어를 사용한다. 사용되는 용어가 다를 뿐, 구성이나 역할은 동일하다. 네트워크의 물리 계층을 다루는 프로토콜에서는 프레임이라는 용어를 사용한다. 이더넷, 와이파이에서는 신호를 프레임 단위로 구성해서 전송한다. 과거 셀이라는 용어가 사용되기도 했다.

패킷의 구조

윈도우 컴퓨터에서 확장자가 .exe인 실행 프로그램은 코드의 배열이다. 프로그램 안을 들여다보면 구조란 볼 수 없고 이진수로만 채워져 있다. 실행 프로그램은 사람들이 읽을 수 있도록 만들어진 것이 아니기 때문이다. 컴퓨터가 읽고 해석할 수 있으면 된다. 따라서 사람이 보기에는 의미 없는 코드 값으로 보이나 내부적으로 일정한 규칙을 갖고 배열돼 있다.

패킷도 실행 프로그램과 같다. 온통 이진수의 배열로 돼 있다. 내용을 봐서는 사람들이 이해할 수 없다. 그 내용은 컴퓨터 또는 라우터가 이해할 수 있게 돼 있으며, 잘 짜인 규칙에 의해 작성돼 있다. 이 규칙은 프로토콜에 의해 정해진다.

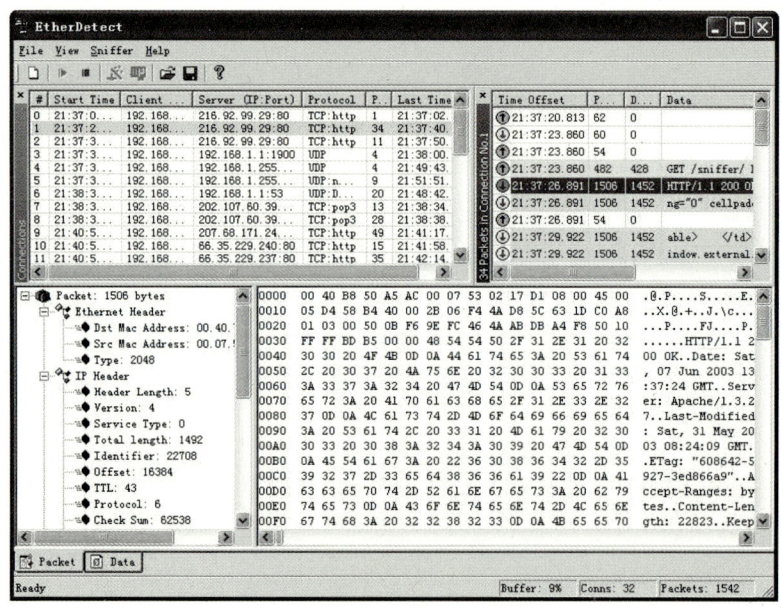

그림 6.3 패킷 분석 소프트웨어로 들여다 본 패킷의 내부

사람의 눈으로 구별은 불가능하지만 일반적으로 패킷은 머리부, 몸통부, 꼬리부로 구성된다. 우편물로 비유하자면 편지지와 편지 봉투와 같다. 몸통은 편지지이고 머리부와 꼬리부는 편지 봉투에 해당한다. 편지지는 편지 작성자가 마음대로 쓸 수 있지만 편지 봉투는 정해진 규칙을 따라야 한다. 프로토콜은 이 정해진 규칙을 설명한다.

편지 봉투에 해당하는 머리부와 꼬리부의 내용은 프로토콜에 따라 다르다. 그러나 편지 봉투에서 제일 중요한 요소는 보내는 자와 받는 자의 주소이듯, 대부분 프로토콜은 송신자 주소와 수신자 주소를 포함하고 있다. 그리고 편지 봉투에서는 볼 수 없는 요소가 있는데, 체크섬이 바로 그것이다. 편지 봉투는 전송 중에 글자가 바뀌거나 사라지지 않는다. 그러나 프로토콜의 머리부와 꼬리부는 디지털 데이터이므로 전송 중에 깨지거나 손실될 수 있다. 이 경우 원래의 정보를 복원하거나 최소한 정보가 잘못됐다는 것을 알기 위해 체크섬을 사용한다. 대부분 프로토콜은 이 정보를 머리부나 꼬리부에 둘 것을 정의한다.

인터넷 프로토콜 패킷

인터넷 프로토콜 패킷은 머리부에 송신기기의 인터넷 주소와 수신기기의 인터넷 주소가 표기된다. 인터넷 라우터들은 이 값을 보고 패킷을 어디로 보내야 할지 결정한다. 수신 기기는 패킷에 들어 있는 송신 기기의 주소를 사용해서 회신 패킷을 만든다. 회신은 송신 주소와 수신 주소의 자리가 바뀐다.

패킷은 정해진 경로가 없다. 각 라우터는 이웃한 라우터 중 어느 쪽으로 패킷을 보낼지 결정한다. 다음 경로는 다음 라우터에서 결정된다. 이러한 방식은 일부 라우터 간 연결에 문제가 있을 때 자동으로 우회할 수 있게 해 준다. 그런데 운이 나쁘면 최종 목적지 컴퓨터에 도착하지 못하고 라우터들 사이만 떠돌아다닐 수 있다. 시간이 지나면 이러한 불운한 패킷들이 누적되어 인터넷이 정체될 수 있다. 이런 문제를 해결하기 위해 패킷의 수명을 패킷의 머리부에 적게 돼 있다. 이 수명값은 라우터를 지날 때마다 하나씩 줄어든다. 최종적으로 0에 다다르면 패킷은 폐기된다. 이를 TTL(Time To Live)이라고 한다. TTL은 0부터 255 사이의 값이다. 패킷은 라우터를 255번 이상 통과할 수 없다.

인터넷 프로토콜은 네트워크 계층이므로 프로토콜 스택 구조상 바로 상위에 전송 계층 프로토콜이 있다. 전송 계층에는 전송 제어 프로토콜, 사용자 데이터그램 프로토콜이 있다. 이 상위 프로토콜에서 만들어진 패킷들이 인터넷 프로토콜의 데이터가 된다. 그리고 같은 네트워크 계층에 있는 ICMP, IGMP, EGP[9]도 인터넷 프로토콜의 데이터가 된다. 인터넷 프로토콜은 어느 프로토콜로부터 데이터를 받았는지 표기하게 돼 있다.

그리고 다른 프로토콜과 마찬가지로 머리부에 있는 데이터들이 손상되지 않았는지 확인할 수 있는 체크섬 정보가 있다. 체크섬은 라우터를 지날 때마다 새로 계산된다. 이유는 앞에서 설명한 TTL 때문이다. 라우터를 지날 때마다 하나씩 차감되기 때문에 체크섬은 다시 계산돼야 한다.

---

9 ICMP(Internet Control Message Protocol), IGMP(Internet Group Management Protocol), EGP(Exterior Gateway Protocol)

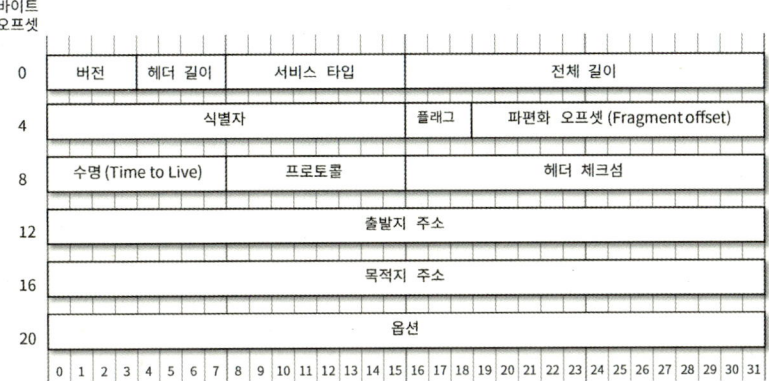

그림 6.4 인터넷 프로토콜 패킷

전송 제어 프로토콜 세그먼트

전송 제어 프로토콜 세그먼트에서 가장 먼저 나오는 정보는 주소다. 이 주소는 컴퓨터를 구별하는 것이 아니라 컴퓨터 내의 서비스 주소를 구별한다. 예를 들어, HTTP의 주소는 80번이다. 파일 전송에 사용되는 FTP의 주소는 23이다. 이를 포트 번호라고 한다.

전송 제어 프로토콜 세그먼트에 기기의 주소가 없는 이유는 인터넷 프로토콜의 패킷에 주소가 있기 때문이다. 기기의 주소는 인터넷 프로토콜 패킷의 머리에 표기된다. 전송 제어 프로토콜 세그먼트는 인터넷 프로토콜의 패킷의 내용물로서 데이터 영역에 들어간다. 따라서 기기의 주소는 필요 없고 서비스의 주소, 즉 포트 번호만 필요하다.

전송 제어 프로토콜은 신뢰성 있는 전송을 보장하기 위해 세그먼트마다 일련번호를 부여한다. 수신 측에서는 이 값으로부터 특정 세그먼트가 전송 중 분실됐는지 여부를 알 수 있다. 분실됐다고 판단되면 재전송을 요청한다. 만약 순서가 올바르지 않으면 순서를 조정한 후 다음 상위 프로토콜로 전달한다.

그리고 중요한 항목은 체크섬이다. 머리부에 들어 있는 데이터가 전송 중 손상되지 않았음을 보증한다. 체크섬을 만드는 가장 간단한 방법은 머리부의 데이터를 전부 더하는 것이다. 즉, 체크섬 자신에 해당하는 2바이트를 제외한 총 18바이트의 데이터를 하나씩 순차적으로 더한다. 이렇게 구해진 값은 머리의 체크섬 자리에 기입된다. 수신 기기는 송신 기기와 동일하게 18바이트의 데이터를 모두 더해서 체크섬 값을 구한다. 그리고 수신한 패킷 머리에 있는 체크섬 값과 비교해 본다. 만약 전송 중 데이터의 일부가 손상됐다면 체크섬 값은 서로 달라진다. 수신 기기는 재전송을 요청하게 된다.

전송 제어 프로토콜 세그먼트의 크기는 머리부가 포함되지 않은 순수한 데이터만의 크기다. 기본값은 536바이트다. 그러나 이 값은 전송 제어 프로토콜 연결이 이뤄지는 시점에 재조정된다. 물리 네트워크의 종류에 따라 결정된다. 만약 이더넷이라면 1,460바이트로 설정된다. 이렇게 설정하는 이유는 이더넷 프레임의 최대 크기가 1,500바이트이기 때문이다. 즉, 전송 제어 프로토콜 세그먼트의 최대 크기를 1,460으로 설정하면 전송 제어 프로토콜의 머리부 20바이트가 붙어서 총 1,480바이트의 데이터가 아래의 인터넷 프로토콜 계층으로 넘겨진다. 그러면 인터넷 프로토콜 계층은 자신의 머리부 20바이트를 붙여서 총 1,500바이트를 만든다. 이 크기는 이더넷 프레임의 최대 크기인 1,500바이트와 일치한다. 이렇게 크기를 맞춤으로써 최대한 효율적으로 데이터를 전송할 수 있다. 500바이트씩 세 번 보내는 것[10]보다 1,500바이트씩 한 번에 보내는 것이 더 빠르게 데이터를 전송할 수 있다.

---

10 이를 파편화(fragmentation)라고 한다.

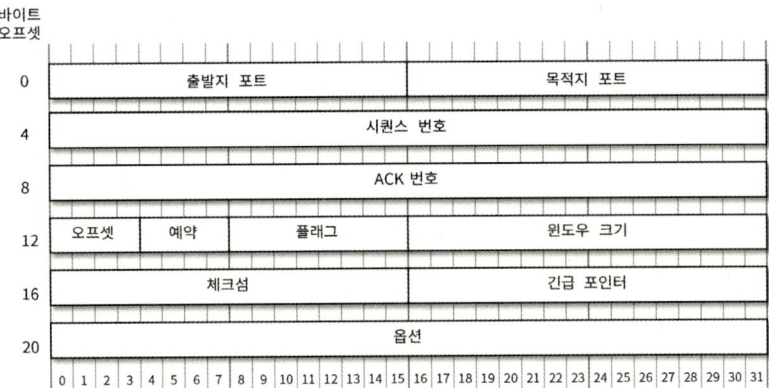

그림 6.5 전송 제어 프로토콜의 세그먼트

프로토콜 스택과 패킷

캡슐화

프로토콜 스택을 통해 데이터가 전송되는 과정은 캡슐화(Encapsulation)를 통해 이뤄진다. 캡슐화란 상위 계층에서 만들어진 패킷을 데이터로 취급하고, 자신의 머리부와 꼬리부를 붙이는 작업이다. 예를 들어, 전송 제어 프로토콜은 HTTP 프로토콜로부터 받은 데이터에 자신의 머리부를 붙여서 세그먼트를 만든다. 세그먼트는 인터넷 프로토콜로 넘겨지면서 데이터가 된다. 인터넷 프로토콜은 전송 제어 프로토콜 세그먼트를 데이터로 취급하고 자신의 머리부를 붙여서 패킷을 만든다. 패킷은 이더넷 프로토콜에 데이터로 넘겨지고 머리부와 꼬리부가 붙어서 이더넷 프레임이 된다.

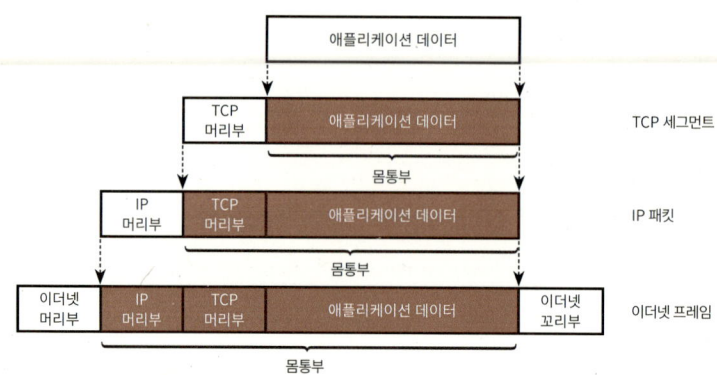

그림 6.6 캡슐화

수신 측에서는 이와 반대의 과정이 이뤄진다. 이더넷 프로토콜은 프레임에서 머리부와 꼬리부를 떼어 내고 데이터 부분만 상위의 인터넷 프로토콜로 보낸다. 인터넷 프로토콜은 패킷에서 머리부를 떼어 내고, 데이터 부분만 상위의 전송 프로토콜로 보낸다. 전송 프로토콜은 전송 제어 프로토콜 혹은 사용자 데이터그램 프로토콜이다. 전송 프로토콜도 작업 내용은 동일하다.

이처럼 패킷의 변환이란 패킷의 머리부와 꼬리부를 재작성한다는 의미가 아니라 캡슐화를 통해 완전히 새로운 모습의 패킷으로 만드는 것이다. 국내용 일반 편지 봉투를 국제 우편용 봉투에 넣는 것과 같다.

캡슐화와 터널링

이더넷이나 와이파이로 연결된 컴퓨터 간에 통신하는 경우는 교과서적인 캡슐화 과정이 이뤄진다. 물리 계층인 이더넷과 와이파이는 상위 계층인 인터넷 프로토콜과 서로 밀접한 관계를 가지며 발전해 왔기 때문이다. 인터넷 프로토콜이 없는 이더넷과 와이파이는 상상하기 어려울 정도다.

반면 USB나 LTE의 일차적인 목적은 인터넷 접속이 아니다. 따라서 인터넷 프로토콜과 직접적인 관련이 없다. 그런데 USB와 LTE를 통해서도 인터넷 프로토콜이 동작할 수 있는데, 캡슐화가 가능하기 때문이다.

LTE폰으로 인터넷에 접속하는 경우를 살펴보자. 카카오톡 앱을 사용하기 위해 스마트폰은 인터넷상에 있는 카카오 서버에 접속해야 한다. 카카오톡 앱에서 입력된 문자는 인터넷 프로토콜에 의해 패킷으로 구성된다. 여기까지는 컴퓨터에서와 동일하다. 그런데 컴퓨터에서는 해당 패킷이 이더넷의 프레임에 캡슐화된다면 스마트폰은 LTE의 패킷에 캡슐화된다. LTE 패킷은 이동통신망을 통해 유선망으로 전송된다. 이때 유선망으로 들어가기 직전의 게이트웨이에서 LTE 패킷은 해체되고 속에 들어 있던 인터넷 패킷이 살아나게 된다.

이러한 과정은 LTE가 패킷 통신 방식이고 프로토콜 스택 구조를 갖고 있기 때문에 당연히 가능한 것은 아니다. LTE 프로토콜 스택 중에는 인터넷 프로토콜이 명백하게 포함돼 있다. 즉, 인터넷 프로토콜과 LTE의 물리 계층 프로토콜이 서로 상호 작용이 가능하도록 설계돼 있기 때문에 가능한 것이다.

USB를 이용한 인터넷 접속도 동일하다. 구체적인 동작 과정을 살펴보기 위해 넷북 컴퓨터의 인터넷 접속을 예로 들어 보자. 대부분의 넷북 컴퓨터는 이더넷 포트가 없다. 대신 USB-to-이더넷 어댑터가 제공된다.

넷북으로 네이버에 접속하고자 하는 경우 접속 요청은 인터넷 패킷으로 변환된다. 일반 컴퓨터라면 이더넷 프레임으로 캡슐화되겠지만 넷북은 이더넷이 없다. 그 대신 USB가 있다. 따라서 인터넷 패킷은 USB 패킷에 캡슐화된다. USB 패킷은 USB-to-이더넷 어댑터로 보내지는데, 이 어댑터 내부에 있는 집적회로가 USB 패킷에서 인터넷 패킷을 추출해내고 이를 이더넷 프레임으로 다시 캡슐화한다. 이후는 일반 컴퓨터의 인터넷 접속과 동일하다.

LTE와 마찬가지로 USB도 인터넷 패킷을 전송하는 데 필요한 절차를 사전에 정의해 두고 있다. 이 덕분에 위와 같은 변환 과정이 가능하다.

한편 이러한 기능을 터널링이라고 한다. USB 네트워크에 터널을 뚫어서 인터넷 프로토콜이 동작하게 한 것과 같다. 과거 전화 모뎀을 사용해 인터넷에 연결할 때가 있었다. 이때도 컴퓨터와 인터넷은 인터넷 프로토콜로 연결되지만 전화선 연결은 인터넷 프로토콜이 동작하는 구간이 아니었다. 따라서 터널링 방식을 통해 인터넷에 연결됐다.

다양한 패킷 통신

컴퓨터 내부의 패킷 통신

패킷 통신은 인터넷에서만 사용되는 것으로 생각하기 쉽다. 인터넷의 탄생을 이야기할 때면 항상 패킷 네트워크로 이뤄지고, 패킷 네트워크를 이야기하고자 하면 인터넷이 예로 나오기 때문이다. 인터넷 탄생의 시기에는 패킷 통신이 거의 유일했다.

그런데 시간이 지나면서 다양한 영역에서 패킷 방식이 사용되기 시작했다. 컴퓨터가 외부 기기들과 통신하는 방식도 마찬가지였다. 먼저 USB 3.0이 시작 테이프를 끊었다. USB는 패킷으로 컴퓨터와 데이터를 주고받는다. USB 메모리 스틱에 데이터를 저장할 때도 컴퓨터로부터 패킷 데이터들이 전송된다. 패킷 방식을 사용하기 때문에 한 대의 컴퓨터에는 여러 대의 USB 기기가 연결될 수 있다. USB 기기는 연결돼도 통신 채널을 독점하지 않기 때문이다.

컴퓨터의 확장 버스 시스템인 PCI 익스프레스도 패킷을 사용한다. PCI 익스프레스는 한 개의 연결 통로, 또는 최대 32개의 연결 통로를 통해 패킷 통신을 한다. PCI 익스프레스 스위치는 수신된 패킷을 목적지로 보내는 역할을 한다.

실시간성이 중요한 오디오 비디오 데이터를 패킷으로 전송하는 디스플레이 포트는 혁신적이다. 컴퓨터에서 비디오 데이터를 전송하면 모니터는 즉시 디스플레이에 영상을 출력한다. 따라서 이 둘의 동기화가 중요하다. 컴퓨터가 한꺼번에 너무 많은 데이터를 전송하면 모니터가 모두 처리하지 못하는 상황이 발생할 수 있다. 소위 화면이 깨지는 현상이 생긴다. 한편 너무 늦게 데이터를 전송하면 부드러운 느낌의 영상 출력이 어렵다. 따라서 컴퓨터와 모니터는 동기화된 클록 신호에 맞춰 연속적으로 영상 데이터를 전송한다.

그런데 디스플레이 포트는 영상 신호를 패킷으로 전송하기 때문에 컴퓨터와 모니터가 화소 단위로 동기화되지 않는다. 이런 상황이 문제가 될 것 같지만 오히려 유연하고 효율적인 모니터의 동작이 가능하다. 모니터는 내부에 버퍼를 갖고 있어서 컴퓨터로부터 전송되는 영상 데이터들을 잠시 보관할 수 있다. 그리고 영상 신호에 적합한 주기로 디스플레이에 출력한다. 단위 시간당 많은 양의 영상 데이터가 필요한 경우와 적은 양의 영상 데이터가 필요한 경우에 적합하게 동작할 수 있다.

그뿐만 아니라 영상 데이터를 보내는 중간 중간 다른 내용의 데이터를 보낼 수도 있으며, 다른 모니터에 출력할 영상 데이터도 같은 경로로 보낼 수 있다. 따라서 여러 대의 모니터가 동시에 연결될 수 있다.

한편, 패킷을 사용하는 프로토콜들끼리는 통신 채널을 공유할 수 있다. 패킷의 모양이 같을 필요도 없다. 예를 들어 USB 패킷, PCI 익스프레스 패킷, 디스플레이 포트 패킷이 같은 통신 채널, 즉 하나의 케이블을 통해 전송될 수도 있다. 썬더볼트라는 프로토콜이 지원하는 방식이다.

원거리 통신에서의 패킷 사용

근거리망 통신의 대표주자인 이더넷은 탄생 시점부터 패킷 통신이 사용됐다. 그러나 원거리 통신에 패킷이 사용되기 시작한 것은 비교적 최근의 일이다. 패킷 전송 방식이 사용되기 전에는 시분할 다중 방식[11]이 사용됐다. 타임 슬롯이 설정되고, 권한이 주어진 타임 슬롯을 이용해 데이터를 전송할 수 있었다.

---

11 TDM(Time division multiplex, time division multiplexing)

시분할 통신을 이용한 원거리 통신의 대표적인 통신 방식이 SONET/SDH[12]다. 이 방식은 광케이블을 이용해 대용량의 데이터를 전송한다. 기본적인 통신 속도는 초당 51,840메가비트로 이를 첫 번째 레벨 OC-1이라고 한다. 그리고 사양이 높아짐에 따라서 속도도 배가 된다. 즉 세 번째 레벨인 OC-3에서는 초당 155,520메가비트가 되며, OC-192에서는 초당 9,953,280메가비트가 된다.

인터넷은 패킷 네트워크지만 모든 구간이 패킷 네트워크는 아니라는 점을 여기서 알 수 있다. 광케이블과 같은 고속 통신 구간은 터널링 방식으로 인터넷 패킷이 전송돼 왔다. 시분할 방식으로 전송하는 것이 패킷 방식으로 전송하는 것보다 속도가 더 빠르기 때문이다. 패킷 방식은 패킷의 머리부를 확인하는 절차가 있어서 추가적인 지연이 발생한다.

그런데 LTE 스마트폰 확산에 따른 트래픽 증가, IPTV 등의 기가급 브로드밴드 서비스 등을 원활히 지원하기 위해 원거리 통신도 기존 시분할 다중 방식에서 패킷 전송 방식으로 옮겨 가고 있다. 시분할 다중 방식이 더 고속일 수는 있어도 통신 채널의 활용 면에서는 패킷 방식보다 효율적이지 못하기 때문이다. 이러한 이유로 신뢰성, 확장성, 관리성 등을 중시하는 캐리어 환경을 충족할 수 있는 개선된 이더넷, 즉 캐리어 이더넷[13]이 인기를 얻게 됐다.

LTE의 패킷화

LTE가 처음 상용화됐을 때 데이터만 LTE망을 이용해 패킷으로 전송됐다. 음성은 기존의 3세대망을 이용했다. 통신사 입장에서는 그것이 최선의 선택이었을 수도 있다. 기존에 투자해 둔 3세대망을 그대로 활용하면서 LTE망에

---

12 SONET(Synchronous optical networking), SDH(synchronous digital hierarchy)
13 PTN(Packet Transport Network)

서는 초당 75메가비트의 데이터 전송 속도를 보장할 수 있었다. 그런데 음성 통화를 패킷 형태로 만들어서 LTE망으로 전송하면 여러 가지 이로운 점이 있음이 확인됐다.

무엇보다도 통화 음질이 크게 개선됐다. 3세대에서는 사람 목소리 주파수인 300-2400헤르츠 대역만 사용하지만 LTE의 패킷을 이용하면 50-7000헤르츠까지 사용하기 때문에 더 많은 음성 데이터를 전달할 수 있다. 2010년대에 LTE 스마트폰을 사용한 사람이라면 폰으로 들려오는 상대방의 목소리가 전과 다르다는 느낌을 한번은 받은 적이 있을 것이다. 목소리가 더욱 풍부한 느낌이었다고 할 수 있다[14]. 물론 그 이후에는 새로운 변화에 익숙해졌기 때문에 과거보다 통화 중 상대방의 목소리가 선명해졌다는 사실을 느끼지 못했을 것이다. 지금도 마찬가지다.

그뿐만 아니라 통화 연결 시간이 크게 줄어들었다. 3세대 음성통화는 평균적으로 약 5초 정도가 소요되지만 LTE 패킷망을 이용하면 2초면 충분하다. 그리고 3세대 음성 통화 중에 인터넷을 검색해야 할 일이 생겼을 때 일단 전화를 끊어야 했다면 LTE 패킷망으로 음성 통화 중에는 전화를 끊을 필요가 없다. 음성 통화 중에 영상 통화로 전환할 수도 있고 콘텐츠를 공유할 수도 있다.

음성과 데이터가 모두 패킷 형태로 전송되지만 오늘날 통신사의 요금 청구서에는 음성과 데이터가 구분돼 있다. 통신사는 패킷이 음성을 나르는지, 데이터를 나르는지 알 수 있기 때문이다. 패킷의 머리부에는 목적지 주소와 함께 패킷 안에 어떠한 데이터가 들어 있는지 적혀 있다. 통신사는 모든 패킷을 일일이 확인한다. 그래야 패킷을 어디로 보내야 하는지 알 수 있기 때

---

[14] 이를 VoLTE(Voice over LTE)라고 한다. LG U+가 지음(知音)이라는 이름으로, SKT가 HD Voice라는 이름으로 상용화했다.

문이다. 그때 패킷 머리부의 다른 정보도 함께 읽게 된다. 한편, 음성이 패킷망을 이용한다고 해서 개인의 한정된 데이터 사용량을 축내는 것은 아니다. 음성은 시간 단위로 따로 계산된다.

LTE 패킷 크기는 특별한 제한을 두고 있지 않다. 다만 통신사 내부 네트워크를 어떻게 구성하느냐에 따라 달라진다. 최근에는 통신사 내부 네트워크가 이더넷 기반으로 구현되는 추세에 맞춰 LTE 패킷의 경우에도 파편화를 방지하기 위해 1,500바이트에 근사한 값으로 최대 크기를 설정한다. 즉, 이더넷은 프레임의 크기가 1,500바이트로 규정돼 있으므로, 만약 LTE 패킷이 이보다 크면 데이터의 전송 과정 중 LTE 패킷을 잘게 쪼개거나 쪼개진 패킷을 모아서 붙이는 과정이 추가돼야 한다. 이는 데이터 전송 시간만 늘리는 불필요한 과정이다.

디지털 방송의 패킷화

지난 2012년 12월 31일부로 우리나라에서 지상파 아날로그 방송이 종료됐다. 현재의 모든 지상파 방송은 디지털 방송이다. 우리나라는 디지털 방송 규격으로 미국식(ATSC)을 채용하고 있다. 그 밖에도 유럽식(DVB)과 일본식(ISDB-T)이 있다[15].

국가마다 조금씩 다른 기술을 사용하고 있지만 공통된 요소는 방송 콘텐츠를 패킷이라고 불리는 단위로 구성해서 전송한다는 점이다. 머리부 길이

---

15 한국과 북미에서 채택한 ATSC 방식은 6MHz 전송대역폭에 효율적으로 방송 신호를 전달하기 위해 MPEG-2로 압축된 비디오 신호와 Dolby AC-3으로 압축된 오디오 신호 등의 프로그램 신호를 MPEG-2 TS(Transport Stream)로 다중화하고 이를 8-VSB(Vestigial Side Band) 신호로 변조해서 단일 반송파를 통해 전송한다. 주로 유럽에서 채택한 DVB-T(Digital Video Broadcasting-Terrestrial) 방식은 8MHz 전송대역폭에서 MPEG-2로 압축된 비디오 신호와 MPEG-2 BC(Backward Compatible)로 압축된 오디오 신호 등의 프로그램 신호를 MPEG-2 TS로 다중화하고 다시 QAM(QPSK, 16QAM, 64QAM) 신호로 변조해서 다중반송파를 통해 전송한다.

4바이트, 몸통부 길이 184바이트로 구성된 패킷을 사용한다[16]. 몸통에는 압축된 영상 데이터, 음성 데이터, 또는 일반 데이터가 들어갈 수 있다.

데이터 전송 속도의 고속화를 다뤘던 장에서 살펴본 것처럼 멀티미디어 데이터는 압축을 통해 전송 용량이 큰 폭으로 줄어든다. 따라서 적은 수의 패킷으로도 방송용 콘텐츠를 전송할 수 있다. 남는 대역폭으로 새로운 방송 채널을 추가할 수 있고, EPG[17]라고 불리는 전자 프로그램 가이드를 전송할 수 있다.

통신·방송 융합의 가장 대표적인 매체인 IPTV도 디지털 방송과 같은 방식으로 멀티미디어 콘텐츠가 전송된다. 콘텐츠는 패킷의 형태로 셋톱박스로 전송된다.

---

16 MPEG 트랜스포트 스트림이라고 한다.
17 EPG(Electronic Programme Guide). 1주일 정도의 편성표와 프로그램 정보를 미리 볼 수 있다.

단순한 것이 아름답다
통합화

> 나는 우주의 원리가
> 아름답고 단순할 것이라고
> 굳게 믿는다.
> - 알버트 아인슈타인

무선 통신 기술들의 통합화

블루투스와 와이파이의 저전력 규격

와이파이가 대용량 데이터의 고속전송을 위해 개발되고 있을 때, 그 반대편에서는 지그비나 지웨이브가 소용량 데이터의 저속전송을 위해 개발됐다. 멀티미디어 데이터의 확산이 와이파이나 블루투스의 발전을 이끌었다면 센서 네트워크의 등장은 지그비나 지웨이브의 발전을 이끌었다. 센서들이 순간적으로 만들어내는 데이터의 양은 많지 않았기 때문에 고속전송은 필요하지 않았다.

다시 한번 복습하자면 고속전송이란 한 비트를 빨리 보내는 것이 아니라 단위 시간당 보내는 데이터의 양이 많은 것이다. 같은 맥락에서 저속전송은 한 비트를 느리게 보내는 것이 아니라 단위 시간당 보내는 데이터의 양이 적은 것이다. 따라서 한 번에 전송해야 하는 데이터의 양이 적은 센서 네트워크는 저속전송이 적합하다.

각 무선통신기술은 저마다 특화된 애플리케이션 영역을 나눠 가지고 평화롭게 공존하는 듯 보였다. 그런데 블루투스 진영이 사물인터넷 시대의 도래를 바라보면서 센서 네트워크 시장을 탐냈다. 그 결과 '블루투스 저전력'이라는 새로운 규격을 내놓았다. 이름은 '블루투스 저속전송'과 일맥상통한다. 저속전송을 하면 자연히 낮은 전력 소모가 가능해진다. 지그비와 지웨이브를 저전력 무선통신이라고 부르는 것도 그런 이치에서다.

와이파이도 이 시장에 뛰어들었다. 헤이로우(HaLow)라고 불리는 이 규격은 기존의 2.5기가헤르츠보다 낮은 900메가헤르츠 주파수를 사용한다. 낮은 주파수를 이용해 데이터 전송속도를 대폭 낮춰 저전력이 가능해졌다.

저전력 무선통신기술들은 이제 진검승부를 벌여야 할 때가 왔다. 모든 사물이 서로 연결되는 시대에 저전력 무선통신기술은 필수 불가결하다. 세부적으로 특화된 영역에서는 각 기술이 나름의 경쟁력을 갖추고 있지만 결국엔 1~2개의 기술로 통합될 것으로 예상된다.

메시 네트워크화

지그비나 지웨이브 같은 저전력 무선통신 기술의 차별화된 기능으로 메시 네트워크가 있다. 메시 네트워크는 인터넷의 라우터와 동작 방식이 유사하다. 라우터들은 라우팅 테이블을 갖고 있어서 수신된 패킷을 어느 경로로 송신할지 동적으로 결정한다. 수시로 경로가 바뀌지 않지만 특정한 경로에 문제가 발생하면 그 즉시 우회 경로로 패킷을 보낼 수 있다.

지그비나 지웨이브는 가정 내의 다양한 제품들에 포함되므로 이들 간에 메시 네트워크가 구축된다. 각 무선통신 모듈은 라우팅 테이블을 갖고 있어서 수신된 패킷을 어디로 보낼지 결정한다. 이러한 구조 덕분에 사용자가 집 안의 어디에 있든지, 그리고 무선통신기기가 어디에 있든지 사용이 가능하다. 직접 통신이 불가능하다면 이웃한 무선통신기기의 도움을 받아 간접 통신을 하면 된다.

저전력 무선통신의 전유물로 여겨지던 메시 네트워크 기능은 '블루투스 저전력'에서도 지원한다. 그런데 블루투스는 라우팅 테이블 방식을 사용하지 않는다. 일명 플러딩 방식이라고 해서 메시 네트워크로 연결된 모든 블루투스 저전력 기기들에게 패킷을 보내는 방식이다.

또한 와이파이도 메시 네트워크 구성이 가능하다. 다만 와이파이는 모든 기기들이 서로 연결되는 구조가 아니라 무선 액세스 포인트들이 서로 연결되는 구조다. 와이파이 메시 네트워크는 복층 구조거나 평수가 넓은 집에서 유용하게 사용될 수 있다.

와이파이와 셀룰러 이동통신

와이파이와 셀룰러 이동통신은 서로 경쟁하면서도 보완하는 사이다. 그리고 시간이 지날수록 서로 닮아가는 모습을 보이고 있다.

셀룰러 이동통신의 역사를 다뤘던 1장에서 4세대 이동통신 기술인 직교형 주파수분할 다중접속에 대해 간략히 다뤘다. 데이터 전송 속도를 높이기 위해 기존의 코드분할 다중접속을 대신하는 기술이다. 그런데 이 기술은 와이파이에서 먼저 사용됐다. 802.11n 규격에서 기존의 최고 속도였던 초당 54메가비트를 대폭 향상시키기 위해 직교형 주파수분할 다중접속 기술을 사용했다. 더 엄밀히 따지자면 이 기술은 이전 버전의 와이파이에서도 사용됐다.

직교형 주파수분할 다중접속 기술은 일반적으로 다중입력-다중출력 기술과 함께 사용됐다. 여러 개의 안테나를 사용하면 직교형 주파수 신호를 전송하기 수월하기 때문이다. 복습하자면 다중입력-다중출력은 여러 개의 안테나를 사용해서 데이터를 무선으로 병렬 전송하는 방식이다. 4세대 이동통신에서 다중입력-다중출력 기술이 사용되고 있는데, 이 역시 와이파이로부터 한 수 배운 것이다.

반면 빔포밍 기술은 이동통신 분야에서 오랫동안 연구·개발돼 왔다. 스마트 안테나라는 이름으로 여러 개의 안테나를 사용해서 특정한 지점에서 최적의 신호가 형성될 수 있도록 신호의 분포를 조절하는 기술이다. 와이파이는 규격 ac에서 빔포밍 기술을 적용하고 있다.

무선 공유기의 안테나로부터 와이파이 신호는 360도로 송출된다. 이때 무선 공유기의 안테나가 하나이고, 주변에 전파를 반사, 굴절시키는 장애물들이 없으면 신호는 일정한 모습으로 뻗어나간다. 마치 연못에 돌을 던졌을 때, 물결이 동일한 모양을 그리며 주위로 퍼져 나가는 모습과 같다.

그 연못에 두 개의 돌을 동시에 던지는 경우를 생각해 보자. 그러면 두 지점을 중심으로 동심원이 그려져 나갈 텐데, 어느 순간부터는 물결들이 서로 만나게 되면서 변화를 일으킨다. 즉, 일부에서는 동일한 높이의 물결이 만나서 물결의 높이가 더 높아지기도 하고, 그 반대의 경우가 생길 수도 있다.

이는 무선 공유기에 장착된 두 개의 안테나에서 나온 전파가 공간으로 나아가는 모습과 똑같다. 어느 곳에서는 전파 신호의 세기가 더 세지기도 하는데, 그림 7.1처럼 두 신호가 만나는 곳이 그렇다. 이제 신호의 세기가 좀 더 큰 위치에 무선단말기를 놓으면 된다.

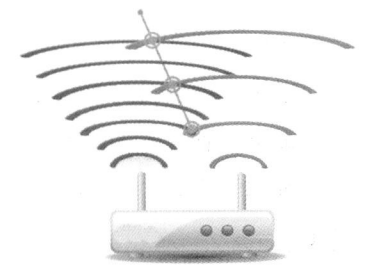

그림 7.1 빔 포밍

빔 포밍은 기기가 최적 지점을 찾는 과정이 아니라 기기가 있는 장소를 최적 지점으로 만드는 과정이다. 이를 위해 두 신호가 만나서 신호의 세기가 최적이 되는 지점의 위치를 무선 공유기가 자동으로 바꿀 수 있다. 이는 안테나로부터 송출되는 신호의 위상을 바꿔주는 것으로 가능하다. 즉, 두 개의 송신 안테나 중 하나에 약간의 지연 타임을 주는 것인데, 이를 위상 변이 (Phase Shift)라고 한다. 미세한 신호 송출의 차이를 통해 두 안테나가 서로 겹쳐지는 지점을 이동시키는 것이다.

그다음으로 무선공유기와 기기 간의 통신이 중요하다. 무선 공유기가 신호의 위상을 바꾸는 동안 기기는 자신이 수신하는 신호의 세기를 감시하면서 그 결과를 무선 공유기에게 피드백해야 한다. 무선 공유기는 이 같은 시행착오 과정을 거치면서 기기가 최적의 신호를 받을 수 있도록 빔 포밍을 형성한다.

유선 통신 기술의 통합화

앞에서 유선통신기술이 저전압 차분 신호전송 방식으로 통합되는 과정을 살펴봤다. 오늘날에는 이 방식을 사용하지 않는 유선 통신방식을 찾는 것이 어려울 정도다. 제조단가를 낮춰 제품의 가격을 낮추면서도 고속 데이터 전송이 가능했기 때문에 당연한 결과다.

전송 방식의 통합화 다음으로 유선통신기술에서 가장 눈에 띄는 통합화는 커넥터와 케이블 영역에서 이뤄지고 있다. USB는 일반 데이터 전송을 위한 커넥터와 케이블, HDMI는 오디오 비디오 전송을 위한 커넥터와 케이블의 통합화를 이끌고 있다.

USB-C로 커넥터 단일화

오늘날 대부분 전자 기기의 유선 연결은 USB라고 해도 과언은 아니다. USB는 마우스와 키보드에 적용되면서 서서히 우리 곁으로 다가왔다. 프린터 케이블을 대체했고, 외장 하드디스크를 연결했고, 웹캠을 연결했다. 이미 인터넷이 우리 생활 깊숙이 침투해 있었을 때조차도 데이터 공유를 위해 USB 메모리 스틱은 항상 갖고 다니는 필수품의 반열에 오르기도 했다.

USB는 모바일 기기에 적용되면서 확고부동한 위치를 차지했다. 휴대폰을 비롯한 모바일 기기는 작은 크기를 유지하기 위해 제품에 다수의 커넥터를 배치할 수 없었다. 가능한 한 최소 숫자의 커넥터로 충전, 데이터 전송, 이어폰 잭을 구현해야 했다. 때마침 소개된 USB의 마이크로 B 타입 커넥터는 모바일 기기 제조업체들의 필요를 충족시켰다. 이 커넥터는 휴대폰의 충전과 함께 데이터 전송 케이블의 커넥터 역할을 했다[1]. 휴대폰 외에도 디지털 카메라, 휴대폰 동영상 재생기 등 여러 모바일 기기들이 USB 마이크로 B 타입 커넥터를 사용했다.

그림 7.2 USB 커넥터(마이크로 B 타입과 C 타입)

최근에 소개된 C 타입 커넥터는 다시 한번 세상을 바꾸고 있다. 이 커넥터는 주변의 기대를 한 몸에 받고 있으며, B 타입과는 달리 USB-C라는 입에 딱 붙는 공식적인 이름도 부여받았다. 이미 오늘날 출시되는 대부분의 스마트폰은 USB-C 포트를 장착하고 있다. 스마트폰은 USB-C를 통해 충전할뿐만 아니라 다른 기기와 데이터를 주고받을 수 있다.

USB-C는 스마트폰뿐만 아니라 노트북에도 장착되고 있다. 대부분의 외부기기는 USB를 통해 연결하기 때문에 요즘 출시되는 대부분의 노트북은 1~2개의 USB-C 포트를 가지고 있다. 특히 USB-C는 기존의 A타입의 USB 커넥터들에 비해 1/3 정도로 크기가 작기 때문에 초슬림 노트북에는 기본으로 탑재되는 추세다. 얇아진 두께 때문에 USB-C만 쓰는 노트북도 점차 확대되고 있다. 텔레비전에도 USB-C가 사용될 것이고, 자동차에서도 조만간 USB-C 단자를 보게 될 것이다.

---

1 애플의 아이폰은 라이트닝(Lighting)이라는 별도 규격의 커넥터를 사용한다. 이 커넥터를 통해 충전과 데이터 전송, 그리고 이어폰 잭의 기능을 제공한다.

한편, USB-C는 더 이상 USB 케이블을 위한 전용 커넥터가 아니다. 오디오 비디오 전송을 위한 케이블들이 커넥터로서 USB-C를 지원하고 나섰다. 오늘날 사용되는 대표적인 영상 케이블인 HDMI와 디스플레이 포트는 각자의 전용 커넥터가 있다. 그러나 USB-C가 많이 보급될 것이 예상됨에 따라 이를 지원하게 된 것이다[2]. 따라서 컴퓨터에 HDMI 출력 포트가 없어도 되며, USB-C 포트만 있으면 된다. USB-C 커넥터를 갖는 HDMI 케이블을 사용해 모니터, 혹은 텔레비전에 연결된다. 잠시 후에 살펴볼 썬더볼트도 마찬가지다. 전용 포트가 없기는 했지만 버전 3부터 USB-C를 사용하기로 결정했다.

하나의 케이블로 여러 종류의 데이터를, 썬더볼트

USB는 과거 다양한 형태의 커넥터와 케이블을 하나로 통일시켰다. 모든 기기들은 USB 물리 계층을 구현한 집적회로와 커넥터를 장착해서 외부와 통신할 수 있다. 덕분에 컴퓨터 입장에서는 단순한 구조로 다양한 기기들과 연결이 가능해졌다.

그렇다고 해서 USB가 천하통일을 이룩한 것은 아니다. HDMI와 디스플레이 포트가 USB-C를 지원하지만 대부분의 경우 비디오 출력을 위한 전용 커넥터와 케이블을 사용한다. 컴퓨터의 확장 버스 시스템인 PCI 익스프레스는 컴퓨터 내부에서 폭넓게 사용되고 있으며, 외부 연결이 필요할 때는 전용 커넥터와 케이블을 사용한다. 하드디스크를 컴퓨터의 메인보드에 연결하는 직렬 ATA도 독자적인 규격을 갖고 건재하다. 이더넷 커넥터와 케이블도 빠뜨릴 수 없다.

---

[2] HDMI와 디스플레이 포트가 USB-C를 사용할 수 있게 된 이유는 USB-C가 충분히 많은 단자를 제공하기 때문이다. 과거 9~10개 불과했던 USB 단자는 USB-C가 되면서 24개로 늘어났다. USB 장치로 사용될 때는 상단의 12단자, 혹은 하단의 12단자만 사용하는데, HDMI 혹은 디스플레이 포트의 커넥터로 사용될 때는 상단과 하단의 단자를 모두 사용하게 된다. 이런 경우를 HDMI 대체 모드 또는 디스플레이 대체 모드라고 한다.

썬더볼트는 USB의 정신을 이어받아 더욱 많은 데이터 전송 방식들을 통합하기 위해 만들어졌다. USB가 이미 상당한 영역을 점령했기 때문에 나머지 영역만 포함시키면 됐다. 이더넷, 직렬 ATA와 같이 통합이 불가능한 방식들은 제외하고, USB, PCI 익스프레스, 디스플레이 포트, HDMI를 통합하고자 했다.

썬더볼트는 인텔에서 탄생했다. 인텔은 USB와 PCI 익스프레스를 개발한 경험이 있었다. 여기에 USB 대중화에 앞장섰던 애플이 다시 한번 참여했다. USB를 적용한 첫 노트북을 출시했던 것처럼 애플은 2011년 맥북 프로에 처음 썬더볼트를 장착했다. 당시 커넥터는 애플이 개발한 미니 디스플레이포트를 사용했다.

혁신적인 개념이지만 아직 썬더볼트는 시장에서 존재감이 크지 않다. 이유는 여러 가지가 있다. 썬더볼트 기술은 인텔의 독점적인 사양이며, 외부에 공개되지 않았다. 물론 비용을 지불하고 사용할 수도 있었지만 컴퓨터 제조업체들은 썬더볼트에 대해 확신이 없었다. 게다가 여러 가지 통신 프로토콜을 지원해야 했기에 구현 비용이 적지 않았다. 무엇보다 USB가 빠르게 기술 발전이 이뤄지면서 USB로 충분하다는 인식이 있었다. 이후 인텔은 시장 확대를 위해 썬더볼트의 사양을 공개하고, USB와의 호환을 위해 USB-C를 사용하는 새로운 규격을 발표했다.

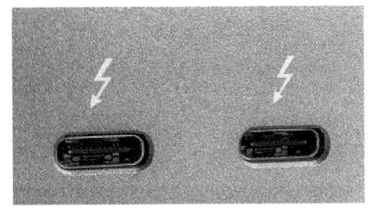

그림 7.3 썬더볼트 3 인터페이스[3]

썬더볼트의 혁신적인 개념의 밑바탕에는 패킷 전송이라는 공통된 데이터 전송 방식이 있다. 그것이 바로 서로 다른 프로토콜들이 같은 전송 채널을 사용할 수 있는 이유다. USB 패킷, PCI 익스프레스 패킷, 디스플레이 포

---

3 https://commons.wikimedia.org/wiki/File:Thunderbolt_3_interface_USB-C_ports.jpg

트 패킷이 뒤섞여서 하나의 케이블로 이동할 수 있다. 이 통신 방식들이 패킷을 사용하는 이유는 패킷 전송 방식이 효율적이고 상황에 유연하기 때문이다. 많은 통신 방식들이 패킷을 사용하는 이유와 방법에 대해서는 앞 장에서 살펴봤다.

오늘날 오디오 비디오 케이블의 대부분이 HDMI이기 때문에 썬더볼트는 HDMI를 품기 위해 고민했다. 그러나 HDMI는 다른 프로토콜들과 달리 패킷을 사용하지 않는다. 따라서 HDMI가 썬더볼트에 우아하게 녹아들기는 쉽지 않다. 현재 썬더볼트 칩셋은 HDMI를 지원하지만 다른 프로토콜들과는 분리된 채널을 사용한다.

한편, 썬더볼트는 고속의 데이터 전송 속도를 자랑한다. 데이터 전송 속도는 USB 3.0보다 8배 빠르며, HDMI 1.4보다 4배 빠른 초당 40기가비트다. 다만 모든 데이터가 클라우드를 통해 공유되는 세상이라 기기 간 데이터 전송 속도가 그다지 중요하지 않게 된 점은 아쉽다. 그리고 USB가 느리다고 불편해하는 사람이 없는 것도 썬더볼트 입장에서는 아쉽다.

한 종류의 케이블로 다양한 프로토콜의 데이터를 전송하려는 시도는 썬더볼트 외에도 있다. 예를 들면 근거리 통신망에 사용되는 유선 케이블로 HDMI 신호를 보내는 HDBaseT가 있다. 그러나 아직 통합 케이블을 우리 주변에서 자주 보기 위해서는 좀 더 기다려야 할 것 같다.

프로토콜의 통합화

정보시스템 분야에서의 HTTP

필자는 대학을 졸업하자마자 시스템 통합 회사에 입사했고 그곳에서 다양한 프로그래밍 교육을 받았다. 그때 배웠던 기술 중 하나가 HTML 문서 작성법이었다. 만들어진 HTML 문서에는 버튼이나 입력박스 등이 구현돼 있어서 사용자의 인터랙티브한 사용이 가능했다. 그 후 10여 년이 지난 뒤 모든 정보시스템의 기본적인 사용자 인터페이스가 됐으나 당시에는 이런 툴을 어디에 쓸까 의심하던 시절이었다.

신입사원 교육을 마치고 실제 프로젝트에 투입되어 사용한 개발 툴은 델파이라는 제품이었다. 이 제품은 정보시스템 구축에 필요한 화면 구성이나 데이터베이스 구축을 지원했다. 마치 오늘날의 안드로이드 스튜디오나 비주얼 스튜디오 혹은 이클립스 같은 개발 툴이다. 이 툴들을 이용하면 화면에서 많이 사용되는 버튼, 입력박스, 리스트박스, 체크박스 등을 매우 쉽게 제작할 수 있었다. 개발자들의 주된 업무는 화면을 구성하고 사용자 이벤트가 발생하면 동작해야 하는 기능을 C 또는 자바 같은 프로그래밍 언어로 작성하는 것이었다. 예를 들어, 사용자가 버튼을 누르면 첫 번째 입력박스에 있는 값과 두 번째 입력박스에 있는 값을 더하는 기능을 구현하는 것이다.

이렇게 작성된 프로그램은 개인용 컴퓨터에 설치됐다. 이 프로그램은 사용자의 입력값을 받아 서버로 전송했다. 예를 들어, 대학교의 수강 신청 프로그램의 경우, 학생들이 개인용 컴퓨터에서 작성한 수강 신청 내용을 서버로 전송해서 서버에 저장하게 된다. 서버에는 데이터베이스 관리 시스템이 설치돼 있어서 데이터의 저장과 검색을 지원했다. 학생들이 수강 신청할 수 있는 과목들을 조회하고 싶을 때는 프로그램이 서버에 접속해서 과목 리스트를 받아와 화면에 보여줬다.

개인용 컴퓨터와 서버의 연결을 위해 하드웨어 프로토콜은 이더넷을 사용하고 네트워크 및 전송 제어 프로토콜은 TCP/IP를 사용했다. 그러나 수강 신청 용도의 애플리케이션 프로토콜은 존재하지 않았다. 이런 경우에는 전용 프로토콜을 만들게 된다. 전용 프로토콜이란 개별 프로젝트를 위해 개발자들이 내부적으로 논의해서 작성하는 것을 말한다. 이러한 전용 프로토콜은 애플리케이션의 기능이 추가되거나 변경되면 함께 수정해야 한다.

이러한 구조는 당시로는 최고의 선택이었다. 그러나 이러한 구조에서는 시스템의 업데이트가 복잡하다는 문제점이 있었다. 새로운 기능이 추가되거나 변경되면 개인용 컴퓨터에 설치된 소프트웨어를 전부 업데이트해야 한다. 누군가 사무실마다 돌아다니며 업데이트 작업을 해야 하거나 컴퓨터마다 일일이 원격으로 접속해서 업데이트 작업을 진행해야 했다.

이에 비해 웹을 이용하는 정보시스템의 경우에는 모든 변경사항이 서버에서 이뤄지기 때문에 클라이언트 업데이트와 관련된 문제가 없었다. 화면에 출력해야 하는 정보가 추가되거나 입력받아야 하는 정보가 추가되는 경우라면 서버에서 동작하는 웹 애플리케이션의 코드만 수정하면 그만이었다. 그러면 즉시 변경된 사용자 인터페이스 화면이 제공됐다. 일일이 개인용 컴퓨터에서 업데이트 작업을 할 필요가 없어졌다.

이 같은 웹 기반 정보시스템이 가능해진 것은 HTTP의 덕분이다. 단순히 HTML 문서만 전송하던 초기 버전에서 발전해서 양방향으로 데이터를 전송할 수 있게 됐기 때문이다. 또한 웹 브라우저들의 발전으로 다양한 사용자 인터페이스를 구현할 수 있게 된 점도 있다.

HTTP의 탄생과 발전

팀 버너스 리[4]에 의해 HTTP가 처음 소개됐을 때 HTTP로 할 수 있는 일은 서버에 있는 특정한 파일을 요청하는 것뿐이었다. 그것도 확장자가 .html로 끝나는 파일 정도였다. 매우 간단한 형태였지만 반응은 뜨거웠다. 너도나도 인터넷에 웹 문서를 올리기 시작했다. 특히 기업 입장에서는 극히 적은 비용으로도 전 세계를 대상으로 광고 또는 홍보를 할 수 있었으므로 회사 홍보 웹 사이트 구축이 줄을 이었다. 너무 많은 기업들이 웹 사이트를 만들자 야

---

4 1989년에 "World Wide Web"을 제안했다. 최초의 웹 사이트를 제작했다.

후 같은 포털 사이트가 등장해서 우후죽순처럼 생겨난 웹 사이트들을 일목요연하게 정리해 주는 디렉터리 서비스를 시작했다.

월드 와이드 웹의 인기와 함께 HTTP의 사용이 빈번해지자 HTTP를 좀 더 다양한 목적으로 사용하기 위한 기능들이 추가됐다. 무엇보다 중요한 개선으로 클라이언트가 서버로 데이터나 파일을 전송할 수 있게 됐다. 양방향 HTTP가 가능해진 것이다. 이 업그레이드는 HTTP를 많은 영역에서 사용되게 했다.

양방향 HTTP는 인터넷 커뮤니티의 생성에 크게 기여했다. 단방향 HTTP의 경우에는 웹 문서를 만들 수 있는 개인이나 조직에 의해서만 인터넷 콘텐츠가 제공될 수 있었다. 그러나 양방향 HTTP가 가능해지자 누구나 자신의 글을 인터넷에 업로드할 수 있게 됐다. 초기에는 게시판을 통해 소소한 일상을 공유하는 수준이었으나 점차 위키피디아, 페이스북과 같은 특정한 목적을 갖는 웹사이트들도 생겨났다.

나아가 텍스트 위주의 정보 공유에서 벗어나 멀티미디어 콘텐츠를 공유할 수 있게 지원하는 사이트들이 등장했다. 특히, 디지털 카메라가 보급되면서 자신이 촬영한 사진이나 동영상을 인터넷에 공유하고자 하는 요구가 생겨났다. 한동안은 인터넷 커뮤니티를 통해 사진과 동영상을 공유했는데, 얼마 후 사진이나 동영상만을 전문적으로 공유하는 사이트들이 생겨났다. 2005년 서비스를 시작한 유튜브도 그중 하나였다.

HTTP 라이브 스트리밍

그동안 다양한 기술들이 우리의 삶을 변화시켰다. 그중에는 음악이나 동영상의 스트리밍 서비스 기술도 포함된다. 지금은 누구나 당연한 것으로 받아들이고 있지만 이런 변화는 불과 10년이 채 되지 않았다. 과거에 음악이나 동영상은 패키지 미디어로 구매되고 재생됐다. 패키지 미디어는 카세트 테이프나 CD, DVD 같은 광학 저장장치에 음악이나 동영상을 담아서 판매하는 방식이다. 좀 더 오래전에는 LP를 사용하기도 했다. 당시 이 같은 패키지 미디어를 통하지 않고, 음악이나 동영상을 감상하는 방법은 텔레비전이나 라디오를 통하는 방법이 유일했다.

소비자들은 패키지 미디어를 재생할 수 있는 별도의 기기를 구매해야 했다. 음악을 재생하기 위한 카세트테이프 재생기는 오랜 시간 사용돼 왔다. 그 기술의 절정은 소니의 워크맨이라고 할 수 있다[5]. 이와 함께 테이프보다 훌륭한 음질을 감상할 수 있는 콤팩트 디스크(CD)가 사용되기 시작했다. 이 역시 별도의 재생기가 필요했다. 한편으로 콤팩트 디스크는 컴퓨터에서 재생할 수 있었는데, 이는 향후 미디어 산업의 근간을 흔들어 놓은 중대한 사건이었다.

그림 7.4 영화 "가디언즈 오브 갤럭시(2014)"의 워크맨과 "건축학개론(2012)"속의 콤팩트 디스크와 턴테이블

콤팩트 디스크에는 디지털 정보가 저장돼 있다. 컴퓨터는 이 정보를 읽어 내서 아날로그 신호로 변환한 후 스피커로 내보낸다. 여기까지는 기술을 처음 만들었던 엔지니어들의 의도와 일치했다. 그런데 누군가 콤팩트 디스크에서 정보를 읽어 낸 다음 이를 파일로 저장해서 인터넷을 통해 공유할 수 있는 방법을 알아냈다. 소비자들은 더 이상 비싼 돈을 주고 콤팩트 디스크를 살 필요가 없어졌다. 과거에도 카세트테이프를 복사할 수 있었다. 하지만 테

5　최초 모델인 TPS-L2(1979년)은 가디언즈 오브 갤럭시에서 주인공이 애장하는 소품이다.

이프 복사본은 원본에 비해 음질이 좋지 않았다. 그러나 디지털의 경우에는 원본과 100% 동일한 음질이 보장됐다. 나아가 압축 기술이 발전해서 인터넷을 통해 파일을 공유하는 것이 훨씬 수월해졌다. 압축 기술이 적용돼도 음질에는 별반 차이가 없었다.

　패키지 미디어의 몰락이 시작됐다. 이는 음악에만 한정된 이야기는 아니었다. 영화도 초기에는 비디오테이프를 통해 배포됐으나 나중에는 DVD라는 광디스크를 통해 배포됐다. 소비자들은 DVD 재생기를 사용해 영화를 감상했다. 그러나 DVD도 컴퓨터에서 재생이 가능했기에 영화가 컴퓨터 하드디스크에 파일로 옮겨지는 것은 그리 어려운 일이 아니었다. CD의 사례를 목격한 콘텐츠 업계에서는 저작권 보호 기술을 DVD에 적용했지만 얼마 되지 않아서 해킹 당했다. 인터넷에는 DVD에서 추출한 영화들이 공유됐다. 그 이후에 소개된 새로운 광디스크인 블루레이도 마찬가지였다.

　인터넷의 다운로드 속도는 점점 더 빨라졌다. 셀룰러 이동통신의 데이터 전송 속도도 크게 향상됐다. 더 이상 패키지 미디어에 집착할 이유가 없어졌다. 콘텐츠 업체들은 인터넷을 통해 파일 형식의 미디어들을 판매하기 시작했다. 처음에는 저작권 보호 장치를 미디어 파일에 적용하는 바람에 소비자들로부터 사용하기 불편하다는 불만 제기가 있었다. 결국 콘텐츠 업체들은 이마저도 포기했다.

　이 시점에 스트리밍 업체들이 등장하기 시작했다. 초기에는 음악이나 영화를 다운로드하고, 모든 데이터가 받아지면 재생하는 방식이었다. 다운로드가 완료되지 않으면 영화를 볼 수가 없었다. 이는 소비자 입장에서는 답답한 노릇이었다. 서비스 업체들은 이를 조금씩 개선해 나갔고, 일정량이 다운로드되면 재생이 가능하게 했다. 마침내 실시간으로 재생이 가능하도록 기술이 발전했다. 대표적인 영화 스트리밍 업체가 넷플릭스다. 음악 스트리밍 업체로는 스포티파이 등 다수가 있으며, 국내에서도 여러 업체가 이러한 서

비스를 제공하고 있다. 이 서비스를 사용하기 위해 사용자들은 월정액을 지불한다.[6]

인터넷 스트리밍에도 당연히 HTTP가 사용된다. 특히 HTTP 라이브 스트리밍이라는 애플의 기술이 사용되고 있다. 처음부터 스트리밍을 위해 HTTP가 사용됐던 것은 아니나 결국에는 HTTP로 통합되는 모습을 보이고 있다.

HTTP의 버전 2: HTTP/2

HTTP는 요청(Request)과 응답(Response)으로 구성돼 있고, 클라이언트가 요청하면 서버가 응답하는 구조로 돼 있다. HTTP는 애플리케이션 계층의 프로토콜이다. OSI 7계층의 제일 꼭대기에 위치해 있다. 이 말의 의미는 서버와 클라이언트의 일차적인 연결은 그 아래 계층에 있는 프로토콜이 담당한다는 뜻이다. 아래 계층이란 전송 제어 프로토콜(TCP)을 의미한다.

따라서 클라이언트는 HTTP 통신을 시작하기 위해 전송제어 프로토콜에게 연결 요청을 한다. 전송제어 프로토콜은 앞 장에서 살펴본 것과 같이 3단계 설정 방법에 따라 연결을 만든다. 그리고 HTTP 통신을 마치면 전송 제어 프로토콜에게도 종료 요청을 한다.

초창기의 HTTP는 1~2개의 파일을 서버에서 클라이언트로 전송하기 위해 사용됐다. 예를 들어, 처음 접속하는 웹 서버의 경우에는 index.html이라는 웹 문서 한 개를 전송한다. 웹 브라우저는 그 파일 안에 들어 있는 내용을 보여준다. 만약 문서 내용 중에 이미지 파일이 있으면 서버에게 해당 파일의 전송을 요청한다. 서버에게 파일 전송을 요청할 때마다 HTTP는 전송 제어 프로토콜에게 요청해서 세션 연결을 만든다. 파일 전송이 끝나면

---

6 음악과 영화에 이어 게임도 인터넷 스트리밍으로 제공될 수 있다. 2018년에 구글이 스트리밍 게임 서비스인 "프로젝트 스트림"을 시범 운영했다. 게임 프로그램을 개인 컴퓨터에 설치할 필요가 없고, 크롬 브라우저를 이용하면 게임을 이용할 수 있다.

HTTP는 전송 제어 프로토콜 연결도 종료되게 한다. 더 이상 전송 제어 프로토콜 연결을 유지할 필요가 없기 때문이다.

파일이 1~2개일 때는 문제가 없었다. 그런데 시간이 지나면서 점점 HTML 문서는 복잡해지기 시작했다. HTML은 현재 버전 5.0까지 진화했다. 그사이에 새로운 규칙도 많이 생겨났다. 무엇보다 웹 문서의 콘텐츠가 다양해졌다. 이제는 텍스트만 있는 웹 문서는 찾아보기 힘들다. 웹 문서마다 아기자기한 아이콘 이미지들이 수두룩하다. 심지어 하나의 웹 문서에 100개가 넘는 이미지가 들어 있는 경우도 있다. 이 모든 리소스를 읽어 오기 위해서는 매번 새로운 연결을 만들어야 한다. 100개의 이미지가 있다면 100번의 새로운 연결과 종료가 필요하다.

서버의 전송 제어 프로토콜 연결은 나름의 준비 시간을 필요로 한다. 클라이언트가 연결 요청을 보내면 서버에서는 전송 제어 프로토콜 연결을 만들기 위한 일련의 절차가 진행된다. 먼저 클라이언트의 정보와 해당 연결 정보를 임시 저장한다. 그리고 메모리의 특정한 영역에 클라이언트로부터 데이터를 받을 수 있는 공간을 마련한다. 간혹 서버는 다른 전송 제어 프로토콜 연결 요청을 처리하기 위해 자신과 동일한 프로세스를 하나 더 만들기도 한다. 클라이언트로 데이터가 전송되어 오면, 이를 준비한 메모리 영역으로 복사한다. 그다음으로 데이터의 내용을 분석해서 요청사항을 파악하고 회신 내용을 준비한다.

클라이언트로부터 연결 종료 요청이 오면 메모리를 반납한다. 이러한 준비와 정리 과정은 클라이언트로부터 전송 제어 프로토콜 연결 요청이 있을 때마다 발생한다. 10번의 파일 전송이 필요하다면 이 과정이 10번 일어난다.

여러 개의 리소스 전송을 위해 매번 새로 연결을 만들고 연결을 종료해야 하는 낭비를 해결하기 위해 HTTP/1.1에서는 동시에 여러 개의 연결을 만들 수 있게 했다. 일반적으로 6개의 연결을 만든다. 즉, 6개의 전송 제어 프로토콜 연결이 동시에 만들어진다. HTTP는 6개의 전송 제어 프로토콜 연결을 이용해 서버에게 파일을 요청한다. 10개의 파일을 받아야 하는 경우라면 2번의 작업으로 완료할 수 있다.

그러나 전송 제어 프로토콜 연결 6개를 만든다는 것은 서버에게도 클라이언트에게도 많은 컴퓨팅 리소스를 요구한다. 오히려 서버의 성능을 떨어뜨릴 우려도 있다. 그래서 개선된 HTTP/1.1에서는 하나의 전송 제어 프로토콜 연결로 여러 개의 HTTP 요청을 할 수 있게 규정했다. 전송 제어 프로토콜 연결이 이뤄지면 HTTP를 통해 10개의 파일 요청을 한꺼번에 하는 것이다. 이를 파이프라인 방식이라고 한다. 그런데 이 방식에도 치명적인 문제가 있었다. 만약 첫 번째 파일 요청에 대한 응답이 서버에서 준비되지 못하면 나머지 9개의 요청은 잡혀 있는 상태가 된다[7]. 항상 답변은 요청된 순서대로 전송돼야 하기 때문이다.

HTTP/2.0에서는 멀티플렉싱이라는 방법으로 이를 해결했다. 하나의 전송 제어 프로토콜 연결을 통해 여러 개의 HTTP 요청을 보내는 것은 HTTP/1.1의 파이프라인 방식과 동일하다. 그러나 멀티플렉싱에서는 순서에 대한 제약이 없다. 서버는 응답이 준비된 요청에 대해 먼저 답변을 전송한다.

---

7   이를 head of line blocking이라고 한다.

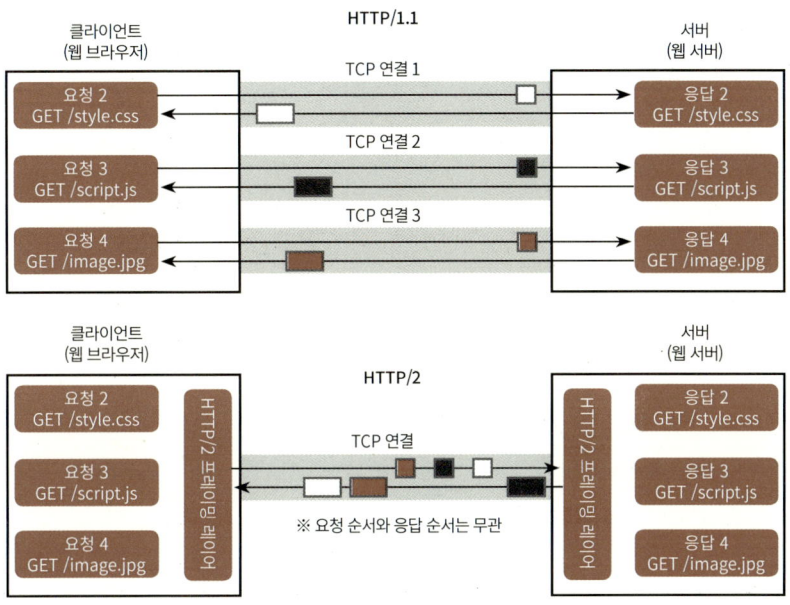

그림 7.5 HTTP/2의 동작

HTTPS와 공인인증서

인터넷은 패킷 기반으로 메시지를 전송한다. 따라서 패킷을 잡아낼 수 있으면 패킷에 들어 있는 내용도 알아낼 수 있다. 암호화돼 있지 않은 경우에 말이다. 패킷 안에는 은행 계좌번호가 들어 있을 수도 있고, 비밀번호가 들어 있을 수도 있다. 실제로 국가 안보 기관에서는 필요한 경우 인터넷 패킷들의 내용을 들여다 볼 수 있다.

인터넷에서 가장 많이 사용되는 프로토콜인 HTTP는 텍스트 기반으로 구성돼 있다. 클라이언트가 서버에 보내는 요청과 서버가 클라이언트에 회신하는 응답은 사람들도 읽을 수 있는 텍스트로 돼 있다. 텍스트로 돼 있다는 말의 의미는 HTTP를 통해 전송되는 내용을 컴퓨터의 메모장 프로그램에서도 열어 볼 수 있다는 의미다. 특히 서버에서 클라이언트로 보내지는 파일은 기본적으로 HTML 문서다. 이 문서를 메모장에서 열어 보면 태그와 콘텐츠로 구성돼 있다. 웹 브라우저에서 열면 태그 정보는 서식으로 변환되어 콘텐츠를 표현한다.

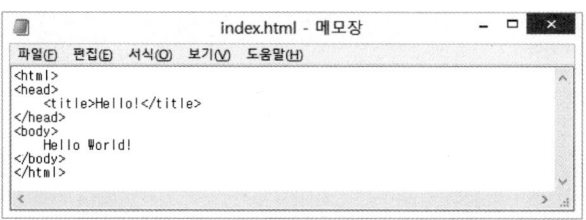

그림 7.6 HTML 문서 들여다 보기

인터넷 및 HTTP의 정신이 공개와 공유였기 때문에 콘텐츠가 들여다 보이는 것은 문제가 되지 않았다. 그런데 인터넷이 발전하면서 다양한 애플리케이션들이 개발됐다. 그중에는 클라이언트(웹 브라우저)가 개인의 귀중한 정보를 암호화해서 서버로 전송해야 하는 경우도 있었고, 서버도 인증된 클라이언트에게만 암호화된 정보를 전송해야 하는 경우가 생겨났다. 대표적 사례가 인터넷 쇼핑몰 애플리케이션에서 사용되는 결제 시스템이다. 이를 해결하기 위해 안전한 HTTP인 HTTPS가 생겨났다.

HTTPS는 널리 사용되는 암호화 방식에 바탕을 두고 있다. 공개키 방식[8]이라고 불리는 이 방식은 블록 체인에도 사용된다. 단어에서 짐작할 수 있듯이 공개키는 비공개키, 또는 개인키와 쌍을 이룬다. 기본적인 원리는 개인키로 암호화하고, 공개키로 암호를 푸는 것이다. 개인키와 공개키의 기준은 키를 만든 주체가 키를 갖고 있느냐, 아니면 네트워크상에 있는 다른 객체가 갖고 있느냐의 차이다. 키를 만든 주체가 갖고 있으면 개인키이고, 그렇지

---

8 PKI(Public Key Infrastructure)

않고 다른 객체가 갖고 있으면 공개키다. 키를 만드는 주체는 개인키와 공개키를 생성한 후, 공개키는 네트워크를 통해 통신을 하고자 하는 다른 컴퓨터로 전송한다. 키를 생성할 때는 키를 생성하는 전용 프로그램을 사용한다. 키란 일련의 데이터 배열이다. 다음은 SSH 공개키다.

> ssh-rsa AAAAB3NzaC1yc2EAAAABIwAAAQEAklOUpkDHrfHY17SbrmTlpNLTGK9Tjom/
> BWDSUGPI+nafzlHDTYW7hdl4yZ5ew18JH4JW9jbhUFrviQzM7xlELEVf4h9lFX5QVkbPp
> pSwg0cda3Pbv7kOdJ/MTyBlWXFCR+HAo3FXRitBqxiX1nKhXpHAZsMciLq8V6RjsNAQw
> dsdMFvSlVK/7XAt3FaoJoAsncM1Q9x5+3V0Ww68/elFmb1zuUFljQJKprrX88XypNDvjYN
> by6vw/Pb0rwert/EnmZ+AW4OZPnTPl89ZPmVMLuayrD2cE86Z/il8b+gw3r3+1nKatmlkjn
> 2so1d01QraTlMqVSsbxNrRFi9wrf+M7Q== prnbada@abc.local

HTTPS의 경우 키를 생성하는 주체는 웹 서버. 웹 서버는 개인키와 공개키를 생성하고, 공개키를 웹 클라이언트에게 전송한다. 그러면 웹 클라이언트, 즉 웹 브라우저는 사용자의 입력 및 요청 정보를 공개키로 암호화해서 서버로 전송한다. 웹 서버는 갖고 있는 개인키로 암호를 풀게 된다. 웹 서버가 웹 클라이언트에게 공개키를 전송할 때는 인증서 발급이라는 형식으로 이뤄진다. HTTPS로 통신을 시작하면 사용자가 알지 못하는 사이에 공개키가 담긴 인증서가 웹 서버에서 웹 클라이언트로 전달된다.

HTTPS에서 사용되는 공개키는 일시적이다. 연결이 끊어지면 해당 공개키는 무효가 된다. 다음 연결 때 다시 공개키를 발급받아야 한다. 어차피 자동으로 이뤄지는 과정이므로 사용자는 신경을 쓸 필요가 없다. 그리고 공개키는 매번 바뀌므로 공개키를 갖고 있는 주체가 누구인지는 중요하지 않다.

그러나 금융거래의 경우에는 공개키의 주인이 누구인지 확인해야 한다. 공개키의 허락된 주인만 공개키를 사용할 수 있게 해야 한다. 이 경우에는 공개키가 바뀌지 않는다. 한번 발급받으면 해당 공개키를 계속 갖고 있어야 한다.

공인인증서가 이와 같은 구조다. 공인인증서는 다름 아닌 공개키다. 물론 공개키 외에도 다양한 정보가 들어 있다. 공인인증서는 그것을 사용하고자 하는 사람을 인증할 수 있다. 그리고 통신에 필요한 모든 내용이 공인인증서 안에 들어 있는 공개키로 암호화된다. 다시 한번 설명하자면 공개키와 개인키의 구분 기준은 키를 생성한 주체가 누구냐다. 공인인증서를 발급받을 때 키를 생성하는 주체는 공인인증서를 발급하는 서버다. 따라서 발급 서버가 개인키를 갖는 것이고, 공인인증서를 발급받는 개인들은 공개키를 갖는 것이다. 개인이라서 개인키를 갖는 것은 아니다. 오히려 개인은 공개키를 갖는다.

대부분의 경우 일반 사용자들은 서버로부터 생성된 공개키를 받지만 개발자들의 경우에는 개인키를 갖는 경우가 있다. 개발을 목적으로 서버(예: git 서버)에서 소스코드를 받거나, 소스코드를 업로드해야 하는 경우가 있다. 이 경우, 개발자들은 공개키 생성 소프트웨어를 사용해 스스로 개인키와 공개키를 생성한 다음, 공개키를 서버에 등록한다. 공개키는 파일 안에 텍스트 형태로 들어 있다. 파일을 열어서 텍스트를 복사해서 서버에 붙여 넣기만 하면 된다.

컴퓨팅 아키텍처의 통합화

클라우드 앞의 넷 하드(NAS)

CD, DVD를 위한 광학 저장 장치는 LG전자의 효자 품목이었다. 모든 컴퓨터에 기본적으로 장착됐기 때문에 그 수요는 엄청났다. 또한 음악이나 영화를 담고 있는 CD, DVD를 재생하기 위한 전용 제품, 예를 들어 홈씨어터 같은 제품들도 필요했기 때문에 관련 제품으로 인한 매출은 상당했다. 그러나 차세대 광디스크인 블루레이가 소개된 이후로는 더 이상 시장의 성장을 기대하기 어려워졌다. 블루레이를 제대로 감상하기 위한 환경적인 요소들, 즉 콘텐츠나 풀HD 텔레비전의 보급 등이 제대로 따라주지 못한 이유도 있었지만 무엇보다 네트워크 속도의 개선으로 점차 패키지 미디어가 온라인으로 대체돼 가는 모습을 보여주고 있었기 때문이다.

필자가 블루레이 제품을 개발할 당시는 미디어 보급 방식이 변해가던 과도기였다. 소비자들이 온라인에서 비용을 지불하고 음악, 영화 파일을 내려받아 재생할 것으로 예상됐다. 이미 음악의 경우에는 확연히 그러한 모습을 보여주고 있었다. 애플이 주도한 음악 배포 방식의 변화였다. 월정액만 지불하면 무제한으로 MP3 파일을 내려받을 수 있었다. 처음에는 저작권 보호 기술이 적용됐으나 나중에는 다른 기기로 복사하는 데 아무런 제약이 없었다. 영화도 그러한 방식으로 진행될 것으로 예상됐고, 일부 콘텐츠 공급업체들은 다운로드 서비스를 준비하고 있었다.

한편, 아날로그 방송의 종료와 함께 디지털 방송의 시작으로 개인이 쉽게 지상파 방송을 파일 형태로 저장할 수 있을 것으로 예상됐다. 또한 디지털 카메라의 보급으로 개인들이 생성하는 디지털 파일들도 넘쳐나고 있었다. 이 모든 현상을 종합해 볼 때, 가정마다 디지털 파일들을 저장, 보관, 공유할 수 있는 제품이 필요하게 될 것으로 예상됐다. 그런 이유로 LG전자는 넷 하드라는 제품을 개발했다. NAS[9]라고도 불리는 이 제품은 이미 시장에서 여러 종류가 소개돼 있었다. LG전자는 일반 소비자에게 어려워 보이는 NAS라는 이름 대신 넷 하드라는 이름을 발굴해 냈다.

넷 하드에 저장된 멀티미디어 콘텐츠는 가정 내 네트워크를 이용해 다양한 기기에게 서비스됐다. 컴퓨터, 스마트 텔레비전, 스마트폰에서 콘텐츠를 재생할 수 있었다. 넷 하드의 사용은 가정 내로 한정되지 않았다. 집 밖에서도 언제 어디서나 넷 하드에 접속해서 콘텐츠를 업로드하거나 다운로드할 수 있었다.

---

9   NAS(Network Attached Storage)

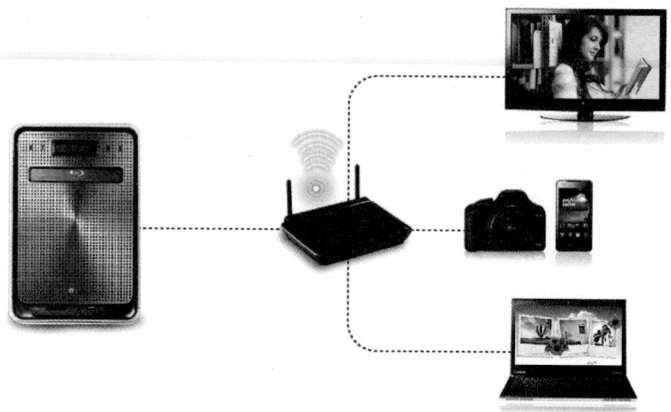

그림 7.7 넷 하드의 네트워크 구성

　가정용 네트워크 저장 장치에 대한 아이디어는 LG전자와 같은 기기 제조 업체만 갖고 있었던 것은 아니었다. 독일의 통신업체인 도이치 텔레콤에서는 넷 하드를 가정마다 대여하고 월정액을 받는 서비스를 구상하고 있었다. 우연히 두 회사의 요구사항이 잘 맞아떨어졌고, 협업 프로젝트가 시작됐다. 당시 필자는 이 프로젝트의 처음부터 함께했다. 이 성공에 고무되어, 필자와 함께 영업팀은 도이치 텔레콤과 유사한 프로젝트를 성사시키기 위해 세계 각국의 통신업체들을 찾아다녔다. 그리고 두 번째이자 마지막으로 사우디아라비아의 통신업체인 에티살랏과도 협업하게 됐다.

　그러나 이미 세상은 클라우드의 문턱까지 가 있었다. 2011년이 되자 통신업체, 인터넷 포털업체들이 온라인 저장 공간을 무료로 나누어 주고 있었다. 처음에는 2~5기가바이트였으나 저장 용량은 계속해서 커졌다. 심지어 넷 하드를 대여하는 사업을 구상했던 도이치 텔레콤조차도 사업 방향을 틀고 무료로 온라인 저장 공간을 고객들에게 제공했다.

　한편 넷 하드는 클라우드라는 거대한 경쟁자뿐만 아니라 콘텐츠의 다운로드가 아니라 콘텐츠의 스트리밍이라는 시장 변화 앞에서 고전할 수밖에 없었다. 심지어 디지털 카메라조차도 서서히 자취를 감췄을 뿐만 아니라 스마트폰으로 촬영된 개인용 사진들은 SNS를 통해 보관되고 공유됐다.

인터넷의 한계를 극복하다

넷 하드를 개발하면서 가장 어려웠던 점은 넷 하드의 인터넷 연결이었다. 정확하게 말하자면 인터넷을 통해 외부에서 집 안의 넷 하드에 접속하기였다. 집 안에서의 넷 하드 접속은 문제가 없었다. 그러나 넷 하드의 사용자가 외부에 있는 경우 가정 내 공유기 내부에 있는 넷 하드에 접속하기가 쉽지 않았다. 이 경우 넷 하드는 공인 인터넷 주소를 갖지 못하고 공유기가 할당한 사설 인터넷 주소를 갖기 때문이다.

앞 장에서 살펴본 것처럼 인터넷은 공인 인터넷 주소를 기반으로 동작한다. 공인 인터넷 주소는 인터넷상에서 유일하기 때문에 전 세계 어디에 위치하든 찾아갈 수 있다. 그러나 사설 인터넷 주소는 임의로 할당되는 주소이므로 전 세계에 수없이 많이 존재한다. 이 주소로는 목적지 컴퓨터를 찾아갈 수 없다.

사설 인터넷 주소를 갖는 컴퓨터나 넷 하드에 접속하는 방법에는 여러 가지가 있다. 대표적인 방법은 가정용 공유기 설정을 변경하는 방법이다. 포트 포워딩이라는 기법으로, 외부에서 공유기의 특정한 포트 번호로 접속하면 그 요청을 내부에 있는 넷 하드에 전달하는 방식이다. 이때 공유기는 공인 인터넷 주소를 갖고 있어야 한다.

다음 그림의 라우터는 외부에서 1001번 포트로 연결 요청이 들어오면 내부 넷 하드의 80번 포트로 연결해 주는 설정과 22번 포트로 연결 요청이 들어 오면 넷 하드의 22번 포트로 연결해 주는 설정이 있다. 80번 포트는 넷 하드의 웹 서버 연결이다. 22번 포트는 SSH 접속 요청이다.

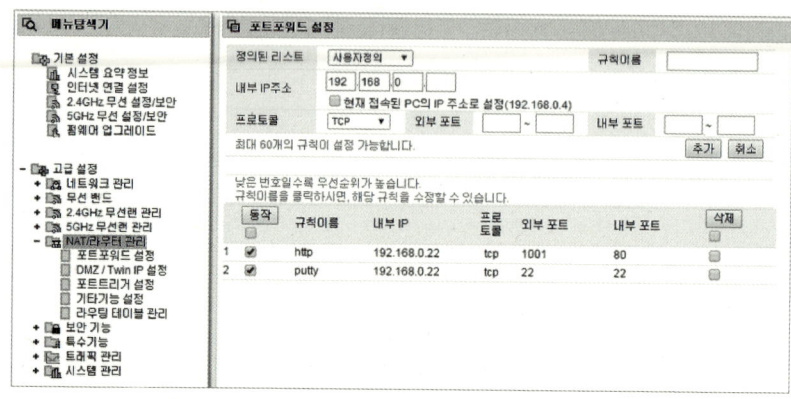

그림 7.8 공유기의 포트 포워드 구성

　이는 넷 하드뿐만 아니라 홈 모니터링 카메라도 마찬가지다. 홈 모니터링 카메라도 위와 같은 공유기 설정 작업을 해야만 외부에서 접근할 수 있다. 홈 IoT 기기들도 모두 마찬가지다.

　클라우드에는 이러한 치명적인 단점이 없다. 클라우드는 당연히 공인 인터넷 주소를 갖는다. 누구나 언제 어디서든 접근할 수 있다. 홈 모니터링 카메라나 홈 IoT 기기들도 클라우드를 활용해 외부에서 접속할 수 있다. 사용자들은 집 안에 있는 제품에 접속하는 것이 아니라 클라우드로 접속한다. 홈 기기들과 클라우드는 실시간으로 동기화돼 있다. 홈 모니터링 카메라는 촬영된 영상을 클라우드로 보낸다. 그러면 사용자는 클라우드에 접속해서 영상을 보게 된다. 홈 IoT기기들도 마찬가지다. 홈 IoT기기들의 상태 정보는 클라우드로 실시간으로 보내진다. 그리고 사용자가 클라우드에 접속해서 전송한 명령어는 클라우드를 통해 홈 IoT기기에 전송된다.

　넷 하드도 클라우드와의 연동 기능을 구현하고자 했다. 일부 넷 하드의 저장공간을 클라우드상의 저장공간과 동기화시키는 방법이었다. 사용자는 일부이기는 하나 언제 어디서나 데이터에 접근할 수 있었다.

단, 클라우드를 사용하기 위해서는 비용을 지불해야 한다. 가정용 공유기의 설정만 변경해서 외부에서 접속하는 경우에는 추가 비용이 들지 않지만 클라우드를 사용하려면 추가 비용이 든다. 따라서 클라우드를 이용하는 홈 모니터링 카메라나 홈 IoT 기기들은 통신업체에서 서비스한다. 통신업체들은 클라우드를 소유하고 있고, 월정액 기반으로 서비스를 제공할 수 있기 때문이다. 비용 문제로 인해 일반업체 중에는 클라우드 서비스를 활용하는 홈 모니터링 카메라나 홈 IoT 기기를 제공하는 곳이 많지 않다.

클라우드의 데이터와 딥러닝

최초의 컴퓨터가 등장한 이래, 역사는 중앙집중 컴퓨팅에서 분산형 컴퓨팅으로 발전해 왔다. 메인프레임 컴퓨터 시절에는 여러 대의 터미널이 연결됐다. 터미널은 입출력만 가능했고 다른 애플리케이션을 실행하거나 독립적인 연산 작업을 할 수 없었다. 전형적인 중앙집중식 구조였다.

개인용 컴퓨터의 발전과 함께 중앙집중 방식에서 분산처리 방식으로 변화하기 시작했다. 중앙의 서버 컴퓨터는 데이터 베이스 등 대량의 정보를 처리할 수 있는 영역의 업무만 담당하고, 대부분 작업은 개인용 컴퓨터에서 처리됐다. 이는 서버-클라이언트 구조로, 한때 정보시스템의 주축이 되는 아키텍처였다.

이제 다시 분산처리 방식에서 중앙집중 방식으로 변화하고 있다. 클라우드의 등장 때문이다. 그동안 개인용 컴퓨터에서 이뤄지던 작업들이 클라우드에서 이뤄지고 있다. 필자의 글쓰기도 구글 드라이브에서 이뤄졌다. 필자의 개인용 컴퓨터에는 웹 브라우저만 있을 뿐이다.

클라우드 서비스를 제공하는 구글의 입장에서는 엄청난 데이터를 확보하게 되는 셈이다. 이 데이터를 어떻게 활용하게 될지는 두고 볼 일이다. 구글뿐만 아니다. 아마존 등 클라우드 서비스를 제공하는 업체들은 누구나 막대한 사용자 데이터를 확보하고 있다. 국내 업체들도 예외는 아니다.

그림 7.9 구글 데이터 센터[10]

사용자의 입장에서는 마냥 반가운 일은 아니다. 잊을만 하면 클라우드 업체들이 해킹을 당해 개인정보가 유출됐다는 사고 소식이 들려온다. 메일, 일정, 연락처는 더 이상 사용자만의 개인 정보가 아니다.

그러나 기업이 존재하기 위해서는 고객들에게 가치를 줄 수 있는 새로운 제품과 서비스를 만들기 위해 노력해야 한다. 클라우드에 모인 데이터는 모두에게 충분히 좋은 방향으로 사용될 수도 있다.

인공지능은 딥러닝으로 대표되는 신경망 이론 및 이를 뒷받침하는 하드웨어 성능의 향상으로 새로운 도약을 이뤘다. 그리고 인공지능계의 선두 주자인 알파고가 등장해서 흥미로운 이야깃거리를 선사했다. 알파고는 이세돌과의 경기 전에 KGS 바둑 서버[11]에 등록된 16만 개의 기보를 학습했다. 이 데이터가 없었다면 알파고는 이세돌을 결코 이길 수 없었을 것이다.

딥러닝 기반의 인공지능은 빅데이터를 기반으로 한다. 그래야 충분한 학습을 할 수 있다. 그런 의미에서 클라우드로 모여드는 데이터는 인공지능의 훌륭한 재료가 된다. 이 재료들로부터 인공지능이 어떠한 서비스를 만들 수 있을지는 지켜볼 일이다.

---

10 https://www.youtube.com/watch?v=XZmGGAbHqa0&t=138s
11 Kiseido Go Server. 일본에서 1999년에 개발했고, 세계 바둑인들에게 가장 친숙한 바둑 서버다.

3부

연결을 위한 기술의 종류

박스 안의 세상
부품 간 연결

편리함과 불편함의 사이
유선 연결

차고 넘치는 신호들
무선 연결

지구라는 마더보드
네트워크와 네트워크의 연결

박스 안의 세상
부품 간 연결

"누가 PC 보드의 모양까지 신경 쓰나요?
잘 작동하는 게 중요하지 아무도 PC 보드 안을 꺼내보지 않아요."
이에 스티브 잡스는 자신이 본다면서 다음과 같이 말했다.
"내가 봅니다. 비록 케이스 안에 있다고 할지라도
나는 그것이 가능한 한 아름다워야 한다고 생각합니다.
위대한 목수는 아무도 보지 않는다고 해서
장롱 뒷면에 형편없는 나무를 쓰지 않습니다!"

초연결 사회와 커넥티비티의 계층 구조

모든 것이 연결되고 있다. 사람과 사람이 연결되고, 사람과 기기가 연결되고, 기기와 기기가 연결되고 있다. 모든 연결이 완결된 것은 아니지만 오늘날 연결이 진행되는 속도를 보면 머지 않아 모든 것이 연결된 세상이 올 것 같다. 모든 것이 연결된 세상을 초연결 사회라고 한다.

초연결 사회에서 개발자들은 다양한 레벨의 연결을 본다. 반도체 제조 공장의 개발자들은 트랜지스터와 게이트의 연결을 본다. 임베디드 개발자들은 인쇄회로기판 위의 집적회로 간 연결을 본다. 제품 개발자들은 셀룰러 이동통신, 와이파이, 블루투스, USB를 사용하는 제품 간 연결을 본다. 네트워크 개발자는 스위치, 라우터 간 연결을 본다. 인터넷 서비스 개발자는 해저케이블을 통한 네트워크와 네트워크의 연결을 본다.

레벨 0	트랜지스터와 트랜지스터의 연결	
	핀, 또는 리드	
레벨 1	부품과 부품의 연결	I2C, SPI, UART 등
	포트, 또는 커넥터	
레벨 2	제품과 제품의 연결	유선(이더넷,USB), 무선(와이파이, 블루투스, RFID) 등
	스위치, 라우터, 게이트웨이	
레벨 3	네트워크와 네트워크의 연결	IX, 해저케이블 등

표 8.1 연결의 계층 구조

각 레벨은 상위 레벨과 연결되기 위한 수단을 갖는다. 레벨 0에서 트랜지스터와 트랜지스터가 연결되어 집적회로가 만들어진다. 집적회로는 다른 부품들과 연결되기 위해 핀 또는 리드를 갖는다. 레벨 1에서 집적회로와 집적회로가 연결되어 제품이 만들어진다. 제품은 다른 제품들과 연결되기 위해 포트 또는 커넥터를 갖는다. 레벨 2에서 제품과 제품이 연결되어 네트워크가 만들어진다. 네트워크는 다른 네트워크와 연결되기 위해 스위치, 라우터, 또는 게이트웨이를 갖는다.

먼저 레벨 0을 간단히 살펴본 후, 레벨 1부터 본격적으로 알아보자.

인쇄회로기판, 부품 연결의 토대

연결의 시작, 집적회로 내부의 연결(레벨 0)

초연결 사회를 이루는 최초의 연결은 집적회로 내 소자들 간의 연결이다. 집적회로를 구성하는 소자들은 트랜지스터, 저항, 콘덴서의 역할을 각각 담당한다. 이들은 실리콘 웨이퍼가 이온주입과정, 포토공정, 식각공정을 거치면서 만들어진다. 그리고 금속 배선 공정으로 소자들이 서로 연결된다. 연결된 소자들은 논리게이트, 플립플롭, 멀티플렉서 등과 같이 좀 더 복잡한 구조의 소자들을 생성한다. 게이트들은 연결을 통해 사칙연산 등 특정한 기능 동작이 가능해진다.

한편, 집적회로는 외부로부터 입력 데이터를 받고, 동작 결과를 외부로 출력하기 위해 외부와의 연결선을 갖는다. 외부로의 연결선은 웨이퍼 위에서 금속 배선 공정으로 형성되는 회로와 다르다. 외부에서 제작된 금속선을 집적회로에 직접 연결한다. 이 금속선은 패키지 밖으로 이어진다. 패키지 밖에서 다리처럼 생긴 형태 혹은 패키지 밑에 작은 점들의 집합 형태로 마무리된다. 이를 인출선(리드)[1]이라고 한다.

집적회로 간 연결, 인쇄회로기판

집적회로들은 인출선을 통해서 다른 집적회로나 부품들과 연결된다. 그림 8.1에는 마이크로컨트롤러와 온도 센서가 연결돼 있다. 이 연결선을 통해 온도 정보가 전송된다. 그림에는 2개의 라인이 연결돼 있는데, 하나는 디지털 신호를 전송하는 용도이고 다른 하나는 클록 신호를 전송하는 용도. 실제 제품에서 이 두 개의 부품은 인쇄회로기판 위에 부착되고, 인쇄회로기판에 새겨진 배선을 통해 연결된다.

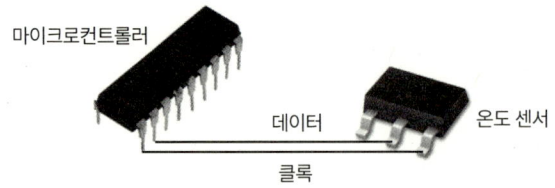

그림 8.1 집적회로의 연결

---

1 길이가 짧은 경우에는 핀이라고 한다.

실제 제품의 인쇄회로기판에는 집적회로만 사용되는 것이 아니라 다양한 종류의 저항과 콘덴서 및 기타 부품들이 사용된다. 부품이 수십 개에서 수천 개에 이르는 경우도 있다. 이들의 연결은 인쇄회로기판에 만들어진 배선을 통한다. 배선은 기판의 위에서 완성되는 경우도 있고, 기판 내부에서 형성되는 경우도 있다.

이처럼 인쇄회로기판의 제작 과정은 집적회로의 경우와 역순으로 이뤄진다. 집적회로는 소자가 만들어지고, 금속 배선은 마지막 단계에서 진행된다. 반면 인쇄회로기판은 배선이 그려진 기판을 먼저 만들고, 그다음에 부품들을 정해진 위치에 배치한다. 디지털 세상은 집적회로에서 시작해서 인쇄회로기판에서 1차 단계가 완성된다[2].

다음 페이지의 그림 8.2는 부품 실장까지 완료된 인쇄회로기판이다. 시중에서 교육용으로 제작 및 판매되는 라즈베리 파이[3] 하드웨어 플랫폼이다. 중간에는 애플리케이션 프로세서(브로드컴의 제품)[4]가 위치해 있다. 왼쪽 상단에는 와이파이/블루투스 집적회로(사이프레스의 제품)가 위치해 있으며, 오른쪽 중간에는 이더넷과 USB를 지원하는 집적회로(마이크로칩의 제품)가 2개의 USB 커넥터와 이더넷 포트 옆에 위치해 있다. 그 밖에도 많은 소형 집적회로들이 사용되고 있다.

---

2 인쇄회로기판은 녹색으로 색칠된다. 그 이유는 인쇄회로기판을 오랫동안 들여다 보며 작업해야 하는 개발자들과 품질 검사자들의 눈의 피로를 줄여주기 위해서다. 그러나 모든 인쇄회로기판이 녹색은 아니며, 빨간색 혹은 검은색으로 색칠된 제품들도 있다. 오늘날 많은 경우 인쇄회로기판 위의 작업이 컴퓨터와 기계를 통해 이뤄지기 때문이다.

3 이 제품은 불과 35달러로 구매가 가능하다.

4 이전 장에서 살펴본 시스템-온-칩이다.

그림 8.2 인쇄기판회로 위의 부품들[5]

도시의 도로를 닮은 인쇄회로기판

인쇄회로기판에서 부품들이 연결되는 모습은 도시 내부의 도로들과 유사하다. 도시에는 교통 흐름을 원활히 하기 위해 지하 도로가 만들어진다. 하늘에서 내려다 보면 도로가 어느 지점에서 사라졌다가 다른 지점에서 다시 시작되는 모습을 볼 수 있다. 입체 교차로에서는 서로 다른 방향의 도로가 엇갈리기도 한다. 인쇄회로기판에서는 무수히 많은 지하 도로와 입체 교차로를 이용해서 부품들이 연결된다. 그러나 인쇄회로기판에서는 도시의 도로에 보이는 삼거리 또는 사거리 교차로는 없다. 구리 배선들이 서로 만나는 일은 절대 없다. 만약에라도 만나게 되면 이를 '쇼트[6]'가 발생했다고 하며, 오동작의 원인이 된다.

인쇄회로기판이 도시의 도로처럼 입체적으로 배선이 이뤄지는 이유는 기본적으로 부품들의 수가 많기 때문이다. 사실 2차원 평면 위에서 배선이 완성된다면 이보다 좋을 수는 없다. 제품의 제조 단가가 내려가기 때문이다. 그러나 현실적으로 1층으로 기판을 만들기는 쉽지 않다. 따라서 일반적으로 4층, 6층, 8층, 10층 혹은 그 이상의 다층 구조를 갖는다.

---

5 https://commons.wikimedia.org/wiki/File:Raspberry_Pi_3_B%2B_(39906369025).png

6 Short circuit의 줄임말

최근에는 시스템-인-패키지, 또는 시스템-온-칩 등 단일 집적회로들이 점점 더 많은 부품들을 흡수함에 따라 인쇄회로기판 위의 부품 수가 줄어드는 경향이 있다. 시스템-온-칩이 사용되는 대표적인 제품이 스마트폰인데, 애플리케이션 프로세서는 CPU 외에도 메모리, 그래픽 프로세싱 유닛, 이동통신 모뎀, 와이파이/블루투스 등 다양한 부품들을 포함하고 있다. 덕분에 한때 12층의 기판을 사용한 적도 있었으나 최근에는 10층으로 줄어들었다.

집적회로 간 다양한 통신 방식

집적회로 간의 통신

집적회로가 제품에 본격적으로 사용되기 시작하면서 집적회로들을 서로 연결할 필요가 생겼고, 이들 간의 통신 방법을 강구하게 됐다. 집적회로에 들어 있는 트랜지스터 개수가 고작해야 수천 개 정도이던 시절은 데이터 전송 속도가 높지 않았고 전송 데이터의 양도 많지 않았기 때문에 비교적 간단한 하드웨어 구성으로 구현할 수 있었다.

집적회로 내의 트랜지스터 개수가 억 단위를 넘어가고, 동작 클록수도 억 단위를 넘어가면서 점점 더 빠른 데이터 전송 속도를 요구하게 됐고, 그에 따라 새로운 집적회로 간 연결 및 통신 기술들이 나타났다. 그렇지만 오늘날에도 여전히 저속의 데이터 통신만으로도 충분한 경우들이 있다. 대표적으로 센서용 집적회로들의 통신이다. 이들은 아직도 초창기의 집적회로 간 연결 및 통신 방식을 사용하고 있다.

초창기에 사용되던 대표적인 연결 및 통신 기술이 I2C, 직렬 주변기기 인터페이스, 그리고 범용 비동기화 송수신기(UART)다. 앞의 두 개는 데이터 전송을 위해 별도의 클록 신호를 필요로 하기 때문에 동기식 전송이라고 하고, 세 번째는 별도의 클록 신호를 필요로 하지 않는 비동기식 전송이라고 한다.

한편, 집적회로 간의 연결과 통신도 일종의 프로토콜이라고 볼 수 있다. 그런데 저속의 통신 방식들은 인쇄회로기판 위에서 불과 수 센티미터 떨어져 있고, 금속 케이스로 보호되기 때문에 외부의 신호 간섭에 영향을 덜 받는다. 따라서 에러 정정이나 각종 부호화 알고리즘이 필요없다. 또한 계층 구조를 가지지 않으며 하드웨어 프로토콜과 소프트웨어 프로토콜로 구분되지 않는다.

동기식 전송

인쇄회로기판 위에 집적회로들과 필요한 부품들이 모두 준비되면 마이크로프로세서에 의해 소프트웨어가 실행된다. 사칙 연산을 할 수도 있고, 소리를 만들어 낼 수도 있고, 영상을 만들어 낼 수도 있고, 원격으로 신호를 보낼 수도 있다.

이를 위해 집적회로들 간에 데이터 통신이 이뤄져야 한다. 입력을 담당하는 집적회로는 외부 장치로부터 데이터를 입력받는다. 입력된 데이터는 디지털 신호 처리를 담당하는 집적회로로 전달된다. 연산의 결과 데이터는 출력을 담당하는 집적회로에 전달된다. 이처럼 집적회로 간 연결을 통해 데이터가 이동하며 처리 및 가공된다.

먼저 살펴볼 집적회로 간 통신 방식은 앞에서 집적회로 연결 사례로 든 마이크로프로세서와 온도 센서 간 연결을 통한 통신이다. 다시 한번 연결 구조를 설명하면 2개의 연결선이 사용되며, 하나는 실제 데이터가 전송되고 나머지 하나는 클록 신호가 전송된다. 이전 장에서 데이터를 더욱 빨리 전송하는 방법을 설명하면서 클록 신호에 대해 살펴봤다. 북소리에 맞춰 노를 젓는 것과 같이 집적회로는 클록에 맞춰 데이터를 전송한다. 이처럼 일정한 신호에 맞춰 데이터를 전송하는 방식을 동기식이라고 한다. 송신 측과 수신 측이 하나의 클록으로 동기화돼 있음을 의미한다. 클록은 송신 측에서 보낼 수도 있고, 수신 측에서 보낼 수도 있다.

필자가 처음으로 참여했던 임베디드 시스템 개발 프로젝트에서 맡았던 업무가 동기식 데이터 전송이었다. 복잡하거나 어려운 작업은 아니었고 단순했지만 흥미로운 일이었다. 당시 클록은 집적회로에서 자동으로 출력됐다. 필자가 해야 할 일은 그 클록 신호에 맞춰 데이터를 보내는 것이었다. 데이터를 보낸다는 것은 집적회로의 데이터 출력 단자를 통해 0 또는 1의 신호가 출력되게 하는 것이다.

0 또는 1이라는 신호는 실제로는 전류의 흐름 제어를 필요로 한다. 그리고 전류의 흐름 제어는 하드웨어 제어를 통해 이뤄진다. 하드웨어는 소프트웨어로 제어한다. 프로그래머가 작성한 코드가 마이크로프로세서에 의해 실행되면 하드웨어의 상태 변화가 생기고 전기적 신호가 외부로 출력된다.

하드웨어 제어를 위해 프로그램 코드에서 'output =0' 또는 'output =1'이 사용됐다. 예를 들어, 1010이라는 데이터를 보내기 위해 아래와 같은 프로그램 코드가 작성됐다.

```
output =1
output =0
output =1
output =0
```

문제는 필자가 작성한 코드의 실행이 클록과 반드시 일치하지는 않는다는 점이다. 예를 들어, 클록 신호가 한번 상승할 때마다 한 줄의 코드가 실행돼야 한다. 그래야 신호 수신단에서 의도된 전송 신호를 읽어낼 수 있다.

그런데 위 코드를 실행하는 마이크로프로세서의 클록이 데이터 통신용 클록보다 훨씬 빨랐다. 데이터 통신용 클록이 한번 상승과 하강을 반복하는 동안 필자가 작성한 4줄의 코드는 모두 실행됐다. 북 소리는 한 번 울렸는데, 노를 네 번 저은 셈이다. 열심히 노를 젓는 것은 좋지만 모든 노의 동작이 일치하지 않으면 배가 빠르게 움직일 수 없다.

이러한 문제를 해결하기 위해 코드의 동작 타이밍을 맞춰야 한다. 각 코드 사이에는 잠시 대기하는 코드가 아래와 같이 들어간다. 얼마 동안 대기할 것인가는 시행착오를 거쳐서 찾아낸다. 시행착오 작업을 효율적으로 수행하기 위해 전기적 출력 신호를 모니터에 파형으로 보여주는 오실로스코프라는 장비를 사용한다. 아래 코드는 한 비트 신호를 전송한 후 10밀리초를 대기한다.

```
output =1
delay(10)
output =0
delay(10)
output =1
delay(10)
output =0
```

이를 그림으로 나타내면 다음과 같다. 그림 8.3은 1100101 신호를 보내는 예다.

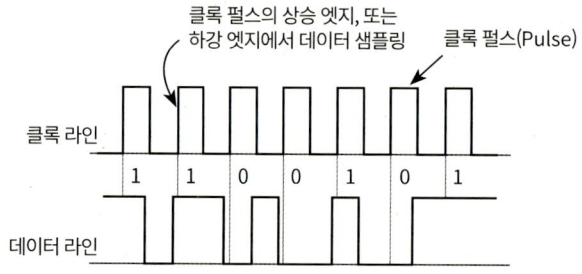

그림 8.3 동기식 전송

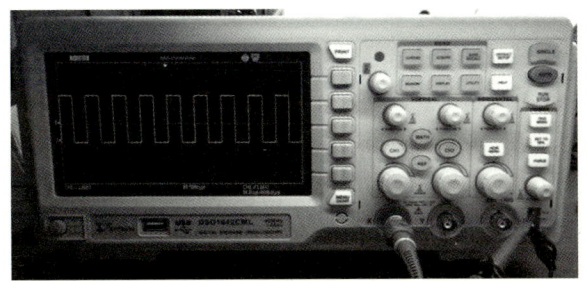

그림 8.4 오실로스코프[7]

비동기식 전송

비동기식 전송은 동기식과는 달리 클록을 전송하기 위한 별도의 라인이 없고, 데이터 전송을 위한 라인만 있다. 보통 5비트 또는 8비트 크기의 문자 단위와 같이 매우 작은 비트 블록을 전송하는 데 사용된다. 앞과 뒤에 각각 문자의 시작과 끝을 알리는 스타트 비트와 스톱 비트를 붙여서 전송하는 방식으로 스타트-스톱 전송이라고 불리기도 한다.

앞장에서 컴퓨터의 역사를 살펴볼 때 잠깐 등장했던 것과 같이 초기 키보드 역할을 했던 텔레타이프형 터미널은 비동기식으로 데이터를 전송했다. 키를 하나 누를 때마다 한 문자씩 전송된다. 각 문자와 문자의 전송 사이에는 스톱비트와 같은 비트가 계속 전송된다.

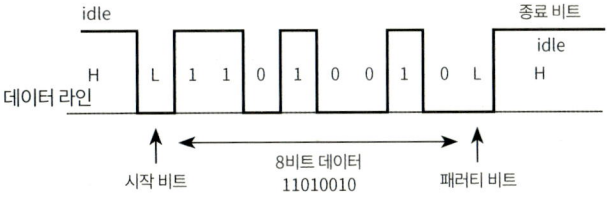

그림 8.5 비동기식 전송

---

[7] https://www.youtube.com/watch?v=CzY2abWCVTY

한 가지 유의할 점은 비동기식이라고 해서 클록을 전혀 사용하지 않는 것은 아니라는 점이다. 두 부품 간에 클록을 전송하기 위한 별도의 라인이 없다는 의미일 뿐이다. 송신 부품과 수신 부품은 각각 내부 동작을 위한 클록을 갖고 있다. 송신 부품은 내부 클록 신호에 맞춰 데이터를 내보낸다. 수신 부품은 수신된 신호를 내부 클록 신호에 맞춰 데이터를 읽어낸다. 따라서 송신 부품과 수신 부품은 어떤 클록 신호를 사용할지 사전에 약속돼 있어야 한다.

동기식 통신의 기본: I^{2}C

필자가 개발했던 동기식 데이터 통신은 예외적이다. 프로그래머가 클록 속도에 맞춰 한 비트씩 전송하는 코드를 직접 작성하는 것은 비효율적이다. 지금은 통신을 전담하는 하드웨어 모듈을 사용한다. 따라서 프로그래머는 간단한 코드로 통신 소프트웨어를 작성할 수 있다. 예를 들어, 앞에서 작성한 여러 줄의 코드는 다음과 같이 단 한 줄의 코드로 대체된다.

```
send(1010)
```

이렇게 간단한 코드를 사용하기 위해서는 송신 부품과 수신 부품이 데이터 전송 속도와 전송 방법에 대해 사전에 합의(프로토콜)돼 있어야 한다. 이러한 합의에는 여러 가지 종류가 있는데, 그중 대표적인 방식이 I^{2}C[8]다.

외부 부품과 통신이 필요한 집적회로는 내부에 I^{2}C 모듈을 갖고 있다. 예를 들어, 임베디드 시스템에 많이 사용되는 마이크로컨트롤러는 내부에 마

---

8   Inter-Integrated Circuit, I2C 또는 IIC라고도 표기가 된다. I^{2}C는 1982년에 필립스 반도체사(현재는 NXP)에서 개발되어 필립스에 특허권이 있었는데, 현재는 특허가 만료된 상태. Atmel을 포함한 일부 회사에서는 I^{2}C와 기본적으로 동일한 동작 원리를 갖고 있는 방식을 TWI(Two Wire Interface), 혹은 TWSI(Two-Wire Serial Interface)라는 이름으로 사용하고 있다.

이크로프로세서와 함께 I²C 통신을 담당하는 회로를 갖고 있다. 따라서 집적회로 간 통신이 필요할 경우 간단하게 사용할 수 있다. 그리고 센서용 집적회로들은 전송하는 정보량도 많지 않고 데이터 전송 속도도 낮은 편이기 때문에 이 통신 방식을 주로 사용한다.

내부에 I²C 통신 모듈을 갖고 있는 마이크로컨트롤러(마이크로프로세서가 아니다)와 온도 센서가 연결된 경우를 살펴보자. 마이크로컨트롤러는 온도 센서로부터 온도 데이터를 받고 싶다. 그렇다면 다음과 같은 코드를 작성한다. 실제로 I²C에서 11111111은 '읽기'를 나타내는 명령어이고 11111110은 '쓰기'를 나타내는 명령어다.

명령을 받은 온도 센서는 데이터를 마이크로컨트롤러에게 회신하고, 마이크로컨트롤러는 이를 수신한다. 이 과정도 통신 모듈이 전담한다. 프로그램 코드 read()는 통신 모듈에게 데이터를 수신하라는 지시다. 그리고 value = read()는 수신된 데이터를 value라는 변수가 가리키는 메모리 영역에 저장하라는 지시다.

```
send(11111111)
value = read()
```

지금까지 살펴본 모습에는 I²C의 특징이 없다. 일반적인 동기식 데이터 통신 방식과 다를 바가 없기 때문이다. I²C의 진면목은 다수의 집적회로를 서로 연결할 때 나타난다. 예를 들어, 마이크로컨트롤러와 온도 센서, 습도 센서, 압력 센서, 유량 센서, 자기 센서, 광 센서, 음향 센서를 동시에 연결하기 위해 I²C를 사용한다[9].

---

9   I2C에서 통신을 시작하는 쪽을 마스터라고 하고, 그렇지 않은 쪽을 슬레이브라고 한다. 데이터 통신을 시작할 수 있는 마스터는 오직 하나만 존재할 수 있고 나머지는 모두 슬레이브로 동작한다.

I²C는 여러 부품을 동시에 연결하기 위해 버스 방식을 사용한다. 버스 방식은 데이터 연결 채널을 노드(부품) 간에 공유한다. 모든 집적회로들이 포도송이처럼 서로 연결된다. 포도 줄기를 통해 서로 통신한다. 그리고 모든 집적회로에 고유한 주소가 부여된다. 통신 방식은 모두에게 동일한 메시지를 보내는데, 그 메시지 속에는 목적지 주소가 들어 있다. 주소를 확인해서 집적회로들은 자신에게 온 메시지만 처리한다.

I²C는 초창기 이더넷과 유사하며, 잠시 뒤 살펴볼 자동차 내부 네트워크 중 하나인 CAN과도 유사하다. 중간에 기기들을 이어주는 허브가 없고 케이블과 케이블이 직접 만난다는 점, 기기마다 고유한 주소가 할당된다는 점, 메시지에 목적지 주소가 기입된다는 점, 통신은 브로드캐스트가 기본이라는 점에서 이 세 가지 통신 방식은 서로 닮았다.

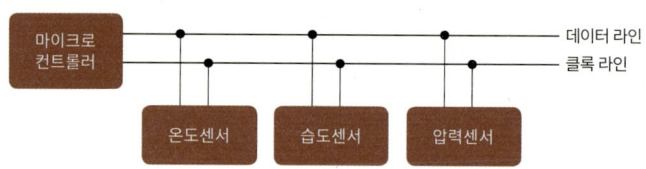

그림 8.6 I²C의 연결

칩 활성화 핀을 사용하는 직렬 주변기기 인터페이스[10]

집적회로는 일반적인 전자제품처럼 스위치를 켜야 동작한다. 전원의 연결과 별개로 말이다. 전자 제품은 전원이 연결되더라도 스위치가 켜지지 않으면 대기모드 상태가 된다. 집적회로도 이와 유사하다. 스위치에 해당하는 입력 단자(핀)를 갖고 있어서 이곳으로 신호를 넣어주어야 동작한다. 이러한 역할을 담당하는 입력단자를 활성화 핀[11]이라고 한다.

---

10 SPI(Serial Peripheral Interface). 1980년대에 모토로라에서 처음으로 개발됐고 나중에 업계 표준이 됐다.
11 이 라인은 select, enable, chip select(CS), chip enable(CE) 등으로 불린다.

I²C와 같이 직렬 주변기기 인터페이스도 여러 개의 집적회로가 동시에 연결된다. 그중 한 집적회로와 통신하기 위해 활성화 핀을 사용한다. 예를 들어, 마이크로컨트롤러와 온도 센서, 습도 센서, 압력 센서가 연결됐다고 하자. 마이크로컨트롤러가 온도 센서에게 명령을 보내기 위해 온도 센서의 활성화 라인으로 신호를 보낸다. 이 경우 온도 센서만 활성화된다. 습도 센서와 압력 센서는 비활성화 상태가 된다. 이 집적회로들은 응답을 할 수 없는 상황이 된다.

다만, 늘어나는 집적회로의 수만큼 활성화 라인도 늘어나야 한다. 만약, 유량 센서, 자기 센서, 광 센서, 음향 센서까지 연결하려면 마이크로컨트롤러는 총 7개의 활성화 핀을 가져야 한다. 따라서 직렬 주변기기 인터페이스는 지원 가능한 기기의 개수에 제한이 있다. 버스 방식을 사용하는 I²C는 이러한 제약 사항이 없다.

그러나 직렬 주변기기 인터페이스 방식은 직관적으로 이해 가능한 연결 및 통신 방식으로 유명하다. 즉 전자공학을 공부한 사람에게 30분 안에 집적회로 간 통신 인터페이스를 설계하라고 하면 90%는 직렬 주변기기 인터페이스와 유사한 구조가 나온다고 한다. 그만큼 단순하면서도 안정적이며, 그러한 이유로 오늘날에 이르기까지 꾸준히 사용되고 있다.

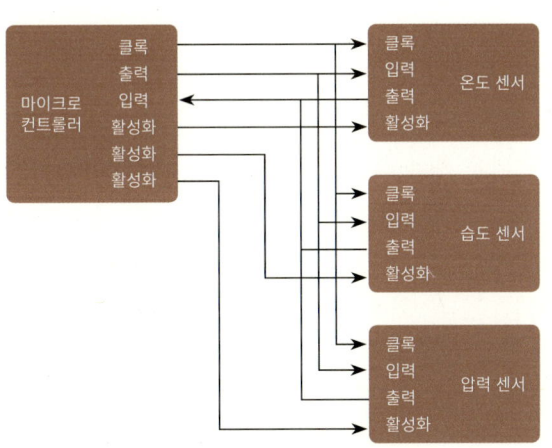

그림 8.7 직렬 주변기기 인터페이스의 연결

임베디드 개발자들의 영원한 도구, 범용 비동기화 송수신기

범용 비동기화 송수신기(UART)[12]는 컴퓨터보다 오랜 역사를 갖고 있다. 텔레타이프라이터가 주요 통신 수단으로 사용되던 시절부터 범용 비동기화 송수신기의 원형이 사용됐다. 자판기로 문자를 입력하면 모니터에 그 문자를 출력해주거나, 원격지로 문자를 전송하기 위해 사용됐던 방식은 오늘날의 범용 비동기화 송수신기와 크게 다르지 않다. 컴퓨터의 보급이 본격화되던 시절에도 컴퓨터와 입출력 수단을 연결해 주는 수단으로 범용 비동기화 송수신기가 사용됐다. 집적회로 제작 기술이 발전하게 되자 범용 비동기화 송수신기도 하나의 집적회로로 구현되면서 다양한 용도로 사용됐다[13].

범용 비동기화 송수신기는 기본적으로 5, 6, 7 또는 8비트의 묶음으로 데이터를 전송한다. 범용 비동기화 송수신기 통신을 하는 두 기기는 데이터만 주고받을 뿐, 동기화를 위한 클록을 별도의 라인을 통해 주고받지 않는다. 따라서 비동기식이라고 불린다. 한편, 자료 형태나 전송 속도를 개발자나 사용자가 직접 결정할 수 있으며, 신호 전송을 위한 전기 신호 수준과 방식에 대해서도 임의로 정해서 사용할 수 있다. 따라서 범용이라고 불린다.

범용 비동기화 송수신기는 임베디드 시스템을 개발하는 경우에 필수 도구다. 임베디드 시스템이 제대로 동작하는지 실시간으로 모니터링할 수 있기 때문이다. 임베디드 시스템과 컴퓨터는 범용 비동기화 송수신기를 통해 연결된다. 컴퓨터의 직렬통신용 전용 프로그램을 동작시키면 임베디드 시스템의 내부에서 일어나는 일들이 텍스트 형태로 컴퓨터 모니터에 출력된다. 예를 들어, 리눅스 제품이 부팅을 시작하면 다양한 부팅 메시지들이 범용 비동기화 송수신기를 통해 전송되어 컴퓨터 모니터에 나타난다. 부팅이 끝나

---

12 UART(Universal Asynchronous Receiver/Transmitter)
13 1971년 웨스턴 디지털사가 생산(WD1402A)

면 리눅스 명령어를 범용 비동기화 송수신기를 통해 전송할 수도 있다.[14]

컴퓨터는 초창기부터 직렬 통신 방식을 지원했기 때문에 범용 비동기화 송수신기의 연결은 자연스럽다. 컴퓨터에서는 범용 비동기화 송수신기가 연결되면 직렬 포트가 연결된 것으로 인식한다. 다만, 오늘날의 컴퓨터는 직렬 포트를 외부에 갖고 있지 않기 때문에 USB 포트를 이용한다. 이 경우도 앞 장에서 살펴본 프로토콜의 캡슐화, 혹은 터널링이라고 할 수 있다. USB 규격에는 직렬 통신 데이터를 전송할 수 있는 방법에 대해 정의하고 있다.

그림 8.8 UART를 사용하는 직렬 케이블[14]

컴퓨터의 내부 연결

과거보다 단순해진 컴퓨터 아키텍처

과거보다 오늘날의 컴퓨터 내부 연결은 단순하다. 주요 부품들이 하나의 집적회로로 통합되기도 했고, 다양하던 연결 방식들도 3~4가지 방식으로 통합됐기 때문이다. 인텔 칩셋도 과거 3개로 구성됐으나, 최신 아키텍처에서는 2개로 구성된다. 주요 연결 방식도 PCI 익스프레스, USB, 직렬 SATA가 전부다.

과거 인텔 CPU를 사용하는 컴퓨터의 경우에는 기본적으로 3개의 칩셋으로 구성됐다. 첫째는 CPU다. 둘째는 메모리 컨트롤러 허브로서 CPU와 가까운 쪽에 위치한다고 해서 노스 브리지라고 불렸다. 이 집적회로를 통해

---

14 https://commons.wikimedia.org/wiki/File:Serial_cable_(blue).jpg

CPU, 메모리, 그래픽 장치, 그리고 세 번째 구성 요소인 입출력 컨트롤러 허브가 연결됐다. 입출력 컨트롤러 허브는 하드디스크, USB, 이더넷, 와이파이/블루투스를 연결하는데, 이 집적회로는 아래쪽에 위치하고 있다고 해서 사우스 브리지로 불렸다.

최신 아키텍처에서는 CPU와 메모리 컨트롤러 허브가 하나로 통합됐다. 따라서 최신 컴퓨터는 통합 CPU와 입출력 컨트롤러 허브가 주요한 백본 시스템이 된다. 그림 8.9는 2개의 칩셋으로 구성된 컴퓨터의 내부 연결 모습이다.

한편, 그림 8.9에는 몇 가지 중요한 컴퓨터 내부의 연결 방식들이 표시돼 있다. 이 중에서 컴퓨터 내부에서 가장 중요한 확장 연결 방식인 PCI 익스프레스와 직렬 ATA에 대해 잠시 후 살펴본다. 컴퓨터 외부에 있는 다른 제품들과의 연결을 위한 USB와 디스플레이 포트에 대해서는 다음 장에서 살펴본다.

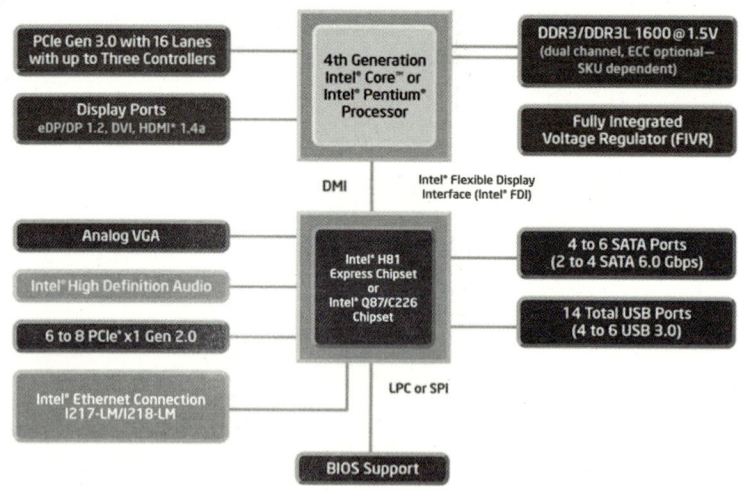

그림 8.9 인텔 칩셋 기반의 컴퓨터 아키텍처[15]

---

15 출처: 인텔, https://www.intel.in/content/www/in/en/intelligent-systems/embedded-systems-training/ia-introduction-basics-paper.html

메인보드의 확장, 추억의 ISA 버스

IBM PC의 설계자들은 컴퓨터를 구성하는 부품들의 호환성을 중요한 원칙으로 삼았다. 정해진 규격만 준수한다면 IBM이 아닌 다른 회사에서 만든 부품이라도 컴퓨터 내에서 동작할 수 있어야 했다. 부품 간의 호환성이 잘 지켜지면 사용자들은 좋아하는 회사의 부품을 자신의 컴퓨터에 사용할 수 있게 되고, 나아가서 컴퓨터가 만들어질 당시에는 존재하지 않던 부품이지만 나중에 사용 가능한 제품을 컴퓨터에 사용할 수도 있다.

이러한 호환성을 제공하기 위해서 컴퓨터를 구매한 이후에도 내부 부품의 교체가 가능하도록 메인보드 위에 슬롯 타입의 인터페이스 장치들을 탑재했다. 그 결과 카드 타입으로 만들어진 컴퓨터 주변기기들, 예를 들어 사운드 카드나 네트워크 카드 등의 부품을 사용자의 입맛에 따라 사용할 수 있게 됐다. 또한 컴퓨터를 구매하던 당시에는 제품에 포함돼 있지 않았더라도 이후에 새로운 기능을 담고 있는 카드 타입의 부품을 추가할 수 있도록 확장 슬롯도 배치했다(단, 이 시절의 호환성이라는 것은 하드웨어적으로 교체가 가능하다는 정도이지, 오늘날처럼 그냥 슬롯에 카드를 꽂기만 하면 동작하는 수준의 호환성은 아니다. 사용자가 제품을 확장 슬롯에 설치한 후에 인터럽트나 I/O 주소 등을 설정해야 한다).

처음 IBM에서 만들었을 당시 규격의 이름은 PC/AT-Bus였으며, 나중에 ISA라는 이름으로 바뀌었다. 컴퓨터 주변기기를 제조하는 업체들은 ISA 버스 규격만 준수한다면 그 제품이 IBM PC에서 동작한다는 것을 보장받을 수 있었다. 그 결과, ISA 규격은 개인용 컴퓨터의 발전에 지대한 역할을 했다.

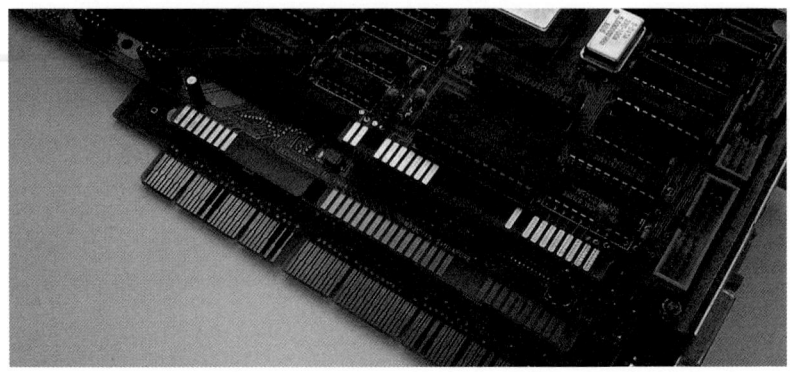

그림 8.10 위에서부터 8-bit XT, 16-bit ISA, EISA[16]

ISA 버스는 32비트 컴퓨팅 세상으로 넘어가면서 한계에 봉착했다. 32비트 컴퓨팅이란 데이터를 한꺼번에 32비트씩 처리할 수 있어야 함을 의미한다. 기존 규격으로는 물리적인 32비트 데이터 채널을 제공하는 것은 불가능했다. 처음 8비트 아키텍처에서 시작해서 16비트 아키텍처를 지원하기 위해 슬롯의 크기를 2배로 늘렸던 과거의 방법을 이번에도 사용할 수는 없었다. 슬롯의 형태도 바뀌어야 했고, 카드의 커넥터 구성 방법도 바뀌어야 했다. 이는 새로운 형태의 규격이 필요하다는 것을 의미했다.

한편, IBM에서는 32비트 버스를 위해 새로운 규격의 인터페이스[17]를 준비 중이었는데, 그 목적은 새로운 버스 시스템을 통해 시장 지배력을 다시 강화 및 확대하는 것이었다. 이를 간파한 컴팩을 비롯한 컴퓨터 제조업체들이 힘을 합쳐 IBM에 대항하게 되는데, 이렇게 해서 E-ISA가 나오게 된다. 즉, IBM이 대체하려고 한 과거의 표준을 살려내면서 32비트를 지원하는 새로운 규격을 만들어 낸 것이다. 이 과정에서 과거 AT-Bus는 ISA라는 이름

---

16 https://commons.wikimedia.org/wiki/File:Bussysteme_Extended_ISA_32Bit,_ISA_16Bit,_XT_8Bit.JPG
17 MCA(Micro Channel Architecture)

을 얻게 됐고, E-ISA 규격 작성에 참여했던 회사들은 '9인조 갱단'이라는 별명을 얻게 됐다.

E-ISA는 한정된 크기의 커넥터에 32비트의 데이터 채널을 구현하기 위해 2개의 층으로 나누어 핀을 배열했다. 위층에 절반을, 아래층에 나머지 절반의 핀을 배치했다. 이러한 구조는 이전 규격인 ISA와의 호환을 위해서도 필요했는데, ISA 슬롯에 연결 시에는 위쪽 열에 만들어진 16개의 핀들이 사용될 수 있도록 구성돼 있다.

이후 한동안 어느 누구도 뚜렷한 승자가 되지 못한 채 공존과 경쟁의 시대로 접어든다. 즉, IBM의 새로운 인터페이스도 공개됐으나 성공하지 못했고, E-ISA도 높은 제조 단가 등의 이유로 시장에서 큰 인기를 끌지 못했다. ISA 슬롯 옆에 또 다른 16비트 슬롯을 추가해서 32비트로 대역폭을 넓힌 VESA 로컬 버스 규격이 나왔지만 범용성이 떨어지고 전송 오류 검출이 되지 않는 등 여러모로 문제가 많았다.

플러그 앤 플레이와 PCI, 그리고 PCI 익스프레스

1990년대 초반 인텔에 의해 개발된 PCI[18]가 소개됐지만 이 역시 큰 인기를 얻지는 못했다. 한동안 ISA가 새롭게 시장에 진출한 PCI와 병존하는 듯한 양상을 보였다. 결정적으로 ISA가 PCI에 밀리게 되는 시점이 있었는데, PCI가 플러그 앤 플레이를 지원하게 된 것이다. PCI 제품을 컴퓨터에 연결하기 위해서는 카드를 컴퓨터의 확장 슬롯에 꽂기만 하면 됐다. ISA와 달리 컴퓨터의 설정 메뉴로 들어가서 설정값을 바꾸는 작업을 하지 않아도 된다는 것을 의미한다. 이러한 기능은 마이크로소프트의 윈도우 95가 출시되면서 더욱 도드라져 보였다. ISA 방식은 사용하기 불편한 방식으로 여겨졌다.

---

18 PCI(Peripheral Component Interconnect). 초당 133메가바이트 전송률과 33메가헤르츠 대역폭 디자인을 지원하며, 최대 지원할 수 있는 디바이스 수는 10개다.

플러그-앤-플레이 기능을 바탕으로 PCI 버스가 ISA 버스를 압도했고, 2000년대 초반까지 그 기세가 유지됐다. 그런데 버스 시스템의 발전 속도에 비해 CPU와 메모리, 디스플레이의 발전 속도가 더 빨랐다. 점점 PCI 버스에서 병목현상이 발생했다.

PCI도 데이터 전송 속도를 초당 266메가바이트까지 끌어 올렸으나 한계가 보이기 시작했다. 연결 핀을 2배로 증가시켜서 데이터 전송 속도를 2배로 높일 수는 있었으나 슬롯과 카드의 크기도 같이 커져서 전체 메인보드에서 차지하는 공간이 더 필요해졌다.

또한 PCI 버스가 갖고 있는 버스 통신 방식의 태생적인 한계로 인해 안정적인 데이터 전송 속도 확보에 어려움이 있었다. PCI에서는 버스에 연결된 모든 부품, 기기들이 하나의 신호 전송 통로를 함께 사용한다. I^2C와 같이 포도송이처럼 모두 연결돼 있는 것이다. 하나의 순간에는 하나의 기기만이 데이터를 전송할 수 있다. 다른 기기들은 자신의 차례를 기다려야 한다. 만약 네트워크 데이터가 PCI 버스를 이동 중이라면 그래픽 데이터가 준비됐어도 네트워크 데이터 전송이 완료될 때까지 기다려야 한다.

이 같은 문제점을 극복하고 더욱 빠르고 효율적인 데이터 전송 방식을 제공하기 위해 PCI 익스프레스가 도입됐다[19]. 저전압 차분 신호 방식을 이용해 직렬연결로 고속의 데이터 전송을 가능하게 하는 것이 핵심이다. 제품의 크기 면에서도 큰 이점을 갖게 됐다. 32비트를 전송하기 위해 여러 개의 핀들로 병렬전송했던 것과 달리 단 2개의 핀으로 직렬전송이 가능했기 때문이다.

---

[19] PCI가 인텔에 의해 규격이 만들어졌다면 PCI 익스프레스는 인텔 이외에 Dell, HP, IBM이 공동 참여했다.

그림 8.11 PCI 익스프레스 카드

한편, PCI 익스프레스는 메인보드 상에 위치한 스위치를 사용해서 부품(엔드포인트)들과 일대일 연결을 형성한다. 따라서 PCI 익스프레스는 버스가 아니다. PCI 버스와는 통신 방식이 다르다. 일대일 연결은 안정적인 데이터 전송 속도를 보장한다.

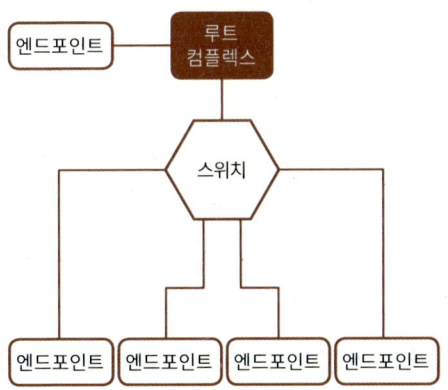

그림 8.12 PCI 익스프레스의 계층 구조

오늘날 컴퓨터에서 CPU와 메인 메모리 사이의 통신을 제외하고 가장 높은 속도로 데이터 통신이 이뤄지는 연결은 메모리와 그래픽카드 사이일 것이다. 디스플레이 패널의 기술 발전으로 4K 해상도를 넘어서 8K 해상도 영상을 처리해야 하므로 그래픽카드와 메인 메모리의 연결 인터페이스는 단위 시간당 엄청난 양의 데이터 전송을 처리할 수 있어야 한다. 현재 이 연결은 PCI 익스프레스가 담당하고 있다.

한편, PCI 익스프레스가 버전을 높여 가며 데이터 전송 속도를 증가시키고 있을 때조차도 더 높은 데이터 전송 속도에 대한 요구는 끊임없이 이어졌다. PCI 익스프레스가 버전 3.0을 2010년에 내놓은 후, 4.0을 발표하지 못하고 머뭇거리자 이를 대체하고자 하는 새로운 규격의 준비 모임이 결성되기도 했다. 한눈팔면 뒤처지는 세상이 된 것이다. 새로운 PCI 익스프레스 규격은 2017년에 이르러서야 발표됐다.

메인보드 위의 케이블, 병렬 ATA와 직렬 ATA

컴퓨터의 메인보드 상에서 주변기기의 연결은 확장 슬롯을 이용한다. 이들 주변기기는 카드 타입으로 만들어져 탈부착된다. 카드 타입이 아닌 일반적인 케이블로 연결되는 부품은 전원과 하드디스크 드라이브, 광디스크 드라이브다.

병렬 ATA[20] 방식은 개인용 컴퓨터의 초기 시절부터 하드디스크를 컴퓨터의 메인보드에 연결하기 위해 사용됐다. 이후 광디스크 드라이브도 지원하면서 윈도우 비스타 시절까지 널리 쓰였다. 초기 규격은 40라인의 병렬 케이블을 사용했다. 모양을 본떠서 리본 케이블이라는 명칭으로 불렸다. 나중에 데이터의 전송 속도를 높이기 위해 80라인으로 늘렸다. 추가된 40라인은 신호를 전송하지 않는 그라운드 선이었다. 고속의 신호 전송 시 발생할 수 있는 데이터 전송 라인 간 상호 신호 간섭 문제를 해결하기 위한 방편이었다. 그라운드 선은 데이터 선들 사이에 위치한다.

---

20 PATA(Parallel AT Attachment)

병렬 ATA는 PCI 버스와 유사한 처지였다. 혁신적인 변화 없이 속도의 개선은 불가능했다. 병렬 통신을 유지하면서 속도를 개선하려면 전송 라인을 늘려야 했는데, 이미 너무 많은 라인들이 사용되고 있었다. 또한 클록을 높이는 방안도 병렬 전송 방식의 고질병인 타이밍 틀어짐 현상으로 한계가 있었다.

결국 병렬 ATA의 문제를 해결하는 방법도 PCI 버스와 동일했다. 병렬 전송을 포기하고, 두 개의 라인을 이용하는 차분 신호 방식을 채용한 직렬 ATA가 새롭게 소개됐다. 연결 라인이 줄어들었기 때문에 케이블의 너비는 기존 대비 16%로 줄어들었다. 당연히 커넥터와 포트의 크기도 대폭 작아졌다.

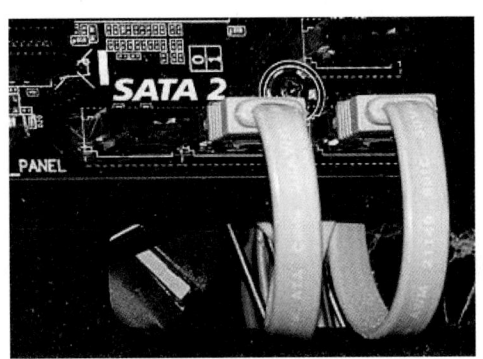

그림 8.13 직렬 ATA의 커넥터[21]

그 밖에 병렬 ATA 커넥터를 장착한 하드디스크를 교체할 때는 반드시 컴퓨터의 전원을 꺼야 했다. 하지만 직렬 ATA 커넥터를 장착한 하드디스크를 교체할 때는 전원을 끄지 않은 상태에서도 바로 커넥터를 분리하고 결합하는 것이 가능하다. 물론 해당 하드디스크는 실행 중인 운영체제가 들어 있

---

[21] https://commons.wikimedia.org/wiki/File:SATA2.jpg

는 것이 아닌 여분의 사용자 데이터를 저장하는 목적의 하드디스크인 경우에 해당한다. 이처럼 개인용 컴퓨터의 전원을 끄지 않고도 부품의 교체가 가능한 기능을 핫 스와핑이라고 한다.

스마트폰의 내부 연결

손 안의 컴퓨터를 위한 호환성 규격, MIPI

스마트폰은 손 안의 컴퓨터다. 이 사실을 부정하는 사람은 없다. '컴퓨터' 하면 연상되는 키보드나 마우스가 없다고 고개를 갸우뚱하는 사람들도 있을지 모르겠다. 그러나 스마트폰에 블루투스 키보드나 마우스를 연결할 수 있다는 사실을 아는 사람은 많지 않다. 반드시 블루투스가 아니어도 된다. USB 키보드나 마우스도 가능하다. USB의 마이크로 B타입의 커넥터를 A타입의 커넥터로 변환해 주는 어댑터가 있으면 된다. 일반 마우스의 USB 커넥터(A타입)는 스마트폰용 USB 커넥터(마이크로B타입)에 연결되기에는 크기 때문이다.

그림 8.14 키보드와 연결된 스마트폰

스마트폰의 내부 구조는 컴퓨터보다 더 복잡하다. 스마트폰의 기능들이 나날이 늘어나면서 컴퓨터에는 없는 부품들이 추가됐기 때문이다. 각종 센서들을 비롯해 음성 통화를 위한 마이크, 음악을 듣기 위한 스피커, 위치 정보 파악을 위한 GPS, 통신 모뎀과 안테나들이 애플리케이션 프로세서를 중심으로 서로 연결된다.

컴퓨터의 경우 호환성을 위해 ISA, PCI, PCI 익스프레스와 같은 확장 규격이 만들어졌듯이 스마트폰의 경우에도 동일한 목적을 위해 호환성 규격이 만들어졌다. 스마트폰 제조 관련업체들은 내부 부품들의 호환성을 위해 MIPI[22]라는 협회를 만들고, 여기서 부품들의 연결 규격을 정의했다. 스마트폰 내부의 부품 연결은 애플리케이션 프로세서를 중심으로 주변 부품들과의 연결이 대부분이다. 그림 8.15는 MIPI에서 규정한 스마트폰의 내부 구성도다.

---

22 2003년에 ARM, 인텔, 노키아, 삼성, STMicroelectronics와 텍사스 인스트루먼트가 모여서 MIPI(Mobile Industry Processor Interface) 얼라이언스를 설립했다. MIPI는 모바일 및 사물인터넷 기기에서 재사용 및 호환성을 강화하기 위해 애플리케이션 프로세서를 비롯한 프로세서와 주변기기들에 대한 인터페이스 사양을 개발한다.

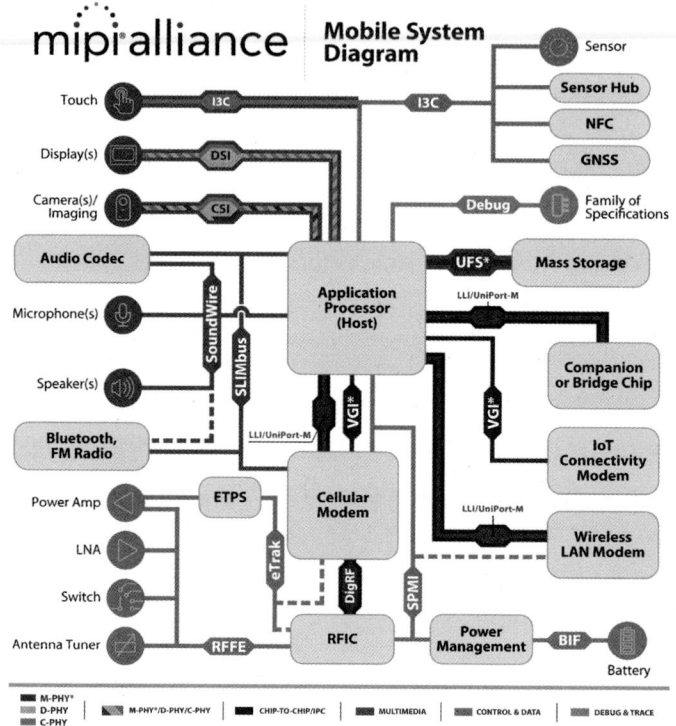

그림 8.15 MIPI 시스템 구성도[23]

    MIPI의 규격들은 모바일 환경에 맞게 소형 및 저전력 특성을 가져야 한다. 특히 물리 계층이 제일 중요한 부분이다. MIPI의 물리 계층[24]은 D-PHY, M-PHY, C-PHY 순서로 개발됐다. 제일 먼저 작성된 규격은 D-PHY였는데, 이 규격은 디스플레이나 카메라를 연결하는 것이 목적이었

---

23 MIPI Alliance, https://mipi.org/about-us
24 물리 계층의 역할은 다음과 같다. 첫째, 송신부는 실제 데이터의 시작과 끝을 알리는 신호를 보내고, 수신부는 이에 맞춰 데이터를 수신한다. 둘째, 송신부는 애플리케이션 레이어에서 전달된 병렬 데이터를 직렬로 변환하고, 수신부는 수신된 직렬 데이터를 병렬로 변환하는 작업을 수행한다. 셋째, 클록 신호를 생성해서 송신부와 수신부가 동기화를 이룬다.

다. 이후로 저장 장치나 통신 장치를 위한 속도 개선 목적으로 M-PHY가 만들어졌다. 마지막으로 더 빠른 데이터 전송을 위해 C-PHY가 만들어졌다. 이 세 가지 물리 계층들은 모두 차분 신호 방식을 사용한다.

스마트폰 내부 연결의 실제

컴퓨터 내부 연결은 많은 경우 PCI 익스프레스가 담당한다. 그리고 하드디스크 연결을 위한 직렬 ATA가 있다. 그 밖에는 HDMI, USB를 통해서 외부 기기들과 연결된다. 그러나 스마트폰의 경우에는 외부 기기 연결보다는 내부 연결이 많다. 단적으로 디스플레이도 내부 부품이므로 내부 연결로 완성된다. 따라서 MIPI는 디스플레이 연결을 위한 규격을 정의하고 있다. 물리 규격으로는 D-PHY를 사용하고, 애플리케이션 규격으로는 디스플레이 직렬 인터페이스를 사용한다. 이 둘이 합쳐져서 HDMI와 같은 역할을 하게 된다.

카메라도 마찬가지다. 컴퓨터의 경우에는 USB를 통해 외부 기기로 연결되는 것이 일반적인데, 스마트폰은 내부 연결로 완성된다. 디스플레이 연결과 동일한 물리 규격을 사용하고, 애플리케이션 규격으로는 카메라 직렬 인터페이스를 사용한다.

그 밖에 컴퓨터에서 직렬 ATA를 사용해서 하드디스크를 연결한다면 스마트폰에서는 물리 규격으로 M-PHY를 사용하는 UFS[25] 규격을 사용해 플래시 메모리가 연결된다. 직렬 ATA에 별도의 케이블이 존재한다면 UFS는 인쇄회로기판 위의 배선으로 연결된다.

---

25 UFS는 eMMC를 대체하기 위해 규격이 만들어졌다. eMMC는 하나의 라인으로 신호를 전송하는 방식이라면 UFS는 두 개의 라인을 이용하는 차분신호 전송 방식이다. 이로써 UFS는 eMMC 대비 훨씬 빠른 데이터 전송 속도를 갖게 됐다. 그리고 애플리케이션 계층에서는 기존의 SCSI 명령어 세트를 차용했다. 이미 보급된 표준들을 최대한 재활용해서 시장에서 빠른 확산을 목표로 했다.

원래의 USB는 외부로부터 전원이 무한정 공급되는 컴퓨터와 같은 환경을 고려한 것이다. 따라서 이를 모바일 기기에 그대로 적용할 경우에는 배터리의 전원이 금방 고갈될 것이다. 이러한 문제를 해결하기 위해 USB 개발자 포럼에서 USB 3.0부터 저전력이 가능한 SSIC[26]를 규정했다. SSIC는 물리 계층 M-PHY에 기반한다.

스마트폰에는 제스처 센서, 근접 센서, 자이로 센서, 가속도 센서, 지자기 센서, RGB 센서, 기압 센서, 홀 센서, 온도·습도 센서 등 수십 종에 달하는 센서 부품이 탑재된다. 과거 이들은 동기식 통신 방식인 I2C를 사용해 애플리케이션 프로세서에 연결됐다. 그러나 센서의 개수가 많아지면서 이 모두를 저전력 및 고속 통신 모드로 지원하기가 어려워졌다. 지금은 이 문제를 해결하기 위해 I^2C를 개선한 I^3C를 사용한다. 데이터 전송을 위해 2개의 라인만 필요한 I^2C의 물리적 구성 방식은 유지하면서 데이터 전송 방식은 직렬 주변기기 인터페이스의 고속 통신 방식을 적용했다. I^3C는 사물인터넷, 가정용 전자 제품, 차량용 애플리케이션 등 다양한 영역에서 사용되는데, 모바일에서 사용될 경우에는 I^3C라는 용어 대신 센스와이어라는 용어가 사용된다.

자동차의 내부 연결

자동차용 인포테인먼트 시스템

텔레매틱스에서 시작된 차량용 인포테인먼트 시스템은 오늘날 자동차의 두뇌가 돼 가고 있다. 이름도 헤드유닛으로 불린다. 헤드유닛은 차량 네트워크를 통해 다양한 내부 부품(ECU, 전자제어장치)과 연결된다. 사용자는 헤드

---

26 SSIC(SuperSpeed Inter-Chip)

유닛에 부착돼 있는 디스플레이 또는 버튼을 사용해 차량 내 다양한 기능들을 조작하고 감시한다.

인포테인먼트 시스템의 가장 대표적인 기능은 내비게이션이다. 내비게이션은 차량 내부 스토리지에 저장된 지도 데이터와 실시간으로 수신되는 GPS 정보를 사용해 차량의 위치를 지도 위에 표시하고 목적지에 이르는 경로를 안내한다[27]. GPS 수신장치는 헤드유닛의 인쇄회로기판에 부착되고, 안테나는 외부로 연결된다. 과거에는 별도의 텔레매틱스 장비로부터 GPS 정보를 전달받기도 했으나, 최근에는 애플의 카플레이 같은 스마트폰 연동 기능을 사용하기 위해 헤드유닛이 GPS 수신 장치를 갖고 있다. GPS는 애플의 카플레이 인증에 필수적이다.

한편, 차량이 터널을 진입한 경우 GPS 수신이 불가능해진다. 이때는 차량의 주행 속도를 이용해 차량의 터널 내 위치를 표시한다. 차량의 주행 속도 정보는 차량 네트워크를 통해 얻는다. 차량의 현재 속도는 잠시 후에 살펴볼 CAN을 통해 차량 전체에 공유된다. 헤드유닛은 CAN에 연결돼 있으므로 주행 속도 정보를 받을 수 있다. 이처럼 GPS 수신이 불가능한 지역에서 차량의 위치를 파악하는 방식을 데드 레커닝(DR, Dead Reckoning)이라고 한다.

염가형 차량이 아닌 한, 오늘날 출시되는 차량에는 내비게이션이 기본으로 장착돼 있다. 헤드유닛이 내비게이션을 실행하기 위해서는 이에 필요한 최소한의 CPU 성능과 메모리 크기가 필요하다. 또한 지도 데이터를 저장하기 위해 큰 스토리지가 필요하며, 더욱이 지도 데이터의 업데이트를 위해 충분한 여유 공간까지 필요하다. 따라서 염가형 차량에는 내비게이션이 탑재되지 않는다.

---

27 GPS에 대해서는 뒷장에서 구체적으로 살펴본다.

인포테인먼트의 두 번째 기능은 음악 재생이나 라디오/DMB 조작이다. 과거에는 음악을 재생하기 위해 테이프 또는 컴팩트 디스크 플레이어가 차량에 장착됐다. 그러나 패키지 미디어의 퇴조와 함께 오늘날에는 블루투스로 연결된 스마트폰이 이 기능을 담당한다. 인포테인먼트 시스템은 스마트폰으로부터 블루투스로 스트리밍되는 오디오 사운드를 차량 내 스피커로 내보낸다. 한때 음악이 다운로드 방식으로 공유될 때는 USB 저장장치를 인포테인먼트 시스템에 연결하고, 저장돼 있는 MP3를 차량에서 재생하는 방법을 사용했는데 현재도 대부분의 차량에서 지원된다.

라디오는 차량 엔터테인먼트의 핵심이자 가장 오래된 기능이다. AM, FM과 같은 고전적인 방송 채널뿐만 아니라 DAB/DMB/DRM 같은 디지털 라디오, 디지털 위성 방송도 수신 가능하다. 라디오가 없는 차량은 없는 데 비해, 텔레비전은 고급 차량 위주로 구현된다. 다만 일본의 경우에는 거의 대부분의 차량에 텔레비전 기능이 구현된다.

마지막으로 인포테인먼트 시스템은 차량 공조 제어 기능을 제공한다. 차량 내부의 온도를 조절하거나 바람의 세기를 조절할 수 있다. 과거에는 버튼이나 다이얼로 조작했으나, 오늘날에는 터치 디스플레이를 사용해서 조작한다. 사용자의 입력은 CAN, LIN과 같은 차량 내부 네트워크를 통해 각 부품에 명령이 전달된다.[28]

그림 8.16 차량 인포테인먼트 시스템[28]

---

[28] https://commons.wikimedia.org/wiki/File:Lexus_Gen_V_navigation_system.jpg

자동차 내부의 기본 네트워크, CAN

자동차에도 집적회로가 사용되기 시작하면서 집적회로를 사용하는 부품 간의 데이터 통신에 대한 개발 필요성이 대두되기 시작했다. 1980년에 제너럴 모터스에서 양산된 캐딜락에는 엔진 제어 모듈과 연료 데이터 패널이 일대일로 연결됐다. 이때 연결에 한 개의 구리선이 사용됐다. 그 이후로 연결을 필요로 하는 부품이 등장할 때마다 부품 간 일대일 연결로 문제를 해결했다.

일대일 연결은 임시방편일 뿐이었고, 더욱 효율적인 버스 시스템이 이를 대체했다. 자동차 부품 전문업체인 보쉬에서 시작된 차량용 직렬 버스 시스템 개발 프로젝트는 이후 메르세데스-벤츠와 인텔이 참여함으로써 본격화됐다. 마침내 '자동차용 직렬 컨트롤러 네트워크'라는 이름으로 세상에 소개됐는데, 이것이 CAN[29]이라고 불리는 규격이다. 인텔은 최초의 CAN 컨트롤러 칩을 생산해서 이듬해 BMW 8 시리즈에 최초로 장착됐다[30]. CAN은 두 가닥의 케이블을 사용하며, 차분 신호 전송 방식을 사용한다.

CAN은 버스 형태의 네트워크 토폴로지를 사용한다. 각 부품(노드)은 CAN 네트워크에 사용되는 케이블에 직접 연결된다. 즉, CAN에는 허브 역할을 하는 제품이 없다. 동작 방식은 여느 버스 시스템과 다르지 않다. 메시

---

29 CAN(Controller Area Network)

30 인텔이 첫 CAN 제품을 출시하던 해에 필립스도 동일한 목적을 갖는 집적회로를 생산했는데, 이 둘은 동작 방식이 일부 달랐다. 인텔이 채택한 방식을 FullCAN이라고 하고, 필립스가 채택한 방식을 BasicCAN이라고 한다. 이 둘의 가장 큰 차이점은 FullCAN은 메시지 버퍼를 사용하는 데 비해 BasicCAN은 메시지 큐(Queue)를 사용한다는 점이다. FullCAN 방식은 수신되는 메시지를 종류별로 메시지 버퍼에 채운다. 만약 같은 종류의 메시지가 연속해서 수신되면 비록 다른 메시지 버퍼가 비어 있다고 하더라도 해당 메시지의 전용 버퍼에만 메시지를 채우게 돼 있다. 따라서 이전의 메시지가 덮어 쓰여지지 않도록 CPU는 이전에 수신된 아직 처리되지 못한 데이터를 메시지 버퍼가 아닌 다른 곳으로 옮겨야 한다. 반면, BasicCAN 방식은 메시지 큐를 사용해 선입선출 방식으로 처리하기 때문에 새로 수신된 메시지는 종류에 관계없이 해당 큐에 채우면 된다. 오늘날에는 이 두 가지 방식을 동시에 구현하고 있는 제품들이 대부분이다. 한편, 용어로만 보면 FullCAN이 BasicCAN보다 CAN을 더 많이 구현하고 있다는 것처럼 들리지만 그렇지는 않다.

지는 버스에 연결된 모든 부품에 전달되며, 메시지에 들어 있는 주소로 메시지를 수신할 부품이 결정된다.

CAN 버스는 네트워크에 연결되어 있는 모든 부품이 동등한 위치에 있으므로 서로 데이터를 전송하려는 중에 데이터의 충돌이 발생할 수 있다. 이를 방지하기 위해 일련의 규칙을 설정해서 부품들이 이를 준수하게 한다. 먼저 데이터를 전송하기 전에는 반드시 버스 네트워크로 전송 중인 신호가 있는지 감지한다. 만약 전송 중인 신호가 없으면 데이터를 보낼 수 있다.

그런데 우연히 두 부품이 동시에 데이터 전송을 시작할 수 있다. 잠시 후 두 신호는 네트워크 상에서 충돌하게 된다. 다음 장에서 살펴볼 이더넷의 경우에는 재밍 신호를 보내서 이전에 전송된 데이터가 무시되게 하고 재전송을 시도한다. 그러나 차량의 경우에는 데이터 충돌이 발생하더라도 우선순위가 높은 메시지는 정상적으로 전송된다. 메시지를 보낼 때 머리부에 특정한 코드값을 붙이는데, 이 값을 비트 연산한 후 우선순위가 높은 메시지가 최종적으로 전송되는 방식이다. 차량은 안전을 위해 일부 중요한 데이터가 반드시 목적지 부품에게 전송될 수 있어야 하기 때문이다.

종류	최고 속도	용도
CAN A	33.3 kbps	좌석과 거울 조정기 등의 안락 장치
CAN B	125 kbps	브레이크와 같은 안전 및 신뢰성이 요구되는 영역
CAN C	1 Mbps	안티-브레이크 시스템, 엔진 컨트롤 모듈 등
CAN FD	8 Mbps	고속의 데이터 전송이 필요한 영역

표 8.2 CAN 종류

최근에는 점점 더 많은 자동차 부품들이 전장화되고 있다. 그리고 이들은 CAN 네트워크로 연결되어 편리하고 유익한 기능들을 운전자들에게 제공하고 있다. 예를 들어, 현재 차량의 속도, 브레이크 상태 정보가 CAN 버스를 통해서 엔진을 제어하는 전자 장치로 보내진다. 이 장치는 차량이 잠시 정차 중임을 파악하게 되면 자동으로 엔진을 정지시킨다. 이 기능은 연료비를 절감하는 데 도움을 줄 수 있다. 주행 중 신호 대기를 위해 잠시 정차하는 동안 자동으로 엔진이 정지되면 그만큼 불필요한 연료의 소모를 방지할 수 있다.

또한 전자 주차 브레이크 시스템의 경우 자동차가 경사면에 주차돼 있을 때 차량 내의 기울기 센서와 속도 센서의 정보를 이용해 차량의 현재 상태를 파악해 낸다. 그리고 자동으로 주차 브레이크를 작동시켜 차량이 경사면에서 미끄러져 내리는 사고를 막는다. 이때도 필요한 정보들은 CAN 버스를 이용해서 전송된다.

간단한 데이터 전송을 위한 LIN

CAN의 발전과 함께 차량 내 전자 부품 수가 점차 증가하게 됐고 종류도 매우 다양해졌다. 과거 자동차 창문은 문에 달려 있는 손잡이를 잡고 둥글게 돌려서 올리거나 내렸으나 지금은 버튼을 눌러서 동작시키는 전동식으로 바뀌었다. 레버를 눌러서 수동으로 이동시키던 좌석도 역시 버튼을 눌러서 동작시키는 전동식으로 바뀌었다. 이러한 기능을 구현하기 위해서는 버튼의 눌림 신호를 받아서 창문이나 좌석의 위치를 제어하는 전자 부품에 전달하는 과정이 필요했다. 이때 사용되는 통신은 데이터 전송 속도가 낮고 데이터의 중요성도 높지 않아 CAN을 사용하기에 적합하지 않았다.

이처럼 낮은 데이터 전송 속도를 지원하면서 높은 신뢰성을 요구하지 않는 데이터 통신 방법, 무엇보다도 간단한 구성을 통해 제조 단가를 낮출 수 있는 새로운 자동차 내부 통신 방법을 위해 LIN[31]이 도입됐다. LIN의 케이블은 1개의 라인만 사용한다.

---

31 LIN(Local Interconnect Network)

LIN은 의자의 위치 조정, 창문 조절, 선루프 조작 외에도 운전대에 붙어 있는 각종 스위치들, 예를 들어 방향지시등이나 헤드라이트, 크루즈 기능, 라디오 조작 등에도 사용된다.

고속의 대용량 데이터 전송

자동차에서 점점 더 많은 전장화된 부품들이 사용되면서 한편으로 고속 데이터 통신의 필요가 생겨났다. 그리고 자동차의 특성상 신뢰성을 갖춰서 데이터 전송이 실패할 확률이 극도로 낮아야 했다. 이러한 목적을 충족시키기 위해 FlexRay라는 통신 방식이 만들어졌다[32].

FlexRay는 신뢰성 확보를 위해 이중으로 통신 네트워크를 형성한다. 하나의 통신 네트워크에 문제가 생기면 여분의 네트워크를 사용할 수 있게 돼 있다. 또한 높은 신뢰성을 요하지 않는 데이터를 전송할 경우에는 여분의 네트워크를 동시에 사용해서 2배 빠른 데이터 전송도 가능했다.

신뢰성의 다른 측면, 즉 데이터 지연 문제를 해결하기 위해 FlexRay는 시분할 방식을 사용한다. 타임 슬롯을 형성하고, 각 전자부품이 자신에게 할당된 타임 슬롯을 이용해 데이터를 전송한다. 따라서 버스 방식에서처럼 공유된 채널을 통해 전자 부품들이 서로 데이터를 전송하려고 경쟁할 때 발생하는 데이터 전송 지연 현상이 발생하지 않는다.

최근에는 차량 내 커넥티비티가 확대되면서 멀티미디어 데이터들의 전송이나 각종 차량 외부 카메라로부터 입력되는 영상들을 전송하기 위해 이더넷이 사용되는 추세다. 차량용 이더넷은 사무실에서 사용되는 이더넷과

---

32 2000년 FlexRay 컨소시엄이 결성됐을 때의 멤버는 BMW, 다임러크라이슬러, 모토로라, 필립스 등이었으나, 2001년에 GM과 보쉬가 참여하면서 더욱 힘을 받았다. 2006년에 BMW는 X5 모델에서 댐퍼 장치를 전자적으로 구동하기 위해 FlexRay를 실험적으로 사용해 가능성을 증명했다. 이후, 2008년에 BMW의 7시리즈에서 15개의 ECU(Electronic Control Unit)를 연결한 FlexRay 시스템이 본격적으로 사용되기 시작했다.

달리 케이블에 사용되는 전선이 2가닥이다. 그 외의 다른 기술은 모두 동일하다. 컴퓨터의 근거리 통신망에서 사용되던 기술을 그대로 사용할 수 있다. 현재는 초당 100메가비트의 속도를 갖는 차량용 이더넷 제품들이 사용되고 있으며, 조만간 초당 1기가비트의 속도를 갖는 제품들이 적용될 예정이다.

차량 커넥티비티

자동차의 커넥티비티는 일반적으로 차량이 사용자에게 편의를 제공하기 위해 사용되는 무선통신 서비스를 가리킨다. 대표적으로 차량용 이동통신 서비스를 들 수 있고, 그 밖에도 스마트폰과의 연동, 지능형 교통 기반시설과의 무선통신이 있다. 이것들은 앞에서 살펴본 차량 내의 유선 네트워크와 구별된다.

자동차의 커넥티비티는 그 역사가 무척 오래됐다. 전파를 이용해 음성을 전송하는 것이 가능해졌을 때 이 기술이 가장 먼저 상품화된 제품이 카폰 서비스였다. 카폰 서비스는 제2차 세계대전 직후 미국에서 AT&T에 의해 처음으로 일반인들에게 서비스됐다.

자동차는 초창기 커넥티비티 기술을 탑재하기에 적합한 환경을 제공했다. 무엇보다 장비의 무게를 감당하기에 적합했다. 초창기 카폰 시스템은 무게가 36킬로그램이나 나갔다. 개인이 들고 다닐 수 있는 무게는 아니었다. 긴 안테나를 차량에 설치하는 것도 크게 어려운 작업은 아니었다. 가장 중요한 환경은 자동차가 카폰 시스템이 필요로 하는 전원을 공급해 줄 수 있는 차량용 배터리를 갖추고 있다는 점이었다.

AT&T를 비롯한 해외 주요 통신사들이 카폰 서비스를 출시할 당시 타깃으로 삼은 주요 고객은 부유층 비즈니스맨들이었다. 그런데 시간이 지나면서 카폰 서비스에 대한 수요가 크게 증가했다. 교통의 발달로 이동이 잦아진 다양한 계층의 비즈니스맨들이 카폰 서비스를 찾기 시작했다. 기존의 카폰 서비스로는 증가하는 수요를 충족시킬 수 없게 되자 새로운 기술의 등장이 필요했다. 이 과정에서 셀룰러 이동통신이 탄생했고, 개인용 모바일 기기가 급속도로 보급됐다.

역설적으로 개인용 모바일 기기의 확산은 자동차 카폰 서비스의 퇴조를 불러왔다. 그 대신 자동차 커넥티비티는 오늘날의 모습으로 발전하는 전기를 마련하게 된다. 셀룰러 이동통신을 차량에 활용하는 새로운 기능들이 하나 둘 나타났다. 대표적인 상품이 제너럴 모터스의 온스타였다.

그림 8.17 GM의 온스타(룸미러)[33]

온스타는 위급상황이나 기타 도움이 필요할 경우, 한번의 버튼 클릭으로 제너럴 모터스에서 운영하는 도우미 센터로 연결됐다. 오늘날처럼 내비게이션 시스템이 차량의 기본 장착품이 되기 전에 온스타를 이용하면 안내원이 음성으로 길을 안내했다.

20세기가 끝나갈 무렵 탄생한, 아직은 아날로그 분위기의 온스타는 21세기에 들어서면서 텔레매틱스라는 이름으로 디지털화되고 자동화됐다. 차량에는 손바닥보다 큰 디스플레이가 대시보드에 장착되고, 내비게이션은 안내원의 도움 없이 지도와 GPS 정보로 동작 가능해졌다. 이동통신기술이 2

[33] https://commons.wikimedia.org/wiki/File:OnStar.jpg

세대에서 3세대로 세대교체되면서 멀티미디어 콘텐츠를 차량에서 사용할 수 있게 됐다. 과거 공중파 라디오만 들을 수 있었다면 텔레매틱스를 통해 인터넷 라디오를 들을 수 있게 됐다.

이후, 차량용 커넥티비티 기술은 쉼없이 발전을 이뤘다. 텔레매틱스와는 별개의 차량용 인포테인먼트 시스템이 등장했다. 차량이 텔레매틱스를 통해 이동통신 서비스를 직접 제공하지 않더라도 운전자가 소지한 휴대폰으로 커넥티비티 서비스를 받을 수 있게 됐다. 오늘날 판매되는 거의 모든 차량에는 디스플레이가 포함된 인포테인먼트 시스템이 탑재된다.

오늘날 차량의 커넥티비티라고 하면 다음과 같이 세 가지 측면을 가리킨다. 첫 번째는 텔레매틱스를 통한 전통적인 의미의 커넥티비티다. 차량의 전장화, 디지털화 및 네트워크화와 결부되어 차량 운행 및 각종 부품과 관련된 정보가 실시간으로 수집되고 관리된다. 또한 멀티미디어 콘텐츠를 인터넷으로부터 내려받아 차량 내 인포테인먼트로 전달하는 통로 역할을 한다. 5세대 이동통신의 도래와 함께 가장 바쁘게 움직이는 영역이다.

두 번째는 인포테인먼트 시스템과 스마트폰의 연결이다. 이 둘은 USB, 블루투스를 통해 연결되어 서로 보완적으로 사용된다. 인포테인먼트 시스템은 큰 디스플레이, 차량 전체에 설치되고 튜닝돼 있는 스피커 시스템, 쉬운 사용자 인터페이스를 제공하고, 스마트폰은 인터넷 커넥티비티와 사용자에게 친숙한 스타일의 애플리케이션을 제공한다.

세 번째는 차량의 안전 운행을 위해 차량과 차량 간, 차량과 도로에 설치된 각종 장치 간에 도로 상황에 대해 정보를 주고받는 커넥티비티다. 이들은 셀룰러 이동통신 기술을 이용할 수도 있고, DSRC(Dedicated Short Range Communication) 같은 기술을 이용할 수도 있다. 이 영역은 현재 연구와 개발 중에 있으며, 자율 주행 차량의 등장과 함께 더욱 주목받고 있다.

편리함과 불편함의 사이
유선 연결

우리는 이런 역사를 가지고 있습니다.
3.5인치 플로피를 우리가 대중화시켰고 최초의 아이맥에서는 플로피를 제거했습니다.
우리는 직렬과 병렬포트를 없애기도 했습니다.
여러분은 아이맥에서 USB를 처음 봤을 겁니다.
우리는 맥북에어에서 옵티컬 드라이브를 최초로 버렸습니다.
우리가 이런 일을 할 때 사람들은 우리가 미쳤다고 합니다.

- 스티브 잡스

USB

범용 직렬 버스

USB가 보편화되기 전까지 컴퓨터의 뒷면에는 다양한 형태의 포트(커넥터)들이 배치돼 있었다. 오늘날에는 보기 힘든 모니터 출력 포트, 직렬 통신 포트, 병렬 통신 포트, 마우스 포트, 키보드 포트가 있었다. 그 밖에도 이더넷 포트, 전화 연결선 포트, 게임용 포트가 있었다. 전화 연결선 포트는 전화선을 이용해 통신사의 온라인 서비스를 받기 위해 사용됐다. 그리고 전문적인 기능을 갖고 있는 주변기기를 사용하기 위해 개별 포트들은 확장 카드에서 제공됐다.

이 많은 포트들은 컴퓨터 제조사에 개발의 어려움을 안겨 주었다. 사용자 입장에서도 불편하기는 마찬가지였다. 더 심각한 문제는 미래에도 새로운 규격의 연결 방식들이 발명될 것이고, 이들이 각자 컴퓨터의 뒷면에 한 자리를 차지하려고 할 것이라는 점이다. 이제 커넥터들을 한번 정리할 시간이 된 셈이다.

이 문제를 해결하기 위한 노력의 결실이 USB의 발명으로 이어졌다. 인텔과 마이크로소프트에 의해 주도된 새로운 범용 통신 방식은 윈도우 95가 발표되던 해에 첫 번째 규격이 발표됐다. 그리고 윈도우 98이 발표되던 해에 애플의 맥 컴퓨터가 처음으로 마우스와 키보드를 위한 포트를 없애고 USB 포트를 탑재해서 시장에 출시됐다. 스티브 잡스의 말처럼 그때나 지금이나 애플은 늘 혁신을 주도했다.

이후, USB는 컴퓨터와 주변 장치를 연결하는 가장 성공적인 연결 방식으로 자리매김했다. 그뿐만 아니라 휴대폰을 비롯한 모바일 기기가 보급되면서 전원 공급 및 데이터 전송을 위한 수단으로 사실상 표준의 지위에 올랐다. 나아가 미래에는 오디오 비디오 신호 전송 세계까지 넘보고 있다. USB의 첫 번째 단어인 범용(Universal)이라는 이름이 무색하지 않을 정도다.

USB의 두 번째 단어인 직렬(Serial)은 데이터 전송 방식을 의미한다. USB는 2개의 라인을 이용해 차분 신호 방식으로 데이터를 전송한다. 하나의 신호를 서로 반대 모양의 2개의 신호로 만들어서 2개의 라인으로 보낸다. 따라서 2개의 라인이지만 하나의 신호만 보내므로 병렬이 아니고 직렬이다. 직렬 방식이지만 차분 신호 방식 덕택에 병렬 방식보다 더욱더 고속 데이터 전송이 가능하다. 버전 3.0에서 물리적인 데이터 전송 채널이 증가했는데, 초고속 데이터 전송용으로서 수신용과 송신용이 있다. 이들도 각각 차분 신호 방식이자 직렬 전송 방식이다. 데이터 채널은 총 3개지만, 각각의 용도가 다른 셈이다. 이들을 사용해서 병렬로 데이터를 전송하지는 않는다.

'범용'과 '직렬'은 현재까지도 의미에 맞게 사용되고 있지만 마지막 단어인 '버스'는 버전 3.0이 되면서 의미를 상실했다. 이전 버전은 데이터 전송 방식이 '버스'로, 데이터 패킷을 버스에 연결된 모든 기기에게 전달하는 방식이었다. 패킷에는 주소가 들어 있어서 해당 기기만 패킷 내용을 확인하게 했다. 그런데 버스 방식은 패킷의 충돌 가능성이 있었기 때문에 속도 향상에 한계가 있었다. 새로운 버전에서는 스위치를 활용해 기기와 일대일 연결이 되게 해서 패킷의 충돌을 방지하면서 속도를 증가시켰다. 스위치는 일대일로 연결된 목적 기기에만 패킷을 전송했다. 앞장에서 살펴본 PCI 익스프레스와 동일하다.

표준	최대 전송 속도	전력
USB 1.0	1.5Mbps	5V @ 100mA
USB 1.1	12Mbps	5V @ 100mA
USB 2.0	480Mbps	5V @ 500mA
USB 3.0(USB 3.1 Gen1)[1]	5Gbps	5V @ 900mA
USB 3.1(USB 3.1 Gen2)	10Gbps	20V @ 5A(최대)
USB 3.2	20Gbps	20V @ 5A(최대)

표 9.1 USB 버전과 전송 속도

데이터와 충전을 하나로

우리에게 익숙한 USB 케이블은 스마트폰을 구매하면 부속품으로 오는 것이다. 대개는 충전용으로 사용되는데 전원 쪽은 큰 커넥터, 스마트폰 쪽은 작은 커넥터 모양이다. 전원 쪽의 큰 커넥터가 컴퓨터와 연결되면 데이터 전송용으로 사용된다. 큰 커넥터를 A타입이라고 하고, 작은 커넥터를 B타입이라고 한다. A, B는 크기에 의한 구분은 아니며, 호스트 역할을 하는 쪽의 커넥터를 A형이라고 한다.

---

1 USB는 버전 3.0부터 이름이 복잡해졌다. USB 3.0이 SuperSpeed라는 이름으로 처음 나왔다. 그런데 USB 3.1이 나오면서 갑자기 USB 3.0이 USB 3.1 Gen1이 돼 버렸다. 새로 나온 버전은 USB 3.1 Gen2가 됐으며, 이름도 SuperSpeed+라고 불리게 됐다.

이 케이블은 스마트폰이 나오기 전에도 사용됐다. 폴더폰뿐만 아니라 디지털 카메라의 데이터 전송용으로 사용됐다. 컴퓨터에 연결되는 커넥터는 지금이나 예전이나 동일하다. 즉, A타입의 모양은 같다. 그런데 반대쪽의 B타입의 모양은 조금 달라졌다. 과거의 커넥터는 현재보다 조금 더 두꺼웠다. 미약한 차이지만, 과거에는 미니형이고, 현재형은 마이크로형이다.

최근의 USB 커넥터는 과거와 다른 모양을 하고 있다. A타입의 외형은 얼핏 보면 달라진 것이 없는 것 같다. 그러나 유심히 보면 두 가지가 달라졌다. 첫째, 색깔이 파란색으로 달라졌다. 색깔이 달라진 이유는 버전이 3.0 이상이라는 것을 사용자에게 알리기 위함이다. 그런데 색깔이 달라진 부분은 커넥터의 안쪽에서 체결부를 고정시키고, 결합 시 가이드를 해주는 부분이라 밖에서 쉽게 보이지 않는다. 둘째, 내부의 핀 개수가 9개로 많아졌다. 핀 개수가 많아진 것은 이전 버전보다 훨씬 빠른 데이터 전송을 위해 별도의 전송 채널을 만들었기 때문이다.

이와 함께 반대쪽 커넥터는 크게 변했다. 새로운 형태에 맞게 이름도 C타입으로 바뀌었다. B타입 커넥터는 위아래가 동일하지 않다. 일종의 사다리꼴이다. 커넥터의 핀이 한쪽 면에만 위치해 있기 때문에 반대 방향으로 삽입되지 않게 해주기 위한 목적이다. 그런데 새로 개선된 커넥터는 위아래가 동일하다. 육상 경기장의 원형 트랙처럼 생겼다. 이를 C타입이라고 한다. C타입은 핀이 위로 12개, 아래로 12개가 있다. 커넥터가 삽입되는 방향에 따라 한쪽만 사용된다. USB는 최대 10개의 핀만 사용되기 때문이다. C타입에 대해서는 뒤에서 좀 더 자세히 살펴본다.

스마트폰용 USB 케이블 외에 흔히 볼 수 있는 형태는 프린터나 스캐너용 케이블이다. 이 케이블의 A타입 커넥터는 스마트폰용과 같다. 그런데 프린터 쪽에 연결되는 B타입 커넥터의 모양이 다르다. 스마트폰의 납작하고 길쭉한 형태가 아니라 정사각형에 가까운 모양이다. 정사각형이면 사용자가 어느 방향으로 커넥터를 연결해야 하는지 혼동되기 때문에 한 면은 사다리꼴 모양을 하고 있다. 이 케이블은 소형 오디오 앰프를 컴퓨터에 연결하기 위해서도 사용된다.

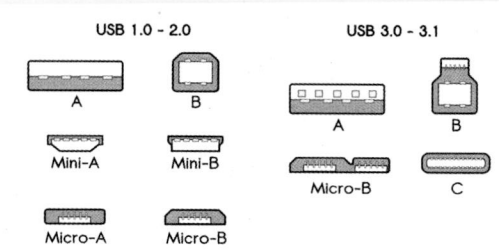

그림 9.1 USB 커넥터 타입

연결의 불편함과 USB-C

USB-C, 즉 타입 C의 탄생을 이야기할 때면 USB 커넥터의 생김새로 인한 불편함을 호소한다. 타입 A 커넥터 케이블을 컴퓨터로 연결할 때면 여러 번 확인을 거쳐야 한다. 먼저 컴퓨터의 USB 포트를 살피고, 케이블의 플러그 모양을 살핀 후 플러그를 포트 가까이 가져가서 확인해 본다. 제대로 정렬돼 있을 확률은 50%다. 그런데 이 확인 절차의 신뢰성이 높지 않다. 준비 단계에서 커넥터와 포트가 제대로 정렬돼 있다고 판단했는데, 사실은 반대 방향으로 돼 있는 경우도 있다. 원인은 USB의 커넥터와 포트 모양이 다른 케이블들과 달리 특이한 형태로 돼 있기 때문이다.

세상에 존재하는 대부분의 커넥터들은 연결 방향이 중요하다. 연결 방향이 중요하지 않은 경우는 플러그가 원형인 전원 케이블, 오디오 잭 정도다. 애플 맥북용 전원 케이블의 커넥터는 길쭉한 타입인데, 연결 방향이 중요하지 않다. 위아래의 구분이 없다. 아이폰의 전원 케이블도 동일하다. 이들을 제외하면 모든 커넥터는 위아래를 구분해야 한다. 따라서 모양도 위아래가 다르게 생겼다. 대개의 경우 한쪽이 짧은데, 일반적으로 아래쪽이 길고, 위쪽이 짧다. 간혹 직렬 ATA 커넥터와 같이 'ㄱ' 모양으로 만드는 경우도 있다.

USB의 경우도 위아래 구분이 중요하다. 그런데 위아래 모양 구분이 명확하지 않다. 한쪽 방향에 핀들이 배치된 구조물이 만들어져 있다. 구조물이 있는 쪽이 위쪽인지 아래쪽인지 모호하다. 컴퓨터 쪽 포트도 그렇고, 케이블의 플러그 쪽도 그렇다. 그렇다 보니 커넥터의 구조물과 포트의 구조물이 부딪혀서 플러그가 포트에 들어가지 못하는 경우가 많다.

이러한 문제를 해결하기 위해 타입 C가 만들어졌다고 한다. 타입 C는 위아래 구분이 없다. 연결 핀을 이중으로 배치했기 때문이다. 어느 방향으로 연결되든 한쪽에 배열된 12개 핀만 사용되고, 나머지 12개 핀은 사용되지 않는다.

앞에서 설명한 커넥터의 불편함은 타입 A에 해당한다. 타입 C는 스마트폰에 사용되는 타입 B의 대체 목적이 크다. 타입 B는 전형적인 커넥터의 모습을 갖고 있다. 위가 짧고, 아래가 길다. 따라서 컴퓨터 쪽의 연결만큼 애를 먹지 않는다. 타입 B는 조만간 타입 C에 의해 완전히 대체될 가능성이 높다. 시간문제다. 그 시간은 부품 비용이 얼마나 빨리 낮아지느냐에 달렸다. 그런데 타입 A는 그대로 사용될 가능성이 높다. 이미 타입 A를 사용하는 USB 주변기기들이 너무 많기 때문이다. 따라서 USB 연결의 불편함은 타입 C의 등장에도 불구하고 당분간 계속될 것이다.

USB-C가 또 한 번의 범용을 만든다

범용 직렬 버스는 어느 정도 자신의 임무를 완수했다. 컴퓨터는 비디오 출력, 랜 포트를 제외하면 USB 포트만 있다. 스마트폰은 오디오 잭 포트와 USB 포트만 있다. TV와 셋톱박스에도 여러 개의 USB 포트를 갖추고 있다. 그 밖에 선풍기, 독서등을 비롯해 다양한 기기에서 USB를 전원용 케이블로 사용하고 있다.

그런데 정작 USB 대중화의 서막을 알렸던 애플은 아이폰에 마이크로 USB 단자를 사용하지 않는다. 대신 라이트닝이라고 불리는 독자 규격을 사용한다. 이 단자는 위아래가 똑같아서 방향 구분 없이 사용할 수 있다. 사용성 측면에서 마이크로 B 단자보다 우수하다고 할 수 있다. 라이트닝 단자 이전에는 애플도 위아래가 다른 모양의 30핀 커넥터를 사용했었다. 라이트닝 단자는 아이폰 5, 아이패드 4세대부터 적용됐다. 아이폰은 USB의 '범용성'이 놓친 제품이다.

USB-C가 나오면서 상황은 역전되고 있다. 애플은 타입 C에 대해 처음부터 호의적이었다. USB가 적용된 첫 제품을 출시했듯이, 타입 C가 적용된 제품도 처음 출시했다. 2016년 맥북 프로가 첫 제품이다. 언론을 통해서도 타입 C의 우수성과 그것이 미래의 대세임을 강조했다. 그리고 아이패드 프로 2018에 타입 C를 적용했다. 타입 C를 사용하지 않는 제품은 아이폰만 남았다.

한편, 비디오 케이블은 HDMI가 거의 독점적으로 사용되고 있는 상황에서 USB-C가 공존의 길을 제시했다. 케이블은 HDMI를 사용하면서 단자는 타입 C를 사용하는 것이다. 예를 들어, 타입 C 포트만 있고 HDMI 포트가 없는 노트북 컴퓨터가 있다고 하자. 예전에 사용 중이던 모니터를 사용해 이중 디스플레이 환경을 만들고자 한다. 이 경우, HDMI 케이블을 컴퓨터의 타입 C에 연결할 수 있다. 이때 사용되는 HDMI 케이블은 주변에서 흔히 볼 수 있는 일반적인 제품이 아니라, 한쪽 끝이 USB-C로 돼야 한다. 일반적인 HDMI 케이블을 사용하려면 USB-C 어댑터를 사용해야 한다. 컴퓨터를 텔레비전에 연결하는 경우도 마찬가지다. 이미 사용 중인 모니터와 텔레비전을 USB-C로 무장한 컴퓨터나 스마트폰과 연결하는 방법이다. USB-C는 진정한 의미의 '범용'을 향해 나아가고 있는 셈이다.

버스에서 일대일 연결로

USB 로고는 삼지창처럼 생겼다. 삼지창의 끝에는 원, 삼각형, 사각형이 그려져 있다. 도형은 다양한 기기들이 연결됨을 의미한다. 모든 USB 기기에는 이 로고가 그려져 있다. 다만 실제 제품에는 너무 작게 그려져서 도형의 형태를 알아보기 힘들 뿐이다.

기기들은 하나로 모여서 컴퓨터로 연결된다. 이 모양은 추가 확장이 가능하다. 삼지창 끝에 있는 도형이 허브를 나타낸다면 그 아래에 또 다른 삼지창을 그릴 수 있다. 삼지창 아래에는 또 다른 삼지창이 있을 수 있다. 이렇게 해서 USB 네트워크는 계층 구조를 만든다. 나무뿌리와 같은 모습이 된다. 나무뿌리의 맨 위에는 루트 허브가 존재한다. 루트 허브는 호스트 컨트롤러[2]를 통해 컴퓨터 내부의 버스 시스템에 연결된다.

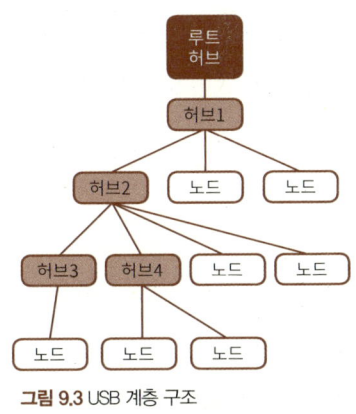

그림 9.2 USB 로고

그림 9.3 USB 계층 구조

USB 네트워크의 동작은 버전 3.0 기준으로 이전과 이후가 다르다. 이전에는 루트 허브에서 그 하부에 있는 모든 USB 기기에 메시지를 보냈다. 나무뿌리를 연상하면 나뭇잎의 광합성 결과물이 나무뿌리 전체에 전달되는 것과 같다. 전형적인 버스 네트워크의 동작 방식이다. 버스에 연결된 기기들은 메시지에 들어 있는 주소를 들여다보고, 자신에게 온 것인지 그렇지 않은지 판단한다.

---

2 HCI(Host Controller Interface)

기기가 루트 허브로 메시지를 보낼 때는 전체에 메시지를 보내지 않는다. 나무뿌리가 흡수한 수분이 줄기를 향해 거슬러 올라갈 수 있다. 끝단에서 중심으로 이동할 때는 갈림길이 없기 때문에 메시지는 오직 한 곳을 향해서 갈 수 있다.

버전 3.0 이후에는 USB 네트워크를 구성하는 허브들이 스마트해졌다. 이전의 더미 허브들은 상위 허브에서 내려온 메시지들을 자신의 아래에 있는 모든 허브와 기기에 그대로 전송했다. 이에 비해 스마트 허브는 라우팅 테이블을 갖고 있어서 메시지가 가야 할 경로로만 전송한다. 이더넷의 스위칭 허브와 같은 기능을 한다. PCI에서 PCI 익스프레스로 업그레이드될 때도 동일한 변화의 방향을 취했다.

이러한 이유로 USB는 더 이상 버스 시스템이 아니지만 끝에 B를 달고 다니는 셈이 됐다.

장치 인식과 데이터의 전송

USB에서 통신의 최소 단위는 패킷이다. 패킷은 역할에 따라 토큰 패킷, 데이터 패킷, 핸드셰이크[3] 패킷으로 구분된다. 토큰 패킷은 어떤 종류의 통신이 이뤄질지 알리는 역할을 하고, 데이터 패킷은 실제 데이터를 전송하며, 핸드셰이크 패킷은 데이터 전송 결과를 알린다. 이 셋은 항상 함께 사용된다. 이를 트랜잭션이라고 한다. 데이터 패킷과 핸드 셰이크 패킷은 호스트와 기기 모두 보낼 수 있지만 토큰 패킷은 호스트만 보낼 수 있다[4].

---

3 전송제어 프로토콜을 살펴볼 때 3단계 설정(3-way handshake)에 대해 살펴봤다.

4 USB에서 데이터의 전송은 항상 호스트로부터 시작된다. 호스트에서 기기로 데이터가 전송(OUT)되는 경우에는 당연한 것이며, 그 반대의 경우인 기기에서 호스트로 데이터가 전송(IN)되는 경우에도, 기기가 임의로 데이터를 호스트로 전송하는 것이 아니라 호스트가 먼저 데이터 전송을 요청하면 그제야 기기가 호스트로 데이터를 보낼 수 있다. 이러한 USB의 특성을 Polled Bus라고 한다.

USB 장치를 컴퓨터에 연결하면 컴퓨터는 자동으로 윈도우 탐색기 같은 프로그램을 실행한다. 이 현상은 컴퓨터와 USB 장치 간에 셋업 트랜잭션이 발생했기 때문이다. USB 장치가 연결되면 호스트는 전기적 신호에 의해 연결 여부를 감지할 수 있다. 그러면 USB 장치를 인식하는 절차가 시작된다.

셋업 트랜잭션도 토큰 패킷, 데이터 패킷, 핸드셰이크 패킷으로 구성된다. 호스트가 보내는 토큰 패킷에는 셋업을 알리는 코드값이 들어간다. 이로써 디바이스는 인식 절차가 시작됐음을 안다. 이어서 호스트는 데이터 패킷을 보낸다. 여기에는 디바이스에 대한 정보를 요청하는 내용이 들어 있다. 정보를 요청하는 방법은 사전에 USB 규격에 정의돼 있다. 데이터 패킷을 받으면 디바이스는 데이터 패킷을 잘 수신했음을 알리는 핸드 셰이크 패킷을 호스트에게 보낸다. 정보를 요청하는 데이터 패킷을 받았다고 해서 바로 정보를 회신하는 것은 아니다. 회신할 정보를 준비한 상태로 호스트로부터 새로운 트랜잭션이 시작되기를 기다린다.

호스트는 디바이스로부터 정보를 받기 위해 새로운 트랜잭션을 시작한다. 이를 위해 토큰 패킷을 보낸다. 여기에는 데이터가 디바이스에서 호스트로 이동하는 트랜잭션임을 알리는 코드값이 들어 있다. 토큰 패킷을 받은 디바이스는 데이터 패킷에 자신의 정보를 실어서 호스트로 보낸다. 데이터 전송이 끝나면 호스트는 디바이스에게 핸드 셰이크 패킷을 보낸다. 호스트는 데이터 패킷에서 디바이스의 종류, 제품 이름, 제조 회사 등의 정보를 읽어내서 화면에 출력해 준다. 만약 메모리 스틱이라면 최상위에 있는 폴더의 내용을 읽기 위한 새로운 트랜잭션을 시작한다.

USB에서 컴퓨터로 데이터 이동 시   컴퓨터에서 USB로 데이터 이동 시

그림 9.4 데이터 전송을 위한 IN/OUT 트랜잭션

이더넷

이더넷과 인터넷의 관계

이더넷과 인터넷은 발음도 비슷하다. 그러나 이 둘은 하늘과 땅만큼 다르다. 이더넷은 실제로 보고 만질 수 있는 물리적 실체라면 인터넷은 뚜렷한 실체가 없다. 그렇다고 인터넷이 실재하지 않는 것은 아니며, 오히려 도처에 편재해 있다. 인터넷은 모든 것을 아우르는 총체적인 개념이다. 인터넷은 이더넷뿐만 아니라 다양한 네트워크들이 서로 연결돼 있는 네트워크다. 태평양 한가운데에서 바라보는 대양도 바다지만 해안가를 오가는 파도도 바다의 일부이듯이, 이더넷도 인터넷이라는 바다의 일부인 셈이다.

잠시 후 살펴보겠지만 이더넷은 인터넷과 무관하게 레이저 프린터를 공유하기 위해 개발됐다. 그런데 레이저 프린터만 공유할 수 있는 것은 아니었고, 스위치도 공유할 수 있었다. 스위치가 인터넷에 연결되자 놀라운 일이 벌어졌다. 스위치에 연결된 모든 컴퓨터가 인터넷에 접속할 수 있게 된 것이다. 이처럼 인터넷에 접속 가능한 기기의 폭증은 이더넷의 발명에 기인한다. 그 때문에 이더넷 커넥터는 인터넷 연결을 나타내는 아이콘으로 사용되기도 했다. 와이파이가 보급되기 전까지의 일이다.

이더넷 발명의 최초 목적이 인터넷 접속이 아니었듯이 이더넷은 반드시 인터넷에 연결될 필요가 없다. 이더넷은 근거리에 있는 컴퓨터들을 서로 연결하기 위한 방편이다. 사무실에서 혹은 가정에서 네트워크가 필요한 기기들을 연결해 준다. 예를 들어, 컴퓨터와 프린터를 연결해 주고, 파일 서버를 연결해 준다. 컴퓨터 간에 파일을 공유할 수 있게 해 준다. 과거에는 토큰링이나 FDDI라고 하는 방식이 있었는데, 구현 비용도 많이 들고 구성도 어려웠다. 이러한 점을 해결하기 위해 탄생한 것이 이더넷이다.

그렇다면 인터넷과 이더넷 중 어느 것이 먼저 태어났을까? 인터넷이 전체이고 이더넷이 부분이라면 부분인 이더넷이 먼저 만들어졌을 것 같지만 오히려 그 반대다. 인터넷의 효시라고 여겨지는 미국방부의 고등연구 계획국[5]의 아파넷이 1969년에 시작됐으니 1983년에서 첫 규격이 나온 이더넷보다는 탄생 시점이 훨씬 앞선다. 단순히 발명 시점만 앞서는 것이 아니라, 아파넷의 패킷 스위칭 방식은 이더넷의 동작 원리에도 직접적인 영향을 미쳤다.

표준	년도	이름	속도	설명
IEEE 802.3	1983	10BASE5	10Mbps	굵은 동축케이블
802.3a	1985	10BASE2	10Mbps	가는 동축케이블
802.3i	1990	10BASE-T	10Mbps	꼬인 연선
802.3u	1995	100BASE-TX, 100BASE-T4, 100BASE-FX	100Mbps	꼬인 연선
802.3ab	1999	1000BASE-T	1Gbps	꼬인 연선
802.3an	2006	10GBASE-T	10Gbps	쉴드돼 있지 않은 꼬인 연선(UTP)

표 9.2 이더넷 규격

---

[5] ARPA(Advanced Research Project Agency)

레이저 프린터를 위한 조연에서 인터넷을 위한 주연으로

오늘날 사무실 환경은 다수의 컴퓨터와 레이저 프린터가 이더넷으로 연결돼 있다. 이 구성의 중요한 세 가지 요소가 제록스에서 만들어졌다. 개인용 컴퓨터, 레이저 프린터, 이더넷이라는 세 가지가 제록스 파크라고 하는 연구소에서 발명됐다.

많은 사무실에서 제록스의 레이저 프린터를 사용한다. 그런데 유선 네트워크도 제록스의 발명품인 것을 아는 사람은 많지 않다. 만약 제록스 파크의 연구원이 새로이 발명된 네트워크의 이름을 제록스넷이라고 했다면 아마 오늘날 제록스의 위상은 많이 달랐을 것이다. 왜냐하면 오늘날 사무실에서 이더넷을 사용하지 않는 곳은 거의 없기 때문이다. 와이파이를 사용하더라도 말이다. 와이파이의 액세스 포인트는 이더넷으로 내부망에 연결된다.

이더넷은 여러 대의 컴퓨터가 레이저 프린터를 함께 사용할 수 있게끔 발명됐다. 당시는 아직 개인용 컴퓨터가 보급되기 이전이어서 사무실에 컴퓨터가 많던 시절은 아니었다. 당시에 사용되던 업무용 컴퓨터는 미니(중형) 컴퓨터라고 불리는 종류였다. 미니컴퓨터에는 프린터가 직접 연결돼 있어서 작업 결과를 종이로 출력할 수 있었다. 그런데 만약 여러 대의 미니컴퓨터들이 레이저 프린터를 공유할 수 있게 해주면 회사 입장에서는 프린터 구매 비용을 낮출 수 있고, 레이저 프린터로 품질 좋은 인쇄물을 출력할 수 있을 것이었다.

그래서 제록스 파크의 로버트 멧칼프[6] 등이 연구를 진행해 이더넷[7]을 개발했다. 멧칼프는 인터넷을 다룬 장에서도 설명했던 하와이의 알로하넷으로부터 중요한 기술들을 차용했다. 이후, 레이저 프린터 판매를 촉진하기

---

6 어떤 네트워크의 가치는 그 네트워크에 참가하는 구성원의 수에 비례하는 것이 아니라 구성원 수의 '제곱'에 비례한다는 멧칼프의 법칙으로도 유명하다.

7 '이더넷'이라는 이름은 빛의 매질로 여겨졌던 에테르(ether)에서 유래했다.

위한 수단으로 개발된 이더넷은 시장에서 빠르게 인기를 얻는다. 특히 사무실에서 사용되는 개인용 컴퓨터들은 기본적으로 이더넷 포트를 갖추고 있었다.

그러나 가정용으로 보급되던 컴퓨터는 좀 더 오랜 시간을 기다린 후에 이더넷 포트를 갖추게 됐다. 초고속 인터넷망이 가정으로 보급되면서부터다. 그 전까지 가정에서 인터넷 연결을 위해서는 전화 모뎀을 사용했다. 이후 ADSL과 같은 모뎀이 통신사를 통해 공급되면서 모뎀과 컴퓨터를 이더넷으로 연결할 필요성이 생겨났다. 구매 시점에 이더넷 포트가 포함돼 있지 않은 컴퓨터는 나중에 PCI 이더넷 확장 카드를 구매해서 이더넷에 연결할 수 있었다. 다행히 윈도우 95 운영체제의 플러그 앤 플레이 기능으로 이더넷 확장 카드 설치는 어렵지 않았다. 이로써 인터넷에 접속하는 컴퓨터의 수는 다시 한번 가파르게 상승했다.

더미 허브에서 스마트 스위치로

이더넷 초창기의 네트워크 구성은 지금과 달랐다. 지금은 중앙에 스위치가 있어서 컴퓨터들이 스위치와 일대일로 연결되는 별 모양의 네트워크다. 초창기에는 중앙에서 케이블을 한데 모아주는 장치가 없었기 때문에 케이블들이 직접 서로 연결되는 모양이었다. 지선 도로와 간선 도로가 만나듯이 컴퓨터에서 나온 케이블은 다른 컴퓨터들을 연결하는 케이블과 연결됐다. 이러한 배선 구조는 이더넷이 버스 방식으로 동작하는 것과 관련이 있다.

버스 방식은 특정 컴퓨터에게 메시지를 보내기 위해 버스에 연결된 모든 컴퓨터들에게 메시지를 보낸다. 메시지에는 주소가 들어 있기 때문에 목적하는 컴퓨터만 그 메시지를 들여다볼 것이다. 다른 모든 컴퓨터들도 메시지를 받지만 자신에게 온 것이 아니라면 메시지를 버린다. 지금까지 여러 차례 살펴본 버스 통신 방식과 동일하다.

케이블을 직접 연결하는 방식은 불편했기 때문에 중앙에 허브를 두는 방식으로 개선됐다. 그러나 버스 방식은 여전히 유지됐다. 허브는 더미였기 때문에 자신이 받은 메시지를 허브에 연결된 모든 컴퓨터에 재전송했다.

이후, 스위치가 등장하면서 이더넷의 통신 방식은 마침내 버스 방식에서 벗어났다. 스위치는 내부 컴퓨터의 주소를 모두 갖고 있어서 메시지가 오면 목적지 주소가 가리키는 컴퓨터에만 그 메시지를 전달했다. 이는 이더넷의 데이터 전송 속도를 향상시키는 데 도움이 됐다. 버스 방식에서는 메시지의 충돌이 발생할 수 있기 때문에 속도의 향상에 한계가 있었다. 오늘날 가정에서 사용하는 인터넷 공유기를 비롯해 대부분의 스위치는 이러한 스마트 기능을 갖추고 있다. 이러한 변화도 USB 3.0, PCI 익스프레스와 같다.

지금까지 외관상 변함이 없는 케이블과 커넥터

이더넷에 사용되는 케이블과 커넥터의 종류는 단순하다. 처음 이더넷이 소개됐을 때는 BNC라는 특수한 형태의 커넥터와 동축 케이블을 사용했는데, 얼마 지나지 않아 지금의 형태로 바뀌었다. USB, HDMI 등의 커넥터들은 일반형과 미니형, 마이크로형 등 다양한 형태를 갖는데, 이더넷 커넥터는 단 한 종류만 있다.

그림 9.5 이더넷 케이블과 커넥터[7]

이더넷 커넥터는 별도의 이름을 갖고 있다. 8P8C 또는 RJ45라고 한다[9]. 이름에서 볼 수 있듯이 8개의 핀으로 구성된다. 고속 이더넷의 경우 8개 중

---

8 https://commons.wikimedia.org/wiki/File:Ethernet_Connection.jpg

9 8P8C(8 Position 8 Contact)는 컴퓨터 네트워크에서 사용되기 위해 만든 용어이고, RJ45(Registered Jack)는 전화 시스템에서 사용되기 위해 만든 용어이므로 엄밀한 의미로는 8P8C가 정확한 용어다. 그러나 현실에서는 구분 없이 사용하고 있다.

절반인 4개가 데이터의 전송을 위해 사용된다. 2개가 한 쌍을 이루어 한 쌍은 송신용, 나머지 한 쌍은 수신용으로 쓰인다. 2개의 라인을 이용하는 이유는 차분 신호 전송 방식을 사용하기 때문이다. 기가 이더넷이 되면서 8개 라인이 모두 사용되고 있다. 2개씩 쌍을 이뤄 차분 신호를 전송한다. 따라서 4개의 신호 전송 채널이 있고, 각각 초당 250메가비트의 데이터 전송 속도를 낸다.

이더넷 케이블은 모두 같아 보이지만, 사실 내부를 들여다보면 다양한 종류가 있다. 외부 신호의 간섭을 방지하기 위해 쉴드를 어떻게 했느냐에 따라서 구분된다. 많은 재료가 들어갈수록 좋은 케이블이며 비싼 케이블이다. 오늘날 가정이나 사무실에서 사용되는 대부분의 이더넷 케이블은 쉴드돼 있지 않은 종류다. 이를 UTP[10]라고 한다. 당연히 값이 저렴하다는 장점이 있다.

쉴드를 하지 않았다고 하더라도 UTP 케이블이 준수해야 하는 규격이 있다. 데이터의 전송 속도가 높을수록 규격은 까다로워진다. 즉, 더 높은 주파수를 사용하기 때문에 케이블은 적은 유전 손실을 가져야 하고, 더 좋은 절연재를 사용해야 하며, 더 많은 꼬임(twist)을 가져야 한다. 꼬임이 많을수록 외부 및 내부선 간의 간섭에 강해진다. 기가이더넷을 위한 규격은 Cat5e다. Cat은 카테고리를 나타낸다. 뒤의 숫자는 높을수록 빠른 전송 속도를 의미한다.

이더넷 프레임의 충돌 회피와 대책

이더넷은 더 이상 버스 방식이 아니기 때문에 초기의 동작 메커니즘이 더는 사용되지 않는다. 그러나 네트워크를 공부하면 이더넷의 동작 방식인

---

[10] UTP(Unshielded Twisted Pair)

CSMA/CD[11]는 기본 개념에 해당한다. 비록 유선망에서는 과거의 유물이 됐지만 무선망에서는 유사한 형태로 활용되고 있기 때문이다.

　CSMA/CD의 핵심은 버스 시스템에서 발생하는 프레임의 충돌을 방지하고, 만약 충돌이 발생하면 이를 해소하는 방법에 관한 것이다. 기본적인 동작은 프레임을 전송하기 전에 케이블의 신호를 감지해 보는 것이다. 만약 전송 중인 신호가 없다면 바로 프레임을 보낼 수 있다. 이 과정을 캐리어 센싱이라고 한다. 캐리어 센싱은 통신 매체를 공유하는 모든 통신 방식의 기본적인 원칙이다. 예를 들어, 버스 방식을 사용하는 유선 통신과 모든 무선 통신은 통신 전에 캐리어 센싱을 한다.

　캐리어 센싱 결과, 전송 중인 신호가 없다고 판단되면 바로 프레임의 전송을 시작할 수 있다. 그런데 전송 중인 신호가 있다면 일단은 기다려야 한다. 그렇다면 문제는 얼마나 오랫동안 기다릴 것인가다. 모든 단말이 끊임없이 캐리어 센싱을 하게 되면 전송 중인 신호가 없다고 판단되는 순간 서로 프레임을 보내려고 시도할 것이다. 결과적으로 네트워크 곳곳에서 프레임의 충돌이 발생한다. 잠시 후 살펴보겠지만 프레임 충돌이 발생하면 일정 기간 모두 동작 정지 상태로 대기해야 하기 때문에 데이터의 전송 속도가 낮아진다. 따라서 가능하면 프레임 충돌 발생을 미연에 방지해야 한다.

　이러한 목적으로 캐리어 센싱 결과 전송 중 신호가 감지되어 기다려야 하는 경우가 되면 단말마다 무작위 함수를 실행해 그 결괏값에 해당하는 시간 동안 대기하게 된다. 따라서 어떤 단말은 짧은 시간을 기다릴 수도 있고, 다른 단말은 오랜 시간을 기다릴 수도 있다. 그렇다고 짧은 시간을 할당받은 단말이 프레임 전송에 유리한 입장은 아니다. 왜냐하면 짧은 시간 대기 후

---

11 CSMA/CD(Carrier Sense Multiple Access / Collision Detection)

캐리어 센싱 결과 여전히 다른 단말이 프레임 전송 중일 수 있기 때문이다. 그러면 다시 무작위 함수를 실행하고 그 결괏값만큼 대기하게 된다.

마침내 캐리어 센싱 결과 전송 중인 프레임이 없음을 확인했다면 바로 자신의 프레임 전송을 시작한다. 여기까지가 CSMA가 설명하는 동작 알고리즘이다. 그러나 CSMA로도 100% 프레임 충돌을 막을 수는 없다. 캐리어 센싱이라는 것이 네트워크 전체를 감지한다는 의미는 아니다. 고작해야 단말의 수신기로 들어오는 신호가 있는지를 확인하는 작업이다. 하늘에 날아다니는 새가 보이지 않는다고 해서 하늘에 새가 한 마리도 없다고 할 수는 없는 것과 같다. 기껏해야 내가 바라보는 하늘에만 해당되는 것이다.

충돌이 감지되면 이를 감지한 단말은 프레임 충돌이 발생했음을 네트워크 상의 모든 컴퓨터에게 알리기 위해 특정한 패턴의 재밍신호를 보낸다. 그런 다음, 무작위 시간만큼 프레임 전송을 중지한다. 그러고 나서 네트워크 상태를 확인하고 전송 중인 프레임이 없는 것을 확인하면 자신의 프레임을 보낸다. 두 번째 시도에서도 프레임 충돌이 발생한다면 이번에는 지난번에 기다렸던 시간의 2배를 기다리게 된다. 이를 이진 지수 백오프라고 한다. 이러한 기다림도 16회까지만 반복하고, 16회 때도 프레임 충돌이 감지되면 최종적으로 데이터 전송 실패로 처리한다. 이러한 방식을 충돌감지(CD)라고 한다.

한편, 단말이 캐리어 센싱을 할 때 특별한 하드웨어나 소프트웨어가 사용되는 것은 아니다. 모든 이더넷 단말은 송신을 위한 케이블과 수신을 위한 케이블에 각각 연결된다. 사용되는 랜케이블은 하나지만 내부에는 송신용과 수신용이 따로 있다. 따라서 수신되는 데이터를 받기 위해 항상 수신 케이블 상의 신호 변화를 감지하고 있다. 이 과정이 다름 아닌 캐리어 센싱인 셈이다.

이더넷 프레임

이더넷 프레임의 기본 구조도 여느 패킷과 같이 머리부, 몸통부, 꼬리부로 이뤄져 있다. 머리부에는 발신 기기 주소, 수신 기기 주소가 들어간다. 프로토콜과 패킷을 다루던 장에서 설명한 바와 같이 몸통부에는 인터넷 패킷이 캡슐화돼 있다. 몸통부에 들어가는 데이터의 최대 크기는 1480바이트다. 따라서 상단 프로토콜 스택인 인터넷 프로토콜은 파편화를 방지하기 위해 스스로 이 크기에 맞춘다. 아래 프로토콜에서 추가될 머리부와 꼬리부의 크기를 감안해서 이를 뺀 크기에 해당하는 데이터를 만든다.

프레임의 머리부에서 사용하는 주소를 맥 주소라고 한다. 전기전자 기술자협회(IEEE)는 OSI 7계층의 데이터 링크 계층을 둘로 나누고 논리 계층과 미디어 접근 제어 계층을 정의했는데, 이중 후자를 맥(MAC) 계층이라고 한다. 그리고 이 계층에서 정의하는 주소 체계에 따라 맥 주소가 기기마다 할당된다.

맥 주소는 6바이트로 구성된다. 4바이트로 구성되는 인터넷보다 훨씬 많은 주소가 가능하다. 따라서 네트워크 기기에 부여되는 맥 주소는 전 세계에서 유일하다. 그리고 인터넷 주소처럼 공인 주소, 사설 주소의 구분이 없다.

DIX	프리앰블		목적지맥 주소	출발지맥 주소	타입	데이터	체크섬
	8		6	6	2	46-1500	4바이트
802.3 (원본)	프리앰블	시작	목적지맥 주소	출발지맥 주소	타입	데이터	체크섬
	7	1	6	6	2	46-1500	4바이트
802.3 (1997수정본)	프리앰블	시작	목적지맥 주소	출발지맥 주소	길이/타입	데이터	체크섬
	7	1	6	6	2	46-1500	4바이트

그림 9.6 이더넷 프레임의 구조

이더넷 주소 결정 프로토콜

이더넷에 연결된 컴퓨터들은 어떻게 상대방 기기의 맥 주소를 알 수 있을까? 예를 들어 컴퓨터 A가 같은 이더넷 상의 컴퓨터 B에게 패킷을 보내고자 한다. 이 패킷은 물리 계층을 통해 전송되기 전에 미디어 접근 제어 계층에서 이더넷 프레임으로 변환된다. 그런데 컴퓨터 B의 맥 주소를 알아야 프레임의 머리부를 완성할 수 있다.

이 시나리오가 동작하기 위한 전제조건이 있다. 최소한 컴퓨터 B의 인터넷 주소는 알려져 있다는 점이다. 만약 컴퓨터 B의 인터넷 주소를 모른다면 통신 자체가 불가능하다. 컴퓨터 A는 컴퓨터 B를 인터넷 주소로 구별하고 인식한다. 물건을 이름으로 인식하는 것과 같다. 주소가 없다는 것은 인식 자체가 불가능하다는 의미다.

일단 컴퓨터의 인터넷 주소를 알면 이를 이더넷 주소로 바꿔주는 프로토콜이 있다. 이를 주소 결정 프로토콜[12]이라고 한다. 컴퓨터 A는 패킷을 보내기 전에 이 프로토콜을 이용해 이더넷에 있는 모든 컴퓨터에게 프레임을 보낸다. 이 프레임의 머리부에 있는 목적지 주소에는 'FF:FF:FF:FF:FF'라고 들어 있다. 이는 모든 컴퓨터들은 이 프레임을 받아서 내용을 체크하라는 의미다. 컴퓨터 B도 이 프레임을 받고 내용을 살펴본다. 인터넷 주소가 자신의 것임을 확인한 후 컴퓨터 A에게 자신의 맥 주소 정보를 회신한다.

한편, 각 컴퓨터는 주변의 다른 컴퓨터들의 인터넷 주소와 이더넷 주소를 매핑해주는 테이블을 관리한다. 각 컴퓨터는 이 테이블을 메모리에 저장하고 있다가 프레임을 보내야 할 때 사용한다. 만약, 저장된 정보가 없다면 직전의 주소 결정 프로토콜을 작동시킨다.

---

[12] ARP(Address Resolution Protocol)

서로 다른 이더넷 네트워크상의 컴퓨터 간 통신

컴퓨터 C는 컴퓨터 A와 다른 이더넷에 속해 있다. 이 경우에는 컴퓨터 C의 이더넷 주소를 주소 결정 프로토콜로도 알 수가 없다. 주소 결정 프로토콜은 같은 이더넷에 속해 있는 컴퓨터들 간에만 적용된다. 따라서 컴퓨터 A가 주소 결정 프로토콜 패킷을 보내도 컴퓨터 C는 받을 수 없다.

이처럼 다른 이더넷에 있는 컴퓨터에 패킷을 보내야 하는 경우에는 프레임을 먼저 스위치에게 보낸다. 스위치는 다른 이더넷상에서 하나의 단말에 해당한다. 따라서 스위치는 컴퓨터 C의 맥 주소를 알아내기 위해 주소 결정 프로토콜을 사용할 수 있다.

스위치는 수신한 프레임에서 머리부를 완전히 제거하고 새로운 프레임을 만든다. 프레임의 발신 주소는 스위치 자신이 된다. 그리고 만약 스위치가 단말로 속한 이더넷에 컴퓨터 C가 있으면 이것의 맥 주소를 목적지로 설정한다. C의 인터넷 주소만 알고 맥 주소를 모른다면 주소 결정 프로토콜을 사용하게 된다. 이처럼 스위치는 컴퓨터 A를 대리한다. 컴퓨터 C로부터 회신을 받으면 이를 컴퓨터 A에 전달한다.

그렇다면 컴퓨터 A는 컴퓨터 C가 다른 이더넷에 있다는 사실을 어떻게 알까? 다시 전제조건으로 돌아가 보자. 컴퓨터 C의 인터넷 주소가 알려져 있다. 컴퓨터 A는 컴퓨터 C의 인터넷 주소를 자신의 것과 비교함으로써 다른 이더넷에 있는지 알 수 있다. 4바이트로 구성된 인터넷 주소는 사실 네트워크 주소와 단말 주소의 결합이기 때문이다. 예를 들어, 컴퓨터 A의 인터넷 주소가 192.168.0.2라고 할 때 앞의 숫자 3은 네트워크 주소를 가리킨다[13]. 즉, 192.168.0은 네트워크 주소다. 나머지 2가 단말의 주소다. 컴퓨터 B는

---

13 넷마스크(netmask)라는 정보가 있는데, 이 정보로 인터넷 주소의 어느 부분이 네트워크 주소인지 알 수 있다. 앞 3자리 숫자가 네트워크 주소라면 넷 마스크는 255.255.255.0으로 표기된다.

192.168.0.3이다. 따라서 컴퓨터 A는 B가 같은 이더넷에 있다는 것을 안다. 그런데 컴퓨터 C는 192.168.1.4다. 컴퓨터 C의 네트워크 주소는 192.168.1이다. 컴퓨터 A와 다른 이더넷이다.

혁신의 연구소, 제록스 파크

이더넷을 이야기하면 빠질 수 없는 소재가 제록스 파크[14]다. 이 연구소에서 이더넷이 만들어졌을 뿐만 아니라 오늘날 사용되는 혁신적인 제품들과 기술들이 탄생했다. 대표적인 예가 레이저 프린터, 마우스, 그래픽 사용자 인터페이스(GUI), 객체지향 프로그래밍, 유비쿼터스 컴퓨팅이다. 최초의 개인용 컴퓨터 제록스 알토도 빼놓을 수 없다.

그림 9.7 미국 드라마 "스티브 잡스, 제록스 파크를 방문하다(2010)" 속의 알토 컴퓨터[15]

스티브 잡스는 1979년에 이 연구소를 방문한다. 이곳에서 알토 컴퓨터를 접한다. 그리고 알토의 그래픽 인터페이스에 감명받게 된다. 이전까지 컴퓨터 화면이 보여줄 수 있었던 것은 텍스트뿐이었다. 역사상 가장 훌륭하다고 평가받는 이 사업가는 그래픽 사용자 인터페이스의 가능성을 직감했다.

---

14 PARC(Palo Alto Research Center), 팔로알토 연구소
15 https://www.youtube.com/watch?v=2u70CgBr-OI

그는 그 감명을 고스란히 옮겨 와서 애플에서 로사와 매킨토시를 만든다. 잡스는 생전에 "피카소는 '좋은 예술가는 모방하고 위대한 예술가는 훔친다'고 말했다"며 "우리는 훌륭한 아이디어를 훔치는 것을 부끄러워한 적이 없다"고 말했다.

그리고 빌 게이츠는 애플을 베껴서 윈도우 운영체제를 만들었다. 스티브 잡스는 빌 게이츠를 자신의 사무실로 불렀다. 당시 마이크로소프트는 애플에 소프트웨어[16]를 납품하는 협력업체의 지위에 있었다. 갑이 오라니 을은 득달같이 갔을 것이다. 왜 오라고 하는지 이유도 뻔히 알았고, 예상되는 질문에 대한 답변도 준비된 상태로 말이다.

잡스는 "당신을 믿었는데, 이제 우리 걸 도둑질하다니!"라고 분개했다. 그러자 빌 게이츠는 "글쎄, 스티브. 이 문제는 다른 시각으로 볼 수도 있다고 생각해. 우리에겐 제록스라는 부유한 이웃이 있었는데, 내가 텔레비전을 훔치려고 그 집에 침입했다가 당신이 이미 훔쳐 갔단 사실을 발견한 것으로 볼 수도 있다는 얘기지"라고 답했다.

이 말을 못 알아들었을 잡스가 아니다. 잡스는 게이츠에게 "좋아. 하지만 우리가 하는 거랑 너무 똑같이 만들진 마"라고 했다고 전해진다.

얼마 후, 잡스는 경영권 분쟁에 밀려 자신이 창업한 회사에서 쫓겨난다. 그리고 다시 얼마 후인 1988년, 잡스가 없는 애플은 마이크로소프트의 윈도우가 매킨토시를 베꼈다고 소송을 걸었다. 제록스도 애플에게 소송을 걸었다. 5년이 넘는 법정 공방 끝에 모두 원고 패소 결정이 내려졌다.

애플이 마이크로소프트를 상대로 걸었던 일명 "look and feel" 소송은 그로부터 20여년 후 반복됐다. 이번에는 삼성의 스마트폰이 애플의 아이폰 디자인 특허를 침해했다고 소송을 걸었다.

---

[16] 오늘날 직장인이라면 누구나 한번은 사용했을 스프레드시트 소프트웨어인 '엑셀'이다.

오디오/비디오 신호의 전송, HDMI

세상을 바꾼 혁신, HDMI

오늘날 비디오 케이블은 HDMI가 대세다. 컴퓨터와 모니터의 연결, 플레이스테이션과 같은 게임기와 텔레비전의 연결, 셋톱박스와 텔레비전의 연결, DVD 플레이어 또는 블루레이 플레이어와 텔레비전의 연결 모두 이제는 HDMI 케이블을 사용한다. 이 덕분에 HDMI 기술을 만든 관련 회사들은 피씨 매거진이 수여하는 "세상을 바꾼 혁신" 상을 수상했으며, 기술 공학 분야에서 미국의 에미 상[17]을 받기도 했다.

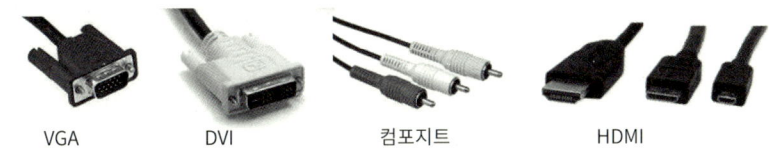

VGA　　DVI　　컴포지트　　HDMI

그림 9.8 오디오 비디오 커넥터

　　HDMI가 발명되기 전, 비디오 케이블에는 두 가지 종류가 있었다. 첫째는 컴퓨터 모니터를 위한 케이블로 VGA가 대표적이다. 둘째는 텔레비전 연결용으로 컴포지트 또는 컴포넌트 케이블이다. 이 방식들은 모두 아날로그 방식이다. 색상을 만들기 위한 신호 값들이 아날로그 형태로 디스플레이에 전송됐다. 신호 값은 음극선관에서 색조를 표현하기 위한 전압의 높이였다.

　　케이블에 새로운 변화가 닥쳐온 것은 디스플레이의 혁신 때문이었다. TFT LCD가 거의 모든 디스플레이를 갈아치우기 시작했다. 디스플레이가 디지털로 변경되면서 아날로그 통신 방식을 유지할 필요가 없어졌다. 그렇지

---

17 텔레비전 방송계의 아카데미상이라고 불리는 미국 텔레비전계 최고의 상

않아도 아날로그 신호를 사용하다 보니 외부로부터의 전기적 노이즈와 신호 간의 간섭 현상 등으로 색상에 왜곡이 생기는 문제가 제기되고 있었다.

변화는 컴퓨터 모니터 진영[18]에서 먼저 이뤄졌다. 디지털 영상 전송이 가능한 DVI[19]가 소개됐다. DVI는 기존의 VGA에 디지털 신호를 전송할 수 있는 라인과 핀들을 케이블과 커넥터에 추가했다. 디지털 신호들은 2개의 라인을 이용해 차분 신호로 전송됐다. 특히 신호의 안정적인 전송을 위해 이진 신호의 변환 최소화 기법을 함께 적용하는데, 나중에 HDMI에서 그대로 사용된다. 잠시 후에 이 방식에 대해 구체적으로 살펴보기로 한다.

다음 변화는 텔레비전 진영에서 일어났다. 21세기에 들어서면서 고화질 텔레비전은 점차 디지털화돼 가고 있었고, 비디오 콘텐츠들은 VHS 테이프에 저장하던 방식에서 CD나 DVD 같은 디지털 저장 매체에 저장되기 시작했다. 전송되는 비디오 신호가 고화질이 될수록 외부의 간섭으로부터 보호돼야 할 필요성도 높아졌는데, 아날로그 방식으로는 한계가 있었다.

텔레비전 진영에서도 DVI를 표준으로 고려할 수도 있었으나, 다음과 같은 두 가지 문제점이 있었다. 첫째는 DVI는 디지털 신호뿐만 아니라 아날로그 신호를 지원하기 위해 불가피하게 커넥터의 부피가 커졌다는 것이다. 이는 제조 단가의 상승을 가져왔고, 다른 케이블 대비 시장성에서 불리한 처지일 수밖에 없었다. 둘째는 오디오를 지원하지 않았다는 점이었다. 애초에 DVI는 컴퓨터와 모니터를 연결하는 인터페이스를 위해 만들어졌기 때문에 오디오는 고려 대상이 아니었던 것이었다.

그럼에도 DVI는 디지털 전송을 위한 훌륭한 기술들을 갖추고 있었다. 전적으로 외면하기에는 아까웠다. 결국 새로운 디지털 전송 방식은 DVI의

---

[18] DDWG(Digital Display Working Group). 인텔, 실리콘 이미지, 컴팩, 후지쯔, HP, IBM, NEC로 구성
[19] DVI(Digital Visual Interface)

디지털 전송 방식 중 일부를 가져오고, 추가로 오디오 전송과 디스플레이 제어가 가능하게 했다.

이렇게 탄생한 HDMI[20]는 기술 측면에서 오히려 DVI보다 열등했다. 지원하는 해상도도 낮았다. 그런데 현실적인 필요성에는 더 적합했다. 컴퓨터 모니터와 텔레비전이라는 서로 다른 산업에서 동시에 대세로 등극할 수 있었던 이유다.

이진 신호의 변환 최소화 방법과 차분 신호 방법

HDMI의 가장 큰 특징은 이진 신호의 변환 최소화 방법과 차분 신호 방법의 결합[21]이다. 이 두 가지 방법은 순차적으로 진행되는데, 먼저 이진 신호의 변환 최소화 방법을 적용해 전송할 데이터를 생성한 후, 차분 신호 방법으로 전송한다.

이진 신호의 변환 최소화 방법은 선(라인) 부호화를 다룬 장에서 이미 설명했지만 여기서 복습해 보고자 한다. 디지털 전송은 0과 1의 끊임없는 배열이다. 극단적인 경우에는 0만 계속해서 전송될 수도 있고, 1만 계속해서 전송될 수도 있다.

이진 신호의 변환 최소화 기법은 0과 1로 이뤄진 데이터 스트림을 더 먼 곳으로 보내거나 더욱 저렴한 비용으로 구현하기 위해서 만들어졌다. 구체적으로 살펴보면 0과 1의 디지털 데이터 스트림은 무작위적인 배열 순서를 가질 수 있고, 극단적인 경우에는 0만 연속적으로 전송되거나, 1만 연속적으로 전송될 수 있다. 또는 0과 1이 연속해서 번갈아 가면서 전송될 수도 있다. 이러한 경우, 신호의 안정적인 전송이 어려워지거나 이를 구현하기 위해 추가

---

20 HDMI는 2002년에 소니, 히타치, 도시바, 파나소닉, 필립스 등 7개 업체가 모여서 만들었음.
21 TMDS(Transition Minimized Differential Signaling)

적인 고성능의 부품들이 사용돼야 한다. 이를 해결하기 위해 최소 20비트 단위 기준으로 0과 1의 개수 차이가 2를 넘을 수 없게 하고, 연속해서 0과 1이 5회 이상 나타날 수 없게 하는 방법이 필요했다. 바로 8b/10b 인코딩이 등장하게 된 배경인데, 8비트 데이터를 10비트로 변환함으로써 앞의 요구사항들을 만족시킬 수 있게 됐다. 예를 들어, 8비트 데이터인 01111111은 10비트 데이터인 0111101000으로 변환된다. 원래 8b/10b 인코딩은 IBM에서 개발한 것인데, DVI와 HDMI에서 사용하는 방식은 유사하나 코드 테이블은 상이하다.

HDMI의 리모컨 지원 기능

USB는 다양한 케이블과 커넥터를 하나로 통합해서 사용자에게 큰 편의를 제공했다. 이와 같이, '범용'으로 사용될 수 있는 기술이나 제품에 대한 요구사항은 어느 곳에나 존재한다. 그중 하나가 리모컨이다.

HDMI가 갓 등장하던 시절에는 집집마다 거실 탁자 위에 최소 2~3개씩의 리모컨들이 있었다. 텔레비전용 리모컨, 셋톱박스용 리모컨, DVD 플레이어용 리모컨, 또는 홈씨어터용 리모컨, 오디오용 리모컨들이 생김새도 비슷한 채로 나란히 놓여 있었다.

당연히 '범용' 리모컨 제품들도 소개됐다. 하나의 리모컨으로 모든 제품들을 제어할 수 있었다. 그러나 이런 류의 리모컨은 너무 많은 버튼으로 구성돼 있어 사용성에 문제가 있었다. '범용'을 추구하다가 빠질 수 있는 함정인 '복잡'함이었다.

많은 리모컨을 하나로 통합하는 문제를 HDMI가 해결해 보고자 했다. 앞에서 나열한 여러 전자제품들의 공통된 특징은 모두 텔레비전에 연결된다는 점이다. 따라서 일단 텔레비전에 연결되면 텔레비전의 리모컨으로 이들을 제어할 수 있게 하는 것이 목표였다. 텔레비전은 대부분 3~4개의 HDMI

연결 포트를 갖추고 있기 때문에 여러 기기를 연결하는 것은 문제가 없었다. 텔레비전 제조사들은 너나 할 것 없이 이 기능을 탑재했고, 소비자들을 대상으로 이 기능을 홍보했다.[22]

하지만 편리해 보이는 설명과는 달리 이 기능을 사용하기 위해서는 사용자가 직접 텔레비전 및 연결된 기기들의 설정을 바꿔야 한다. 또한 많은 경우 이 기능이 기본적으로 비활성화돼 있어서 이를 먼저 활성화하는 작업도 해야 한다. 설정 메뉴로 들어가더라도 일반적으로 몇 단계의 메뉴를 거친 후에야 설정 메뉴가 보이는 경우가 허다하다.

그뿐만 아니라 해당 주변 기기를 동작시키기 위해서는 먼저 텔레비전을 통해 해당 기기를 선택해야 한다. 예전에는 손가락을 한 번만 까딱하면 됐는데, 이제는 머리도 사용해야 하는 번거로움이 생긴 것이다. 이렇다 보니 편리함에도 불구하고 널리 사용되고 있지는 않다.

여담으로, 오늘날에는 리모컨 개수에 대한 불만이 적다. 그 이유는 리모컨으로 조작할 수 있는 제품의 수가 줄었기 때문이다. 텔레비전과 셋톱박스가 전부다. 그리고 셋톱박스와 같이 제공되는 리모컨으로 텔레비전도 함께 제어할 수 있다. 그래서 리모컨이 하나만 있으면 된다. 그밖에 DVD/블루레이 플레이어, 홈씨어터 플레이어, 오디오는 거실에서 대부분 사라졌다. 모두 인터넷 때문이다.

버전과 지원 해상도

데이터 전송 속도는 USB나 이더넷, PCI익스프레스에만 해당하는 것으로 오해하기 쉽다. 이들 통신 방식들의 규격이 업그레이드될 때마다 사용자들은

---

22 CEC(Consumer Electronics Control). CEC 채널이라고 함. 회사마다 사용하는 용어가 다른데 LG전자는 SimpLink, 삼성은 Anynet+, 소니는 BRAVIA Sync라고 한다.

실질적인 속도 개선의 효과를 체감할 수 있다. USB 메모리 저장 장치로부터 컴퓨터로의 파일 복사가 빨라지고, 이더넷으로 연결된 파일 서버로부터 개인용 컴퓨터로의 파일 복사도 빨라진다.

그에 비하면 HDMI의 경우 사용자들이 한 번도 속도에 대해 눈여겨볼 기회가 없다. 셋톱박스에서 텔레비전으로, 혹은 컴퓨터에서 모니터로 영상 데이터가 전송될 때면 이들의 전송 속도가 예나 지금이나 동일할 것으로 생각하기 쉽다. 그러나 현재 HDMI의 최신 버전이 2.1인 것에서 그동안 여러 차례 데이터 전송 속도의 개선이 이뤄져 왔음을 짐작할 수 있다.

다시 한번 복습 차원에서 설명하자면 데이터 전송 속도의 향상은 한 비트의 데이터가 과거보다 빨리 이동하는 것이 아니라 단위 시간당 더 많은 비트가 이동하는 것이다. 정확히 이 같은 의미에서 HDMI는 데이터 전송 속도의 개선이 이뤄져 왔다.

최초 버전의 HDMI가 지원하는 디스플레이의 해상도는 1920×1200이 최대였다. 그러나 디스플레이의 해상도가 지속적으로 향상됨에 따라 2.0부터 4K 영상의 전송을 지원할 수 있게 됐다. 동작 클록수를 높여서 비트 간격을 줄인 것이다. 최근 버전인 2.1에서는 10K 해상도를 지원한다.

높은 해상도의 지원이 데이터 전송 속도의 향상과 직접적으로 어떤 관계에 있는지 살펴보자. 디지털 영상은 화소 단위로 이뤄진다. 화소는 적, 녹, 청 3가지의 색상 정보를 갖는다. 이들 색상 정보는 8비트의 크기로 표현된다. 따라서 한 화소는 8비트×3색상 = 24비트의 정보로 구성된다. 이제 해상도 1920×1200의 화면은 얼마나 많은 비트로 구성되는지 보자. 이 해상도는 가로로 1920화소, 세로로 1200화소로 구성돼 있다. 따라서 한 화면은 2,304,000의 화소로 구성된다. 한 화소는 24비트로 이뤄지므로 한 화면은 2,304,000화소×24비트 = 55,296,000비트로 이뤄진다.

그렇다면 이 수치는 초당 몇 비트의 속도를 필요로 하는 것일까? 영화가 초당 24화면(프레임)을 재생하기 때문에 배우들의 동작이 자연스럽게 이어지고, 이는 시각 잔상효과 때문이라는 것을 알고 있다. 같은 이치로 텔레비전에서는 초당 30화면(프레임)을 필요로 한다. 앞에서 하나의 화면은 55,296,000비트로 구성된다는 것을 알았으니, 이 수치를 30배 하면 초당 전송되는 비트의 수가 된다. 그 값은 1,658,880,000비트이고, 1.545기가비트가 된다. 이 데이터 전송 속도는 기가비트 이더넷보다 빠르지만 파란색 단자의 USB 버전 3.0보다는 느리다.

한편, 초기 HDMI는 초당 60화면(프레임)의 영상도 전송이 가능했으므로 최대 데이터 전송 속도는 초당 3.1기가비트라고 할 수 있다. 그래도 USB 버전 3.0보다는 느린 속도다.

HDMI 버전 2.0부터는 4K 영상의 전송도 가능해졌다. 그렇다면 데이터 전송 속도는 초기 버전 대비 얼마나 개선되는 것일까? 앞에서 사용한 수식을 이용하면 한 화면은 4096화소×2160화소×24비트 = 212,336,640비트로 구성된다. 그리고 초당 60화면을 보내는 경우라면 12,740,198,400비트이고, 11.87기가비트가 된다.

한편, 버전 2.0부터는 한 화소를 나타내는 색상 정보가 24비트에서 48비트까지 사용 가능하다. 적, 녹, 청 각각의 정보를 16비트에 사용할 수 있다. 이 경우라면 4K 영상을 전송하기 위해 초당 23.74기가비트의 데이터 전송이 필요해진다. USB의 최신 버전인 3.2(초당 20기가비트)보다도 높은 데이터 전송 속도를 갖게 된다.

버전	발표 년도	채널당 최대 신호 전송률(Gbps)	총 신호 전송률(Gbps)	최대 색상 정보(비트)	최대 지원 해상도
1.0	2002	1.65	4.95	24	1920x1200p/60Hz
1.3	2006	3.4	10.2	48	2560x1600p/60Hz

버전	발표 년도	채널당 최대 신호 전송률(Gbps)	총 신호 전송률(Gbps)	최대 색상 정보(비트)	최대 지원 해상도
1.4	2009	3.4	10.2	48	3840x2160p/30Hz 4096x2160p/24Hz
2.0	2013	6.0	18	48	4096x2160p/60Hz
2.1	2017	–	48	–	10K/120Hz

표 9.3 HDMI 버전과 지원 해상도

HDMI의 오디오 전송

디스플레이 인터페이스 케이블을 통해 오디오 신호를 전송하면서 별도의 추가 라인을 사용하지 않는 점은 HDMI의 또 다른 혁신적인 기술이다. 색상 정보를 전송하는 채널의 일부 대역을 활용해 오디오 신호를 전송하기 때문이다. 이 방식도 DVI에서 빌려온 기술이다. DVI는 청색 비디오 신호에 수평 동기화 신호를 실어 보냈다.

수평 동기화 신호란, 과거 음극선관을 이용하던 방식에서 유래한다. 음극선관은 스크린의 좌측 상단부터 시작해서 오른쪽으로 주사한다. 그리고 오른쪽 마지막 위치에 다다르면 잠시 전자의 방출을 멈추고 다음 줄을 그리기 위해 왼쪽으로 음극선관을 이동시킨다. 이 기간 중에는 비디오 신호의 전송이 없다. 이를 블랭킹이라고 하는데, 일반적으로 138화소에 해당하는 시간이다. 이 기간의 시작과 끝을 알리기 위해 수평 동기화 신호를 사용한다.

HDMI는 이 시간 중에서 62화소의 길이 동안 채널 0(청색)을 통해 수평 동기화 신호를 보내고 난 후, 같은 채널을 통해 오디오 헤더 정보와 수평 동기화 신호를 64화소의 길이 동안 전송한다. 그리고 같은 기간 동안, 채널 1(녹색), 채널 2(적색)를 통해 오디오 데이터를 담고 있는 신호가 전송된다. 그러고 나서 채널 0에서는 다음 비디오 데이터 신호가 전송되기 전 12 화소 기간 동안 수평 동기화 신호가 전송된다.

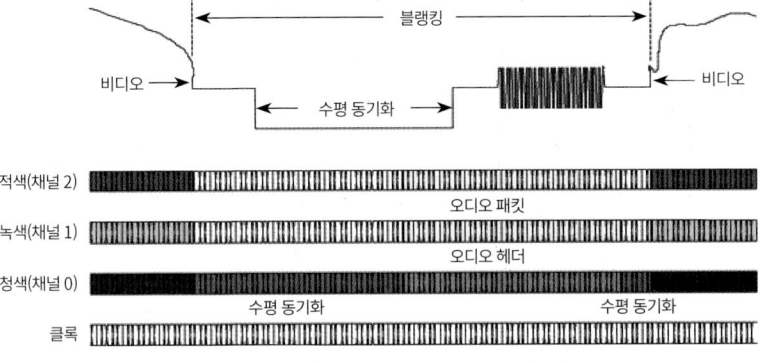

그림 9.9 HDMI를 통한 오디오 신호의 전송

HDMI의 오디오 신호 전송은 S/PDIF[23]를 따른다. S/PDIF는 소니와 필립스가 만든 디지털 오디오 인터페이스 표준인데, HDMI 규격을 작성한 주요 멤버가 소니와 필립스였기 때문에 S/PDIF가 HDMI의 오디오 인터페이스가 된 것은 어쩌면 당연한 결과다.

스마트폰과 텔레비전의 연결, MHL

MHL[24]의 규격이 만들어지던 때는 가전제품(CE)과 정보 기술 기기(IT)의 발전 측면에서도 흥미로운 시기다. 당시에는 평판 디스플레이를 이용하는 텔레비전이 대세를 이루는 가운데, 텔레비전 제조업체들이 크기와 화질 경쟁을 시작하던 때였다. 한편 인터넷의 속도는 지속적으로 증가하고 있었고, 모바일 기기를 이용한 인터넷 콘텐츠의 스트리밍 서비스도 많은 인기를 얻고 있었다. 이러한 배경에서 모바일 기기와 대화면 텔레비전의 연결은 어쩌면 숙명적인 작업이었다고 볼 수 있다.

---

23 SPDIF(Sony/Philips Digital Interface Format)
24 MHL(Mobile High Definition Link). MHL은 삼성전자가 주도한 규격이다. 한편 LG전자가 주도한 규격은 슬림포트다.

MHL은 새로운 케이블이나 커넥터를 고안하지 않았다. 스마트폰에 사용 중인 USB 포트를 활용하고, 텔레비전으로의 연결을 위해 HDMI 케이블을 결합했다. 이 경우 기술적인 문제는 USB 포트에 데이터 전송 레인[25]이 한 개가 있는데 HDMI는 데이터 전송 레인 세 개가 있다는 것이다. 따라서 모바일 기기는 USB 포트로 적색, 녹색, 청색의 신호를 순차적으로 내보내고, 중간에 있는 집적 회로가 HDMI의 레인들에게 적합한 신호를 분배해야 한다. 직렬 전송을 병렬 전송으로 변환하는 것과 같다. 따라서 비록 포트는 기존의 규격을 그대로 사용했지만 집적 회로가 들어가 있는 전용 케이블이 필요해졌다.[26]

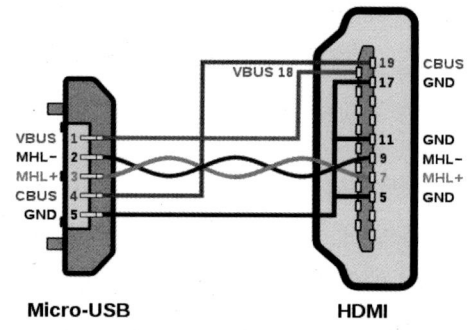

그림 9.10 MHL과 HDMI 연결[25]

하지만 MHL은 조용히 등장한 것처럼 조용히 사라졌다. 여러 가지 이유가 있었겠지만 무엇보다 텔레비전이라는 오락 매체의 특성에 맞지 않았기 때문이다. 텔레비전은 수동적으로 즐기는 매체다. 여기서 유일한 능동적 활동은 리모컨 조작뿐이다. 그 밖에 필요한 것은 최대한 편한 자세로 쉴 수 있는 소파나 쿠션뿐이다. 그 외의 무엇도 불편하고 성가시다. MHL로 연결된 모바일 기기는 처음에는 신기할 수 있지만 몇 번만 반복되면 불편하고 성가시다. 차라리 소파에 누워서 스마트폰 속의 영상을 보는 것이 낫다.

---

25 차분 신호 전송을 위한 한 쌍의 전선

26 https://commons.wikimedia.org/wiki/File:MHL_Micro-USB_-_HDMI_wiring_diagram.svg

디스플레이 포트

디스플레이 포트의 탄생

HDMI는 히타치, 소니, 파나소닉과 같은 오디오 비디오 가전 업체들이 주축이 되어 고해상도 텔레비전과 오디오 비디오 기기들을 연결하는 것을 주목적으로 개발됐다. 시장에 소개된 이후에는 컴퓨터와 모니터를 연결하는 수단으로도 각광받았다. 그런데 HDMI를 제품에 사용하기 위해서는 로열티를 지불해야 한다. 로열티는 판매되는 제품당 $0.15를 내야 하며, HDMI 로고를 제품에 부착하는 경우에는 $0.1를 추가로 내야 했다. 천만 대의 제품을 판매하는 경우 10억 원을 로열티로 내야 한다[27].

이에 인텔, AMD, 델, HP, 애플 등 PC 관련 업체들이 중심이 되어 HDMI에 대항할 만한 새로운 디지털 인터페이스를 개발하기 시작해서 디스플레이 포트(DP)가 만들어졌다[28]. 그후, 데스크톱용 그래픽카드 및 노트북, 그리고 개인용 컴퓨터의 모니터를 중심으로 사용 빈도가 높아지고 있다. 애플은 디스플레이 포트를 가장 적극적으로 제품에 도입하고 있다.

당초의 목적에 맞게 디스플레이 포트는 라이선스 비용이나 로열티 비용을 지불할 필요가 없다. 또한 HDMI보다 여러 가지 기술적 우수성을 갖고 있다. 하지만 아직까지는 HDMI의 일방적인 우세에 가려 빛을 못 보고 있다.

그림 9.11 디스플레이 포트 케이블과 커넥터[28]

---

[27] 회원비는 연 $10,000.
[28] 디스플레이 포트 규격은 VESA에서 관리하고 있다.
[29] https://commons.wikimedia.org/wiki/File:Displayport-cable.jpg

디스플레이 포트의 패킷 전송 방식

디스플레이 포트는 디스플레이 인터페이스이면서도 독특하게도 비디오/오디오 데이터를 패킷 형태로 전송한다. 이더넷, USB, PCI 익스프레스에서 데이터들이 패킷으로 전송되는 것과 같다. 이들은 통신 방식과 기본 동작은 같은데, 다음과 같이 크게 두 가지 측면에서 차이점이 있다.

첫째, 디스플레이 포트는 영상 데이터를 보내는 기기(컴퓨터)와 받는 기기(디스플레이)가 화면 재생을 위해 동기화돼야 한다. 신호를 전송하기 위한 동기화가 아니라 화면을 디스플레이에 출력하기 위한 동기화다. 예를 들어, 디스플레이가 1초에 30화면을 출력한다면 컴퓨터는 1초에 30화면에 해당하는 영상을 보내야 한다. 더 적은 양의 데이터를 보내면 안 되지만 더 많은 양의 데이터를 보내도 안 된다. 디스플레이 기기는 일반적으로 버퍼를 거의 갖고 있지 않으며, 갖고 있어도 매우 작은 용량의 버퍼를 갖고 있다. 따라서 많은 양의 데이터를 한꺼번에 전송하면 일부 정보가 손실될 수 있다.

USB나 이더넷은 항상 규정된 최고 속도로 데이터를 전송한다. 전송해야 할 데이터를 가능한 한 빨리 전송해야 하기 때문이다. 그러나 디스플레이 포트는 규정된 최고 속도가 있지만 거의 사용되지 않는다. 빨리 보내는 것이 목적이 아니다. 그보다 영상을 보내는 기기와 받는 기기가 동기화될 수 있도록 일정한 시간 단위로 패킷을 전송한다.

둘째, USB나 이더넷도 영상 데이터를 패킷에 담아서 전송한다. 예를 들어, USB 메모리에 저장된 동영상을 재생하거나 데스크톱 컴퓨터를 이용해 인터넷으로부터 영상을 스트리밍 방식으로 재생하는 경우 USB와 이더넷은 각각 영상 데이터를 패킷에 실어 나른다. 단, 이 통신 프로토콜들은 압축된 영상 데이터를 전송한다. 물론, USB나 이더넷 규격이 영상의 압축 부호화에 대해 직접 정의하지는 않는다. 특히나 이더넷은 물리 계층에 대한 규격이므로 전송되는 데이터의 내용에 대해 전혀 알지 못한다. 그러나 데이터의 고속 전송 편에서 살펴본 것처럼 동영상 데이터는 고속 전송을 위해 기본적으로 압축이라는 과정을 거친다[30].

그러나 디스플레이 포트의 패킷은 압축되지 않은 영상 데이터다. 패킷에는 화소의 적색, 녹색, 청색 정보를 나타내는 8비트가 순차적으로 들어간다. 따라서 USB나 이더넷보다 고속의 데이터 전송이 필요하다. 이처럼 압축하지 않은 데이터를 이용하는 이유는 모니터가 압축을 풀 수 없기 때문이다. 모니터에는 압축을 풀기 위한 특별한 하드웨어나 소프트웨어를 실행할 수 있는 범용 마이크로 프로세서가 없다.

한편, 디스플레이 포트가 패킷을 사용하기 때문에 갖는 장점은 전화 시스템이 회선 방식에서 패킷 방식으로 바뀌면서 갖게 된 장점과 거의 같다. 컴퓨터와 디스플레이가 하나의 케이블 및 커넥터를 독점할 필요가 없어졌다. 따라서 여러 개의 디스플레이가 동시에 연결될 수 있다. 패킷의 내용에 최종 도착 디스플레이의 정보를 입력해 주면 중간의 허브가 패킷을 해당 디스플레이로 전달하면 된다. 그리고 미래에 새로운 기능을 추가하고자 할 때 패킷의 내용이나 형식만 수정하면 되며, 물리적 인터페이스를 수정할 필요가 없다. 따라서 규격의 업그레이드가 수월하다.

디스플레이 포트의 데이터 전송 레인

HDMI는 데이터 전송을 위해 4개의 레인을 필요로 하며, 그중 3개는 적색, 청색, 녹색의 신호를 전담하고, 나머지 하나는 클록 신호를 전송한다. 그러나 디스플레이 포트는 데이터 전송에 사용되는 레인의 개수가 지정돼 있지 않다. 애플리케이션에 따라 레인의 개수는 1, 2 또는 4개로 자유롭게 선택할 수 있다.

---

30 이 과정은 블루투스에서 음성 신호 전송을 위한 헤드셋 프로파일은 압축되지 않은 상태로 전송하지만 음악 데이터 전송을 위한 A2DP 프로파일은 SBC, MP3, AAC와 같은 압축 방식을 사용하는 것과 같다.

디스플레이 포트는 클록 신호 전송을 위해 별도의 레인을 사용하지 않는다. 이 방식은 이더넷과 같다. 이더넷도 별도의 클록 신호 전송을 위한 채널을 갖고 있지 않다. 그 이유는 클록 신호가 데이터에 포함돼 있기 때문이다. 고속화 채널의 라인 부호화에서 살펴본 것처럼 8비트 데이터를 10비트 신호로 변환할 때 데이터와 클록 신호가 합쳐지는 부호화된 신호를 만들게 된다. 이렇게 데이터와 합쳐진 클록 신호를 임베디드 클록이라고 한다.

비교 기준	HDMI 1.4	디스플레이 포트 1.2
전송 속도	10.2Gbps	Up to 21.6Gbps(실제 데이터 17Gbps)
최대 케이블 길이	수 미터	최대 15미터
케이블	HDMI 전용	디스플레이포트 전용
커넥터	HDMI 전용	디스플레이포트 전용
충전	미지원	미지원
데이지 체인	미지원	지원
네트워크 토폴로지	일대일	데이지체인 및 스타
타깃 시장	HDTV/게임기기	PC
기본 기술	TDMS(8B/10B)	PCI-Express(8B/10B)
설정	4레인(데이터 3, 클록1) 차분 신호, DC coupled	1, 2 또는 4레인(임베디드 클록) 차분 신호, AC coupled
비트 레이트	레인당 250Mbps~3.4Gbps	1.62, 2.7 또는 5.4Gbps
디스플레이 정보 송수신	EDID/DDC	Aux channel
컴플라이언스	Authorized Test Centers	Qualified Test Houses
주관 기관	HDMI.org	VESA
표준/로열티	비공개/로열티 있음	공개/로열티 없음
대체 모드	있음	있음
콘텐츠 보호	HDCP	DisplayPort Content Protection (DPCP), HDCP

표 9.4 HDMI와 디스플레이 포트 비교

차고 넘치는 신호들
무선 연결

> 무선 통신이 완벽하게 구현되면,
> 지구는 하나의 거대한 두뇌로 전환되고,
> 어디에 있더라도 즉각적으로 통신이 가능하게 될 것이다.
> - 니콜라 테슬라

와이파이

와이파이 기기의 무덤, CES[1]

몇 년 전 필자는 차량용 디지털 칵핏 제작 프로젝트에 참여했다. 칵핏이란 항공기의 조종사가 앉아 있는 공간의 모든 장비 일체를 일컫는다. 이 개념을 자동차 운전석에 적용한 것이 차량 디지털 칵핏이다. 프로젝트의 목적은 프로토타입을 제작하고 이것을 자동차 제조회사들에게 홍보하는 것이었다.

자동차 칵핏을 위한 다양한 기능들이 구현됐는데, 그중 하나는 스마트폰과 인포테인먼트 시스템[2]의 연동이었다. 사용자가 차량에 탑승한 후 스마트폰을 무선충전기 위에 올려놓으면 스마트폰은 자동으로 인포테인먼트 시스템과 연결됐다. 연결에는 와이파이를 사용했다.

---

1   CES(Consumer Electronics Show). 해마다 1월이 되면 미국 네바다 라스베이거스에서 열리는 소비자 가전 전시회

2   정보를 의미하는 인포메이션(information)과 오락적인 요소를 말하는 엔터테인먼트(entertainment)의 합성어로서, 차량용 인포테인먼트는 차 안에 설치된 장비들이 차량 상태와 길 안내 등 운행과 관련된 정보는 물론이고, 사용자를 위한 엔터테인먼트적인 요소를 함께 제공하는 시스템이다. In-Vehicle Infotainment(IVI) 시스템이라는 용어로도 사용된다.

연결이 완료되면 차량 인포테인먼트 시스템에서 스마트폰의 기능을 사용할 수 있었다. 예를 들어, 스마트폰에 설치된 내비게이션, 음악 재생, 전화 걸기/받기 기능이 가능하다. 스마트폰을 직접 사용해도 되지만 거치대를 사용해야 하고 화면이 작아 운전 중 조작이 어렵다. 반면, 차량 디스플레이는 스마트폰보다 크고 운전석에서 조작하기가 쉽기 때문에 일명 스마트폰의 미러링[3]은 소비자에게 유용한 기술이다.

1년 동안 기획과 개발을 거치고 여러 차례 사전 데모를 성공적으로 진행했다. 마침내 프로토타입 데모 세트는 비행기를 타고 라스베이거스로 이동했다. 그곳에서 CES 기간 중 자동차 제조업체의 관계자들에게 시연할 예정이었다.

연초에 개최되는 CES에는 수많은 업체들이 참여한다. 업체마다 데모를 위해 많은 장비를 갖고 오는데, 그중에는 와이파이 기기들도 포함돼 있다. 이렇게 전시장에 설치되는 와이파이 공유기의 수가 상상을 초월한다. 공유기 간에 패킷들의 충돌로 인해 무선통신이 유명무실해지는 경우가 허다하고 준비한 데모가 실패하는 경우도 부지기수다.

다행히 디지털 칵핏 데모는 별도의 방에서 진행될 예정이었다. 많은 업체가 군집해 있는 넓은 홀이 아니라 단독방을 준비했다. 그리고 비록 모형이기는 했지만 차량 내부에서의 와이파이 연결이었기에 정상적으로 동작할 것이라고 판단했다.

그러나 우리의 예측은 빗나갔다. 우리가 준비한 와이파이 데모를 시연하지 못했다. 그 순간에도 와이파이를 의심하지 않았다. 우리가 작성한 코드를 의심했다. 그런데 CES를 마치고 데모 세트가 한국으로 돌아오자마자 모든 기능이 정상적으로 동작하는 것을 발견했다. 뒤통수를 맞은 느낌이었다.

---

3   여러 종류의 소프트웨어 제품이 있다. 애플의 카플레이, 구글의 안드로이드 오토, 그리고 미러링크가 있다.

넘쳐나는 2.4기가헤르츠 대역의 기기

와이파이는 여러 개의 채널로 나뉘어 있다. 채널은 와이파이가 사용할 수 있는 주파수 대역을 잘게 쪼개 여러 네트워크가 동시에 사용할 수 있도록 만든 개념이다. 널찍한 도로에 여러 개의 차선을 그려서 동시에 여러 대의 차량이 통행할 수 있게 한 것과 같다. 와이파이가 사용할 수 있는 주파수 대역은 2.4~2.4835기가헤르츠다. 이 대역을 14개의 채널로 구분한다[4]. 그런데 채널들이 서로 겹쳐져 있는 까닭에 실제 동시 사용 가능한 채널은 3개다[5]. 예를 들어, 아래의 그림에서처럼 1번, 6번, 11번은 겹쳐지지 않은 채널들이다.

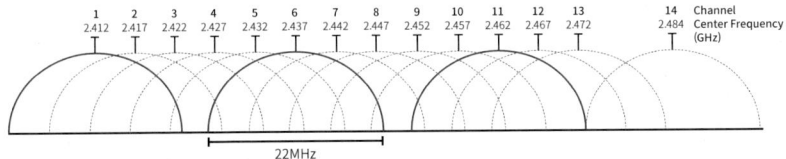

그림 10.1 와이파이 채널(2.4기가헤르츠)[6]

와이파이를 도로에, 채널을 차선에 비유하자면 데이터 패킷은 자동차다. 자동차들이 차선을 지키면 충돌사고 없이 속도를 낼 수 있다. 와이파이도 동일한데, 사용자들이 사용 순서만 지킨다면 패킷의 충돌 없이 이론적인 속도에 가까운 데이터 전송이 가능하다. 문제는 도로에서는 차량이 눈에 보이므로 자율적으로 순서 조정 및 충돌회피가 가능한데, 와이파이는 눈에 보이지

---

4 14번 채널의 경우에는 일본을 제외한 대부분의 국가에서 사용할 수 없도록 규정돼 있다. 일본에서는 802.11b의 경우에만 사용할 수 있다. 12, 13번 채널의 경우, 미국에서는 저전력 모드 조건이 충족될 경우에만 사용할 수 있다.

5 각 채널 사이에는 5메가헤르츠의 간격이 존재한다. 각 채널은 22메가헤르츠의 대역폭을 갖고 있는 것으로 그려져 있는데, 이는 와이파이 버전에 따라서 조금씩 다르다. 즉, 802.11b에서는 각 채널의 대역폭이 22메가헤르츠였지만, 802.11g/n에서는 각 채널의 대역폭은 20메가헤르츠로 정의됐다.

6 출처: 위키미디어, https://commons.wikimedia.org/wiki/File:2.4_GHz_Wi-Fi_channels_(802.11b,g_WLAN).svg

않고 사용 순서를 정하는 것이 불가능하다는 것이다. 따라서 불가피하게 와이파이 신호 간 충돌이 발생한다.

자동차가 많아지면 도로도 어쩔 수 없이 붐비게 되고, 자동차들은 제 속도를 낼 수가 없다. 그런데 와이파이 기기는 도로 위의 자동차 증가보다 훨씬 빠른 속도로 증가했다[7]. 그것도 훨씬 짧은 시간에 말이다. 문제를 가중시키는 요소는 와이파이 기기만 2.4기가헤르츠의 주파수를 사용하는 것이 아니라는 사실이다. 블루투스와 스마트홈용 저전력 통신인 지그비도 동일한 주파수 대역을 사용한다. 심지어 전자레인지도 이 대역을 사용한다. 이 주파수 대역이 붐비는 이유는 정부의 허가 없이 전파를 사용할 수 있기 때문이다. 이 대역을 ISM[8] 대역이라고 부르는데, 산업 · 과학 · 의료용으로 자유롭게 사용할 수 있다.

이처럼 해당 주파수를 사용하는 기기들이 절대적으로 많이 증가했는데, 이와 더불어 와이파이의 사용 시간도 크게 늘었다. 현대인들은 수시로 인터넷에 접속한다. 스마트폰으로 SNS를 확인하고 메일을 확인하고 뉴스를 읽는다. '사용 기기의 증가' × '사용 시간의 증가'는 와이파이 네트워크 간 신호 충돌과 이로 인한 데이터 전송 속도의 저하 현상을 불러 왔다.

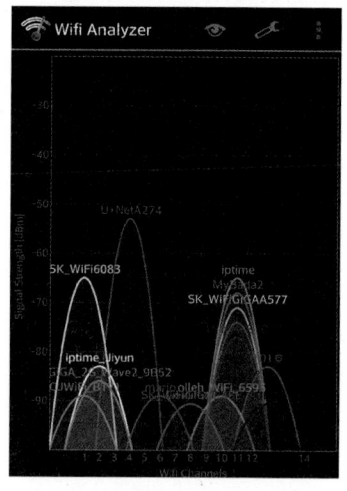

그림 10.2 와이파이 분석기로 측정된 결과
(필자의 집에서 측정)

7 　와이파이 얼라이언스에 의하면 이미 사용 중인 와이파이 기기는 68억 대가 넘는다고 한다.

8 　ISM(Industry-Science-Medical)

문제를 해결하기 위해 규격을 만드는 와이파이 얼라이언스는 새로운 주파수 대역을 추가했다. 5기가헤르츠 대역이 그것이다[9]. 이 주파수 대역도 ISM 밴드다. 5기가헤르츠 대역은 25개의 채널로 구분돼 있는데, 국가별로 사용 가능한 채널들이 정해져 있다. 예를 들어, 과거 미국의 경우 기상 레이더가 사용하고 있는 120번 채널부터 132번 채널까지는 와이파이 무선 기기가 사용할 수 없었다. 최근에는 이를 완화해서 해당 채널이 사용되고 있지 않으면 와이파이로 사용할 수 있게 해주는 DFS[10] 규정을 따르고 있다. 예를 들어, 해당 채널을 기상 레이더가 사용 중이라면 와이파이 용도로 사용할 수 없지만 기상 레이더가 사용 중이 아니라면 와이파이 용도로 사용할 수 있다.

와이파이의 탄생

와이파이의 시작은 이더넷의 효시라고 할 수 있는 알로하넷까지 거슬러 올라간다. 알로하넷은 해상에서 사용된 무선 패킷 통신이었다. 그러나 본격적인 의미에서의 와이파이의 시작은 이더넷을 무선 통신으로 구현한 웨이브랜으로 볼 수 있다[11]. 웨이브랜은 900메가헤르츠와 2.4기가헤르츠에서 동작했으며, 최대 데이터 전송 속도는 초당 2메가비트였다. 웨이브랜은 다양한 제품으로 구현되어 시중에서 판매됐고, 윈도우, 리눅스 등의 운영체제들도 웨이브랜을 지원했다.

웨이브랜이 탄생하기 수년 전에 호주의 국립 연구소[12]는 무선 통신 기술을 개선할 방안을 찾고 있었다. 연구팀을 이끌던 사람은 전파 천문학에서 오

---

[9] 2.4GHz, 5GHz 외에도 3.65GHz, 4.9GHz, 5.9GHz, 60GHz, 900MHz 대역이 있다.
[10] DFS(Dynamic Frequency Selection)
[11] NCR, AT&T, Lucent에 의해 개발됐다.
[12] CSIRO(Commonwealth Scientific and Industrial Research Organisation)

랜 기간 근무한 사람[13]이었는데, 우주 전파 분야의 경험이 근거리 무선망 개선에 큰 역할을 했다. 당시 근거리 무선 통신의 문제점은 데이터 전송을 위해 안테나로부터 송출된 전파들이 주변의 물체들에 부딪치면서 반사된 후, 목적지 통신 기기의 안테나로 전달될 때 온갖 잡음 신호들이 함께 전달된다는 것이었다. 전파 천문학에서도 이와 유사한 문제가 오랫동안 고민이었다. 우주로부터 오는 모든 잡음 신호를 제거하고 필요한 신호만 뽑아내는 기술이 필요했다[14]. 마침 호주의 연구팀이 나름의 해결 방법을 갖고 있었다. 그들은 이 우주적 작업의 결과를 집 하나 크기의 공간에 적용하는 방법을 찾아내어 이를 특허로 등록했다.

때마침 근거리 무선망의 표준을 준비하고 있던 전기전자 기술자 협회는 호주의 국립 연구소가 특허 등록한 내용을 규격에 포함시켰다[15]. 그렇게 최초의 규격은 지금으로부터 20여 년 전에 최대 초당 2메가비트의 속도로 소개됐다. 이 규격은 802.11이라는 이름으로 발표됐다.

한편, 근거리 무선망 표준에 의거해서 제품을 만들더라도 서로 다른 제조사에서 생산되는 제품 간에 통신이 되지 않는 문제를 해결하기 위해 무선 이더넷 호환성 협회[16]가 21세기가 시작되기 1년 전에 출범했다. 이 협회에서는 인증과 관련된 절차를 정의한다. 이 절차를 무사히 통과한 제품에게 와이파이 인증서를 교부하고, 제품의 외곽에 인증 로고를 부착할 수 있게 해준다. 이러한 인증 로고가 붙어 있는 제품 간에는 근거리 무선랜 통신이 가능하다는 보증을 해준다. 그런데 인증을 받지 못했다고 해서 타 근거리 무선망 제품들과 통신이 되지 않는다는 것은 아니다.

---

13 존 오설리반

14 1970년대 영국의 물리학자 스티븐 호킹은 크기가 원자만큼 작은 '미니 블랙홀'들이 우주에 존재하고 이들이 짧은 순간이지만 밝게 빛난다는 이론을 발표했다. 이후, 미니 블랙홀의 전파 신호를 찾기 위한 시도들이 있었다. 이때 중요한 기술이 우주의 수많은 잡음 속에서 미니 블랙홀이 보낸 신호를 찾는 것이었다.

15 호주 국립연구소는 와이파이 특허사용료로 지금까지 5억 달러 이상의 수입을 얻었다고 한다.

16 WECA(Wireless Ethernet Compatibility Alliance)

무선 이더넷 호환성 협회가 이룩한 또 하나의 업적이 있는데, '와이파이'라는 이름을 만들어 낸 것이다. 협회에서는 전문 브랜드 컨설팅 회사에게 작명을 의뢰했고, 고성능 오디오 기기를 뜻하는 용어인 하이파이[17]와 비슷한 '와이파이'가 탄생했다. 얼마 지나지 않아 협회의 이름도 와이파이 얼라이언스라고 개명했다.

	발행 날짜	주파수(GHz)	대역폭 (MHz)	전송 속도 (Mits/s)	가능 MIMO	변조
802.11 –1997	Jun 1997	2.4	22	1, 2	N/A	DSSS, FHSS
a	Sep 1999	5.8	20	6, 9, 12, 18, 24, 36, 48, 54	N/A	OFDM
		3.7				
b	Sep 1999	2.4	22	1, 2, 5.5, 11	N/A	DSSS
g	Jun 2003	2.4	20	6, 9, 12, 18, 24, 36, 48, 54	N/A	OFDM
n	Oct 2009	2.4/5	20	Up to 288.8	4	MIMO–OFDM
			40	Up to 600		
ac	Dec 2013	5	20	Up to 346.8	8	MIMO–OFDM
			40	Up to 800		
			80	Up to 1733.2		
			160	Up to 3466.8		
		0.054–0.79	6–8	Up to 568.9	4	
ad	Dec 2012	60	2,160	Up to 6,757 (6.7 Gbit/s)	N/A	OFDM, single carrier, low-power single carrier

표 10.1 와이파이 표준과 전송 속도

---

[17] Hi-Fi, High Fidelity

와이파이와 이더넷의 버스 시스템 동작 비교

와이파이의 동작은 더미 허브로 연결된 초기 이더넷의 동작과 유사하다. 후자의 경우에 단말이 보낸 이더넷 프레임은 더미 허브를 통해 내부 네트워크에 연결된 모든 기기에 동시에 전송된다. 이와 같이 전자의 경우도 단말이 보낸 와이파이 프레임은 액세스 포인트를 통해 주변의 모든 기기에 전송된다. 전송된 프레임의 머리부에는 목적지 기기의 맥 주소가 들어 있다. 따라서 프레임을 수신한 기기들은 해당 정보를 보고, 자신에게 온 것인지 아닌지를 판단할 수 있다.

기본적으로 버스 방식으로 동작하는 것은 두 시스템이 동일하다. 그런데 약간의 차이점이 있다. 이더넷의 경우 송신 기기가 보낸 프레임은 더미 허브에게만 일차적으로 전달된다. 그 후, 허브로부터 모든 기기에 동시에 프레임이 전달된다. 송신 기기가 수신 기기에게 직접 프레임을 전달할 수 있는 방법은 없다. 따라서 프레임의 포맷은 송신 기기의 맥 주소와 수신 기기의 맥 주소만 있으면 된다. 굳이 더미 허브의 주소를 프레임에 기입할 필요가 없다. 항상 프레임은 그곳을 경유하도록 돼 있기 때문이다.

그런데 와이파이의 경우 상황이 조금 다르다. 와이파이는 무선을 사용하기 때문에 송신 기기가 보낸 프레임이 주변에 있는 모든 기기에 전달된다. 그중에는 최종 목적 기기가 포함될 수도 있다. 그러나 액세스 포인트를 경유하지 않은 프레임을 목적 기기가 수신해서는 안 된다. 이것은 네트워크의 통신을 일관성 있게 유지함으로써 구현을 간단하게 하고 신뢰성을 갖게 하기 위함이다. 송신 기기의 바로 곁에 수신 기기가 있는 경우도 있지만 수신 기기가 액세스 포인트의 반대편에 있을 수도 있다. 송신 기기 – 액세스 포인트 – 수신 기기가 일렬로 늘어선 경우라면 송신 기기가 보낸 프레임이 한 번에 수신 기기까지 갈 수 없을 수도 있다. 즉, 모든 상황을 종합해 봤을 때 송신 기기가 최초로 보낸 프레임을 수신 기기가 받을 수도 있고, 그렇지 않을 수도 있다. 하지만 액세스 포인트는 항상 송신 기기가 최초로 보낸 프레임을 받는다. 따라서 와이파이에서 모든 프레임은 액세스 포인트를 항상 경유한다.

그렇다면 수신된 프레임이 액세스 포인트를 경유한 것인지, 송신 기기에서 바로 온 것인지는 어떻게 구별할 것인가? 이더넷 프레임과 같이 와이파이 프레임에 송신 기기의 주소와 수신 기기의 주소만 있다면 구분은 불가능하다. 따라서 와이파이에서는 프레임이 액세스 포인트로 가는 것인지, 액세스 포인트에서 기기로 가는 것인지를 알려주는 정보가 표기된다. 그리고 송신 기기 주소, 수신 기기 주소 외에 액세스 포인트의 주소도 기입된다.

와이파이 기기의 네트워크 등록

노트북 컴퓨터를 갖고 스타벅스에서 보고서를 작성하거나 인터넷 검색을 해야 하는 경우가 있다. 맨 먼저 해야 할 일은 커피를 주문하는 것이지만 그다음 해야 할 일은 커피숍에서 제공하는 와이파이에 연결하는 것이다.

최초의 과정은 노트북 컴퓨터가 와이파이를 검색하는 것으로 시작된다. 이 과정은 두 가지 방법이 있는데, 공유기에 등록을 요청하는 능동적인 방법과 공유기가 주기적으로 전송하는 정보를 읽는 수동적인 방법이 있다.

능동적인 방법은 노트북 컴퓨터가 주변에 있는 공유기들에게 정보를 요청하는 검색(probe) 메시지를 보내는 것이다. 이 메시지를 받은 공유기들은 SSID를 포함한 자신의 정보를 회신한다. 수집된 공유기의 SSID는 사용자에게 리스트로 보여진다. 일반적으로 기기들은 능동적인 방법을 사용한다. 뒤에서 설명할 수동적인 방법은 시간이 오래 걸리기 때문이다.

그런데 능동적인 방법에서는 일부 공유기가 보이지 않을 수도 있다. 공유기 설정에서 "SSID를 브로드캐스팅하지 않음"으로 돼 있는 경우에 그렇다. 보안을 고려한 경우에 이 설정을 한다. 와이파이 네트워크 검색에서 나타나지 않으므로 해킹을 피할 수 있다.

수동적인 방법에서는 무선 공유기가 대략 100밀리초마다 한 번씩 비콘 프레임에 32자 길이의 SSID를 실어서 1번부터 13번 중의 특정한 채널로 내보낸다. 노트북 컴퓨터는 1번부터 13번 채널을 하나씩 바꾸어 가면서 수신되는 비콘 프레임을 받고, 그 안에 들어 있는 SSID를 읽어서 사용자에게 리스트로 보여준다.

능동적인 방법이든 수동적인 방법이든 사용자가 리스트 중 하나의 SSID를 선택하면 인증을 포함한 연결 과정을 진행하게 된다. 또는 SSID를 이미 알고 있는 경우라면 직접 SSID를 입력하는 방식으로 와이파이 네트워크에 접속할 수 있다. 이 경우에는 "SSID를 브로드캐스팅하지 않음"으로 설정된 와이파이에도 네트워크 접속이 가능하다.

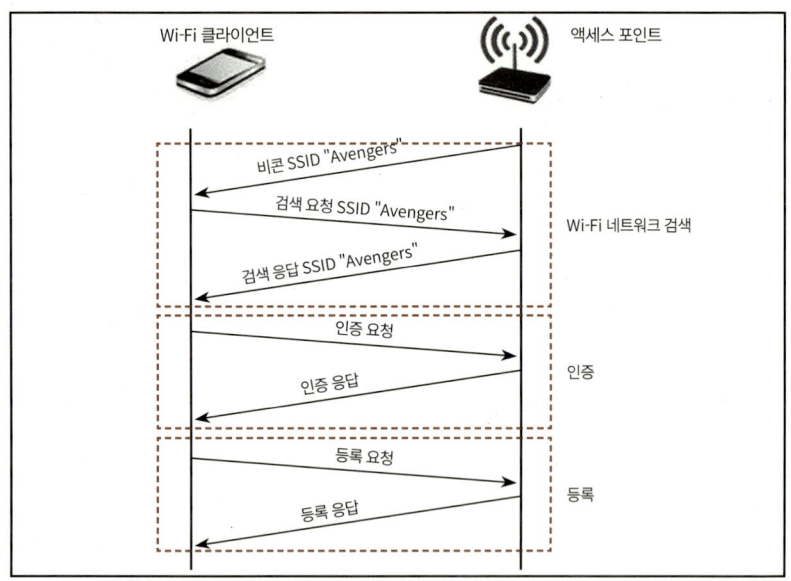

그림 10.3 와이파이 등록 과정

블루투스

기술의 탄생

블루투스[18]는 스웨덴의 에릭슨에 의해 휴대폰과 주변기기 사이에서 사용할 수 있는 무선 인터페이스 기술로 발명됐다. 오늘날 다양한 방면으로 활용도를 넓혀 가고 있지만 여전히 스마트폰에서 주로 사용된다. 스마트폰과 헤드셋, 스마트폰과 이어폰, 스마트폰과 스피커, 스마트폰과 차량용 인포테인먼트 시스템에서 블루투스 기술이 사용된다.

블루투스가 사용하는 주파수 대역은 와이파이가 사용하는 주파수 대역과 같은 2.4기가헤르츠다. 와이파이는 13개의 채널로 구분되는 데 비해 블루투스는 79개의 채널로 분할돼 있다. 블루투스가 와이파이보다 많은 채널을 갖는 것은 채널당 주파수 대역폭이 작기 때문이다. 와이파이는 채널당 20메가헤르츠인 데 비해 블루투스는 1메가헤르츠에 불과하다. 블루투스는 고속의 데이터 전송이 목적이 아니기 때문에 대역폭이 작다. 나중에 사물인터넷을 지원하기 위해서 만들어진 블루투스 저전력 에너지의 경우는 40개의 채널로 분할된다.

2016년에는 사물 인터넷 기술에 더 초점을 맞춘 블루투스 5가 소개됐다. 5.0이라고 부르지 않고 5라고 부르는 이유는 소비자들에게 좀 더 친근하게 다가가기 위해서다.

버전	최대 속도	최대 전송 거리	개선된 방식의 페어링(PIN없음)	BLE
1.1	723.1 kbit/s	10m		
1.2	723.1 kbit/s	10m		

---

[18] 블루투스는 스칸디나비아의 10세기 때 실존 인물인 헤럴드의 별명을 딴 것으로, 그가 스칸디나비아를 통일했듯이 블루투스가 통신 프로토콜들을 통일시키기를 희망하는 의미가 담겨 있다.

버전	최대 속도	최대 전송 거리	개선된 방식의 페어링(PIN없음)	BLE
2.0+EDR	2.1Mbit/s	10m		
2.1+EDR	3Mbit/s	10m	Yes	
3.0+HS	24Mbit/s	10m	Yes	
4.0	25Mbit/s	60m	Yes	Yes
5	50Mbit/s	240m	Yes	Yes

표 10.2 블루투스 버전별 전송 속도 및 거리

블루투스의 호핑 방식이란

블루투스는 다른 기기와의 신호 간섭을 피하기 위해 주파수 호핑[19]이라는 기술을 사용한다. 블루투스는 총 79개의 채널로 구분되는데, 625마이크로초마다 한 번씩 데이터 전송을 위한 채널을 바꾼다. 달리 표현하면 1초에 1600번 채널을 변경한다[20].

    채널 변경은 무작위로 이뤄진다. 79개의 면으로 구성된 주사위를 던져서 결정하는 셈이다. 따라서 기존에 사용된 채널 순서를 참고하더라도 다음번에 사용될 채널을 예측할 수 없다. 예를 들어, 1번 채널-3번 채널-5번 채널-7번 채널 식으로 구성되지 않는다. 이렇게 되면 다음 채널이 9번이 될 것을 예측할 수 있다. 이것은 무작위 순서가 아니다.

    송신 기기가 채널을 무작위로 변경한다면 수신 기기는 어떻게 신호를 받을 수 있을까? 비록 채널이 무작위로 변경되지만 어떤 무작위 순서로 이뤄져 있는지에 대한 정보는 서로 공유하고 있다. 즉, 무작위 채널 변경 순서가

---

[19] Frequency Hopping

[20] 1초를 625마이크로초로 나누면 1600이 나온다.

사전에 정의돼 있다. 송신 기기와 수신 기기는 그 정의서를 갖고 통신한다.

이처럼 초기 버전에는 주파수 호핑의 순서가 무작위였지만 사전에 정의된 리스트가 존재했다. 따라서 블루투스 기기들은 그중 하나를 사용했다. 그런데 시간이 지나고 보니, 의외로 신호의 충돌 현상들이 목격됐다. 신호 간섭의 주범은 같은 블루투스 기기가 아니라 와이파이였다. 이들은 같은 주파수 대역을 사용한다. 그리고 와이파이의 한 채널은 블루투스보다 대역폭이 훨씬 넓다. 그렇다 보니, 와이파이 신호가 들끓는 곳에서 블루투스 신호들이 간섭을 받게 됐다. 이러한 문제를 해결하기 위해 버전 2.1부터 적응형 주파수 호핑 방식을 사용한다. 이 방식에 의하면 무작위 순서로 호핑하는 것은 같으나 일부 채널에서 빈번하게 충돌이 일어나면 해당 채널을 호핑 시퀀스에서 제외시키는 방식이다. 예를 들어, 와이파이가 6번 채널을 사용하면 해당 대역은 신호 충돌이 빈번히 발생한다. 그러면 이 대역의 채널은 호핑 시퀀스에서 제외시키는 것이다. 이 정보도 블루투스 기기 간 공유된다.

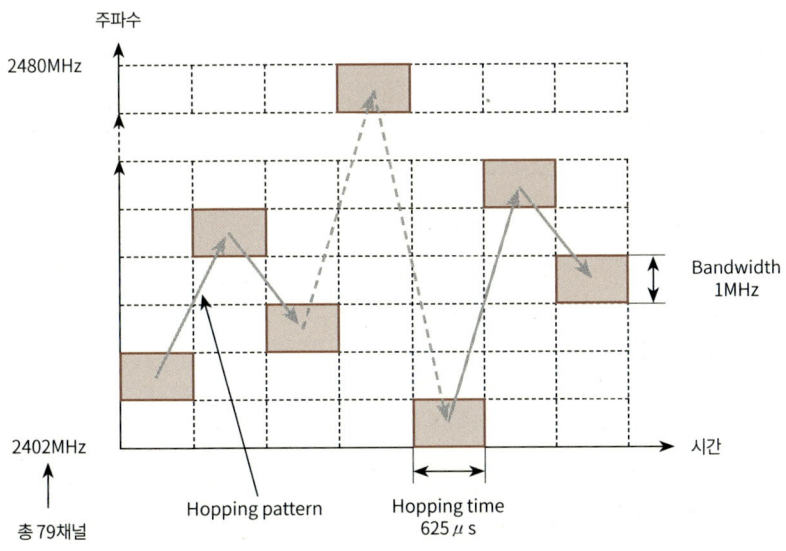

그림 10.4 블루투스의 호핑

와이파이와 블루투스

와이파이는 유치원생부터 80세 노인까지도 사용법을 알고 일상생활에서 활용한다. 와이파이 접속은 스마트폰이나 노트북의 네트워크 설정 화면에서 액세스 포인트에 연결하기 위한 몇 번의 클릭과 비밀번호 입력으로 완료된다. 등록을 위해 사용자가 액세스 포인트를 조작할 필요는 없다. 그리고 등록 작업은 최초 단 한 번만 하면 된다. 이후에는 자동으로 연결된다.

이에 비해 블루투스는 연결하고자 하는 기기 양쪽을 모두 설정해야 한다. 와이파이 액세스 포인트처럼 고정적인 허브 역할을 해주는 기기가 없기 때문이다. 스마트폰과 스피커를 보자. 스마트폰은 설정 화면에서 블루투스 검색을 시작한다. 그리고 블루투스의 스피커도 페어링 모드 진입을 위해 특정한 버튼을 눌러야 한다. 그래야 스마트폰에서 스피커를 찾을 수 있다. 이 점이 사전 지식이 없는 사용자들이 블루투스가 어렵다고 느끼게 만든다.

이처럼 양쪽 기기를 조작해야 하는 페어링 과정이 필요한 이유는 블루투스 통신 방식이 와이파이보다 복잡하기 때문이다. 와이파이는 13개 채널을 통해 탐색 과정이 이뤄진다. 그런데 블루투스는 총 79개 채널을 통해 탐색 과정이 이뤄진다. 연결할 기기 검색을 위해 와이파이는 13개 채널을 살펴보면 되지만 블루투스는 79개 채널을 살펴봐야 한다. 더군다나 블루투스는 주파수 호핑 방식을 사용하기 때문에 페어링되지 않은 기기의 신호를 포착하는 것이 쉽지 않다. 따라서 검색이 쉽고 빠르게 이뤄지도록 페어링 모드라는 특별한 동작 모드를 두는 것이다. 페어링 모드는 배터리로 동작하는 블루투스 기기들의 전력 소모도 줄여 준다.

블루투스의 경우 페어링이 필요하지 않은 경우도 있다. 제품이 처음부터 한 쌍으로 출시되는 경우는 예외적이다. 예를 들어 무선 마우스의 경우 컴퓨터에 꽂는 USB 동글과 하나의 제품으로 출시된다. 이 경우에는 페어링이라는 과정이 필요 없다. 이미 페어링돼 있기 때문이다.

블루투스 사용 전 단계인 페어링

페어링을 위해서는 두 기기가 페어링을 위한 준비 모드로 진입해야 한다. 한 기기는 검색되는 모드(슬레이브)로 진입하고, 다른 기기는 검색하는 모드(마스터)로 진입한다. 후자의 경우는 대부분 디스플레이를 갖고 있는 제품이다. 검색된 블루투스 기기들의 리스트가 화면에 나타나면 사용자는 페어링을 진행할 상대 블루투스 기기를 선택한다.

다시 한번 스마트폰과 블루투스 스피커의 페어링 과정을 구체적으로 살펴보자. 스마트폰은 주변에 블루투스로 연결이 가능한 기기가 있는지 검색하기 위해 탐색 패킷을 보낸다. 탐색 패킷은 총 32개의 채널을 이용해 전송된다. 한 번에 2개의 채널을 동시에 사용해 패킷을 전송한다. 스마트폰은 탐색 패킷을 한차례 전송하고, 블루투스 기기로부터의 회신을 기다리는 작업을 반복한다. 따라서 총 16번의 탐색 패킷 전송 및 회신 대기가 이뤄진다. 그리고 이 전체 과정이 여러 번 반복된다.

블루투스 스피커는 어느 채널로 탐색 패킷이 오는지 알 수 없기 때문에 32개의 채널을 모두 체크해야 한다. 탐색 패킷을 받게 되면 블루투스 스피커는 0~640밀리초 내에서 임의의 시간 동안 잠시 기다린다. 그리고 나서 다시 수신되는 탐색 패킷이 있으면 자신의 정보를 담고 있는 응답 패킷을 보낸다. 이렇게 첫 번째 탐색 패킷에 응답하지 않고, 잠시 대기하는 이유는 주변에 연결을 원하는 다른 블루투스 기기가 있을 경우 모든 기기가 한꺼번에 응답 패킷을 보내려고 하면 신호의 충돌이 생기기 때문이다.

탐색의 결과로 주변에 있는 블루투스 기기들의 주소 또는 제품의 이름이 스마트폰의 디스플레이에 나타난다. 그리고 사용자는 리스트 중에서 블루투스 스피커를 선택한다. 그러면 스마트폰은 블루투스 스피커에 일종의 확인용 메시지에 해당하는 페이지 패킷을 보낸다. 페이지 패킷 자체는 특별한 정보를 포함하고 있지 않다. 다만 이를 통해 스마트폰과 스피커가 본격적인 연결을 시작하게 된다.

기본적인 연결(등록) 동작 과정은 탐색과 동일하다. 스마트폰은 32개의 채널을 이용해 페이지 패킷을 보내고, 블루투스 스피커는 32개의 채널을 하나씩 지켜보는 과정을 반복한다. 페이지 패킷이 수신되면 탐색 때와는 달리 바로 응답 메시지를 보낸다. 지금은 신호의 충돌 가능성이 없기 때문이다. 스마트폰은 블루투스 스피커로부터 응답 메시지를 받으면 주파수 호핑 동기화(FHS) 내용을 담고 있는 패킷을 스피커에 보낸다. 이로써 스마트폰과 블루투스 스피커가 연결된 것이다.

멀티페어링과 멀티포인트

제품을 사용할 때마다 페어링해야 한다면 아마도 블루투스 제품들은 매장에서 일찌감치 사라졌을 것이다. 제품을 사용하기 위해 치러야 하는 불편과 그로부터 얻는 편익을 비교했을 때 불편이 더 크다면 아무도 그 제품을 구매하지 않을 것이기 때문이다. 그러나 아직까지 블루투스가 건재한 것은 빈번한 페어링으로 인한 번거로움은 없다는 의미다. 이러한 번거로움을 없애기 위해 블루투스 기기들은 직전에 페어링됐던 기기를 기억한다. 전원을 다시 켜면 자동으로 직전의 기기와 연결된다.

이 기능은 블루투스 스펙에 정의돼 있는 것은 아니고, 개별 기기들이 사용자들의 편의를 위해 구현한 기능이다. 이러한 편의 기능은 직전에 연결됐던 기기만 기억하는 것이 아니라 그 이전에 페어링됐던 기기까지 기억하게 돼 있다. 예를 들어, 블루투스 스피커가 처음에는 스마트폰과 페어링됐다가 그다음에는 노트북, 그다음에는 태블릿, 마지막으로 PC와 연결됐다면 이 모두의 페어링 정보를 기억하는 것이다. 스피커는 꺼졌다가 다시 켜지면 제일 먼저 PC와의 페어링을 시도한다. PC와의 페어링에 실패하면 태블릿, 노트북 순으로 저장돼 있는 기기들과 차례로 페어링을 시도한다. 그리고 먼저 선택된 하나의 기기와 자동으로 페어링이 완료된다.

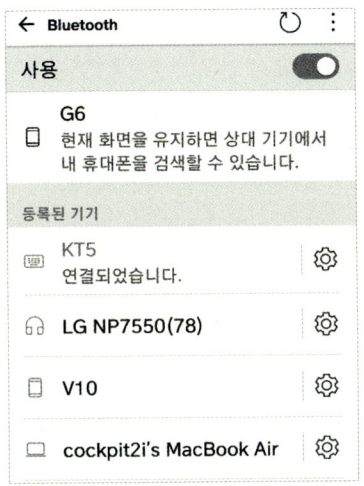

그림 10.5 멀티페어링

　이러한 기능을 멀티페어링이라고 한다. 마치 동시에 여러 대의 블루투스 기기와 연결되는 듯한 어감이지만 실제로는 그렇지 않다. 여러 개의 페어링 정보를 저장할 수 있다는 의미다. 일반적으로 기기 8개와의 페어링 정보를 저장한다.

　한편, 동시에 페어링되는 경우도 있다. 예를 들어, 컴퓨터에 블루투스 이어폰과 블루투스 키보드가 동시에 페어링된 경우다. 이어폰으로 음악을 들으면서 키보드 작업을 할 수 있다. 이 두 개의 페어링은 프로파일이 다르기 때문에 가능하다. 이를 멀티포인트라고 한다.

　멀티포인트는 스마트폰을 블루투스 이어폰으로 사용하다가 전화가 오면 자동으로 음성 연결로 전환하는 데 유용하다. 음악을 듣기 위한 프로파일과 전화 통화를 위한 프로파일은 다르다. 따라서 이 두 기기는 멀티포인트로 연결돼 있는 것이다. 전화 통화가 종료되면 음악 재생으로 자동 복귀된다.

다양한 블루투스 기기들을 위한 프로파일

이더넷, 와이파이 등은 물리적 연결만 제공한다. 애플리케이션은 제한이 없다. 누가 어떤 애플리케이션을 만들든 상관없다. 그것은 웹일 수도 있고, 이메일일 수도 있고, 동영상 스트리밍일 수도 있다. 이들은 물리 계층과 다른 애플리케이션 영역에 속하는 기술들이다.

이에 비해 블루투스는 물리 계층뿐만 아니라 애플리케이션도 정의한다. 음악을 듣기 위한 애플리케이션과 헤드셋을 위한 애플리케이션이 각각 정의돼 있다. 이를 블루투스에서는 프로파일이라고 한다. 블루투스 제품들은 어떠한 프로파일을 구현했는지 설명서에 표기하게 돼 있다.

블루투스가 이더넷이나 와이파이와 다른 이유는 연결되는 기기의 특성 때문이다. 이더넷이나 와이파이는 컴퓨터나 스마트폰 등 범용기기를 연결 대상으로 한다. 이들 기기에는 소프트웨어를 자유롭게 설치할 수 있다. 따라서 애플리케이션을 특정할 필요가 없다. 필요에 따라 설치해서 사용하면 된다. 반면 블루투스는 한쪽은 범용기기이지만 연결되는 쪽은 특정한 용도의 목적으로 제작된 기기들이다. 예를 들어 마우스[21], 키보드, 스피커[22], 헤드셋[23], 핸즈 프리[24] 등이다. 이것들은 제작된 용도 외에는 사용할 수 없다. 따라서 제작 초기부터 블루투스의 애플리케이션을 특정해야 한다. 이를 프로파일로 정해 놓은 것이다. 이 프로파일만 구현하면 컴퓨터와 같은 범용기기와의 연결을 보장할 수 있다.

---

[21] HID(Human Interface Device Profile)

[22] A2DP(Advanced Audio Distribution Profile)

[23] HSP(Headset Profile). 모노 오디오 전송 및 전화 받기, 전화 종료하기, 볼륨 조절하기 기능이 있다.

[24] HFP(Hands-Free Profile). HSP와 비슷한데, 추가된 기능들이 있다. 예를 들어, 전화 걸기를 사용할 수 있다.

이는 USB와 유사하다. USB에서 사용되는 디바이스 클래스가 블루투스의 프로파일에 해당한다. 사용되는 기기들도 마우스, 키보드, 스피커와 같이 동일한 종류가 있으며, 저장 장치, 허브, 웹캠과 같이 완전히 다른 유형도 있다.

음성통화를 위한 동기식과 데이터를 위한 비동기식

이 책에서 동기식과 비동기식의 구분은 벌써 두 번이나 등장했다. 다시 한번 복습해 보자. 첫 번째는 3세대 셀룰러 이동통신의 표준을 구분하기 위해 사용했는데, 구분 기준은 미국의 GPS 위성 신호에 의한 동기화 여부로, 비동기식 WCDMA와 동기식 CDMA2000이 있었다. 두 번째는 데이터 전송 방식을 구분하기 위해 사용했는데, 구분 기준은 클록 신호의 사용 여부로서 동기식 전송과 비동기식 전송 방식이 있었다.

세 번째 블루투스의 통신방식도 동기화 방식[25]과 비동기화 방식[26]으로 구분된다. 두 방식의 구분은 데이터를 보내는 시간이 일정하게 정해져 있느냐 혹은 그렇지 않느냐. 두 기기가 일정한 시간 간격으로 동작하는 동기화 방식은 음성 데이터를 스트리밍으로 전송해야 하는 경우에 사용된다. 블루투스는 1초를 1600번으로 나누어 호핑을 하는데, 이는 자연스럽게 시분할 전송 방식으로 활용된다. 즉, 1초는 1600개의 타임 슬롯으로 나눠진다. 이 가운데 일정한 시간 간격으로 음성 데이터를 보낼 수 있다. 예를 들어, 헤드셋은 매 짝수 번째 타임 슬롯을 사용해서 음성 신호를 스마트폰으로 보낸다. 홀수 번째는 스마트폰이 헤드셋에 신호를 보내는 데 사용한다. 이처럼 동기식이란 통신하는 두 블루투스 기기가 일정한 시간 간격으로 데이터를 보내고 받는 방식이다. 동기식은 오직 하나의 연결만 가능하다. 즉, 일대일 연결만 가능하다.

---

[25] SCO(Synchronous Connection Oriented)
[26] ACL(Asynchronous Connection-Less)

동기식으로 전송되는 데이터는 재전송이 안 된다. 일단 보내면 데이터가 분실되거나 변경돼도 어쩔 수 없다. 그 이유는 여러 가지가 있을 수 있다. 먼저, 전송되는 데이터가 실시간으로 처리돼야 하기 때문이다. 재전송을 하려면 새로운 데이터는 잠시 대기해야 하는데, 이는 실시간에 중대한 영향을 미칠 수 있다. 그리고 데이터의 특성상 일부 데이터가 손상돼도 크게 지장이 없기 때문이다. 다른 블루투스 기기 신호들과 충돌한다면 사용자는 매우 짧은 시간 동안 소리를 못 듣거나 이상한 소리를 듣는다. 그러나 이마저도 너무 짧은 시간이어서 거의 무시할 만한 정도다. 끊임없이 주파수 채널이 바뀌기 때문에 신호의 충돌 시간도 짧다[27].

일정한 시간 간격으로 데이터를 전송하는 동기식에 비하면 비동기식은 시도 때도 없이 데이터를 보낼 수 있다. 그리고 잘못 보내진 데이터에 대해서는 재전송을 요청할 수도 있다. 따라서 비동기식은 일반 데이터 전송용으로 사용된다. 예를 들면, 블루투스 키보드나 마우스의 경우 스마트폰과 스마트폰 간에 데이터를 전송할 때, 스마트폰과 컴퓨터 간에 데이터를 전송할 때 사용된다. 스마트폰에서 스피커로 압축된 음원을 전송할 때도 마찬가지다. 이들은 실시간성보다는 정확한 데이터의 전송이 요구된다.

비동기식의 경우에는 전송 데이터가 많을 때와 적을 때의 동작 방식이 확연히 구분된다. 블루투스 키보드의 경우를 보면 키보드 상의 글자가 눌리면 데이터를 전송하지만 그 외의 시간 동안은 대기 상태가 된다. 그런데 스마트폰 간 블루투스로 이미지 데이터를 전송해야 하는 경우에는 최대 5개의 연속된 타임 슬롯을 사용할 수 있다. 이는 데이터가 한꺼번에 몰리는 특성 때문이다. 반면, 동기식의 경우 타임 슬롯의 일정한 간격으로 데이터를 전송하지만 하나의 타임 슬롯 이상을 연속해서 사용하지 않는다.

---

27 버전 1.2부터 제한된 조건하에서 재전송이 가능하도록 규정했다. 제한된 조건이란 현재 보내야 하는 데이터가 없는 상황을 의미한다.

동기식과 비동기식의 서로 다른 특성으로 인해 하나의 블루투스 기기는 하나의 동기식 페어링과 여러 개의 비동기식 페어링을 가질 수 있다. 예를 들어, 스마트폰은 하나의 블루투스 헤드셋(동기식), 하나의 블루투스 스피커(비동기식), 하나의 블루투스 키보드(비동기식)와 동시에 페어링이 가능하다. 단, 앞에서 설명한 대로 동시에 페어링되는 두 대의 비동기식 기기의 프로파일이 서로 달라야 한다.

블루투스 오디오 스트리밍

블루투스도 시대의 변화와 함께 새로운 기기를 위한 신규 프로파일들이 작성되고 있다. 에릭슨의 연구원들이 고려했던 모바일폰은 기껏해야 2세대 제품이었다. 따라서 헤드셋이나 핸즈프리 기능에 중점을 뒀다. 그런데 3세대, 4세대로 진화되면서 모바일 폰은 스마트폰으로 진화되고 음악을 감상하는 주요한 도구 역할을 하게 됐다. 최근의 스마트폰들은 내부에 고성능 오디오 부품들을 사용해 별도의 외부 장치 없이도 고품질의 소리를 재생할 수 있다. 그러나 사용자들은 혼자서 음악 듣기를 원해서 이어폰이나 헤드폰을 사용하는 경우가 많고, 혹은 여러 사람이 같이 듣기를 원하는 경우에는 외부의 스피커에 연결해서 사용한다. 특히 이어폰, 헤드폰, 외부 스피커를 무선으로 연결하고자 하는 요구사항이 많아짐에 따라 블루투스를 활용하는 제품들이 늘어났다. 이를 지원하기 위한 블루투스 프로파일이 A2DP[28]와 AVRCP[29]이다.

오늘날 대부분의 음원은 스테레오다. 좌측 스피커를 위한 음원과 우측 스피커를 위한 음원으로 이뤄져 있다. 초기 음성 통화를 위한 프로파일인 헤드셋

---

[28] A2DP(Advanced Audio Distribution Profile)

[29] AVRCP(A/V Remote Control Profile). 블루투스 장치를 무선으로 제어하기 위한 프로파일이다. 오디오 플레이어를 무선으로 제어할 수 있도록 A2DP 프로파일과 함께 지원된다.

과 핸즈프리는 모노 음성을 지원하기 때문에 음악 재생에는 적합하지 않다. 그리고 음악 재생은 음성 통화에 사용되는 양방향 동시 전송이 필요하지 않다.

 A2DP는 음악을 스트리밍하기 위해 사용되므로 동기식 방식이 사용될 것 같지만 비동기식 방식을 사용한다. 그 이유는 음악 데이터가 압축되어 전송되기 때문이다. 따라서 실시간성보다는 정확한 데이터의 전송이 중요하다. 그리고 압축을 했지만 여전히 많은 양의 데이터를 보내야 하기 때문에 더 많은 타임 슬롯을 자유자재로 사용할 수 있는 비동기식 방식이 적합하다[30].

 압축을 위해 SBC[31]는 반드시 구현돼야 하는 필수 코덱이고, MP3, AAC는 선택적으로 사용될 수 있다. 오늘날 블루투스 음향기기들은 SBC를 기본으로 탑재하고 있다. SBC는 44.1킬로헤르츠, 또는 48킬로헤르츠로 샘플링된 음원을 초당 328킬로비트 전송 속도로 보낼 수 있다.

 최근 들어, 블루투스를 이용해 고품질의 음원을 감상하고자 하는 요구사항이 커지고 있다. 특히, 아이폰은 3.5밀리미터 헤드폰 플러그를 제거하면서 블루투스를 통한 이어폰, 헤드폰과의 연결을 적극적으로 추진하고 있다. 이와 함께, SBC보다 나은 오디오 품질을 약속하는 새로운 코덱들이 등장하고 있다. 대표적으로 콤팩트디스크(CD) 수준의 음질을 표방한 코덱 aptX[32]와 이것의 업그레이드 버전인 aptX HD가 있다. LG전자는 처음으로 aptX HD를 스마트폰 G5에 도입했다. aptX HD는 24비트 음원을 지원한다. 그 밖에 소니의 LDAC[33]도 24비트 전송이 가능하다.

---

30 이러한 차이는 HDMI로는 압축되지 않은 영상 데이터를 보내고, 이더넷이나 USB로는 압축된 영상 데이터를 보내는 것과 같다.

31 SBC(Subband Coding)

32 CSR이라는 회사의 기술이며, CSR은 퀄컴에 인수됐다.

33 소니에서 하이 레졸루션 오디오 음원을 블루투스 이어폰/헤드폰에서 재생하기 위해 개발한 음원 코딩 기술. 현재 소니에서 출시되는 대부분의 블루투스 이어폰/헤드폰 제품에서 핵심이 되는 기술이다.

저전력 무선 통신

지웨이브(Z-wave)와 스레드

2011년 구글은 연례행사인 구글 IO를 통해 '안드로이드 앳 홈'을 소개했다. 데모에서는 태블릿을 이용해 전등을 켜고 끄는 모습을 보여줬다. 당시 구글은 안드로이드의 성장에 힘입어 가정 내의 다양한 기기들로 안드로이드의 생태계를 만들겠다는 구상을 세우고 있었다. 구글은 안드로이드를 각종 기기에 탑재하기 위해 전등이나 도어락 제조회사와의 협업을 원한 것처럼 가전업체들과의 협업을 원했다. 자연스럽게 구글과 LG전자 사이에도 협업이 이뤄졌다.

그림 10.6 구글 IO 2011에서 소개된 '안드로이드 앳 홈'[34]

당시 사용 중이었던 저전력 무선 통신 기술은 지그비와 지웨이브가 있었다. 지그비는 지웨이브가 만들어지기 전에 여러 단체의 협력 결과로 만들어졌다. 표준 규격 문서는 협회에 가입하는 조건으로 배포됐다. 그런데 지그비는 호환성을 엄격히 통제하는 조직이 없다 보니 같은 회사의 제품 간에는 통신이 되는데, 다른 회사의 제품 간에는 통신이 되지 않는 문제가 발생했다. 그에 비해 지웨이브는 젠시스라는 회사가 독자적으로 만든 규격이었다. 지웨이브는 단일 규격으로 칩셋도 단일 회사가 공급하다 보니 호환성의 이슈가 없었다. 그래서 업계에서는 지웨이브가 더 빠르게 성장할 것으로 생각했다. 성장 가능성이 확인된 젠시스는 시그마 디자인사에 인수됐다[35].

---

[34] https://www.youtube.com/watch?v=OxzucwjFEEs&t=2716s
[35] 2018년에는 지웨이브 부문이 실리콘 랩스에 인수됐다.

구글도 지웨이브를 안드로이드 앳 홈을 구현할 수 있는 저전력 무선 네트워크 솔루션으로 고려하고 있었다. 협업 중이었던 LG전자도 지웨이브를 활용하는 방안을 검토했다. 이를 위해 필자를 포함한 연구원들 일부가 덴마크 코펜하겐의 시그마 디자인 회사를 직접 방문했다. 하루 종일 다양한 기술적인 논의를 진행했다.

당시 구글이 시그마 디자인사의 지웨이브 부문을 인수하는 것을 고려하는 중이라는 소문도 있었다. 구글의 영향을 고려할 때 지웨이브가 세계적인 표준이 될 수도 있었다. 그러나 이듬해가 되자 구글은 지웨이브를 채택하는 대신 새로운 규격인 '스레드'를 소개했다. 이로써 구글, LG전자, 시그마 디자인의 협업은 더 이상 진행되지 못했다. 그간의 연구 결과물들은 나중에 국내 통신사의 홈 IoT 사업에 적용됐다.

스마트홈과 지웨이브

덴마크에 다녀온 지 6년이 지난 어느 날, 필자의 집에 마침내 지웨이브 기기가 들어왔다. 한 통신사의 IoT 기기였다. 지웨이브로 동작하는 스마트 플러그였다. 스마트폰의 앱으로 제어가 가능해서 외출 중에도 집에 있는 전등을 켜거나 끌 수 있었다. 외출 중 혹시 늦어지면 집에 혼자 있는 강아지를 위해 현관에 있는 작은 불을 켜줄 수 있었다.

스마트 플러그는 공유기에 꽂혀 있는 지웨이브 동글과 통신했다. 공유기는 게이트웨이의 역할을 수행한다. 지웨이브 프로토콜을 이더넷 프

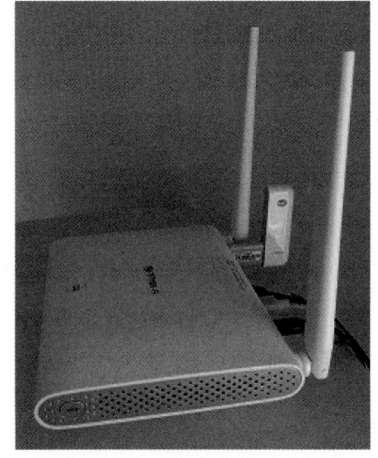

그림 10.7 외장형 USB 동글이 꽂혀진 게이트웨이

로토콜로 바꿔서 인터넷에 접속할 수 있게 해 준다. 최근에는 외장형 USB 동글 제품을 사용하지 않고, 게이트웨이가 내장되는 제품들도 나오고 있다.

한때 지웨이브로 다양한 프로토타입 제품을 만들어 보던 필자로서는 감회가 새로웠다. 필자도 상용 공유기를 구매한 후, 이 제품에 오픈소스 소프트웨어를 설치해서 지웨이브 게이트웨이로 변환하는 작업을 했다. 당시에 지웨이브 USB 동글은 미국에서 온라인으로 구매할 수 있었다. 지웨이브로 동작하는 전등이나 도어락도 구매할 수 있었다. 모형 세트를 만들고 이들 기기들로 꾸며 스마트 홈 데모를 구성했다. 당시 주요 국제 전시회에서는 이러한 데모가 유행이었다.

필자가 참여했던 태스크의 목표는 스마트 게이트웨이를 개발해서 통신사업자에게 판매하는 것이었다. 텔레포니카를 비롯한 서유럽의 통신사와 기술미팅 및 데모를 진행했다. 그러나 기존의 게이트웨이 제품 대비 고가였던 스마트 게이트웨이의 가격 수준을 통신사업자들에게 납득시키기가 쉽지 않았다. 명확한 수익 모델을 제시하지 못했던 부분도 아쉬움이 남았다.

지웨이브와 지그비

지그비는 블루투스가 해결할 수 없는 애플리케이션들을 위한 새로운 표준의 필요성으로 인해 탄생했다. 블루투스보다 적은 비용으로 제품을 구현할 수 있으면서 더 적은 전력을 소모하는 무선 연결 방식이었다. 배터리 전원만으로도 오랫동안 사용할 수 있어야 했다. 데이터의 전송 속도는 중요하지 않았다. 아주 적은 양의 데이터만 사용될 것이었기 때문이다. 그 결과 블루투스보다 소비 전력이 10분의 1에 불과한 지그비가 탄생했다[36].

---

[36] 2002년에 IEEE에서 발표한 802.15.4로 블루투스는 100mA의 전력을 소모하는 반면 지그비는 10mA의 전력을 소모한다.

국내에서 지웨이브가 검토되기 전에는 지그비가 일반적으로 사용됐다. 그 이유는 지웨이브가 동작하는 900메가헤르츠 대역 주파수를 국내에서 사용할 수 없었기 때문이다. 그런데 지그비는 2.4기가헤르츠 대역의 주파수를 사용할 수 있었다[37]. 2.4기가헤르츠 대역은 정부의 승인 없이 사용할 수 있는 주파수 대역이다.

그러나 지그비는 블루투스나 와이파이만큼 성공하지 못했다. 지그비를 사용해 대중적으로 성공한 제품이나 애플리케이션이 아직 없다. 다양한 애플리케이션들이 제시됐지만 시장에서 폭넓게 받아들여지지 못했다. 지그비 기기들 간의 호환성 문제도 있었다. 블루투스도 초창기 유사한 문제가 있었지만 잘 극복한 것에 비해 지그비 기기들은 그 후로도 오랫동안 다른 회사의 제품들끼리는 연결되지 않는 문제가 있었다.

지그비의 무선 전송 거리

필자는 국내의 한 보안 서비스 업체와 지그비를 사용한 보안 장비를 공급하는 협업 프로젝트에 참여했다. 제품의 사양서를 정하기 위해 여러 차례에 걸쳐 워크숍을 진행했다. 그중 이슈가 됐던 내용이 지그비 기기의 무선 전송 거리였다.

업체에서 처음에 요청했던 무선 전송 거리는 주변에 장애물이 없는 공간에서 600미터였다. 당시 보안업체는 400메가헤르츠 대역의 제품을 사용하고 있었는데, 이 제품으로 보낼 수 있는 전파의 전송 거리가 600m였다. 국내에서 사용할 수 있는 지그비의 주파수는 2.4기가헤르츠 대역이었는데, 테스트 결과 요구사항을 만족할 만한 수준이 되지 못했다. 개발팀은 부품업체

---

[37] 무조건 900메가헤르츠 대역에서 사용할 수 없는 것은 아니다. 사용을 위해서는 신호 충돌이 발생하면 주파수를 변경하는 주파수 호핑 기술이 적용돼야 한다. 최근 유플러스에 사용되고 있는 지웨이브에는 이 기술이 적용돼 있다. 지그비는 868메가헤르츠, 915메가헤르츠, 2.4기가헤르츠 중 하나를 사용할 수 있다.

와 함께 인천 송도의 개활지에서 실제 테스트를 진행했다. 지그비 허브 장비 간에는 대략 400미터 이상의 전송 거리가 나왔으나 지그비 허브와 센서 기기 간에는 전송 거리가 300미터가 채 되지 못했다. 센서의 경우 안테나 길이에도 제한이 있었고, 충분한 전력 공급도 어렵기 때문이었다.

국내에서는 전파 인증 규격이 있어서 출력 전압을 마음대로 높일 수 없다. 20dB이면 충분한 전송 거리를 만들 수 있었다. 그러나 국내 법규상 13dB 이상을 사용할 수 없다. 왜냐하면 다른 전파 기기들과의 신호 충돌이 발생할 수 있기 때문이다. 한편, 지그비 규격으로 2.4기가헤르츠 이외에 868메가헤르츠, 915메가헤르츠 대역이 있었으나 이 역시 국내에서는 규격 인증을 받을 수 없는 주파수였다.

여러 차례 실험과 개선 노력을 통해 600미터는 불가능한 것으로 결론지어졌고, 양사 간 합의를 통해 지그비 중계기를 사용하게 됐다.

지그비의 데이터 전송

지그비가 데이터를 전송하는 방식에는 두 가지가 있다. 첫 번째 방식은 전송해야 할 데이터가 발생하면 네트워크의 중심에 있는 코디네이터[38]로부터 비콘이 오기를 기다렸다가 데이터를 전송하는 것이다. 두 번째 방식은 비콘을 기다리지 않고 바로 전송한다.

첫 번째, 데이터 전송을 위해 비콘을 기다리는 방식은 즉각적인 데이터의 전송이 필요하지 않은 경우 또는 많은 기기들이 서로 경쟁적으로 데이터를 전송하게 되는 경우에 사용된다. 후자의 대표적인 예는 각종 센서를 통한 환경 모니터링이 있다. 일반적으로 많은 수의 센서들이 같은 네트워크에 연결돼 있기 때문에 데이터 전송을 위한 경쟁이 발생할 수 있다. 이 문제를 해

---

[38] 와이파이의 무선 공유기와 같이 가운데 위치에서 단말기들과의 일대일 통신을 담당하는 기기

결하기 위해 비콘을 사용해 순서를 설정한다. 비콘과 다음 비콘까지의 사이는 타임 슬롯으로 구분돼 있다. 각 센서 기기는 자신에게 할당된 타임 슬롯에 데이터를 전송한다. 따라서 센서 기기들은 데이터 전송을 위해 비콘을 기다려야 한다. 비콘의 주기는 데이터의 전송 속도가 얼마인지에 따라 다르다. 데이터 전송 속도가 높을수록 비콘의 주기는 짧아진다.

두 번째, 비콘을 기다리지 않는 방식은 즉각적인 데이터 전송이 필요한 경우에 사용된다. 대표적인 예가 무선 전등 시스템이다. 사용자가 스위치를 작동시키면 전등은 즉시 켜져야 하기 때문에 비콘을 기다리지 않고, 바로 데이터를 전등으로 전송하게 된다. 실제에서도 무선 전등 시스템의 경우 비콘이 아예 사용되지 않는다. 즉, 코디네이터 역할을 하는 기기가 비콘을 전송하지 않는다. 왜냐하면 스위치에 들어 있는 지그비 모듈은 배터리로 동작하므로 대부분의 경우 취침 모드로 들어가 있기 때문이다. 따라서 비콘을 받을 수 없다. 이들은 사용자가 제품을 사용하면 그때 동작 모드로 깨어나게 된다.

RFID

마라톤 경기와 RFID[39]

2011년 스포츠서울이 개최한 마라톤 대회에 참가한 적이 있다. 상암동 평화의 광장에서 출발하는 5킬로미터의 짧은 거리의 경주였다. 10킬로미터, 하프마라톤도 선택 가능했지만 평소 운동량이 부족했기 때문에 필자는 제일 짧은 거리를 선택했다.

제일 짧은 코스는 참가자들이 많았기 때문에 필자는 출발선으로부터 한참 뒤쪽에서 출발 신호를 기다리게 됐다. 출발 신호가 울리고 나서도 한참

---

[39] RFID(Radio Frequency IDentification)

후에야 출발선을 지날 수 있었다. 출발 신호와 동시에 작동을 시작한 스톱워치는 이미 수십 초가 지난 후였다. 스톱워치는 코스 길이별로 단 한 대만 있었기 때문에 개인별 기록을 정확하게 측정하는 것은 불가능했다. 각자가 출발시간과 도착시간을 읽어서 계산해야 자신의 기록을 알 수 있었다.

따라서 기록에 관심이 있는 참가자들은 앞쪽에 서 있었다. 필자는 기록에 관심이 없었기 때문에 출발 대기하는 위치도 중요하지 않았다. 당연히 기록은 남아 있지 않다.

6년이 지나서 마라톤 경기에 다시 한번 참가했다. 이번에는 강남구청에서 주관하는 국제평화마라톤 대회였다. 이미 5킬로미터는 뛰어 봤기 때문에 이번엔 10킬로미터에 도전했다. 경기 당일 무리하지 않기 위해 한 달 전부터 달리기 연습도 했다. 이전 경기에는 대회장에 가서 번호표를 받았는데, 이번에는 대회 1주일 정도 전에 번호표가 집으로 왔다. 번호표에는 RFID가 붙어 있었다.

경기 방식은 6년 전과 다름이 없었다. 다만 차이가 하나 있다면 참가자들은 출발선에서 널찍한 패드 위를 지나가게 돼 있었다. 패드 위를 지나는 순간 RFID 통신이 이뤄졌다. 번호표에 부착된 RFID는 고유번호를 전송하고 리더기는 이 정보를 포착해서 어느 참가자의 것인지 확인한다. 그리고 신호가 수신된 시간을 기록해 둔다. 과거와 달리 출발 신호는 기록과 관련이 없었다. 실제로 참가자가 지정된 출발선을 언제 통과했는지가 중요했다.

10킬로미터는 생각보다 멀었다. 6년이라는 세월의 무게가 고스란히 느껴지기도 했다. 도착지점 근처에 왔을 때는 벌써 1시간이 넘어 있었다. 결승선을 통과하면서 RFID는 다시 한번 동작했다. 그리고 필자의 도착 시간이 기록됐고 경주에 소요된 시간도 계산됐다. 정보는 바로 클라우드로 저장됐고, 참가자들은 직접 자신의 기록을 확인할 수 있었다. 이 과정은 경기에 참가한 모든 개인을 대상으로 개별적으로 이뤄졌다.

그림 10.8 마라톤 결과

    필자에게 상암동 경기나 강남 경기나 기록에 관심 없기는 같았으나 후자의 경우 개인별 기록은 클라우드에 영원히 남게 됐다. 이제 어쩔 수 없이 기록에 관심을 갖게 됐다. 다음번 경기에는 1시간대를 주파해야겠다. 28초를 앞당겨야 한다.

일상생활과 RFID

마라톤과 같은 거창한 행사에서만 RFID가 사용되는 것은 아니다. 특히 직장인이라면 하루에도 여러 번 RFID를 사용한다. 자가용으로 출퇴근하는 직장인이라면 자동차의 문을 열기 위해 RFID를 사용한 후, 주차장 차단기를 올리기 위해 RFID를 사용한다. 혹시 도로에서 통행료를 내야 하는 곳을 지나야 한다면 이 역시 RFID를 사용한다. 대중교통을 이용하는 직장인도 마찬가지다. 교통카드도 RFID로 동작한다.

    직장에 도착하면 출입문을 통과하기 위해 사원증을 카드 리더기에 갖다 댄다. RFID로 동작하기 때문이다. 1층 로비에서 한 번, 사무실 입구에서 한

번 사용된다. 구내식당을 이용하는 경우 사원증이 다시 한 번 필요하다. 대부분 식당에서 신분 확인용으로 사용되는데, 경우에 따라서는 사원증에 배부된 식대를 차감하기 위해 사용되기도 한다. 업무를 마치고 퇴근할 때도 어김없이 사용된다. 사원증이 언제 어디에서 사용됐는지는 모두 기록으로 남는다.

커피숍에서 커피를 기다리는 동안 호출 벨을 받았다면 이 역시 RFID로 동작한다. 도서관에서 책을 빌리기 위해서는 책을 RFID 리더기 근처에 가져가면 된다.

교통카드, 하이패스 카드는 아침 출근길에 사용됐던 것과 똑같이 저녁 퇴근길에도 사용된다. 혹시 밤늦게 택시를 탔다면 RFID의 도움을 받아야 한다[40]. 스마트폰의 티머니를 사용했다면 NFC 기능을 이용한 것인데, 이 역시 RFID의 일종이다. NFC에 대해서는 잠시 후 자세히 살펴본다.

RFID의 동작과 종류

RFID는 다른 무선 기술들과 달리, 태그가 리더기[41]의 신호를 받을 수 있는 범위 내에 있는 짧은 시간 동안 연결을 하고, 그 범위를 벗어나면 연결이 끊어진다. 일반적으로 연결이 유지되는 기간은 1초 이내이며, 이 기간 동안 리더기와 태그 사이에 정보의 전송이 완료된다. 리더기의 범위 안에 여러 개의 태그가 있는 경우에는 상황에 따라 리더기의 반응이 달라진다. 사용자에게 하나의 태그를 선택하도록 알림을 줄 수도 있고, 모든 태그로부터 수신되는 정보를 한꺼번에 처리할 수도 있다. 전자는 교통 카드를 사용하는 경우에 해당하고, 후자는 마라톤과 같이 RFID를 부착한 많은 선수들이 한꺼번에 출발

---

[40] 우리가 교통카드를 사용할 때 리더기에 "찍는다"라는 표현을 사용하는데, 이 "찍다"에 해당하는 말이 '태그'다. 이처럼 우리는 "찍다"를 매우 다양한 상황에서 사용한다. 교통카드, 음식, 사진, 도장, 심지어 사람을 찍기도 한다.

[41] 리더기는 호출기(Interrogator), 또는 PCD(Proximity Coupling Device)라고 하며, 태그(Tag)는 라벨(label), Transponder, 또는 PICC(Proximity Integrated Circuit)라고 한다.

선을 통과하는 경우와 같이 모든 태그의 정보를 기록해야 하는 경우에 해당한다.

RFID는 사용하는 주파수 대역에 따라 세 가지 유형으로 구분된다. 첫째는 30~500킬로헤르츠의 장파 대역 주파수를 사용하는 경우다. 인식범위 50센티미터 이내의 근거리 위주로 사용되며 RFID 기술 중에서는 가장 오래된 기술이다. 125킬로헤르츠는 출입통제, 방문증, 재고자산 추적, 자동차 키 등에 사용되고, 134.2킬로헤르츠는 동물 식별 등에 사용되며, 귀에 부착하는 형태로 돼지, 소, 양 등에 널리 쓰이고 있다.

둘째는 13.56메가헤르츠의 단파 대역 주파수를 사용하는 경우로서 인식범위가 수 센티미터 이하로 짧다. 교통카드, IC 카드/스마트카드 등에 주로 사용되고[42], 도서관에 소장된 책들에 부착되어 사용되거나 스키장에서 리프트권에 사용된다.

	NFC 표준	비접촉식 스마트 카드 표준	
	ISO/IEC 18092	ISO/IEC 14443	ISO/IEC 15693
동작 모드	기기 간 통신	리더/카드	리더/카드
전력 공급	능동 및 수동	수동	수동
통신 범위	10cm	10cm	1m
데이터 속도	106, 212, 424kbps	106kbps	26kbps 이하
응용 분야	모바일 기기	스마트 카드 (교통카드, 신용카드)	스마트 레이블(출입증, 상품인식)

표 10.3 13.56메가헤르츠 대역의 비접촉식 표준 무선통신기술 비교

---

42 13.56메가헤르츠를 사용한 비접촉식 스마트카드 표준인 ISO/IEC 14443을 구현한 대표적인 솔루션이 NXP사의 마이페어(Mifare)라는 제품이다. 메모리 카드 방식으로 1996년 교통카드 시스템을 도입할 때 사용됐다. 그러나 2004년에 IC 기반의 스마트 티머니로 대체됐다. 스마트 티머니에 사용된 KS X 6923도 ISO 14443에 기반을 두고 있다.

마지막으로 400메가헤르츠 이상의 극초단파 대역의 주파수를 사용하는 경우다. 인식 거리는 수십 미터에 이른다. 국방용, 컨테이너 관리, 원격시동 장치 등에 사용된다. 일명 주차카드로 불리며 주차장 출입통제용으로는 860~960메가헤르츠가 사용된다. 그 밖에 2.4기가헤르츠 대역을 사용하는 제품도 있다.

NFC[43]

스마트폰에 우선적으로 적용하기 위한 NFC는 RFID 무선 통신 표준을 바탕으로 하고 있다. 즉, 물리 계층은 국제표준화기구에서 만든 기존의 표준을 사용하고, 애플리케이션 계층만 NFC 포럼에서 새로 작성한 표준을 사용한다[44]. 13.56메가헤르츠의 주파수 대역을 사용하며, 통신 거리는 10센티미터 이내로 제한돼 있다. RFID와 달리 NFC는 상황에 따라 태그와 리더 역할을 변경할 수 있으며, 따라서 데이터는 양방향으로 전송이 가능하다.

NFC의 짧은 통신 거리 때문에 데이터를 교환하기 위해 통신 대상 기기에 스마트폰을 직접 터치해야 한다. 하지만 짧은 거리이기 때문에 오히려 보안성이 높다. 그리고 이용자의 행동을 기반으로 의도를 인식해서 다양한 이용자 맞춤형 서비스들과 연결하기 좋다는 장점이 있다. 예를 들어, 박물관에서 전시물 옆의 태그에 사용자가 스마트폰을 갖다 대는 경우에만 동작하게 할 수 있다. 교통 카드로 활용되는 경우에는 한 사람씩 차례로 태그가 이뤄지게 해 준다.

---

43 NFC(Near Field Communication)

44 규격이 정의된 구조가 지그비와 유사하다. 지그비는 IEEE 802.15.4 표준을 물리 계층과 MAC 계층으로 사용하고 지그비 협회에서 애플리케이션 계층에 대해서 규정을 하는 것과 같이 NFC는 ISO/IEC 14443과 ISO 18092를 물리 계층으로 하고 NFC 포럼에서 애플리케이션 계층에 대해 규정한다.

오늘날 스마트폰에는 NFC 기능이 내장되고 있으며 교통카드, 신용카드, 멤버십카드, 쿠폰, 신분증 등 다양한 분야에서 활용되고 있다[45]. 또한 NFC를 활용하면 스마트폰으로 도어락을 간편하게 여닫을 수 있으며, 와이파이 설정 등을 손쉽게 할 수 있다.

RFID와 무선충전

RFID와 무선충전은 패러데이가 발견한 전자기 유도 현상을 이용하고 있다. 전자기 유도 현상이란 코일 속으로 자석을 움직이거나 자석 주위에서 코일이 움직일 경우 코일에 전류가 흐르는 현상이다. 이론적으로 자기장이 변화하면 주변의 전선에 전류가 흐른다. 이를 유도전류라고 한다. RFID와 무선충전에 사용되는 기본 원리는 동일하지만 구체적인 구현 방법은 다르다.

먼저, 무선충전의 경우 자기유도방식, 자기공진방식[46], 전자기유도방식이 있는데, 이 가운데 자기유도방식이 일반적으로 사용된다. 자기유도방식은 송신부에서 자기장을 만들어서 수신부 코일에 전류가 흐르게 하는 방식이다. 충전 효율도 훌륭하고, 소형으로 제작 가능하기 때문에 오늘날 스마트폰에 사용되는 방식이다. 이 방식은 충전패드의 코일과 스마트폰의 코일이 정렬돼야 정상적으로 충전된다는 단점이 있다. 그리고 충전 거리도 4센티미터 이내에서만 가능하다.

---

[45] 편의점에서 스마트폰으로 결제하는 경우도 비슷해 보이지만 이 둘은 서로 완전히 다른 방식이다. 하나는 NFC 기반의 방식이고, 다른 하나는 마그네틱 신호 기반의 모바일 결제 기술이다. 후자의 경우, 모바일 기기에서 마그네틱 신호를 이용해 신용카드 단말기에 대면 결제가 끝난다. LG페이, 삼성페이를 사용하는 경우다. 이는 RFID와는 동작 방식이 완전히 다르다.

[46] 자기 공진 방식은 1차 코일에 흐르는 전류에서 발생하는 자기장이 2차 코일을 통과해 유도 전류가 발생한다는 점에서는 자기유도 방식과 비슷하다. 하지만 1차 코일과 2차 코일의 공진주파수가 같아야 하며 두 코일 간의 공진 모드 에너지 결합을 통해 1차 코일에서 발생한 에너지가 2차 코일로 전달되는 방식이라는 점이 다르다.

RFID는 무선충전방식 중 마지막에 나열된 전자기유도 방식에 가깝다. 먼저 자기유도방식은 송신부의 자기장 변화만으로 수신부 코일에 전류를 발생시킨다. 그러나 전자기유도는 전기장과 자기장이 동시에 발생한다. 따라서 자기유도방식보다 먼 곳까지 전송이 가능하다. 또한 RFID는 무전 충전과 달리 데이터를 전송해야 하므로 전자기유도가 적합하다. 전력 송신 효율만 고려하는 무선충전방식과는 다르다. RFID는 매우 작은 전력만으로도 동작할 수 있기 때문에 전력 송신 효율은 큰 문제가 아니다.

RFID 리더기는 전력과 데이터를 싣고 있는 전자기파를 안테나를 통해 송신한다. 이를 수신하기 위해 RFID의 태그에는 코일이 내장된다.

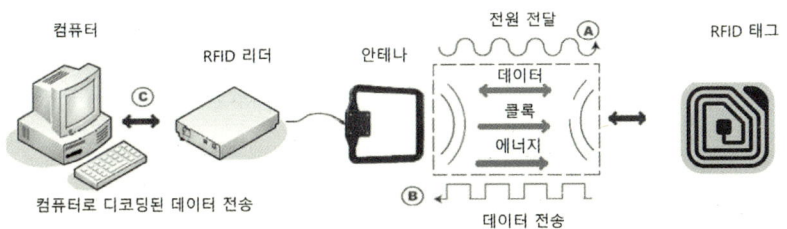

그림 10.9 RFID의 동작

지구라는 마더보드
네트워크와 네트워크의 연결

세계는 평평하다.
- 토머스 프리드먼

네트워크 연결 장비

네트워크의 정의

지금까지 인쇄회로기판 위에서 집적회로와 집적회로가 어떻게 연결되고 통신하는지, 그리고 집적 회로들로 구성되는 제품과 제품이 어떻게 연결되고 통신하는지 살펴봤다. 이제는 제품들로 구성되는 네트워크와 네트워크가 어떻게 연결되고 통신하는지 살펴볼 차례다. 이로써 우리는 정보 기기들의 연결이라는 큰 그림을 완성하게 된다.

먼저 네트워크를 정의해 보자. 블루투스로 연결된 기기들의 집합도 네트워크지만 네트워크들의 집합인 인터넷도 네트워크다. 해안가를 왔다 갔다 하는 물결도 바다지만 망망대해의 대양도 바다인 것과 같다. 따라서 바다처럼 네트워크도 한 마디로 단정해서 정의하기 쉽지 않다. 그래도 네트워크는 사람이 만든 것이라 구분하고 정의해 볼 수 있다. 기본적으로 네트워크는 통신이 가능한 두 개 이상의 단말의 모임으로 정의된다. 여기서는 단일한 프로토콜을 사용하는 제품들의 연결이라고 정의하자. 일반적인 정의보다 더 좁은 의미의 개념이라고 볼 수 있다. 이 개념을 사용하면 네트워크와 네트워크의 연결이라는 기술적인 과정을 더욱 자세히 살펴볼 수 있다.

네트워크 간의 연결을 본격적으로 들여다보기 전에 네트워크를 이루는 제품과 제품의 연결을 복습해 보자. 먼저 단 두 개의 제품으로만 이뤄지는 연결이 있었다. USB, HDMI, 블루투스, RFID 같은 경우다. 특수한 경우에 이들도 일대다 연결로 네트워크를 구성하기도 한다. 이들이 이더넷, 와이파이, 지그비 네트워크와 다른 점은 중간에서 연결을 매개하는 기기가 없다는 점이다. 스위치, 공유기, 기지국, 코디네이터 같은 별도의 장비 없이 제품 간에 직접 연결이 이뤄진다. 따라서 이들 통신 방식에서는 네트워크와 네트워크의 연결이 없다.

반면, 중간에서 연결을 매개하는 기기가 있는 경우는 쉽게 네트워크를 물리적으로 구분할 수 있다. 예를 들어, 이더넷 스위치는 내부 네트워크와 외부 네트워크로 구분하고, 전송되는 패킷(프레임)의 목적지 주소에 따라 다르게 동작한다.

스위치는 맥 주소와 포트 번호로 구성된 조합이 기록된 테이블을 갖고 있다. 내부의 기기로부터 이더넷 프레임이 도착하면 그 안의 목적지 맥 주소를 파악한 후 매칭된 포트로 신호를 전송한다. 만약 외부 네트워크로 나가야 하는 프레임이라면 스위치가 프레임의 정보를 수정한다. 자신이 송신 기기의 대리인이 된다.

이처럼 내부 네트워크와 외부 네트워크가 구분되고, 통신 방식도 달라진다. 스위치로 구성되는 네트워크는 이 책에서 정의하는 좁은 의미의 네트워크라고 할 수 있다. 와이파이는 무선 공유기, 지그비는 코디네이터가 이더넷의 스위치와 동일한 역할을 한다.

한편, 서로 다른 프로토콜의 네트워크들은 게이트웨이를 통해 연결된다. 와이파이 네트워크를 이더넷 네트워크와 연결해 주는 공유기도 게이트웨이라고 할 수 있다. 스마트 홈에 사용되는 저전력 무선 네트워크도 인터넷과 연결하기 위해 게이트웨이를 사용한다. 케이블 방송을 이용해 인터넷 서비스를 받는 경우라면 집안에 역시 게이트웨이 장비가 있어야 한다. 이를 케이블 모뎀이라고 한다. 과거 전화기를 이용한 ADSL 모뎀도 게이트웨이라고 볼 수 있다. 이처럼 게이트웨이를 통해서도 네트워크를 구분할 수 있다.

스위치와 라우터, 그리고 공유기

인터넷은 보통 네트워크의 네트워크라고 정의한다. 그런데 네트워크 구분요소로 정의한 인터넷은 스위치와 게이트웨이들을 라우터로 연결한 네트워크라고 할 수 있다. 스위치와 게이트웨이는 각각 독립적인 네트워크를 구성한다. 하나의 네트워크에서 출발한 패킷들이 다른 네트워크로 이동하기 위해서는 라우터의 도움을 받아야 한다. 라우터가 패킷들의 경로를 설정해 주기 때문이다.

이쯤에서 비슷하지만 각자 다른 역할을 하는 네트워크 장비인 허브, 스위치, 게이트웨이, 라우터에 대해 정리해 보자. 먼저 허브, 특히 더미 허브는 내부의 기기로부터 신호가 오면 단순히 전기적인 신호만 증폭시킨 후 연결된 모든 기기에 신호를 보낸다[1]. 초창기의 이더넷에서 케이블을 직접 연결하던 방식을 대체하기 위해 사용됐다. 이후, 더미 허브를 대체하는 스위칭 허브 또는 스위치가 등장했다. 스위치와 게이트웨이의 동작 방식은 앞에서 이미 설명했다.

---

1 플러딩(flooding)이라고 한다.

이제 스위치와 라우터를 구분해 보자. 이 구분은 다른 장비들과의 구분보다는 전문적인 지식을 요구한다. 스위치는 맥 주소로 이더넷 프레임이 가야 할 곳을 정하므로 레이어 2 장비라고 한다. OSI 7 계층의 밑에서 두 번째 계층(레이어)인 미디어 접근제어 계층에서 맥 주소를 관리하기 때문이다. 반면 라우터는 인터넷 주소를 보고 경로를 결정한다. 인터넷 주소는 밑에서 세 번째 계층(레이어)에 해당하는 네트워크 계층에서 담당한다. 따라서 라우터는 레이어 3 장비라고 한다.

이름	네트워크	사용 주소	OSI 계층	연결장비
프레임(Frame)	이더넷(Ethernet)	맥 주소(MAC Address)	2계층	스위치
패킷(Packet)	인터넷(Internet)	인터넷 주소(IP address)	3계층	라우터

표 11.1 2계층과 3계층의 비교

스위치는 외부 네트워크로 연결하기 위해 하나의 포트를 갖고, 내부 네트워크로 다수의 기기를 연결하기 위해 여러 개의 포트를 갖는다. 가정에서 사용하는 공유기가 대표적이다. 외부 네트워크는 통상 '인터넷', 'Internet' 또는 'WAN'으로 제품에 표기한다. 그리고 다른 포트들과 구별되도록 색깔도 다르다. 실제로는 상위에 있는 스위치의 내부 네트워크 포트로 연결된다.

그림 11.1 공유기 포트

스위치는 외부 네트워크로 패킷이 나가는 경로가 단 하나만 존재한다. 이에 비해 라우터는 여러 개의 인터페이스를 갖고 있어서 선택적으로 내보낼 수 있다. 따라서 라우팅 테이블이 필요하다. 라우팅 테이블은 패킷들의 전송 결과에 따라 실시간으로 변경될 수 있다.

한편, 네트워크 기기의 보급으로 가정마다 공유기를 1~2대씩은 구비하게 됐다. 개인이 직접 구매하는 경우도 있고, 통신회사에서 무료로 제공하는 경우도 있다. 공유기[2]라는 이름은 인터넷 연결을 공유할 수 있다는 의미다. 공유기는 회사에서 사용되는 사설 교환기, 혹은 구내 교환기(PBX, private branch exchange)와 유사한 역할을 담당한다.

오늘날 대부분 경제 활동 인구들이 휴대폰을 갖고 있지만 회사에서는 개인적인 용도가 아닌 사업 활동 용도로 직원들에게 유선 전화기를 제공한다. 이 전화기들은 가정에서 사용되는 전화기와 조금 다른 면이 있다. 전화를 걸기 위해 수화기를 들었을 때 들려 오는 신호음도 다르고, 외부로 전화를 걸기 위해서는 특정한 숫자를 먼저 눌러야 한다.

모든 전화기는 지역 전화국으로 연결된다. 그런데 회사에 설치된 전화기와 지역 전화국 사이에는 사설교환기 또는 구내교환기가 존재한다. 사설 교환기는 가정에서 사용하는 유무선 공유기와 유사한 제품이다. 유무선 공유기는 각 가정에서 여러 개의 유무선 네트워크 기기를 인터넷에 연결하기 위해 사용되는데, 이 모든 기기는 내부에서는 각기 다른 사설 인터넷 주소를 갖지만 외부 네트워크에서는 하나의 공인 인터넷 주소를 사용한다. 현실적으로 공인 인터넷의 개수가 한정돼 있어서 모든 기기에 공인 인터넷 주소를 할당할 수 없기 때문이다.

회사의 전화도 유사하다. 모든 직원들에게 공인 전화 번호[3]를 할당하려면 비용이 많이 든다. 따라서 사설 교환기를 사용한다. 사설 교환기를 사용하면 내선 번호라는 별도의 번호를 대표 전화번호 뒤에 입력한다. 또한 사설 교환기를 사용하면 회사 직원들끼리 통화하는 경우에 전화국의 서비스, 즉

---

2 공유기는 라우터, 또는 스위치라고도 불린다.
3 공인 전화 번호란 전화국에서 직접 할당하는 것을 말한다. 필자가 공인 인터넷 주소와 비유하기 위해 만든 용어다.

가입자 루프를 거치지 않기 때문에 전화국에 비용을 지불하지 않아도 되는 이점이 있다. 따라서 대부분의 회사에서는 모든 직원들에게 전화국에서 지급하는 전화 번호의 배정이 가능한 경우에도 사설 교환기를 도입해서 내부 직원 간의 통화에 사용하게 한다. 이 경우, 회사 내부에서 외부로 전화를 연결하려면 '9'번 등 별도의 시작 버튼을 눌러야 한다.

IX

인터넷을 구성하는 네트워크들은 라우터를 통해 연결된다. 일반적으로 라우터들은 IX라는 곳에 모아 둔다. 파티장에서 참석자들이 인적 네트워크를 만들듯이 IX에서 라우터들은 네트워크의 네트워크를 형성한다. 그리고 파티장에서 여러 사람을 동시에 만나는 것처럼 IX에서 라우터들은 여러 네트워크와 동시에 연결된다.

그런 측면에서 대부분의 경우 인터넷에 연결된다는 것은 IX에 접속된 것이라고 말할 수 있다. IX에 접속되지 않으면 매우 제한된 네트워크에만 접근할 수 있다. 예를 들어, 유플러스 인터넷 서비스 가입자가 있다고 해보자. 만약 유플러스의 네트워크가 IX에 연결돼 있지 않다면 사용자는 유플러스 내부 네트워크에만 접근할 수 있다. 유튜브, 페이스북 같은 서비스뿐만 아니라 KT에서 제공하는 지니뮤직도 이용할 수 없다.

우리나라에서는 1994년부터 한국통신, 데이콤, 아이네트, 나우콤이 상용 인터넷 서비스를 개시했다. 이 의미는 마침내 이들이 해외 IX에 연결됐다는 것이다. 따라서 인터넷 서비스 가입자들은 라이코스와 같은 외국의 인터넷 검색 서비스를 이용할 수 있게 됐다.

그런데 문제는 국내의 인터넷 서비스 간에는 직접적인 연결이 없었다는 것이다. 예를 들어, 데이콤 인터넷 서비스 가입자가 아이네트 인터넷 서비스

가입자의 서버 컴퓨터에 접속하려면 해외를 거쳐야 했다. 국내에는 아직 이들 네트워크를 연결해 주는 IX가 없었기 때문이다. 따라서 서로 다른 인터넷 서비스 가입자의 컴퓨터 간 통신은 속도가 매우 느릴 수밖에 없었다. 불필요한 국제 회선 사용에 따른 비용 지출은 말할 것도 없었다.

이러한 문제를 해결하기 위해 한국정보사회진흥원[4]이 1995년에 국내 최초로 IX를 구축했다. 이것이 KIX다. KIX는 정부공공기관인터넷(KOSINet), 슈퍼컴퓨터의 공동 사용을 위한 연구전산망(KREONET[5]), 한국통신의 하나망, 아이네트의 누리넷을 연결했다. 데이콤은 연구전산망을 통해 IX로 연결됐다.

이후 통신업체에서 전용 IX를 설치하기 시작해서 현재 국내에는 6개의 IX가 있다. 국내에서 운영 중인 IX는 KT에서 운영하는 KTIX[6], LG 유플러스에서 운영하는 DIX[7], SK브로드밴드에서 운영하는 SKBIX[8], 한국인터넷연동협의회가 구축한 KINX[9]가 있으며, 차세대 인터넷 주소인 IPv6 주소 기반 연동망인 6NGIX가 한국인터넷진흥원에 의해 비영리로 운영되고 있다.

---

4 현 한국정보화진흥원

5 KREONET(Korea Research Environment Open Network)

6 혜화 노드와 구로 노드로 이원화해서 운영하고 있다. 14개의 IX 및 18개 인터넷 서비스 사업자와 대략 초당 2,900기가비트 속도의 규모로 연동하고 있다.

7 논현 노드와 가산 노드로 망 구조를 이원화해서 운영하고 있다. 60여 개의 인터넷 사업자와 대략 초당 3,000기가비트 속도의 규모로 연동하고 있다.

8 2개의 IX와 약 24개의 인터넷 서비스 사업자와 약 1,590Gbps 규모로 연동하고 있다.

9 KINX(Korea Internet Neutral eXchange). 국내외 44개 ISP와 연동돼 있으며, 대략 초당 1,063기가비트 속도의 규모로 연동하고 있다.

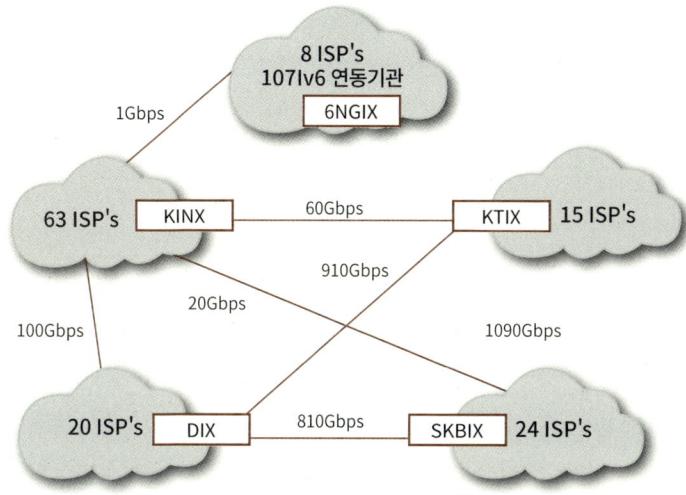

그림 11.2 인터넷진흥원. IX별 연동망 회선 연결 구조(2018년 6월 기준)[10]

IX의 동작 방식: 레이어 2 방식과 레이어 3 방식

IX는 인터넷 서비스 제공업체와 WAN[11]으로 연결된다. IX에는 라우터가 설치되고, 인터넷 서비스 제공업체의 데이터 센터에는 스위치 장비가 설치된다. 이 연결은 수많은 가입자들의 인터넷 서비스를 책임져야 하므로 만약의 경우를 대비해서 백업 라인을 가진다. 즉, 이중으로 연결된다. 인터넷 서비스 업체가 갖고 있는 스위치를 백본 스위치라고 한다. 이중 연결을 위해 백본 스위치도 2개가 된다.

IX에는 인터넷 서비스 제공업체와 연결되는 라우터들이 놓인다. 이 라우터들이 어떻게 연결되는가에 따라 레이어 2 방식, 레이어 3 방식으로 구분된다. 이는 스위치를 레이어 2 장비라고 부르고, 라우터를 레이어 3 장비라고

---

10 출처: 2018 한국인터넷백서(한국인터넷진흥원)

11 WAN(Wide Area Network)

부르는 것과 같은 이치다. 즉, IX의 스위치가 여러 라우터를 연결하는 방식을 레이어 2 방식이라고 하고, 라우터들 간의 직접 연결로만 이뤄지는 방식을 레이어 3 방식이라고 한다.

레이어 3 방식에서는 라우터들이 일대일로 연결된다. 전화기 4개가 일대일로 연결되는 모습과 같다. 4대의 라우터 A, B, C, D가 있다면 이들을 연결시키기 위해 A-B, A-C, A-D, B-C, B-D, C-D의 케이블이 필요하다. 그러나 모든 라우터들이 직접 연결되지는 않는다. 라우터는 인터넷 서비스 제공업체의 인터넷 연결 포인트다. 따라서 인터넷 서비스 제공업체들은 서로 합의를 이룬 경우에만 라우터를 연결한다. 합의가 이뤄지지 않으면 이들은 연결되지 않는다. 예를 들어 A와 B는 합의가 이뤄져 연결됐지만 A-C는 연결되지 않을 수 있다. 그렇다면 A의 네트워크에 연결된 컴퓨터는 C에 연결된 컴퓨터와 어떻게 통신할까? 그것은 B-C가 있기 때문에 가능하다. A와 C는 직접 연결돼 있지 않지만 B를 통해 간접으로 연결된다. 다만 이 경우에는 직접 연결보다 접속 속도가 느릴 것이다.

레이어 2 방식에서는 인터넷 서비스 업체들의 라우터들을 연결하는 스위치가 중앙에 위치해 있다. 유선 공유기에 여러 대의 컴퓨터가 연결되는 것과 같다. 모양도 같고 동작 원리도 같다. 레이어 3 방식은 연결된 라우터 간의 통신만 가능하기 때문에 만약 해당 연결에 많은 트래픽이 몰리면 달리 대책이 없다. 그러나 스위치를 사용하는 경우 여유로운 회선으로 자유로운 트래픽 교환이 가능하다.

인터넷 라우터의 역할은 전송할 패킷을 어느 회선으로 보낼지를 결정하는 데 있다. 이를 위해 라우팅 테이블을 사용한다. 라우팅 테이블은 패킷을 어느 회선으로 보내야 할지를 정리해 놓은 정보다. 이 정보는 라우터의 메모리에 저장돼 있다. 한편, 라우터가 갖는 정보는 자신을 중심으로 일부 네트워크에 한정된다. 따라서 모든 라우터는 각자 갖고 있는 라우팅 정보가 다르다. 라우터들은 이 정보들을 상호 교환함으로써 더욱 넓은 지역에 걸쳐 라우팅 의사결정을 할 수 있게 된다.

IX에 설치된 라우터들도 서로 정보를 공유한다. 그런데 레이어 3 방식은 서로 직접 연결된 라우터 간에만 정보가 공유된다. 그러나 레이어 2 방식은 스위치에 연결된 모든 라우터들이 서로 정보를 공유한다.

우리나라의 IX 중 KTIX는 레이어 3 방식만 사용한다. 반면 DIX는 레이어 2 방식과 레이어 3 방식을 함께 사용 중이며, KINX는 레이어 2 방식을 사용한다.

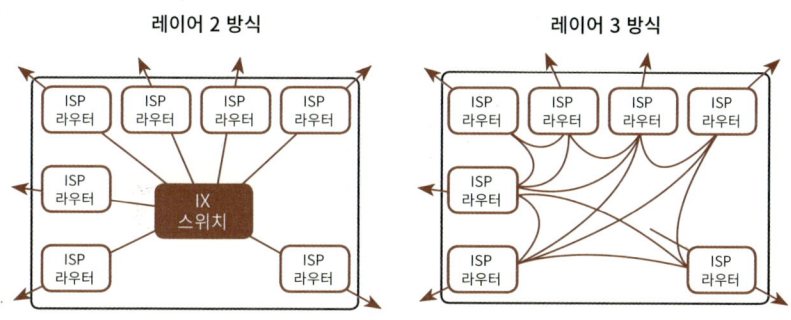

그림 11.3 IX의 연결 방식

국내의 인터넷 연결도

인터넷 서비스 사업자는 하나의 IX에만 연결되는 것이 아니라 여러 개의 IX에 동시에 연결된다. 가능한 한 많은 IX에 연결될수록 가입자들은 빠른 서비스 속도를 경험할 수 있다. 다만 IX에서의 연결은 가정에서 공유기에 이더넷 케이블을 하나 더 연결하는 것과 다르다. 비용이 발생하기 때문이다. 일반적으로 작은 네트워크가 큰 네트워크에 연결되는 경우에는 전자가 후자에게 망 사용 비용을 지불하게 돼 있다.

그런데 인터넷 서비스 사업자에게 인터넷 접속 속도는 시장에서 살아남기 위한 필수적인 요소다. 인터넷 사용자들은 인터넷 접속 속도에 실망하면 다른 인터넷 서비스 사업자를 선택할 것이다. 따라서 많은 연결을 위해 추가적인 비용이 들지만 이를 투자로 판단한다. 그 결과, 다음 그림과 같은 IX와 인터넷 서비스 제공업체 간 거미줄 연결도가 만들어졌다. 현재는 연결 대역폭이 커지고, SKBIX와 6NGIX가 추가됐고, 인터넷 서비스 제공업체 수도 2배 가량 증가했다[12]. 한국인터넷 정보센터에서는 1999년까지 매년 아래와 같은 인터넷 연결도를 작성해서 외부에 공개했는데, 이후 인터넷의 성장과 함께 업데이트된 정보를 모두 표현하기 어려워져 현재는 아래와 같은 이미지를 제공하지 않는다.

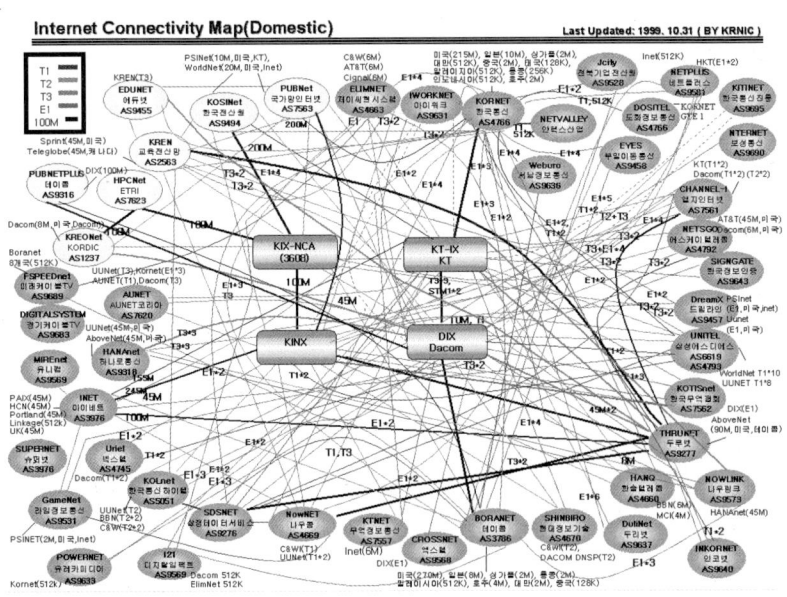

그림 11.4 인터넷 연결도(1999)

---

12 1999년 인터넷 서비스 제공업체는 54개였는데, 지속적으로 증가해서 2010년 127개로 정점을 찍었고 그 후 감소세가 진행되어 2018년 현재 94개다.

해외의 IX

인터넷 서비스 제공업체들은 국내 IX뿐만 아니라 해외 IX에도 연결된다. 해외 IX의 동작 원리는 국내 IX와 동일하다. 국내 IX와 해외 IX의 유일한 차이점은 비용이다. 인터넷 서비스 제공업체들은 국내에서 해외 IX까지 이어주는 국제회선에 대해 비용을 지불해야 한다. 국내에서도 망 이용료를 망 사업자에게 지불하는데, 해외망의 경우에는 규모가 크다. KT의 경우, 국제 회선을 보유하고 있기 때문에 부담이 크지 않지만 다른 업체들은 망을 임대하는 등의 방법이 필요하다.

예를 들어, 유플러스는 미국의 이퀴닉스(Equinix)사에서 운영하는 IX에 연결된다. 이퀴닉스는 전 세계 곳곳에 많은 IX를 설치하고 있다. 유플러스는 그중에서 일본, 로스엔젤레스, 팔로알토에 위치한 IX에 연결된다. 팔로알토 IX에는 구글, 페이스북을 비롯해 우리가 알고 있는 인터넷 기업들의 라우터가 모두 있다고 해도 과언이 아니다[13]. 그 밖에도 홍콩의 엡실론사와 썬이비전에서 운영하는 IX에 연결된다.

그 밖에 인터넷 서비스 제공업체들이 연결돼 있는 IX들의 정보는 인터넷에서 검색할 수 있다[14]. IX에는 인터넷 서비스 제공업체와 연결되는 라우터들이 놓여 있다. 따라서 IX 내부를 둘러보면 그 IX에 연결된 인터넷 서비스 제공업체의 리스트를 알 수 있다. 이 정보를 인터넷으로 검색할 수 있게 해놓았다. 이를 PoP[15] 검색 서비스라고 한다.

---

13 https://www.peeringdb.com/ix/7. PeeringDB 사이트로 네트워크 간 연결 모습을 확인할 수 있다.

14 https://cloudscene.com/service-provider/lg-uplus

15 PoP(Point of Presence)

구분	국가	교환노드	성격
북미	미국	Equinix	전문회사
		SIX	협의체
		Any2	전문회사
		NYIIX	전문회사
유럽	프랑스	France-IX	협의체
	영국	LINX	협의체
	독일	DE-CIX	협의체
	스웨덴	Netnod	협의체
	러시아	MSK-IX	전문회사
	네덜란드	AMS-IX	전문회사
	스위스	SwissIX	협의체
아시아,태평양지역	일본	JPNAP	전문회사
		JPIX	전문회사
	홍콩	HKIX	중립기관(대학)
	싱가포르	SGIX	전문회사
	호주	IX Australia	협의체

표 11.2 전 세계 IX(2018 한국인터넷백서, 한국인터넷진흥원)

해저 케이블

지구라는 메인 보드

대륙 간 통신의 연결에는 해저 케이블을 사용한다. 유럽과 북미는 대서양을 가로지르는 해저 케이블이 있고, 북미와 아시아는 태평양을 가로지르는 해저 케이블이 있다. 아시아와 유럽은 인도양을 거쳐서 지중해를 통과하는 해저 케이블을 사용한다. 아프리카를 우회하는 해저 케이블과 남미를 우회하는 해저 케이블도 있다. 마치 컴퓨터 메인보드의 구리배선들이 부품을 연결하는 것처럼 지구는 해저 케이블들이 대륙을 연결하고 있다.

해저 케이블의 부설은 생각보다 오래된 역사를 갖고 있다. 이미 1900년대 초에 전 세계를 잇는 해저 케이블이 만들어졌다. 태평양을 가로질러 일본도 연결돼 있었다. 당시에는 전신을 보내기 위한 용도였다.

1950년대 이후부터는 음성 통화를 위한 해저 케이블이 부설되기 시작했다. 단순히 전신을 보내는 것에 비하면 음성 전송은 고려해야 할 사항이 많았다. 케이블로 동축케이블이 사용됐고, 신호의 증폭을 위해 진공관이 사용됐다. 최초의 음성통신용 해저 케이블은 대서양에 부설됐으며, 36개의 채널을 제공했다.

1980년대에 마침내 광케이블이 개발되면서 해저 케이블에 사용되기 시작했다. 늘어난 통신량을 감당하기 위해 점점 더 많은 해저 케이블이 설치되고 있으며 이들은 모두 광케이블이다. 과거에 설치된 케이블들은 사용 가능하지만 효율이 낮아 광케이블로 대체하고 있다. 최초의 광케이블은 태평양을 가로질러 설치됐다.

오늘날 바다에는 400개 이상의 해저 케이블이 지구를 30번 이상 감을 수 있는 길이만큼 부설돼 있다. 이 케이블들은 대개 해저에 묻히지만 심해의 경우에는 그냥 바닥에 놓인다. 단, 남극의 경우에는 차가운 수온과 얼음의 영향으로 아직 해저 케이블로 연결하지 못했다. 남극은 인공위성으로 연결된다.

그림 11.5 해저케이블의 부설[16]

광케이블

해저 케이블에 사용되는 광케이블은 2가닥이 한 쌍이다. 각각 송신용과 수신용으로 사용된다. 최근 구글에 의해 부설된 미국과 일본 간 해저 케이블에는 6쌍의 광섬유가 사용됐다.

광섬유의 굵기는 크게 두 가지 종류가 있는데 각각 용도가 다르다. 첫째, 지름이 9마이크로미터인 경우 하나의 빛만을 사용하며, 싱글모드라고 한다. 주로 레이저를 광원으로 사용한다. 둘째, 지름이 50~100마이크로미터인 경우에는 여러 빛을 사용하며, 멀티모드라고 한다. 주로 LED를 광원으로 사용한다. 해저 케이블은 레이저를 이용하며 멀리까지 신호를 보낼 수 있는 싱글모드다.

빛의 주파수가 높아질수록 손실이 커져서 주로 850나노미터, 1300나노미터, 1550나노미터 파장 길이가 사용된다. 따라서 좀 더 낮은 주파수를 사용하거나 가시광선 스펙트럼의 맨 끝에 위치한 붉은색 또는 이보다 낮은 적외선을 사용하는 수준에 이르렀다.

---

[16] https://www.youtube.com/watch?v=Gg1aFmsKQgk

광케이블에서는 빛이 진공 속을 이동할 때의 3분의 2의 속도로 이동한다. 대략 초당 20만킬로미터를 이동한다. 광케이블의 재질인 석영유리라는 매질을 통과하기 때문이다.

우리나라의 해저 케이블

우리나라 해저 케이블의 대부분은 일본으로 연결된다. 1980년 개통된 첫 번째 해저 동축케이블은 부산의 송정과 일본의 하마다 간 153킬로미터 구간이었다. 그 이후에 부설된 해저 케이블들도 마찬가지다. 따라서 우리나라에서 인터넷에 접속하면 데이터가 한일 간 해저 케이블을 타고 일본으로 건너간 다음, 미국행 해저 케이블을 타게 된다. 마치 인천공항에서 출발한 비행기가 일본의 나리타 공항을 거쳐서 미국으로 가는 것과 같다[17].

2018년에 부산, 상하이, 도쿄, 타이완 북부에서 미국 서부로 직결되는 해저 케이블이 개통되면 그것이 유일한 직통 라인이 된다. 이 사업을 위한 컨소시엄에는 KT가 참여하고 있다.

구분	케이블명	건설구간	시스템 용량	거리	개통 연도
국제	FEA	한국–일본–홍콩–중동–유럽 등 14개국	80G	28,000	1997
	SMW-3	한국–동북아–동남아–중동–유럽 등 33개국	160G	39,000	1999
	APCN2	한국–일본–중국–홍콩–타이완–싱가포르–필리핀	27.4T	19,000	2001

---

17 2011년 일본에서 진도 9.0의 강진이 발생했을 때 국내에서 구글 등 일부 해외 사이트의 연결이 지연되거나 접속이 끊기는 현상이 발생했는데, 이때 KJCN과 JUCN이 손상됐기 때문이었다. 당시, KT는 KJCN 해저 케이블 외에도 CUCN망에 지분을 가지고 있었다. 따라서 사고 직후, KJCN으로 향하던 패킷들은 중국망으로 우회한 후 미국으로 직통 연결이 가능했기 때문에 지진 여파로 통신 속도의 저하 문제는 심각하게 발생하지 않았다. 그러나 유플러스와 SK브로드밴드는 JUCN이 복구되기를 기다리며, 새로운 회선을 임시로 대여하는 수단을 강구해야 했다.

구분	케이블명	건설구간	시스템 용량	거리	개통 연도
국제	KJCN	한국–일본	2.88T	500	2002
	EAC	한국–일본–중국–타이완–홍콩–필리핀–싱가포르	5.1T	19,800	2002
	C2C	한국–일본–타이완–중국–홍콩–타이완–필리핀–싱가포르	7.6T	17,00	2001
	FNAL	한국–일본–타이완–홍콩	2.9/7.6T	9,800	2002
	TPE	한국–중국–일본–타이완–미국	8T	18,000	2008
	APG	한국–중국–일본–타이완–홍콩–베트남–태국–말레이시아–싱가포르	57.6T	10,400	2016
국내	울릉–육지	울릉–호산	10Gx16	159	1993
	울릉–육지2	울릉–호산	10Gx16	164	2016
	제주–육지	제주–고흥	10Gx32	191	1996
	제주–육지	제주–남해	10Gx32	236	2000

표 11.3 국내외 육양 해저 케이블 현황(단위: bps, km, 연), KT(2017)

해저 케이블로 연결되는 육양국

육양국이란 해변에 설치되는 통신 국사로서, 바다 밑으로 건설되는 해저 케이블을 육지로 끌어올려 지상의 통신망과 연결해 주는 곳이다. 육양국은 해저 케이블을 통해 국제전화, 데이터 등 국내에서 발생한 통신 트래픽을 전송하고, 해외에서 국내로 유입되는 트래픽을 수신하는 역할을 한다. 그뿐만 아니라 해저 케이블망의 100킬로미터 간격으로 설치되는 통신중계기에 전원을 공급하는 역할도 수행한다. 우리나라의 주요 육양국은 부산, 거제, 태안에 위치하고 있다.

유플러스의 경우, 서초동에 위치한 텔레하우스(국제관문국)에서 태안에 위치한 육양국으로 연결된다. 안정적인 데이터 전송을 위해 경로가 이중화돼 있고, 주경로는 서울-평택-홍성-태안이며, 주경로에 문제가 발생할 경우를 대비하는 보조 경로는 서울-오산-천안-대전-익산-대천-태안으로 해당 지역을 데이터 케이블이 지나간다.[18]

해저 케이블의 임대

해저 케이블이 우리나라에 직접 연결돼 있지는 않지만 이를 사용해야 하는 경우에는 임대를 해야 한다. 일본, 하와이, 미국을 잇는 JUCN 해저 케이블은 우리나라와는 연결돼 있지 않다. 하지만 우리나라에서 미국으로 인터넷 접속을 하기 위해서는 반드시 지나가야 하는 해저 케이블이다. 따라서 KT와 SK브로드밴드는 이 해저 케이블을 임대하고 있다. 단, 우리나라에서 일본까지는 KJCN을 사용한다. KJCN은 KT가 지분을 갖고 있다. 유플러스와 SK브로드밴드는 KT로부터 KJCN을 임대해서 사용한다. 이렇게 해서 서울에 위치한 사용자의 컴퓨터에서 출발한 패킷은 부산의 육양국을 거쳐 KJCN을 타고 일본으로 이동하고, JUCN을 타고 미국으로 간다. 우리나라와 일본만을 연결하는 KJCN 외에도 동남아 여러 나라를 연결하는 APCN2를 통해서도 일본과 접속이 가능하며, 미국으로 가기 위해 JUCN을 사용하는 것은 동일하다.

한편, 남미에 있는 인터넷 서버와의 접속을 위해서는 미국에서 남미로 이어지는 해저 케이블을 사용해야 한다. 이를 위해 KT는 PAN-American과 Atlantis-2 해저 케이블을 임대하고 있다.

2004년 아테네 올림픽까지 위성 국제방송중계망을 사용했으나 2006년 독일월드컵부터 해저 케이블을 사용해 경기를 중계하고 있다. 2016년 브라질 리우 올림픽 중계방송도 해저 케이블을 사용했다. 리우에서의 영

---

18 http://www.dacomcrossing.co.kr/

상을 서울로 전송하기 위해 총 4개의 해저 케이블이 연동됐다. 한국, 일본, 타이완, 홍콩을 이어주는 FNAL 해저 케이블, 일본과 미국을 이어주는 TGN-Pacific(7Tbps급) 해저 케이블, 미국 및 중남미 국가들을 이어주는 PAN-American 해저 케이블, 남미 국가들을 이어주는 SAC 해저 케이블이 차례로 연결됐다. FNAL-TGN-PAC-SAC를 연결하는 전송로 외에도, 만약의 경우를 위한 보조 전송로로 APCN2 해저 케이블과 JUCN 해저 케이블이 준비됐다.

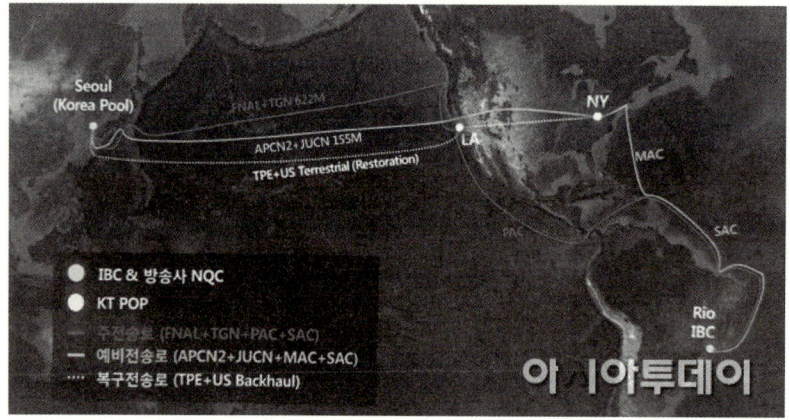

그림 11.6 리우올림픽 중계를 위한 해저 케이블(KT자료)[19]

계층화된 연결

프로토콜과 패킷을 다룬 장에서 살펴봤듯이 각 구성 요소가 담당해야 할 영역을 구분하는 계층화는 전체 시스템의 효율적인 운영에 도움이 된다. 영역별로 전문화가 가능하기 때문이다. 회사 조직에서 사장과 과장이 해야 하는 일이 달라야 하는 이유도 이것이다.

---

19 http://www.asiatoday.co.kr/view.php?key=20160807010003258

통신 기기들의 연결 구조도 마찬가지다. 방대한 규모의 네트워크를 지역 단위로 구분한 후 계층화한다. 먼저 지역 단위의 소규모 네트워크를 구성한다. 이들은 백본이라고 불리는 고속 대용량 전송이 가능한 케이블을 통해 상위 계층의 네트워크와 연결된다. 최종적으로 전 지구적 규모의 연결 구조가 완성된다.

이 같은 계층화 모습을 띠는 가장 대표적인 연결 구조가 전화 시스템이다. 가장 오래된 역사를 갖고 있기도 하다. 나중에 발명된 인터넷은 자연스럽게 전화 시스템의 계층화 모습을 따랐다. 다만 인터넷이 전화 시스템보다 훨씬 다양한 용도로 사용되면서 인터넷 내부에서도 또 다른 형태의 계층 구조들이 만들어졌다.

전화 시스템의 계층 구조

미국의 전화 회사인 AT&T는 전화 시스템의 계층 구조를 5개의 클래스로 구분했다. 클래스 1은 미국의 전 대륙을 커버하며, 클래스 4는 지역 가입자 회선 사업자들을 연결해 준다. 클래스 5는 지역 가입자들로 구성된다. 클래스 3은 이론상으로만 존재한다.

우리나라의 전화 시스템도 동일한 계층 구조를 사용한다. 다만 미국의 경우 클래스 5에 해당하는 사업자와 클래스 1에 해당하는 사업자가 다르나, 우리나라는 하나의 사업자가 클래스 5부터 클래스 1까지 모두 서비스한다. 미국의 경우에도 독과점 방지법에 의해 회사가 분할되기 전까지 AT&T가 클래스 5부터 클래스 1까지 모든 서비스를 제공했으나, 이후 AT&T는 클래스 1만 담당하는 사업자가 됐다.

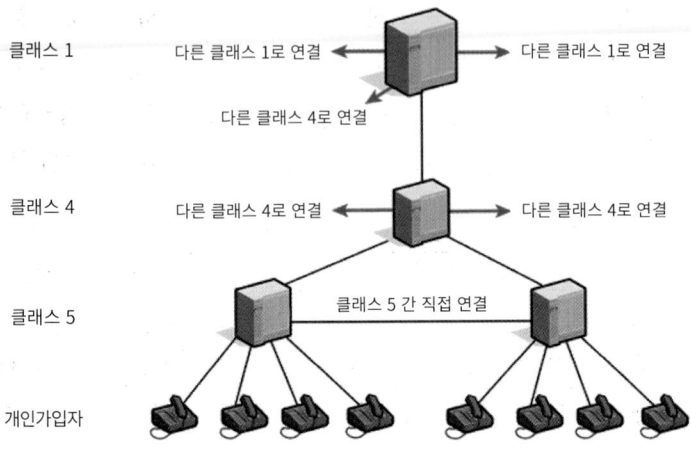

그림 11.7 전화 시스템의 계층 구조

작은 시내가 모여 큰 강을 이루는 것처럼, 클래스가 올라갈수록 이들을 연결하는 통신 채널은 넓은 대역폭을 갖는다. 하나의 음성 채널에는 초당 64킬로비트[20] 용량의 회선이 할당된다. 클래스 5 사업자가 가입자들에게 제공하는 대역폭이다. 클래스 5 사업자는 상위의 전화 회사와 연결하기 위해 더욱 넓은 대역폭을 사용한다. 사용할 수 있는 대역폭의 종류는 정의돼 있다. T-1은 24개의 음성 채널을 전송할 수 있는 용량을 갖는다. 64킬로비트 × 24 = 초당 1.544메가비트의 용량을 갖는다. T-1급 캐리어 4개가 모여서 초당 6.312메가비트의 T-2가 된다.

---

20 소리에는 주파수가 있는데, 어떤 소리를 제대로 재현하기 위해서는 그 주파수의 두 배 이상의 빈도로 샘플링해야 한다(나이퀴스트 샘플링 법칙). 전화의 경우, 이야기할 때 사람의 목소리가 4킬로헤르츠 이내의 주파수를 가진다고 보면 1초에 8000번 샘플링하게 된다(8킬로헤르츠로 샘플링). 하나의 샘플을 8비트 숫자로 표현하면 정보의 양은 초당 64000비트가 된다.

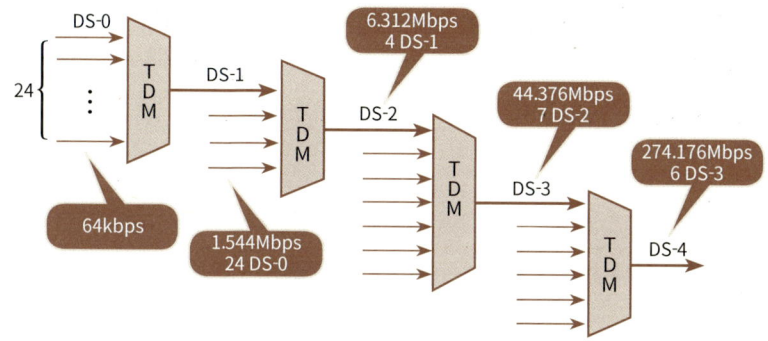

그림 11.8 회선 용량

인터넷의 계층 구조

컴퓨터 네트워크나 셀룰러 이동통신 네트워크도 계층 구조를 형성하면서 인터넷에 연결된다. 컴퓨터들의 근거리 유선망, 집안의 와이파이, 셀룰러 이동통신의 셀과 같은 1차 네트워크가 존재한다. 1차 네트워크들은 스위치와 같은 장비에 의해 연결되어 2차 네트워크를 형성한다. 2차 네트워크는 1차 네트워크에 비해 지역적으로 훨씬 넓은 지역을 커버한다. 한편, 2차 네트워크들도 연결되어 3차 네트워크를 형성한다. 최상단에는 전 세계를 커버하는 네트워크가 존재한다.

전화 교환 서비스를 제공하는 전화 회사처럼 인터넷에서는 인터넷 연결 서비스를 제공하는 인터넷 서비스 제공업체(ISP)가 있다. 인터넷 서비스 제공업체는 개인들에게 직접 인터넷 서비스를 제공하기도 하지만 각종 기업이나 하위 인터넷 서비스 제공업체들을 인터넷에 연결해주는 역할을 하기도 한다. 이 경우 인터넷 서비스 제공업체는 2차 혹은 3차 계층의 네트워크가 된다.

인터넷 구성의 최상단에는 인터넷 서비스 제공업체들을 연결해주는 네트워크가 있다. 인터넷 서비스 제공업체들은 직접 일대일로 연결되기도 하는데, 대부분의 경우 IX[21]라는 연결 포인트를 통해 연결된다.

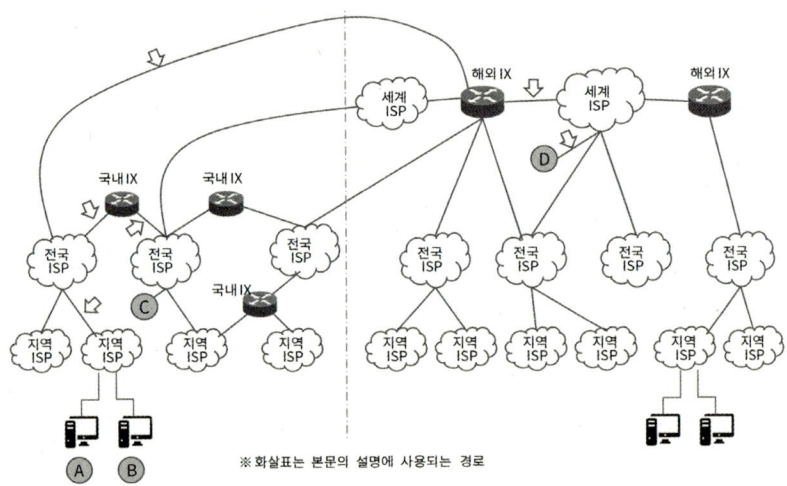

그림 11.9 인터넷 연결도 실제

인터넷 동작의 실제

지금까지 다양한 프로토콜을 통해 1차 네트워크의 동작에 대해 살펴봤다. 이제 큰 그림을 완성할 시간이다. 대한민국에 위치한 컴퓨터나 스마트폰이 미국에 위치한 구글 서버에 어떻게 연결되고 통신이 이뤄지는지 살펴보자.

먼저 2차 네트워크의 동작을 들여다보자. 예를 들어, 동일하게 유플러스의 인터넷 서비스에 가입한 사용자 간의 통신이다(같은 아파트에 위치해 있다고 가정한다). 그림 11.9에서 컴퓨터 A와 컴퓨터 B의 연결 및 통신에 해당한다. 1차 네트워크에서 가정의 공유기는 패킷의 목적지 주소를 보고, 패

---

21 IX(Internet eXchange)

킷이 외부로 나가야 한다고 판단한다. 공유기를 통해 집 밖으로 나온 패킷은 지역을 묶는 스위치로 전달된다. 이 스위치는 이더넷으로 연결되므로 집 밖으로 나온 패킷은 다시 이더넷 프레임으로 캡슐화된다. 이때 스위치에서 발생하는 동작은 가정 공유기에서 발생하는 동작과 완전히 동일하다. 프레임의 목적지 맥 주소를 갖는 컴퓨터가 같은 네트워크에 연결돼 있다면 프레임 전달은 완료된다. 그 컴퓨터에서 프레임이 해체되고 패킷이 복원된다.

실제에서 서로 이웃한 집의 컴퓨터 A와 컴퓨터 B가 연결되고 통신하는 경우는 거의 없다. 하지만 사용자들이 알지 못하는 순간에 이 같은 연결, 즉 옆집 컴퓨터와 연결되는 경우가 있다. 두 컴퓨터가 피어 투 피어 애플리케이션을 설치한 경우다. 예를 들어 두 사용자가 비트토렌트를 각자의 컴퓨터에 설치했다면, 그리고 컴퓨터 B에 컴퓨터 A가 필요로 하는 파일이 있다면 위와 같은 연결이 이뤄질 수 있다.

3차 네트워크에 이르면 유플러스의 데이터 센터가 포함된다. 유플러스의 클라우드 서비스인 유플러스 박스에 접속하거나 유튜브의 캐시 서버, 넷플릭스의 캐시 서버에 접속하면 3차 네트워크에서 패킷 전달이 완료된다. 3차 네트워크도 스위치의 내부 네트워크다.

유플러스 가입자도 KT가 제공하는 무료 클라우드 서비스를 이용할 수 있다. 만약 컴퓨터 A의 사용자가 엠스토리지(그림의 컴퓨터 C)에 파일을 저장하려면 A를 출발한 패킷이 KT의 네트워크로 넘어가야 한다. 이 판단은 유플러스의 최상단에 있는 스위치가 한다. 일명 백본 스위치라고 한다. 이 스위치는 패킷의 목적지가 외부임을 파악하고 IX에 있는 라우터로 패킷을 보낸다. 레이어 2 방식의 IX라면 패킷은 내부의 스위치로 전달된 후, KT와 연결되는 라우터로 전달된다. 레이어 3 방식의 IX라면 유플러스의 라우터에서 KT의 라우터로 패킷이 직접 전달된다. 유플러스와 KT가 직접 연결돼 있지 않다면 우회 경로를 찾는다. 예를 들어, 유플러스의 라우터는 SK브로드밴드의 라우터에게, SK브로드밴드의 라우터는 KT의 라우터에게 패킷을 전송한다. KT의 라우터는 패킷을 KT의 백본 스위치에게 전달한다. 백본 스위치는 엠스토리지 서버에게 패킷을 전달한다.

    컴퓨터 A에서 출발한 패킷이 해외 서버(그림의 컴퓨터 D)에 도달하는 과정도 크게 다르지 않다. 해외 IX를 사용한다는 점만 다르다. 유플러스의 백본 스위치는 패킷이 미국으로 가야 한다는 것을 파악하면 국내 IX로 패킷을 보내지 않고, 유플러스가 갖고 있는 텔레하우스(국제관문국)로 패킷을 보낸다. 그곳에서 패킷은 태안에 위치한 육양국으로 보내지고, 해저 케이블을 이용해 일본에 위치한 IX로 간다. 그리고 일본과 미국을 잇는 해저 케이블을 이용해 미국 로스엔젤레스 또는 팔로알토에 위치한 IX로 간다. 그곳에서 패킷은 최종 목적지의 백본 스위치로 이동한다. 인터넷이 동작하는 기본 구조는 이와 같다.

패킷 감청

인터넷의 계층구조는 패킷 감청을 이해하는 데 큰 도움이 된다. 패킷의 구조는 계층의 위치에 따라 달라지지 않는다. 따라서 계층 구조의 위로 올라갈수록 더 많은 패킷을 효과적으로 감청할 수 있다. 마음만 먹으면 전 세계를 대상으로 패킷 감청을 시도할 수도 있다.

    먼저, 전화 도청을 살펴보자. 회선 방식을 사용하는 전화 통화를 도청하려면 전화기 근처에 도청장치가 있어야 한다. 전화기에 직접 도청장치를 부착할 수도 있고, 전화기와 지역 교환기를 연결하는 전화선에 도청장치를 연결할 수도 있다. 그러나 지역 전화교환기를 지나면 도청이 쉽지 않다. 일단 회선들이 다중화되면 누가 어느 회선을 사용하는지 알 수 없기 때문이다. 따라서 전화 통화자가 사용하는 회선을 확인하기 위해서는 전화기 근처로 가야 한다.

패킷 감청도 타깃 기기의 근처에서 가능하다. 전화 도청의 경우와 유사하다. 다만 전화 도청보다 어려운 점은 암호화된 보호막을 뚫어야 한다는 것이다. 첫 번째 방법은 사용자의 컴퓨터에 직접 침입하는 것이다. 해킹 소프트웨어를 설치해서 인터넷 통신 중 발생하는 패킷들을 몰래 들여다 보는 방법이다. 두 번째 방법은 타깃 컴퓨터가 연결돼 있는 공유기에 접근하는 방법이다. 세 번째 방법으로 외부로 연결된 인터넷 케이블 중간에서 패킷 신호를 감청할 수도 있다.

그런데 패킷 감청의 경우는 전화 도청의 경우와 달리 반드시 컴퓨터나 스마트폰 근처로 갈 필요가 없다. 패킷들은 인터넷 서비스 업체의 최상단 라우터를 통해 외부 네트워크로 전송된다. 해외 서버로 전송되는 패킷들은 해저 케이블 접속을 위해 국제관문국의 라우터로 이동한다. 이 길목에서 패킷 감청이 가능하다. 라우터는 모든 패킷의 머리부에 있는 정보를 확인한다. 그곳에는 발신자의 인터넷 주소와 목적지의 주소가 있다. 누가 누구에게 보내는 패킷인지 알 수 있다.

이 경우에는 인터넷 서비스 제공업체의 허락을 받아야 한다. 또는 라우터 제조업체의 도움을 직접 받을 수 있다. 라우터에 패킷 감청 기능을 몰래 두고, 원격에서 이를 감시할 수 있게 한다. 흔히 백도어라고 불리는 방법이다. 이 경우에는 인터넷 서비스 제공업체조차도 패킷 도청 여부를 알 수 없게 된다.

패킷 감청이 기술적으로는 가능하지만 세상의 모든 패킷을 감시할 수는 없다. 이유는 비용 때문이다. 인터넷 대국인 우리나라의 경우 인터넷을 돌아다니는 패킷의 수는 셀 수 없을 정도로 많다. 이들을 모두 들여다 본다는 것은 기술적으로 가능할지언정 엄두를 낼 수 있는 일은 아니다. 천문학적인 비용이 수반되는 일이다. 천문학적인 예산을 갖고 있는 것으로 알려진 미국의 국가안보국이라면 모를 일이다.

연결 계층 구조의 다양한 사례들

콘텐츠 전송 네트워크의 계층구조

콘텐츠 전송 네트워크[22]는 인터넷 콘텐츠를 효율적으로 전송하기 위한 계층화 수단이다. 인터넷에는 콘텐츠를 제공하는 서버들이 있어서 컴퓨터나 스마트폰의 요청이 있으면 콘텐츠를 전송한다[23]. 예를 들어, 유튜브[24] 서비스를 위해 구글은 서버를 제공하고, 사용자들은 컴퓨터를 이용해 유튜브 서버에 접속해서 동영상을 감상한다.

그런데 너무 많은 요청이 동시에 서버로 몰리면 서버가 이들을 한꺼번에 처리할 수 없게 된다. 서버도 컴퓨터이기 때문에 중앙 연산장치의 성능이나 메모리 용량이 허용하는 한에서 요청해 온 컴퓨터들에게 콘텐츠를 제공할 수 있기 때문이다. 따라서 수용 가능한 용량을 벗어난 요청들은 일정 시간 서비스가 지연되거나 일정 시간이 지나면 서비스 불가로 연결이 종료된다.

인터넷 서버의 모습은 유명 맛집과 동일하다. 유명한 맛집에는 늘 손님이 몰리며, 밖에는 손님들이 서비스를 받기 위해 줄을 선다. 줄이 너무 길면 손님은 그냥 발길을 돌린다. 이런 상황에서 맛집이 매출을 늘리려 한다면 근처에 분점을 내야 한다. 또는 공격적인 확장을 위해 도심 한가운데에 분점을 낼 수도 있을 것이다. 분점은 본점에서 제공되는 음식과 100% 동일하다. 분점을 통해 더욱 많은 사람들이 맛집의 음식을 즐기게 된다.

인터넷 서버도 분점의 역할을 하는 서버를 해외에 둔다. 유튜브 서버의 본점은 미국에 있지만 한국 손님들을 위해 유튜브 분점을 한국에 둔다. 따라서 한국에 있는 네티즌들이 유튜브에 접속하게 되면 그 서버는 한국에 있는

---

22 CDN(Contents Delivery/Distribution Network)
23 서버에게 콘텐츠를 요청하는 컴퓨터들을 클라이언트라고 한다.
24 구글은 유튜브를 2006년 10월에 16.5억 달러라는 금액을 지불하고 사들였다.

분점 서버다. 다만 맛집과 달리 유튜브 본점과 분점의 메뉴가 100% 동일하지는 않다. 한국의 유튜브 분점에는 한국 손님들이 특히 많이 찾는 콘텐츠들만 복사해 둔다. 한국에 있는 서버에서 콘텐츠를 찾을 수 없으면 유튜브 본점으로 연결된다.

우리나라의 경우 유튜브 분점은 KT, SKT, 유플러스 같은 인터넷 서비스 제공업체의 데이터 센터에 설치돼 있다. 이들을 캐시 서버[25]라고 한다. 한국에 있는 사용자들이 유튜브에 접속할 때는 캐시 서버에 일차적으로 접속해서 동영상을 스트리밍받는다[26].

이처럼 중간 계층에 캐시 서버를 둬서 사용자들에게 콘텐츠를 전송하는 방식을 콘텐츠 전송 네트워크라고 부른다. 콘텐츠 전송 네트워크는 유튜브뿐만 아니라 다양한 영역에서 사용된다. 인터넷 스트리밍 방식으로 서비스되는 콘텐츠들은 대부분 콘텐츠 전송 네트워크를 통해 배포된다. 대표적으로 스포츠 경기의 실시간 중계는 지역별로 분산된 서버가 지역 사용자들에게 영상을 전송하는 것이다. 음악 스트리밍 서비스도 마찬가지다.

콘텐츠 전송 네트워크는 인터넷 서비스 제공업체가 자체적으로 구성할 수도 있다[27]. 또는 아카마이와 같은 전문적인 업체의 서비스를 이용할 수도 있다. 이들은 전 세계에 데이터 센터를 두고, 콘텐츠 전송 네트워크를 지원한다. 구글, 아마존은 자체적으로 콘텐츠 전송 네트워크를 구축한다. 애플은

---

25 Cache. 캐시 메모리에서도 사용되며, 임시로 저장해 둔다는 의미다.
26 캐시 서버에 콘텐츠가 없으면 본사 서버에 접속해야 한다. 이때는 해외망을 많이 확보한 통신사의 회선을 사용하는 이용자가 유리하다. 따라서 막대한 해외망을 보유하고 있는 KT를 통해 인터넷 서비스를 받는 이용자는 본사 서버에 접속할 때도 끊김 없이 스트리밍 서비스가 가능하지만 이에 비해 해외망의 규모가 열악한 LG U+나 SK 브로드밴드의 가입자들은 가끔씩 버퍼링 현상을 겪는다.
27 콘텐츠 전송 네트워크는 망 중립성과도 관련이 있다. 유튜브 캐시 서버는 각 통신사의 필요에 의해 구축됐기 때문에 통신사에게 망 사용료를 지불하지 않는다. 그러나 국내 콘텐츠 사업자들의 캐시 서버는 통신사의 필요와 무관하게 구축됐기 때문에 통신사에게 망 사용료를 지불해야 한다. 더군다나 데이터 트래픽에 비례해서 망 사용료를 지불해야 하는 정률제이므로, 고화질 영상의 경우 막대한 망 사용료를 지불해야 한다. 이를 두고, 국내 콘텐츠 사업자들은 '기울어진 운동장'에서 경쟁하고 있다고 표현한다.

아카마이의 서비스를 이용해 웹 사이트, 퀵타임 영화 예고 영상, 아이튠즈 서비스를 제공한다.

도메인 네임 시스템의 계층구조

콘텐츠 전송 네트워크와 유사한 구조를 갖는 계층화 서비스가 있는데, 바로 도메인 네임 서비스[28]다. 이는 인터넷의 주소 체계가 동작하게 해주는 서비스다. 인터넷은 인터넷 주소라고 불리는 4바이트 숫자를 사용해 서버 컴퓨터에 접속할 수 있다. 그러나 문제는 인터넷 사용자들이 이 4바이트의 숫자 정보를 일일이 암기할 수가 없다는 점이다. 어딘가에 적어 놓고 필요할 때마다 찾아볼 수 있겠지만 번거롭다. 설령 4바이트 숫자를 찾았다고 하더라도 이를 웹 브라우저의 입력 창에 기입하는 것은 또 다른 번거로움을 불러온다.

이러한 문제를 해결하기 위해 도메인 네임 서비스가 있다. 이제 사용자들은 4바이트 주소를 암기하는 것이 아니라 서버의 이름을 기억한다. 예를 들어 www.google.com을 사용해 구글 서버에 접속한다. 웹 브라우저에 입력된 www.google.com은 도메인 네임 서비스를 제공하는 서버에 전달되고, 172.217.25.4라는 4바이트 주소를 돌려받는다. 웹 브라우저는 이 주소를 이용해 구글 서버에 접속한다. 이 과정은 사용자가 알지 못하는 사이에 이뤄진다.

도메인 네임 시스템은 계층 구조를 갖는다. 로컬 네트워크에서 인터넷 서버에 접속하기 위해서는 로컬에 있는 도메인 네임 서비스 서버에 1차로 문의한다. 만약 요청된 서버의 인터넷 주소를 갖고 있지 않으면 상위에 있는 도메인 네임 서비스 서버에게 요청을 전달한다[29]. 대개는 인터넷 서비스

---

[28] DNS(Domain Name Service)
[29] 상위에 있는 서버를 업스트림 서버(upstream server)라고 한다. 오리진(Origin) 서버도 업스트림 서버다.

를 제공하는 업체에서 운영하는 서버다. 이 경우에도 실패하면 더 상위의 서버에게 문의한다. 최상단에는 오리진 서버가 있다. 이 서버를 통해서도 인터넷 주소를 알 수 없다면 접속하고자 하는 인터넷 서버는 아직 등록되지 않은 이름을 갖고 있는 것이다. 이 경우, "cannot resolve www.#$%%^*.com: Unknown host"라는 응답을 도메인 네임 서비스 서버로부터 받게 된다.

클라우드의 계층 구조: 엣지 클라우드

콘텐츠 전송 네트워크와 유사한 목적과 형태를 갖는 것이 엣지 클라우드[30]다. 콘텐츠 전송 네트워크의 목적이 서버에 몰리는 과부하를 분산하기 위한 것이듯이, 엣지 컴퓨팅의 목적 역시 클라우드로 몰리는 과부하를 분산하기 위한 것이다. 형태 측면에서도 콘텐츠 전송 네트워크가 서버-캐시 서버-단말의 계층 구조로 이뤄진다면 엣지 컴퓨팅은 클라우드-엣지-단말이라는 계층 구조를 갖는다.

콘텐츠 전송 네트워크의 경우 동영상의 끊김 없는 전송이 소비자의 입장에서 본 궁극적인 혜택이라면 엣지 클라우드의 경우에는 실시간 데이터 대응이 궁극적인 혜택이라고 할 수 있다. 이러한 엣지 컴퓨팅은 대표적으로 자율주행차에 적용될 수 있다. 차선을 탐지하고 앞차 간 거리 유지 등 자율주행을 하기 위해서는 매우 복잡한 실시간 계산을 해야 하기에 이러한 엣지 컴퓨팅이 필수다. 유럽에서 시속 100킬로미터로 주행하고 있는 자동차가 자율주행을 위해 데이터를 미국의 아마존 서버로 전송한다는 것은 상상하기 어렵다.

---

30 일각에선 이 방식을 가리켜 엣지 컴퓨팅 대신 '포그(fog · 안개) 컴퓨팅'으로 명명하기도 한다. 클라우드, 즉 구름이 지상에서 멀리 떨어진 상공에 위치하는 데 반해 안개는 인간이 사는 지표면 가까이에 존재하기 때문이다. 최근에는 플랫폼 자체를 일컫는 표현으로 엣지도, 포그도 아닌 '클라우드렛(cloudlet)'이란 표현을 쓰는 이도 점차 증가하는 추세다.

한편, 엣지 클라우드는 콘텐츠 전송 네트워크와 다른 이점을 제공한다. 콘텐츠 전송 네트워크에서는 콘텐츠가 서버에서 단말로 이동하지만 엣지 클라우드에서는 데이터가 단말에서 클라우드로 전송된다. 인터넷에 접속되는 기기의 수가 급증한 만큼 클라우드로 전송되는 데이터의 양도 폭발적으로 증가했다. 그뿐만 아니라 3~4년 이후에는 도저히 감당하지 못할 정도의 데이터가 생성될 것으로 보인다[31]. 클라우드가 이 모든 데이터를 처리한다는 것은 현실적으로 불가능한 것이 명백하다.

따라서 단말과 클라우드 사이에 엣지 클라우드를 두고, 엣지 클라우드에서 단말로부터 전송된 데이터를 1차 처리한 후, 심층 분석이 필요한 데이터만 선별적으로 클라우드로 전송한다. 이로써 클라우드는 혼자서 모든 데이터를 처리해야 하는 불가능한 미션으로부터 해방될 뿐만 아니라 단말은 클라우드와 동일한 실시간 서비스를 받을 수 있게 된다. 이러한 분업을 위해 클라우드는 대용량 데이터세트와 복잡한 알고리즘에 기초해 머신러닝 모델을 창출해서 엣지 클라우드에 넘겨준다. 엣지 클라우드는 해당 모델을 이용해 실시간으로 데이터세트를 처리한다.

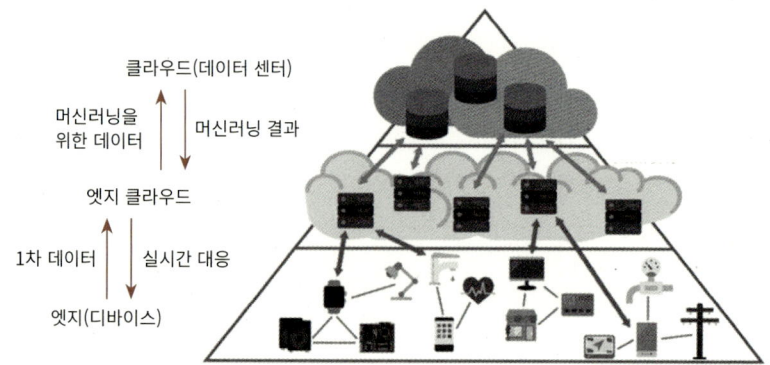

그림 11.10 엣지 클라우드

---

31 시스코는 클라우드 트래픽이 2020년이면 현재보다 4배로 증가할 것이라고 예상했는데, 매년 3.9제타바이트씩 증가해 14.1제타바이트가 된다고 예상하고 있다.

4부

연결을 위한 기술의 응용

지평을 넓히다
연결의 응용

새로운 연결과 새로운 세상

지평을 넓히다
연결의 응용

지식보다 중요한 것은 상상력이다.

- 아인슈타인

위치 정보의 전송, GPS

선박의 안전한 항해를 돕는 선박자동식별장치

날씨 좋은 날 해안가의 높은 언덕 위 정자에서 바라보는 바다는 평화롭기 그지없다. 드넓은 바다는 보는 사람들로 하여금 삶의 여유와 깊이를 돌아보게 한다. 멀리 듬성듬성 떠 있는 선박들은 마치 정지해 있는 듯하지만 서서히 멀어진다. 저런 곳에서 선박 간 충돌이 얼마나 있을까 싶은 생각이 든다. 시선을 혼잡한 항구로 돌리면 상황은 달라진다. 크고 작은 배들이 쉴 새 없이 항구를 드나든다. 육지의 교차로와 같이 항로가 혼잡한 곳에서는 선박 간 충돌의 위험이 도사리고 있다.

    전 세계 바다에서 발생한 대형 선박 사고는 2007년부터 2016년까지 총 25,898건으로 꾸준히 감소하고 있다[1]. 대형 해양 사고를 줄이고 해양 환경을

---

[1] https://www.agcs.allianz.com/assets/PDFs/Reports/AGCS_Safety_Shipping_Review_2017.pdf

보호하기 위해 정보통신기술을 선박에 도입하려는 노력이 있었기 때문이다[2]. 대표적인 사례가 선박의 위치를 주변 선박과 육지 관제 센터에 자동으로 알려주는 선박자동식별장치(AIS[3])다.

선박안전법에 의해 일정 규모 이상의 선박들은 모두 선박자동식별장치를 의무적으로 장착하고 있다. 선박자동식별장치는 항해 중인 선박에 대한 정보를 무선 신호를 이용해 외부로 송출하는 장치다. 정보에는 선박의 현재 위치를 비롯한 운항 속도, 운항 방향, 목표 항구, 적재물 정보, 선박의 이름이 들어 있다. 운항 속도 등 자주 변경되는 정보는 매초 단위로 전송하고, 그 밖의 정보는 6분 간격으로 전송한다.

이 정보는 적절한 수신기만 있으면 누구나 받을 수 있다. 근처를 항해하는 선박일 수도 있고, 해안가에 설치돼 있는 기지국 또는 인공위성일 수도 있다. 선박에는 자신의 정보를 외부로 송출하는 장치와 함께 주변으로부터 수신되는 다른 선박의 위치 정보를 모니터에 보여주는 장치가 있다. 이 장치를 통해 주변에서 어떤 선박이 얼마의 속도로 어느 방향으로 움직이는지 알 수 있다. 이를 통해 선박 간의 충돌을 방지하는 데 큰 도움을 받을 수 있다[4].

---

2   e-Navigation은 국제해상기구(IMO)에서 2018년부터 도입하려고 하는 기술의 총체다.
3   AIS(Automatic Identification System)
4   신호는 해수면을 따라 수평으로 47킬로미터까지, 하늘로 향하는 수직 방향으로 400킬로미터 높이까지 도달할 수 있다.

그림 12.1 선박자동식별장치에 의해 파악된 선박 위치[5]

    기지국이나 인공위성으로 수신되는 정보는 국가에서 해상 안전을 위해 사용한다. 만약 조난 신호가 접수되면 선박자동식별장치가 보내오는 정보를 이용해 구조 작업에 나선다. 바다는 육지와 달라서 조난을 당한 선원의 설명만으로는 조난 위치를 가늠하기 어렵기 때문이다. 특히 망망대해에서 조난을 당했을 경우에는 위치 파악이 가능한 인공위성의 역할이 지대하다.

    선박자동식별장치(AIS)는 초창기 카폰 서비스에서 사용됐던 것과 같은 초단파를 사용한다. 방식은 텔레비전 방송국이 프로그램을 송출하는 방식과 같다. 선박자동식별장치가 방송국이 되어 자신의 위치 정보와 방향 정보를 방송한다.

삼변측량을 이용하는 GPS

길눈이 어두운 필자는 친구들과의 모임에 항상 늦었다. 약속 장소를 잘 못 찾기 때문이다. 한참 헤매다가 결국 친구들에게 전화를 한다. 데리러 오라

---

[5] https://www.marinetraffic.com에서 선박의 실시간 위치 정보를 확인할 수 있다. 항공기의 위치 정보는 다음 사이트에서 확인할 수 있다. https://www.flightradar24.com/

고 말이다. 그런데 스마트폰을 사용하고부터는 그런 일이 없어졌다. 약속 장소를 찾아 갈 때는 지도와 GPS를 사용한다. 이제는 태어난 곳을 본능적으로 찾아가는 연어가 부럽지 않다.

선박자동식별장치의 핵심은 GPS[6] 센서, 가속도 센서, 자이로 센서다. 그중에서 위치 정보는 GPS 센서에 의해 결정된다. GPS의 원리를 설명하기 위해 네 친구인 토니, 로저스, 버키, 나타샤의 예를 들어 보자. 토니를 제외한 세 명은 자신의 현재 위치와 친구들과의 거리를 알 수 있는 기기가 있다. 토니는 그 기기를 갖고 있지 않기 때문에 자신의 현재 위치를 알 수 없다. 그는 세 친구가 갖고 있는 정보를 이용해 자신의 현재 위치를 파악해야 한다.

토니는 로저스에게 위치를 묻는다. 로저스는 홍대 입구에 있으며, 토니가 4.1킬로미터 떨어져 있다고 한다. 그렇다면 지도 위에서 홍대입구를 중심으로 반지름 4.1킬로미터 거리의 원을 그리면 그 원둘레의 어딘가에 토니가 있다는 의미다. 월드컵공원일 수도 있고 경희궁일 수도 있다. 토니는 두 번째 친구에게 묻는다. 버키는 마포에 있으며, 토니가 자기가 있는 곳에서 2.8킬로미터 떨어져 있다고 한다. 이번에는 마포를 중심으로 반지름 2.8킬로미터 거리의 원을 그린다. 그 원은 홍대입구를 중심으로 그려진 원과 두 곳에서 만난다. 여의도와 서울역이다. 토니는 마지막으로 세 번째 친구에게 묻는다. 나타샤는 신도림에 있으며, 토니가 자기가 있는 곳에서 6킬로미터 떨어져 있다고 한다. 신도림을 중심으로 한 원이 이전의 두 개의 원과 동시에 만나는 점은 하나다. 그 점은 여의도다. 이러한 방식을 삼변측량[7]이라고 한다.

---

6   GPS(Global Positioning System)

7   三邊測量, trilateration

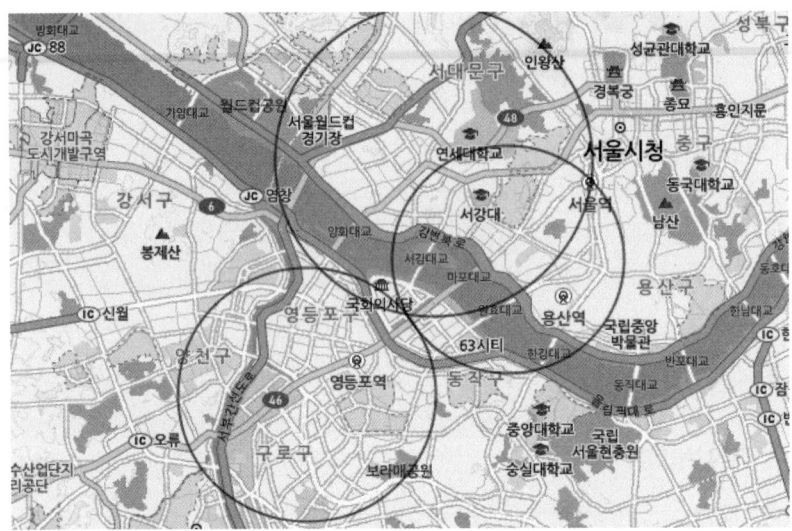

그림 12.2 GPS의 원리인 삼변측량

위의 예가 2차원에서 이뤄진 위치 찾기라면 GPS는 3차원에서 이뤄지는 위치 찾기다. 기본 동작 원리는 동일하다. 토니는 GPS 센서이고, 세 친구들은 세 대의 GPS 인공위성에 해당한다. GPS 센서가 현재 위치를 알기 위해 필요한 정보는 GPS 인공위성의 위치와 인공위성과 센서와의 거리 정보다. 위의 예에서는 위치 정보와 거리 정보가 토니에게 간단히 전달됐지만 GPS의 경우에는 복잡한 수식을 통해 계산해야 한다.

스마트폰에 내장된 GPS의 동작을 살펴보자. 스마트폰의 GPS 단말기는 첫 번째 인공위성으로부터 신호를 받는다. 신호에는 인공위성의 위치 정보와 시간 정보가 들어 있다. 시간 정보로부터 인공위성과 단말기 간의 거리를 계산한다. 거리 계산은 GPS에서 가장 어려운 부분이다. 왜냐하면 정확한 시간 계산이 어렵기 때문이다. 심지어 상대성 이론까지 고려해야 한다. 인공위성은 초당 3.78킬로미터라는 엄청난 속도로 이동하므로 지구상에서보다 시간의 흐름이 늦다. 따라서 이를 보정해야 한다. 또한 정확한 시간 계산을 위해서는 나노초 단위까지 정확해야 한다. 이를 위해 원자시계가 사용된다. 그런데 인공위성에서 사용되는 원자시계를 스마트폰에도 사용할 수는 없다. 너무 고가의 부품이기 때문이다. 그 대신 여러 가지 보완책이 사용된다. 일반적으로 인공위성으로부터 수신된 시간에 스마트폰을 동기화하는 방법이 사용된다. 일단 시간 동기화가 되면 인공위성에서 단말기까지 신호가 도달하기까지 걸린 시간을 구한다. 여기에 전파의 속도를 곱한다. 그러면 인공위성에서 단말기까지의 거리가 계산된다. 전파의 속도는 빛의 속도와 같이 초당 300,000킬로미터를 이동한다. 0.067초가 걸렸다면 인공위성과 단말기의 사이는 20,100킬로미터가 된다. 참고로 GPS 인공위성은 지상으로부터 약 20,000킬로미터에 해당하는 중궤도에 있다.

이제 인공위성의 위치를 알아야 한다. 인공위성은 정해진 궤적을 따라 일정하게 움직인다. 따라서 인공위성의 위치 정보는 사전에 지상에 있는 기지국에서 인공위성에 입력해 둔다. 그 정보는 인공위성에서 내보내는 신호에 포함된다.

인공위성의 위치 정보와 앞에서 구한 거리 정보를 이용해 3차원의 구(sphere)를 그린다. 서울에서 위치 찾기의 경우 홍대 입구를 중심으로 원을 그리는 것과 같다. 이렇게 해서 첫 번째 인공위성의 임무가 끝났다. 두 번째 인공위성의 정보를 이용해 또 하나의 구를 그린다. 3차원 공간이므로 두 개의 구가 만나는 점은 무수히 많다. 이제 세 번째 인공위성을 이용할 차례다. 세 번째 구를 이용해 최종적으로 하나의 지점을 표시한다. 그 점은 지표면에 있을 수도 있고, 하늘 위에 있을 수도 있다. 지하에 있을 수도 있지만, 신호가 도달하지 않으므로 가능성은 거의 없다.

한편, 보통 명사처럼 사용되는 GPS는 사실 미국의 위치 파악 시스템을 나타내는 고유 명사다. 러시아에서 운용 중인 시스템은 GLONASS[8]라

---

8 GLONSS(Global Navigation Satellite System)

고 한다. 그 밖에 유럽에서는 갈릴레오, 중국에서는 베이더우, 일본에서는 QZSS[9], 인도에서는 IRNSS[10]를 준비 중이다. 이를 통틀어 GNSS[11]라고 한다. 우리나라에서도 KPS[12]라는 이름으로 정지궤도 위성 3기 등 총 7기의 항법위성을 발사·운용해서 2035년 서비스를 시작할 예정이다.

대중교통에 이용되는 위치 기반 서비스

초창기 버스 정보시스템은 잘못된 정보로 사용자들을 곤란에 빠뜨리기도 했다. 이미 지나간 버스를 조만간 도착할 것이라고 표시해서 몇 시간을 기다리게 만들기도 했다. 그러나 버스 정보시스템으로 곤란을 겪은 사용자보다는 편리함을 느낀 사용자가 훨씬 많다. 스마트폰으로 버스의 도착 시간을 확인할 수 있게 되고부터는 추운 겨울날 밖에서 떨고 있는 시간이 줄어들었다.

버스 정보시스템은 GPS를 활용하는 또 다른 사례다[13]. 서울 시내를 비롯한 전국의 주요 도시에서 운행되는 시내버스들은 GPS 수신기와 함께 위치 정보를 송신할 수 있는 장치를 갖추고 있다. 따라서 현재 운행 중인 버스가 어디에서 운행 중인지, 정류장에는 언제쯤 도착하는지 알 수가 있다. 버스의 위치 정보는 버스 정류장마다 설치돼 있는 BMS단말기[14]에 표시되거나 스마트폰의 앱으로 확인된다.

---

9   QZSS(Quasi-Zenith Satellite System)
10 IRNSS(Indian Regional Navigation Satellite System)
11 GNSS(Global Navigation Satellite System)
12 KPS(Korean Positioning System)
13 GPS를 사용하는 방법 외에도 위치 파악을 위해서 노변에 비콘을 설치하거나 단말기와 기지국 간에 DSRC 통신을 하는 방법이 있다. 하지만 국내에서는 GPS 방식만 사용된다.
14 2018년 기준으로 서울시에는 시내버스 7,405대에 BMS(Bus Management System) 단말기가 설치돼 있고, 정류소의 버스 정보 안내 단말기는 3,769대가 설치돼 있다.

버스는 선박과 달리 매초 단위로 위치 정보를 전송하지 않는다. 버스는 미리 정해진 노선을 따라 움직이기 때문에 최근 위치 정보를 바탕으로 어느 정도 현재 위치의 예측이 가능하기 때문이다. 그리고 중요한 것은 정류소에 도착하는 시간이지, 현재 정확히 어디에 있는지는 중요하지 않다. 따라서 버스가 정류소에 도착하거나 출발할 때 또는 교차로 통과 시에 현재 위치 정보를 전송한다.

선박의 경우 위치 정보가 AIS 기지국을 통해 해상교통관제센터로 모아지듯이 버스의 경우도 기지국을 통해 교통정보센터로 모아진다. 통신 수단으로는 여러 가지가 사용되고 있다. 서울시의 경우 2015년까지 전용 무선 데이터망을 사용했으나 최근에는 이를 모두 LTE 방식으로 바꿨다. 광주, 대구, 수원에 구축된 시스템은 코드분할 다중접속이라는 셀룰러 이동통신을 이용한다. 부산, 과천의 경우에는 도로를 따라 일정 간격으로 설치돼 있는 소형무선기지국을 통해서 버스의 위치 정보를 수집한다. 최근에는 대부분 코드분할 다중접속 또는 LTE 방식으로 바뀌는 추세이며, 그 밖에도 DSRC[15], 무선 데이터, 와이브로 등 다양한 방식이 사용되고 있다.

카카오택시에서도 택시 승차를 신청하면 현재 택시의 위치 정보가 보인다. 그리고 일정 시간 간격으로 이동하는 택시의 위치 정보도 나타난다. 택시의 위치 정보가 카카오 서버로 전송되고 스마트폰 앱이 그 정보를 다운로드하기 때문이다. 다만 빈번히 정보를 보내면 데이터 사용량이 증가하므로 대략 2~3초 단위로 업데이트된 정보를 전송한다. 카카오택시는 스마트폰에 내장돼 있는 GPS와 이동통신 서비스를 이용하는 방식이다.

---

15 DSRC(Dedicated Short Range Communication), 근거리 전용 고속 패킷 통신 시스템

영상 정보의 전송, 커넥티드 카메라

인간의 눈을 대체하는 카메라

오랜 역사를 통해 과학자와 기술자들은 인간의 역할을 기계로 대체하기 위해 노력해 왔다. 이러한 노력의 대부분은 인간의 근육을 대체하기 위한 것이었다. 공장 기계, 농업 기계, 자동차, 냉장고, 세탁기 등은 인간의 근육을 대신함으로써 인간에게 높은 생산성과 함께 시간적 여유를 제공했다.

그런데 이 기계들을 동작시키기 위해서는 여전히 인간이 필요하다. 인간이 기계에 전원을 연결해 주어야 한다. 동작 버튼도 눌러야 하고 동작 모드도 설정해야 한다. 자동화가 덜 진행된 기계라면 인간이 운전대를 잡고 있어야 한다. 기계가 동작 중에 맞닥뜨리는 상황에 대해서도 여전히 인간이 판단해야 한다.

4차 산업혁명은 근육을 기계로 대체하는 것을 넘어서 인간의 감각 기관과 판단 기능을 기계로 대체하고자 한다. 인간이 기계에게 전원만 연결해 주면 나머지는 기계가 알아서 할 것이다. 머지않아서 전원 공급도 스스로 하게 될 것이다.

이러한 변화의 중심에는 기계와 컴퓨터의 결합이 있다. 기계는 컴퓨터를 통해 수많은 가능성과 연결된다. 컴퓨터는 센서를 통해서 입력된 주변 상황을 판단하고, 이를 기계 장치에게 어떻게 동작해야 하는지 지시한다. 자율 주행차가 대표적이다. 자율 주행차는 각종 센서를 통해 입력되는 도로 위의 정보와 자동차에 내장된 고성능 지도 및 GPS를 이용해 자신의 현재 위치를 판단하고, 어떻게 움직여야 하는지 자동차의 파워트레인에 지시한다.

기계가 주변 상황을 파악하기 위해 초음파 센서, 적외선 센서, 레이더 등을 사용하는 것은 고전적이다. 향후에는 카메라를 이용하는 방법이 주가 될 것이다. 두 개의 카메라를 사용하면 더욱 많은 정보를 얻을 수 있다. 사물까지의 거리도 파악된다. 마치 인간의 눈과 같다. 입력된 정보는 고성능 컴퓨터에 의해 분석된다. 카메라로 촬영된 이미지의 인식은 딥러닝의 등장과 함께 획기적인 발전을 이룩했다. 덕분에 이미지 속의 색깔이나 모양을 이용해 사물을 구분할 수 있다. 이미지 속의 물체 이름까지 파악이 가능해졌다.

지능형 CCTV는 카메라에 포착된 상황을 판단해서 자동으로 적절한 대응을 할 수 있다. 무단 침입이 발견되면 자동으로 알람을 울린다. 산불 감시 CCTV는 산불로 판단되는 현상이 목격되면 경보를 울린다. 자율 주행차는 스테레오 카메라를 통해 입력되는 정보를 이용해 주변의 자동차나 보행자를 판단한다. 무인 전투기 드론이 영상을 통해 피사체가 무기인지 아닌지를 판단하는 프로젝트도 진행 중이다.

넘쳐나는 CCTV

CCTV[16]는 폐쇄회로TV라고 불린다. 폐쇄회로라는 말에서 나타나듯 CCTV에서 촬영된 영상은 내부에서만 활용된다. 예를 들어, 큰 건물이나 공원, 경기장과 같은 넓은 장소를 감시해야 하는 경우 CCTV 카메라를 도처에 설치하고 카메라에 연결된 케이블들을 관제실로 모은다. 관제실에는 디스플레이가 구비돼 있어서 카메라에서 들어오는 영상을 실시간으로 모니터링할 수 있다. 모니터링을 통해 화재와 같은 사고, 혹은 불법 침입 여부를 감시한다. 한편, 영상은 증거 확보 등의 목적을 위해 저장된다.

오늘날 CCTV는 엘리베이터, 버스, 거리, 직장, 은행, 병원, 학교, 편의점, 식당, 백화점 등등 사람의 발길이 닿는 곳 어디에나 설치돼 있다. 2013년에 영국에서는 전국적으로 설치된 500만 대의 CCTV 카메라로 전 세계를 놀라게 한 적이 있었다. 심지어 조지 오웰의 생가 옆에서도 CCTV가 자태를

---

16 CCTV(Closed Circuit TV)

뽐내고 있다. 그리고 2015년 말 기준으로 600만 대가 설치된 것으로 추정하고 있다.

우리나라의 경우 공공기관에서 설치한 CCTV 카메라 대수는 2017년 전국적으로 954,261대다. 이는 매년 평균 14%씩 증가한 결과다. 주요 용도는 시설안전 및 화재 예방(49%), 방범용(46%), 교통정보수집 분석 및 제공, 도시공원, 놀이터, 어린이 보호, 쓰레기 무단투기 감시용이다. 그 밖에 민간에서 설치한 CCTV카메라 대수는 정확한 통계를 내기가 어렵다. 추정치만으로 2015년 말 기준으로 800만 대가 넘을 것으로 보인다. 대한민국이 CCTV의 원조라고 할 수 있는 영국을 가볍게 눌렀다.

이처럼 우리 곁에 너무나 많은 CCTV가 있어서인지 영화에서도 단골 메뉴로 등장한다. 특히 '제이슨 본'과 같은 첩보물에서는 빠질 수 없다. 우리나라에서도 2013년 '감시자들'이라는 영화를 통해 CCTV를 통해 범인을 추적하는 모습을 그렸다.

그림 12.3 영화 "슬로우비디오(2014)" 속의 종합상황실

커넥티드 카메라의 확장

CCTV가 커버하는 지역은 주차장, 경기장, 혹은 건물 전체가 될 수도 있다. 나아가서는 더욱 넓은 지역을 감시 대상으로 할 수도 있다. 한국도로공사는

전국에 걸쳐 도로를 따라 CCTV를 설치했다. 카메라의 영상들은 도로를 따라 설치된 광통신망을 이용해 지역별 거점 센터로 수집된다. 최종적으로 경부고속도로 양재 서울영업소에 위치한 교통정보센터로 취합된다. 이곳에 설치된 종합상황실에서는 전국의 교통상황을 실시간으로 모니터링할 수 있다. 공공기관의 경우에도 감시 대상 지역을 도 단위의 행정 구역으로 설정하는 것이 가능하다. 예를 들어, 제주지방경찰청은 제주 지역 전체를 대상으로 CCTV를 운용하고 있다.

한편, 최근에는 CCTV로 수집된 영상을 인터넷을 통해 외부로 전송해서 더욱 많은 사람들이 정보를 이용할 수 있게 하는 사례가 늘고 있다. 대표적인 사례로 한국도로공사는 고속도로에서 촬영된 교통 정보 CCTV영상을 인터넷을 통해 공유하고 있다. 고속 도로를 이용하고자 하는 사람들이 현재 도로의 교통 상황을 참고해서 사전에 다른 노선으로 우회할 수 있게 하기 위함이다. 서울시는 TOPIS라는 교통정보시스템을 통해 실시간 도로의 교통 영상 스트리밍 서비스를 제공하고 있다.

이미지 센서의 원리

카메라의 핵심은 이미지 센서다. 오늘날의 이미지 센서는 초소형으로 제작이 가능해서 다양한 곳에 적용될 수 있다. 안경에도 장착될 수 있고, 단추에도 들어갈 수 있다. 2009년에 이미지 센서(CCD[17])의 발명가들이 노벨물리학상을 받았다.

카메라 센서 또는 이미지 센서의 핵심은 포토다이오드다. 포토다이오드는 빛을 받으면 전류를 생성한다. 이는 아인슈타인이 발견한 광전효과로 설명된다. 광전효과에 의하면 금속이 광입자와 부딪히면 광전자를 내놓는데, 이로 인해 전류가 발생하는 것이다. 태양 전지와도 기본 원리가 동일하다.

---

17 CCD(Charge-Coupled Device), 전하결합소자

다만 포토다이오드는 빛의 양을 검출할 목적이라 단위당 빛을 받는 면적이 작다. 이에 비해 태양전지는 넓은 면적으로 빛을 받는다.

한편, 전류는 빛의 세기에 따라 값이 달라진다. 그 값은 아날로그 형태를 띤다. 이미지 센서에서 측정된 아날로그 신호는 디지털 값으로 변환된다. 디지털 값으로의 변환에는 펄스부호변조 방식을 사용한다. 이 과정에서 두 가지 변수가 중요하다.

첫 번째는 샘플링 주기다. 샘플링 주기는 단위 시간당 얼마나 빈번하게 신호를 측정했는지를 나타낸다. 예를 들어, 컴팩트 디스크(CD)를 만들기 위해 사용되는 샘플링 주기는 44,100이다. 이는 1초에 44,100번 연속해서 음성 신호를 측정했음을 의미한다. 샘플링 주기가 높을수록 좋은 품질의 결과물을 얻을 수 있다. 음성과 달리 영상의 경우는 샘플링 주기가 훨씬 낮다. 초당 30번의 측정으로도 충분한 품질의 결과물을 얻을 수 있다. 초당 60번이 되면 훌륭한 품질의 결과물이다. 영상이 음성보다 샘플링 주기가 훨씬 낮은 것은 영상은 음성보다 훨씬 많은 정보를 갖고 있기 때문이다.

두 번째는 비트 수다. 이는 1회의 측정으로 얻어진 값을 몇 비트로 표현했는지를 나타내는 것이다. 많은 비트 수를 사용하면 측정값들의 세세한 차이를 나타낼 수 있다. 예를 들어, 4비트로 색상을 나타낸다고 가정해 보자. 그렇다면 16가지 색상을 표현할 수 있다. 만약 8비트를 사용한다면 256가지 색상을 표현할 수 있다. 이처럼 많은 비트를 사용할 수록 더욱 정교한 결괏값을 얻을 수 있다.

포토다이오드는 빛의 세기만을 측정할 수 있다. 그것으로는 색상 정보를 얻을 수 없다. 색상 정보를 얻기 위해 먼저 빛을 삼원색으로 분해한다. 이를 위해 적색, 녹색, 청색의 색상 필터가 사용된다. 하나의 포토다이오드에는 세 가지 색상 필터 중 하나가 배정된다. 색상 필터는 일정한 비율로 배치되도록 구성한다. 일반적으로 적색, 녹색, 청색이 25%, 50%, 25%가 되도록 구성한다. 첫 번째 줄에는 적색과 녹색의 포토다이오드가 번갈아 가며 배치되고, 두 번째 줄에는 청색과 녹색의 포토다이오드가 번갈아 가며 배치된다. 세 번째 줄에서는 다시 적색과 녹색이 번갈아 가며 배치된다[18]. 녹색을 많이 배치하는 이유는 사람의 눈이 녹색에 더 민감하게 반응하기 때문이다.

색상 필터와 포토다이오드가 하나의 화소를 구성한다[19]. 500만 화소라고 하면, 색상 필터와 포토다이오드 조합이 500만 개가 있다는 의미다. 이 중에는 적색 필터, 청색 필터의 화소가 각각 125만 개, 녹색 필터의 화소가 250만 개가 있다. 적색, 청색, 녹색 필터가 각각 500만 개가 아니다. 비용과 효용을 고려한 결과이기도 하지만 기술적으로 하나의 화소에 3필터를 장착하는 것은 쉬운 일이 아니다. 그렇다면 녹색 필터가 250만 개만 사용됐다면 사용되지 않은 250만 개의 화소에서는 어떻게 녹색 값을 계산할까?

원리는 다음과 같다. 주변에 있는 녹색 필터들의 값을 이용해 추정하는 것이다. 예를 들어, 적색, 혹은 청색 필터 양 옆에는 반드시 녹색 필터가 있다. 만약 왼쪽의 녹색 필터는 3의 값을 나타내고, 오른쪽의 녹색 필터는 5의 값을 나타낸다면 가운데 있는 화소의 녹색은 4의 값을 나타냈을 것이라고 추정하는 것이다. 이를 보간법(Interpolation)이라고 한다. 다른 색상의 필터를 갖는 화소들도 마찬가지다. 녹색 필터가 사용되는 화소라면 녹색 필터는 당연히 알 수 있고, 적색과 청색의 값은 주변에 있는 정보를 이용해서 추정한다.

이렇게 해서 500만 화소의 이미지 센서는 500만 개의 적색, 녹색, 청색 조합을 얻게 된다. 만약 하나의 색상을 표현하기 위해 1바이트를 사용한다

---

18 이를 베이어 패턴(Bayer Pattern)이라고 부른다.
19 이점은 TFT LCD와 다르다. TFT LCD는 하나의 화소에 적색, 녹색, 청색의 3가지 필터가 함께 들어 있고, 이 3가지 색이 합쳐져서 하나의 색을 만든다.

면 한 화소의 정보를 표현하기 위해서는 3 바이트가 필요하다. 500만 화소라면 1,500만 바이트, 대략 14메가바이트 크기의 파일이 생성된다.

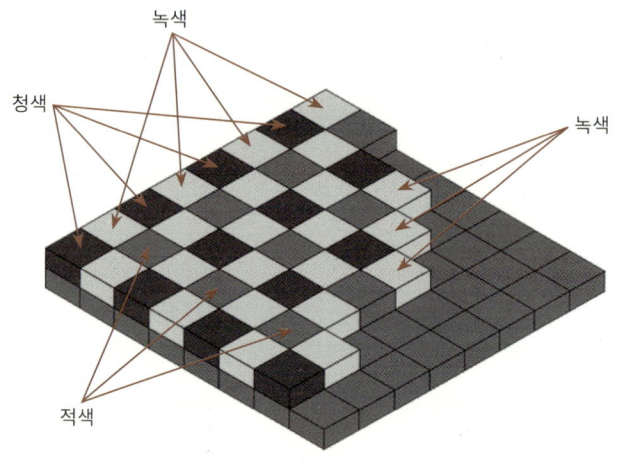

그림 12.4 이미지 센서의 구조[20]

커넥티드 카메라와 영상 인식, 딥러닝

이미지 센서를 사용한 최초의 디지털 카메라는 탄생 후 30여 년이 지나 아날로그 카메라를 시장에서 몰아냈다[21]. 이제 사진은 필름과 종이에 보관되는 것이 아니라 컴퓨터의 하드디스크에 보관되고, 일부만 종이에 인화된다.

그리고 컴퓨터에 보관된 이미지 데이터는 컴퓨터 비전, 혹은 머신 비전이라는 영역을 연구하는 학자들의 관심거리가 됐다. 당시 컴퓨터 비전은 인

---

20 https://commons.wikimedia.org/wiki/File:Bayer_pattern_on_sensor.svg
21 2012년에는 디지털 카메라를 발명한 코닥이 문을 닫았다. 코닥은 125년 전통을 자랑하는 카메라와 필름 제조사였다.

공지능이라는 새로운 학문의 한 분야였다. 컴퓨터 비전은 컴퓨터에게 인간의 시각을 연결해서 더욱 많은 인간의 역할을 컴퓨터가 대신할 수 있게 하는 것이 목표였다. 이러한 노력은 반세기가 지난 지금도 계속 진행 중이며, 4차 산업혁명 시대에 새로운 도약을 준비 중이다.

주로 물체의 형태를 추출해 내는 것으로부터 시작된 컴퓨터 비전은 물체의 종류 파악하기, 즉 인지, 인식(Recognition)으로 진화했다. 이것은 마치 갓 태어난 아기가 물체의 형태만을 파악하다가 시간이 지나면서 물체의 이름까지 알게 되는 것과 같다. 딥러닝 이전에는 엔지니어들이 물체의 특징들을 정의하고, 이를 판단할 수 있는 알고리즘을 구현했다. 이러한 알고리즘들을 규칙(rule)이라고 부른다. 만약 취득된 이미지가 주어진 규칙들에 부합하면 이미지의 인식이 완료된다.

규칙 기반 이미지 인식의 예를 들어 보자. "1"이라는 숫자를 인식하는 경우다. 엔지니어들은 프로그램으로 "1"의 인식 알고리즘을 구현한다. 먼저, 이미지의 화소 정보를 읽어 들인다. 검은색을 띠는 화소들이 어느 방향으로 뻗어 있는지 조사한다. 위에서 아래로 그려져 있다면 "1"일 가능성이 높다. 중간에 가로로 그려진 선은 없는지 조사한다. "1"이 아니라 "+"일 수도 있기 때문이다. 조사한 규칙에 부합하면 "1"이라고 결론을 내린다.

그러나 이러한 방식에는 함정이 너무 많다. 미처 규칙으로 구현되지 않는 특성들이 있으면 올바른 판단을 하기 어렵다. 예를 들어, 살짝 사선 방향으로 그어진 "1"을 엉뚱한 값으로 판단할 수 있다. 유럽인들은 "1"을 "^"처럼 쓰기도 한다. 새로운 특성들이 발견될 때마다 엔지니어는 어떻게 판단할 것인지 일일이 규칙을 만들어야 한다. 이러한 방식을 고전적인 머신러닝이라고 한다. 엔지니어가 데이터의 특성을 분석하고 이해해서 목적에 맞게 특징을 정의해 주는 방식이다. 특징을 얼마나 잘 정의했느냐가 시스템의 성능을 좌우한다.

마침내 딥러닝의 해가 열렸다. 2012년 가을에 개최된 글로벌 이미지 인식 경진 대회에서 딥러닝에 기반한 기술이 압도적인 성적을 거뒀다. 당시 영상 인식 기술의 인식 성공률은 74% 내외였는데, 딥러닝 기술로 무장한 토론토 대학팀이 84%의 인식 성공률을 보인 것이다. 이후, 이 대회에 참석하는 모든 참가자들은 딥러닝 기술을 이용했다. 2015년에 1위를 차지한 마이크로소프트는 96%의 인식 성공률을 보여줬다. 참고로 딥러닝 기술이 장점을 발휘할 수 있었던 배경에는 GPU[22] 기술과 같은 하드웨어의 발전이 있었다. 병렬연산이 가능한 GPU 기술은 딥러닝의 사전 학습 시간을 큰 폭으로 줄였다.

딥러닝을 이용한 영상 인식은 컴퓨터가 스스로 학습한 결과다. 고전적 영상 인식에서는 엔지니어가 특징들을 정의했다면 딥러닝을 이용한 방식에서는 시스템이 스스로 찾는다. 이를 위해서는 다량의 데이터를 이용한 사전 학습이 필요하다. 학습된 결과를 바탕으로 새로운 데이터가 주어지면 이를 '분류'해낸다.

예를 들어, 수천 장의 사진을 통해 사람과 고양이를 분류하는 학습을 시킬 수 있다. 물론 각각의 사진에는 '개' 또는 '고양이'라고 표시(label)돼 있다. 시스템은 주어진 수천 장의 사진을 토대로 사람과 고양이로 구분할 수 있는 특징을 스스로 찾는다. 그 기준은 끊임없이 수정된다. 새로운 사진이 주어지면 현재까지 찾은 기준으로 판단한다. 만약 현재 기준으로 '개' 또는 '고양이'를 정확히 판단했다면 현재 기준을 유지한다. 그러나 틀렸다면 새로운 기준을 만들어야 한다.

이러한 학습 과정은 하나의 특징만을 사용하는 것이 아니다. 일반적으로 여러 개의 특징으로 판단하는데, 이 특징들은 레이어를 형성한다. 레이어는 적게는 1개에서부터 알파고의 경우 13개, 마이크로소프트 ResNet의 경

---

22 GPU(Graphics Processing Unit)

우 153개까지 다양하다. 오늘날 딥러닝에 기반한 시스템의 영상 인식 능력은 인간의 능력을 앞서고 있다.

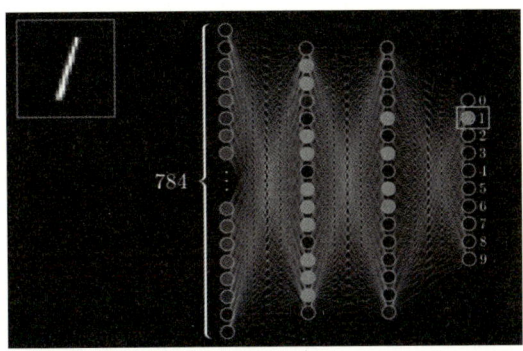

그림 12.5 4개의 레이어로 이뤄진 신경망(숫자 1의 인식)[23]

아직까지 딥러닝을 이용한 영상 인식은 정지된 영상 이미지에 한정돼 있다. 딥러닝을 움직임이 있는 동영상에 적용하기 위해서는 풀어야 할 숙제들이 많다. 기본적으로는 동영상도 하나 하나의 정지 영상이 연결된 것이므로 이미지 인식을 기반으로 움직임의 특징을 분석하고 인식하는 기술이 필요하다. 현재는 동영상 속의 객체를 파악하고 이 객체의 움직임을 추적하는 수준으로 인식이 가능하다. 그러나 그 행동이 무엇을 의미하는지는 알지 못한다. 미래에 충분한 양의 데이터가 축적되고 나서 딥러닝을 한다면 조만간 컴퓨터가 행동의 의미를 파악하게 되는 때가 올 것이다.

커넥티드 카메라의 미래

어느 주말 오후, 커피 한잔과 독서의 여유가 생각난 토니. 자주 이용하던 프랜차이즈 커피점으로 가다가 문득 지난주에 우연히 들렀던 커피전문점이 떠

---

[23] https://www.youtube.com/watch?v=aircAruvnKk

올랐다. 커피 맛이 독특했던 기억이 있다. 다시 한번 그 맛을 보기 위해 커피 전문점의 문을 열고 들어갔다.

"안녕하세요? 토니. 오늘은 혼자 오셨네요."

"네, 조용히 혼자서 책 좀 읽고 싶어서요."

"지난번에 드셨던 것과 같이 카페라떼, 따뜻한 것으로 드릴까요?"

"네, 주세요."

커피를 받아 든 토니는 창가의 빈자리를 향해 걸어간다.

위 시나리오를 종업원의 관점에서 서술해 보자. 손님이 문을 열고 들어온다. 오른쪽 모니터에서는 CCTV가 포착한 손님의 얼굴이 클로즈업된다. 그 아래에는 손님의 이름과 함께 최근 방문 일자와 주문한 음료의 내용이 나타난다. 오늘로 두 번째 방문인 손님이다. 지난번에 3명의 친구와 함께 방문했다. 당시에 커피를 최초 한 모금 마신 후, 손님의 표정은 만족을 나타냈다. 한편, 손님에게 얼굴 인식 기반 프리미엄 서비스 가입에 대해 설명했고, 손님은 흔쾌히 승낙했다. 그리고 신용카드 번호도 확보됐다. 따라서 이 손님으로부터는 매번 거래할 때마다 신용카드를 받는 번거로움이 없다. 얼굴 확인만으로 결제가 된다.

위 상황의 일부는 실제로 중국에서 벌어지고 있다. 항저우에 있는 KFC에는 얼굴 인식이 가능한 키오스크가 설치돼 있다. 고객이 키오스크의 앞으로 다가오면 자동으로 얼굴 인식 작업이 이뤄진다. 이전에 고객이 주문했던 내역들을 고려해 적합한 메뉴를 추천한다. 고객이 주문을 마치고 자신의 전화번호를 입력하면 자동으로 결제가 완료된다. 전화번호 입력은 혹시나 있을지 모르는 시스템의 오류를 막기 위한 최소한의 예방 조치다. 이제 고객의 계정과 연결되고, 결제가 이뤄진다. 물론 고객의 계정을 통해 결제가 될 수 있도록 사전에 합의돼 있어야 한다. 고객들은 보너스 서비스를 받는 조건으로 합의를 한다.

CCTV와 영상인식을 이용하면 다양한 종류의 소매점에서 더 나은 고객 서비스를 제공하고, 매출을 올릴 수 있다. 100% 완벽한 얼굴 인식이 아니어도 된다. 성별, 연령대 등의 구분만으로도 많은 정보를 얻을 수 있다. 시간 정보는 자동으로 주어진다. 그렇다면 어느 시간대에 어느 연령대의 남자 또는 여자 손님이 얼마나 많이 방문하는지 파악할 수 있다. 그리고 해당 카테고리의 고객들이 어떠한 상품을 구매했는지 분석할 수 있다. 이는 재고관리나 상품기획에 유용한 자료가 되며, 마케팅을 위한 기본 데이터가 된다.

다만 위와 같은 서비스들이 보편화되기는 쉽지 않을 것이다. 무엇보다 개인정보유출에 대한 두려움이 있다. 얼굴 인식 기반 프리미엄 서비스를 제공하는 기업이 어느 순간 해킹되지 않으리라는 보장이 없다. 어느 날 낯선 커피 전문점을 갔는데, 자신의 이름을 알고 있고, 어제 무슨 커피를 마셨는지 알고 있다면 별로 기분이 좋지 않을 것이다. 한편, 종업원이 두 번째로 보는 자신을 기억해주는 것이 반드시 기분 좋은 일일까? 정확히 말하면 종업원이 기억하는 것이 아니다. 종업원은 나에 대해 아무것도 기억하는 것이 없으며, 다만 모니터에 나타난 정보를 보고 연출하는 것이다. CCTV가 없다면 그는 내가 누군지 모를 것이다. 이런 진정성 없는 의사소통에 즐거움이 있을까?

커넥티드 카메라와 빅브라더

영화 속에서 CCTV를 통해 첩보 기관이나 수사기관이 범인을 추적하거나 주인공을 추적하는 모습이 그려지면 언론을 통해 "빅브라더"에 대한 우려가 대두된다. 영화 속에서는 과장된 모습이 연출되기도 하지만 기술적인 가능성을 보여 준다는 측면에서 식자들 사이에서 걱정의 목소리들이 나오는 것이다. 정부는 CCTV를 통한 일반 국민들에 대한 감시와 통제의 가능성을 일축한다. 한편으로는 CCTV를 통해 범죄 발생률이 얼마나 줄어들었는지를 역설하며, CCTV의 증설을 주장하기도 한다.

그러나 아직까지 CCTV는 증거 보전을 위한 수단에 불과하다. 사건이 발생하면 보관된 CCTV를 후행적으로 확인하는 방식이다. 실시간으로 수집되는 백만 개의 동영상을 일일이 확인하고 앉아 있을 수 없기 때문이다. 예외적으로 특정한 지역에서 범죄나 테러의 위험성이 높아진 경우 해당 지역의 CCTV를 사람이 실시간으로 모니터링할 수 있을 것이다. 이러한 예외적인 경우를 제외하면 대부분의 CCTV 영상은 일정 기간 동안 하드디스크상의 비트 정보로만 존재하다가 사라질 것이다.

한편, 전국적으로 800만 개가 넘는 CCTV가 있다고 하지만 국가가 마음대로 접근할 수 있는 것은 이 중 일부에 불과하다. 공공기관에서 설치한 CCTV는 자유자재로 관람이 가능하지만 민간이 설치한 CCTV 영상에는 임의로 접근할 수 없다. 실시간 접근은 고사하고, 저장된 영상을 확보하기 위해서도 법적 절차가 필요하다. 법적 절차란 영장이나 검찰의 제출명령을 말한다. 이는 CCTV를 통해 촬영된 영상이 개인정보 보호법으로 보호받기 때문이다. 다만 급박한 상황에서는 예외적으로 수사협조 요청만으로도 영상 제공이 가능하다. 그리고 원칙적으로 정보 주체인 개인의 동의가 있어야만 영상의 제공이 가능하다. 따라서 영화 '감시자들'에서 보여지는 것처럼 경찰이 편의점 CCTV로부터 영상을 받아 보는 것은 현실적으로 어렵다.

다만 향후에 CCTV로 입력된 영상들이 인공지능 기술과 결합해서 실시간으로 영상의 내용 인식이 가능해진다면 빅브라더 이론은 다시 한번 힘을 얻을 수 있다. 진정한 감시와 통제가 가능해지기 때문이다. 그러나 한편으로 빅브라더는 범죄 현장이나 사고 현장을 실시간으로 파악해서 인명을 구하는 데 큰 역할을 담당할 수도 있다.

원격 검침, 스마트 미터링

낯선 사람을 집안에 들이지 않기

필자가 살고 있는 아파트에는 가스계량기가 부엌 쪽 베란다에 설치돼 있다. 가스가 건물의 외벽을 타고 주방으로 연결되기 때문이다. 가스 사용량 검침일이 되면 필자는 가스 사용량을 확인한 후, 현관문 밖에 붙어 있는 종이에 숫자를 기입한다. 두 달에 한 번 적으면 된다.

지금은 서로를 신뢰할 수 있을 만큼 사회가 성숙해졌기 때문에 가스 회사도 사용자가 기입하는 숫자를 믿는다. 그러나 아직도 전국에는 파란색 조끼를 입은 가스검침원들이 가정을 방문하는 경우가 있다. 가스계량기가 부엌에 있으면 가스검침원을 부엌까지 안내해야 한다. 남편이 출근하고, 어린 아이들과 있는 젊은 주부는 낯선 이의 방문에 불안할 수밖에 없다. 실제로 이를 악용하는 범죄들도 간간이 보도된다. 가스 검침하러 왔다는 말을 듣고 문을 여는 순간 방문객이 강도로 돌변했다는 뉴스. 비단 우리나라만의 사정은 아니며, 도시 가스를 사용하는 만국 공통의 현실이다.

스마트 미터링은 전기, 가스, 수도 공급 회사의 희망사항이며 소비자들의 바람이기도 하다. 스마트 미터에서 계량된 수치는 통신망을 통해 데이터 센터로 보내지기 때문에 검침원이 필요없다(일자리를 잃게 되는 검침원의 사정은 안타깝다). 현재 스마트 미터링은 전력회사를 중심으로 먼저 보급되고 있다. 우리나라의 경우 한전이 스마트 미터를 각 가정에 공급하고 있는데, 2020년까지 전국의 2,200만 세대에 설치할 예정이다. 유럽은 전 세계적으로 스마트 미터링이 가장 많이 보급된 지역이다. 유럽은 2020년까지 80%의 가정에 스마트 미터기 설치 의무화를 공동 목표로 내걸었다.

스마트 미터링의 핵심 이슈는 데이터의 송수신이다. 각 가정의 사용량 데이터를 어떻게 데이터 센터까지 보내느냐의 문제다. 그것도 저렴하면서도 신뢰성이 있어야 한다. 스마트 미터에 3세대, 4세대 같은 셀룰러 이동통신을 적용할 수도 있겠지만 비용이 너무 많이 든다. 신규 기술을 도입할 수도 있겠지만 신뢰성 확보까지 얼마나 많은 시간이 소요될지 모른다. 그나마 전력 회사의 경우에는 전력선 통신(PLC)을 활용하고자 노력하고 있다. 각 가정까지 연결돼 있는 전력선을 통신선으로 활용하는 것이다. 그 밖의 가스, 수도 공급 회사의 경우에는 무선을 이용한 데이터 송수신을 위해 표준안을 준비하고 있는 중이다.

원격 기기 관리

에러 리포트

필자가 참여했던 개발 프로젝트의 제품 중에 광 저장 장치가 있다. CD-RW, 혹은 DVD-RW로 불렸던 제품들이다. 이 제품은 CD 혹은 DVD라는 광디스크에 데이터를 기록하거나, 기록된 데이터를 읽어 내는 장치들이다. 하드디스크처럼 광디스크 드라이브라고도 한다. 예전에는 모든 개인용 컴퓨터에 필수적으로 장착됐으나 지금은 선택적으로 장착될 뿐이며, 그마저도 점점 사라지는 추세다.

광디스크 전체에 데이터를 기록하기 위해서는 많은 시간이 필요하다. 이 시간 동안 데이터 기록 작업은 여러 가지 이유로 실패할 수 있다. 제품 개발자로서 할 일은 최대한 실패 확률을 줄이는 것이다. 따라서 개발 기간 중에는 다양한 테스트를 반복 진행한다. 수명 테스트라는 이름으로 에러가 날 때까지 반복해서 테스트하기도 한다. 테스트에 실패하면 실패의 원인을 파악하고, 대응책을 마련한다. 역시 가장 중요한 작업은 실패의 원인을 찾아내는 것이다. 실패의 원인을 알면 문제의 절반은 이미 해결된 것이다.

문제의 원인을 찾는 가장 일반적인 방법은 제품의 동작 과정을 시간에 따라 기록으로 남기는 것이다. 이것을 로그라고 한다. 로그에는 중요한 이벤트가 있을 때마다 하드웨어의 상태나 소프트웨어의 주요한 상태 정보가 기록된다. 주요한 변수 값이나, 집적회로 레지스터의 정보들이 포함된다. 어느 순간 데이터 기록에 실패하면 그 순간의 주요 상태 정보도 로그로 남긴다. 특히 실패의 유형이 에러 코드 형태로 기록된다. 로그 정보는 주기억장치에 저장된다.

동작 실패가 발생하면 주기억장치의 로그 영역을 컴퓨터가 통째로 읽어 낸다. 주기억장치의 정보를 읽어 내기 위해서는 특별한 소프트웨어 프로그램이 필요하다. 이는 개발자들이 직접 제작한다. 이 프로그램은 컴퓨터에서 동작하면서 광디스크 드라이브와 통신을 함으로써 로그 정보를 읽어 낸다. 이 프로그램을 로그 덤프(dump)라고 불렀다.

로그 프로그램에서 읽은 로그 데이터는 온통 16진수로 돼 있어서 쉽게 해석되지는 않는다. 사전에 정의된 코드 테이블을 참조해 가면서 주요 상태 정보들을 분석한다. 그리고 실패의 순간에 어떤 상태가 잘못돼서 문제가 발생한 것인지 분석한다. 이렇게 하면 많은 문제를 해결할 수 있다. 오랫동안 유사한 작업을 해 온 개발자들은 주요 정보 몇 개만 보고도 어디에서 문제가 생겼는지 파악해 낸다. 로그 프로그램들도 점점 개선되어 16진수 대신 쉽게 이해할 수 있도록 텍스트로 출력해 주기도 한다.

그러나 기존에는 없었던 새로운 유형의 문제인 경우에는 주어진 정보만으로는 원인을 찾을 수 없는 경우가 생긴다. 이런 경우에는 로그에 저장되는 값의 종류를 바꿔 본다. 바꿔 본 로그 정보에서 문제의 원인을 찾을 수 있으면 다행이지만 허사인 경우도 많다. 이런 경우에는 여러 번의 시행착오를 거쳐야 한다. 이는 나름 재미있는 작업이었다.

광 저장 장치 이후에 필자가 개발에 참여했던 넷 하드 제품의 경우 리눅스 운영체제를 사용했다. 리눅스 운영체제는 많은 사람들에 의해 공동으로 개발된 것이기 때문에 문제가 생겼을 때 원인을 찾는 방법도 어느 정도 정형화돼 있다. 리눅스를 포함해서 운영체제는 기본적으로 많은 로그를 남긴다. 광 저장 장치와 달리 운영체제가 남기는 로그는 파일 형태로 존재한다. 따라서 문제가 발생했을 때 파일의 내용을 읽어서 확인한다. 파일의 내용은 사람이 읽을 수 있게 문자로 돼 있다.

오늘날 윈도우에서 실행되는 대부분 애플리케이션은 실행 도중 문제가 생기면 인터넷을 통해 애플리케이션 제작업체에게 에러 리포트를 보내도록 한다. 윈도우 운영체제도 마찬가지다. 하드웨어 문제나 커널 문제가 발생하면 마이크로소프트로 에러 리포트를 보내겠다는 안내창이 뜬다. 맥북 컴퓨터라면 애플에게 에러 리포트를 보내겠다고 할 것이다.

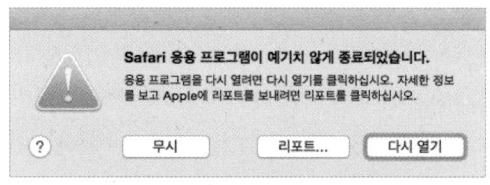

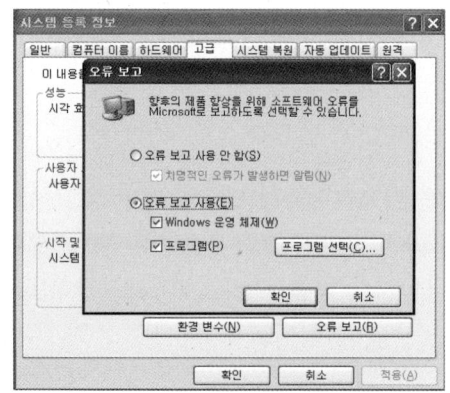

그림 12.6 오류 보고 안내창

실시간 원격 에러 리포트

제품에 문제가 생겼을 때 에러를 보고하는 것은 컴퓨터 소프트웨어만이 아닙니다. 항공기의 경우에도 비행 중 항공기 고장 등 위급상황이 발생하면 즉시 지상의 관제 당국에 메시지를 자동으로 보낸다. 이 위급 정보는 ACARS[24]라고 하는 데이터 링크 시스템을 통해 이뤄진다. ACARS는 육지 위를 비행할 때는 지상의 기지국과 통신하며, 바다 위를 비행할 때는 인공위성을 통해 통신한다. 지난 2009년 대서양에서 실종됐다가 추락 사실이 뒤늦게 밝혀진 에어프랑스 AF447편 항공기도 사고 직전 비행속도 이상을 알리는 자동 메시지를 전송해서 추락 원인을 분석하는 데 도움을 줬다.

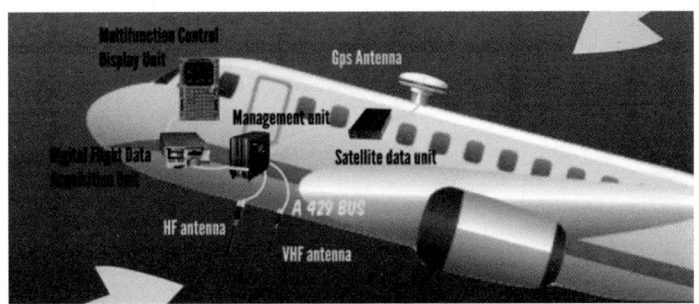

그림 12.7 항공기 통신 시스템[25]

잘 알려진 바와 같이 비행기에는 블랙박스가 있어서 사고가 발생하면 사고의 원인을 분석하는 데 도움을 준다. 사고 발생 시 발견될 확률이 높도록 빨간색 또는 주황색과 형광물질을 덧입힌 색을 띠고 있는 블랙박스에는 대략 1,000~2,000여 개의 비행 정보들이 최소 25시간 동안 저장된다. 비행 정보로는 조종실의 각종 조작 행위와 사고 이전까지의 기상, 기압, 항공기의

---

24 ACARS(Aircraft Communication Addressing and Reporting System)
25 https://www.youtube.com/watch?v=V4oXSOKTMCM

속도, 방향, 항공기 부품의 비정상적 작동 등의 자료가 모두 저장된다. 그뿐만 아니라 조종석 안의 목소리나 교신들도 모두 기록된다. 일반적으로 항공사고는 승무원과 승객 전원이 사망하는 경우가 매우 많기 때문에 승무원과 승객들을 통해 사고 원인을 알아내는 것이 매우 어렵다. 따라서 블랙박스를 의무적으로 사용하고 있다.

통신 기술이 발전하면서 오늘날 비행기의 상태는 실시간으로 모니터링된다. 보잉사는 기체 상태 관리 시스템[26]을 사용해서 비행 도중 각종 비행기의 상태 정보를 ACARS를 통해 보잉사로 전송한다. 이 정보들은 컴퓨터에 의해 실시간으로 분석된다. 만약 기체의 결함이 발견되면 서비스 팀은 도착지 공항에서 교체 부품을 갖고 미리 대기한다. 그리고 비행기가 공항에 도착하자마자 바로 부품을 교체한다[27]. 따라서 비행기 점검으로 시간이 지연되어 다음 출발 시간에 영향을 미치는 것을 막을 수 있다.

비행기 제조업체뿐만 아니라 비행기에서 가장 중요한 부품인 엔진의 제조업체[28]도 같은 시스템을 사용하고 있다. 이들은 비행 중 엔진의 상태 정보를 각종 센서로 파악해서 ACARS를 통해 전송받는다[29]. 목적은 보잉과 같다. 엔진의 결함이 발견되면 공항에서 서비스팀이 미리 대기한다. 과거였다면 점검을 위해 엔진을 비행기에서 뜯어내어 공장으로 실어 날라야 할 수도 있는 상황을 피할 수 있다.

---

[26] AHM(Airplane Health Management)

[27] 이를 Fault forwarding이라고 한다. 자동차 경주대회에 참가하는 자동차들도 원격으로 관리되며, 경기 중에 차체에 결함이 파악되면 서비스 팀은 피트 레인에서 대기한다.

[28] 대표적으로 GE, 롤스-로이스, 프랫 & 휘트니가 있다. 롤스-로이스는 매일 9,000여 대의 운항 중인 비행기에 탑재돼 있는 총 13,000대의 엔진으로부터 실시간으로 데이터를 받고 있다.

[29] 이처럼 항공기 내의 센서 사용량은 향후에도 대폭 증가할 것이며, 인공위성을 이용한 통신의 대역폭도 증가할 것이다. 이 경우 엄청난 양의 정보가 단기간 내에 데이터 센터로 모이게 된다. 이들을 어떻게 활용할지는 아직도 풀어야 할 숙제다. 항공기 회사들은 빅데이터와 인공지능을 이용해 비용을 줄이고 수익을 높이기 위한 방법을 찾고 있다. 비행 중 소모되는 연료의 양을 어떻게 하면 줄일 수 있는지는 가장 큰 숙제 중 하나다. 연료 효율이 1% 증가하면 연간 2~3조 원의 비용이 절감된다고 한다.

대규모의 발전기도 동일한 시스템을 사용한다. 대표적인 발전기 제조업체인 GE는 전 세계 곳곳에 설치된 발전기들로부터 실시간으로 데이터를 수집한다. 제품의 실시간 모니터링을 통해 제품의 성능을 분석하고, 발생한 결함을 초기에 발견해서 빠르게 수리할 수 있도록 지원한다. 발전기로부터 전송되는 데이터들은 유선을 이용하기 때문에 인공위성을 이용하는 항공기보다는 훨씬 저렴하게 데이터가 수집된다.

원격 소프트웨어 업데이트

소프트웨어가 세상을 먹어 치우고 있다[30]. 우리가 손에 들고 다니는 스마트폰은 소프트웨어 덩어리다. 자동차에는 점점 더 많은 소프트웨어가 들어가고 있다. 손목에 차는 시계뿐만 아니라 체중계, 그리고 화분에도 소프트웨어가 들어가고 있다. 미국의 무인전투기 드론에는 350만 라인의 코드가 사용됐다. 보잉 787은 650만 라인, 쉐보레의 볼트는 1000만 라인, 안드로이드는 1200~1500만 라인의 코드를 사용하고 있다[31].

소프트웨어는 하드웨어와 달라서 비교적 쉽게 수정될 수 있다. 따라서 출시된 제품의 소프트웨어에 문제가 생기면 소프트웨어를 업그레이드하면 된다. 자동차의 리콜과는 달리 하드웨어 부품이 사용되는 것이 아니기 때문에 추가적인 비용은 거의 들지 않는다. 서버와 같은 기반시설 운영 비용을 빼면 말이다. 따라서 소프트웨어 업그레이드는 빈번히 발생한다. 특히 출시 초기 제품인 경우에는 더욱 그러하다.

소프트웨어의 업그레이드가 하드웨어의 업그레이드보다 수월하기는 하지만 그래도 마냥 간단한 것은 아니다. 첫 번째 방법은 사용자가 직접 소프트웨어를 인터넷에서 내려받아 업그레이드하는 방법이다. 두 번째 방법은

---

30 "Software Is Eating the World" Marc Andreessen
31 http://www.visualcapitalist.com/millions-lines-of-code/

사용자가 제품을 갖고 서비스 센터를 방문하는 것이다. 세 번째는 소프트웨어 업그레이드가 자동으로 동작하게 하는 방법이다. 세 번째 방법은 제품이 인터넷에 연결돼 있을 때만 가능하다. 그리고 요즘은 많은 제품들이 인터넷에 연결돼 있기 때문에 이러한 자동 업그레이드 방식이 사용된다. 스마트폰에 설치되는 앱들은 모두 자동으로 업그레이드되는 방식을 채택하고 있다.

어떤 앱들은 업그레이드할지 말지를 사용자에게 묻는다. 만약 사용자가 원치 않으면 업그레이드를 진행하지 않는다. 그러나 대부분의 앱들은 강제적으로 업그레이드가 이뤄진다. 앱 제조사 입장에서도 다양한 버전의 앱들이 사용 중이면 관리가 힘들어지기 때문이다. 관리는 비용의 증가를 의미한다. 제조사의 어려움은 이해되지만 매장에서 결제를 위해 앱을 사용해야 하는 상황에서 느닷없이 앱 업그레이드가 이뤄지면 사용자 입장에서는 매우 난감해진다. 뒤통수가 따가워지기 일쑤이며, 이를 피하기 위해 뒷사람에게 순서를 양보해야 한다.

소프트웨어가 제품의 중요한 부분을 차지하는 회사들은 위와 같이 자동으로 소프트웨어를 업그레이드하기 위한 시스템을 개발하거나 도입한다. 이를 FOTA[32]라고 한다. 스마트폰 업체들도 이 시스템을 사용한다. 스마트폰은 안드로이드 혹은 아이폰이 대부분인데, 이들 운영체제들은 수시로 보안 패치를 배포한다. 스마트폰 제조사들은 구글이나 애플로부터 받은 보안 패치를 참고해서 자사의 제품에 맞게 변형해서 배포한다. 이때 원격 자동 다운로드 및 설치 방식을 사용한다.

자동차 업체들도 마찬가지다. 아직은 커넥티드 자동차가 많지 않지만 향후에는 자동차 내의 많은 소프트웨어들이 FOTA를 이용해 업그레이드될 것이다.

---

[32] FOTA(Firmware Over The Air)

새로운 연결과 새로운 세상

미래는 이미 와 있다.
단지 널리 퍼져있지 않을 뿐이다.
- 윌리엄 깁슨

서비스와 서비스의 연결

네이버 아이디로 로그인하기와 오픈 API

새로운 인터넷 사이트에 가입하거나 새로운 모바일 앱을 다운로드해서 사용하려는 경우 사용자 아이디와 비밀번호를 새로 등록해야 한다. 이는 개발자와 사용자 모두에게 번거로운 과정이다. 최근의 신규 서비스들은 사용자들로 하여금 새로운 계정을 등록하지 않고, 구글, 페이스북, 네이버에 이미 등록돼 있는 계정을 사용할 수 있게 지원한다. 개발자 입장에서도 간단히 인증 절차를 구현할 수 있고, 사용자 입장에서도 번거로운 사용자 등록 절차를 겪지 않아서 좋다.

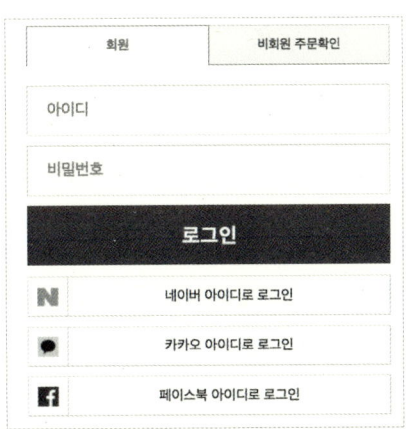

그림 13.1 네이버 아이디로 로그인하기

"네이버 아이디로 로그인하기"라고 불리는 이 기능은 매시업의 일종이다. 매시업은 2010년대 초반 소개된 웹2.0 기술 중 하나다. 이미 서비스 중인 웹 애플리케이션의 API[1]를 활용해 새로운 서비스를 추가하는 방식이다. 예를 들면, 구글의 맵 서비스를 받아 그 위에 주유소의 위치 및 가격을 표시하는 서비스를 추가할 수 있다. 오픈 API를 활용하는 이 기능들은 1인 개발자들도 전문업체 수준의 웹 애플리케이션이나 앱을 작성할 수 있게 해 준다.

오픈 API를 활용하는 서비스 연동의 다른 사례로 IFTTT가 있다. 'IF This Then That'의 머리글자로 이뤄진 이 서비스는 여러 웹 애플리케이션들이 연동될 수 있게 해 준다. 페이스북과 드롭박스가 연결될 수도 있고, 트위터와 구글 캘린더가 연결될 수도 있다. 마이크로소프트도 유사한 서비스를 제공하고 있는데, 플로우라고 한다. 특정한 이벤트가 발생하면 지정해둔 순서대로 앱들이 동작한다. 상사의 메일이 도착하면 푸쉬 알람을 생성하거나 트윗의 내용을 개인용 원드라이브에 저장할 수 있다. 플로우라는 이름에서 앱들 간의 연결을 쉽사리 떠올릴 수 있다. IFTTT와 비슷한 시기에 등장했다가 문을 닫은 야후의 파이프도 유사한 기능들을 제공했고, 이름도 플로우와 일맥상통한다.

---

[1] API(Application Programming Interface)

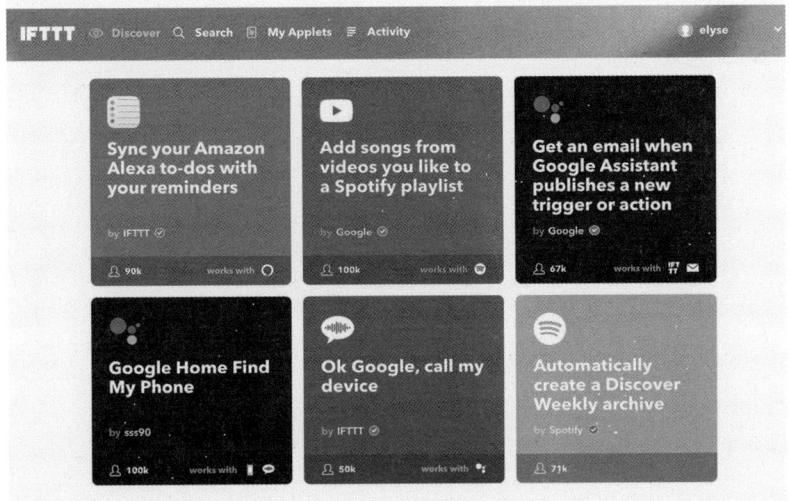

그림 13.2 IFTTT

    IFTTT, 플로우, 파이프 외에도 웹 애플리케이션과 앱 사이를 연결해 주는 다양한 클라우드 서비스들이 존재한다. 이들은 연결을 통해 새로운 가치를 만들어 내고 있다. 그 가치란 자동화를 통해 인간으로 하여금 수고로움을 덜면서 더 많은 일들을 간편하고 효율적으로 처리할 수 있게 하는 것이다.

기기와 서비스의 연결

웹 애플리케이션 간의 연동만 가능한 것은 아니다. 기기와 웹 애플리케이션 사이에도 연동이 가능하다. 예를 들어, 안드로이드 휴대전화로 전화를 건다면 해당 통화의 로그를 구글의 스프레드시트에 추가할 수 있다. 스마트폰이야 원래 연결을 위한 기기이니 놀라울 것도 없다. 그런데 가전제품들이 웹 애플리케이션과 연결되고 있다.

LG전자가 2000년에 인터넷 냉장고[2]를 출시한 이후, 가전들은 하나둘 인터넷에 연결되기 시작했다. 인터넷 에어콘[3], 인터넷 세탁기[4]가 출시됐고, 인터넷 보일러[5]와 오븐이 출시됐다. 이 제품들은 인터넷으로 원격 제어가 가능했고, 원격 모니터링과 자가진단 기능을 탑재하고 있었다.

그동안 인터넷을 통해 개별적으로 제어되던 가전제품들은 웹 애플리케이션과 연동되어 자동화되고 있다. 세탁기는 작업이 완료되면 스마트폰으로 알려준다. 세탁물이 세탁기 안에서 나오지 못해 쉰내가 나는 상황을 방지할 수 있다. 냉장고 문이 열릴 때마다 구글 스프레드시트에 시간을 기록해 둘 수 있다. 나중에 얼마나 자주 냉장고 문을 열고 닫았는지 알 수 있고, 언제 빈번하게 사용했는지도 알 수 있다.

가전뿐만 아니다. 이제는 자동차도 인터넷 연결의 대열에 합류했다. 대표주자는 BMW다. 구글 캘린더의 정보가 BMW의 디스플레이에 나타나게 할 수 있다. 주차를 하면 주차 위치를 표시한 지도 정보가 메일로 오게 할 수 있다. BMW의 시동을 켠다면 그 시간 정보를 메일로 보내거나 구글 스프레드시트에 기록할 수도 있다.

마지막으로 활용 예를 하나 더 든다면, 하나의 이벤트가 발생하면 다양한 기기들과 웹 서비스들이 동시에 또는 순차적으로 동작하게 할 수 있다. 내가 집을 나서면 집 안의 전등을 끄고, 블라인드를 동작시키고, 집을 나선 시간을 클라우드에 기록하고 모든 작업 결과를 메일로 보내게 할 수 있다. 또는 도둑이 침입하면 자동으로 거실 전등을 켜고, 네트워크 스피커를 통해

---

2 당시 제품은 15.1인치로, 당시로써는 대형 디스플레이를 갖추고 있었고, 인터넷 쇼핑과 텔레비전 시청, 화상통화가 가능했다. 실제로 천만 원에 가까운 금액으로 판매됐다.

3 2001년, LG LP-336CDB

4 2002년, 인터넷 LG 터보드럼 세탁기(모델명 WT-3K100)

5 2003년 린나이 코리아.

경고음을 내며, 모니터링 카메라로 촬영된 영상을 자신의 스마트폰으로 보낼 수 있다. 내가 집을 나선다는 이벤트는 스마트폰의 GPS를 통해 알 수 있고, 도둑의 침입은 창문의 개폐 스위치를 통해 알 수 있다.

서비스 간 정보의 공유

가끔씩 세상이 참 좋아졌다는 느낌이 들 때가 있다. 버스나 지하철을 타면서 잔돈을 들고 다닐 필요가 없다고 느낄 때, 연말정산 시기가 되어 국세청의 연말정산 간소화 시스템을 사용할 때, 비행기 표를 발권하기 위해 e티켓이나 예약 번호 없이 여권만 제출하면 될 때, 병원을 가면서 의료보험증 없이 갈 때 등등 말이다. 예전에는 국제면허증을 받기 위해 먼저 구청에서 여권을 발급받은 후, 여권을 가지고 경찰서를 찾아갔다. 이제는 구청에서 한꺼번에 여권과 국제면허증을 신청할 수 있다. 국제면허증 발급에 걸리는 시간은 채 5분이 되지 않는다.

최근, 저출산 문제를 해결하기 위한 취지로 임신과 출산과 관련해서 정부는 여러 가지 지원을 해 주고 있다. 이 혜택은 신청자가 신청해야만 주어진다. 신청자들은 각종 혜택을 하나하나 개별적으로 신청서를 작성해야 했었다. 예를 들어, 가정양육수당, (다자녀) 전기 가스 지역난방 요금 감면, (지자체별) 출산지원금, 출산용품 지원, 유축기 무료 대여, 모유 수유 클리닉, 다둥이 행복카드 발급 등이다. 그러나 행정자치부와 여성가족부 등은 2016년부터 행복 출산 원스톱 서비스를 실시하면서 한 번의 통합 신청으로 이 모든 신청이 완료되게 했다.

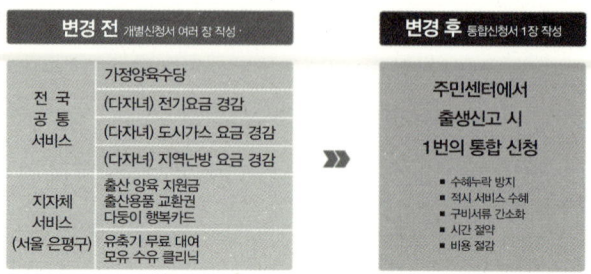

그림 13.3 서비스의 연동과 시스템 통합 사례

중소기업청은 국세청, 법원 등과 협력해서 온라인 법인 설립 원스톱 서비스를 통해 어렵고 복잡한 법인회사 설립을 돕고 있다. 그동안은 법인을 설립하기 위해 법인등록세 납부(지자체), 법인설립 등기(등기소), 사업자등록증 발급(세무서), 4대 보험 가입 및 고용신고 등을 하기 위해 제각각 방문해야 했다. 하지만 이제 온라인 법인설립시스템에서 모든 유형의 법인 설립이 가능하도록 서비스를 제공하고 있다[6].

이러한 편리는 서비스들, 또는 시스템들 간에 정보의 공유가 이뤄지기 때문에 가능하다. 예를 들어 신청자가 입력한 신청 내용은 행정자치부의 정보시스템과 여성가족부의 정보시스템에 함께 공유된다. 여권과 국제면허증의 경우에는 외교부, 행자부, 경찰청, 자치단체에서 운용하는 정보시스템 간에 정보가 공유되기 때문에 가능하다. 온라인 법인 설립은 중소기업청, 국세청, 법원의 정보시스템 간에 정보가 공유된다.

시스템들 간 정보 공유의 끝판왕은 국세청 연말정산 간소화 시스템이다. 국세청 시스템으로 신용카드 회사, 의료 기관, 약국, 교육기관, 금융기관 등 각종 세금 관련 기관의 정보시스템이 연동된다. 모든 정보는 주민등록번호를 키(key) 값으로 해서 통합된다.

---

6 디지털 제로스톱(Digital Zero-Stop, 관련 행정 절차를 최종 단계까지 한 번에 멈춤 없이 처리하는 것)

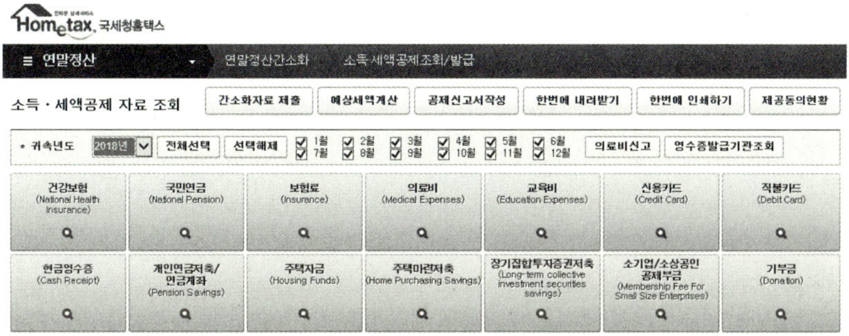

그림 13.4 연말정산 간소화 시스템

이 모든 연결이 가능했던 이유

과거에는 상상하지 못했던 서비스의 자동화가 가능해진 것은 무엇보다 세상이 디지털화됐기 때문이다. 디지털화된다는 것은 측정될 수 있고, 수치화될 수 있고, 어디든지 전송될 수 있고, 판단될 수 있다는 의미다. 그리고 디지털화된 정보를 처리할 수 있는 기기들의 보급 덕분이다.

스마트폰은 컴퓨터와 더불어 디지털의 결정체라 할 수 있다. 이들은 연결을 통해 정보를 어디로든 전송할 수 있다. 그리고 과거엔 아날로그 영역에 머물렀던 가전 기기들도 점차 디지털화되면서 일부 정보를 클라우드로 전송하고 있고, 웹 애플리케이션으로부터 디지털 명령어를 받아서 처리하고 있다. 자동차는 오늘날 가장 핫한 디지털라이제이션 아이템이다.

공간의 특성값들인 온도, 습도, 조명, 소음, 공기 질이 센서를 통해 수치화되고, 클라우드로 보내져 거주자에게 적합한지 판단할 수 있다. 미래에는 인간의 감정도 일부분 디지털화될 것이다. 이미 인간의 얼굴에서 감정을 읽는 기계들이 매장에 실전 배치돼 있다. CES 2019는 사람의 감정을 읽는 기술들의 향연이었다.

오늘날 비즈니스 영역에서 이뤄지는 디지털 트랜스포메이션은 디지털 데이터를 통해 기업 활동의 모든 영역이 서로 연결되는 과정이다. 고객의 정적, 동적인 정보들이 센서 및 웹 도구에 의해 취합되고, 기업 내의 모든 자산들이 디지털화되어 관리된다. 과거에는 단절돼 있던 활동들이 연결됨으로써 비용을 줄이고 새로운 고객 가치를 창출할 수 있게 되는 과정이다.

오늘날과 같이 기술 발전 및 초연결이 가능했던 또 다른 이유는 공개다. 공개와 공유는 인터넷의 기본 정신이다. 공개와 공유를 통해 인터넷은 지금의 발전을 이뤘다. 리눅스 소스코드의 공개가 없었다면 오늘날의 정보기술은 완전히 다른 모습을 하고 있을 것이다. 리눅스가 없었다면 안드로이드도 존재하지 않았을 것이다. 안드로이드의 소스코드가 공개되지 않았다면 애플은 아이폰으로 개인용 컴퓨터 시대의 마이크로소프트가 됐을지도 모른다. 인터넷 프로토콜 TCP/IP가 공개되지 않았다면 현재의 인터넷은 존재하지 않을 것이다.

기기 간의 협업과 연동

사람과 기기의 연결

지금까지 연결은 사람과 사람을 대상으로 했다. 왕년 모바일폰의 일인자였던 노키아가 내건 슬로건은 사람을 연결하는 것이었지, 모바일폰을 연결하는 것은 아니었다. 사람들은 연결을 통해 음성으로, 혹은 문자로 정보를 공유했다. 컴퓨터와 인터넷이 생겨나고 이메일이 발명됐을 때도 연결은 사람과 사람이었다. 보내는 사람은 컴퓨터로 이메일을 작성해서 인터넷으로 보내고, 받는 사람은 인터넷으로 받아 컴퓨터로 보는 것이다.

그림 13.5 사람 연결하기

어느 순간 내가 통화한 대상이 사람이었는지, 컴퓨터였는지 의심스러운 상황들이 벌어지고 있다. 혹자는 협력업체의 관계자를 만나기 위해 전화를 걸어 예약을 한 후, 미팅 당일에야 전화의 당사자가 인공지능이었다는 사실을 알게 된 적도 있다. 이미 여러 기업에서 인공지능 비서를 두고 고객들의 질문에 답하게 하고 있다. 지금까지는 전화를 받는 입장에서 고객들의 질문에 수동적으로 답변하는 모습이었다면 지난 2018년 구글 IO에서는 인공지능이 사람에게 전화를 거는 모습이 시연됐다. 인공지능은 실제 식당에 전화해서 예약을 했다. 전화를 받는 사람은 자신이 인공지능과 통화하고 있음을 전혀 눈치채지 못했다.

이메일도 마찬가지다. 고객의 질문 이메일을 인공지능이 답변해 주고 있다. 사람이 답변해 주는 것과 같은 효과를 주기 위해 일부러 답장을 늦게 보내기도 한다. 그리고 사람이 쓴 것처럼 오자를 의도적으로 만들기도 한다. 답장을 받은 사람들은 종종 사랑스러운 글귀에 감동해서 관심을 보이는 회신을 보내기도 한다. 샌프란시스코의 '컨버시카(Conversica)'라는 회사가 제공하는 서비스다.

2013년에 개봉된 영화 'Her'는 사람과 기기 간의 연결이 대화를 넘어서 사랑에 이르는 과정을 보여준다. 영화의 배경이 된 2025년까지는 얼마 남지 않았다. 비록 영화 속 '사만다' 수준의 인공지능에는 이르지 못할지도 모르지만 사람과 기기 간의 상호작용이 단순한 질문-답변 그 이상이 될 것은 분명하다.

그림 13.6 영화 "Her(2013)" 속의 인공지능

기기와 기기의 연결

사람과 기계의 온전한 연결은 먼 미래의 일일 수도 있으나 기계와 기계의 연결은 좀 더 가까운 미래에 곳곳에서 목격될 것 같다. 자율주행차량은 이미 도로 위를 질주하고 있다. 일반 차량의 경우 사람이 도로와 주변의 정보를 해석하고, 손과 발을 이용해 자동차에 명령을 전달한다. 그런데 자율주행차량은 센서와 클라우드로부터 정보를 입력받아 해석하는 기계와 실제로 자동차를 움직이는 기계가 협력한 결과다. 여기에는 또 다른 조력자도 있다. GPS 정보를 전송하는 인공위성이다.

자동차와 자동차가 서로 연결되는 기술도 개발 중이다. 자동차는 현재 위치에서 파악할 수 있는 정보로 제한돼 있다. 앞차가 볼 수 있는 정보를 뒤차는 볼 수 없다. 그런데 앞차와 뒤차를 연결해서 앞차는 자신이 획득한 정보를 뒤차로 보내준다. 앞차가 정체 구간에 진입하는 경우, 뒤차에 경고(alert)를 보낸다. 갑작스러운 속도의 감소가 발생하면 이 역시 뒤차로 정보를 전송한다. 뒤차는 앞차로부터 오는 정보를 받아 신속하게 위기 상황에 대응하게 된다. 이를 V2V[7]라고 한다.

---

7 V2V(Vehicle to Vehicle)

자동차와 자동차가 협업하기 위해 직접 통신하는 방식인 V2V를 반드시 사용할 필요는 없다. 클라우드를 통해 서로 연결돼도 된다. 즉, 각 자동차는 LTE 모뎀을 통해 클라우드로 연결되고, 클라우드에서 정보의 교환이 이뤄지는 것이다. 앞에 있는 자동차의 정보가 클라우드로 업로드됐다가 뒤에 있는 자동차로 다운로드되는 방식이다. 굳이 이름을 붙인다면 V2X라고 할 수 있다.

V2V 또는 V2X는 차량의 군집주행[8]에서도 핵심적으로 사용된다. 볼보는 2012년 유럽에서 SARTRE[9] 프로젝트를 통해 이 기술을 성공적으로 시연했다. 이 시연에서 고속도로를 최고 시속 90km로 트럭 2대, 자가용 3대가 4m 차량 간격으로 줄지어 주행했다. 가장 앞에 있는 트럭 1대에만 운전자가 전방을 주시하며 운전을 하고 있으며 뒤따르는 트럭 1대와 자가용 3대의 운전자는 별다른 조작을 하지 않아도 선두 트럭을 따라 주행이 자동으로 이뤄졌다. 뒤따르는 자동차들은 카메라 및 자율주행에 기본적으로 필요한 장치들을 탑재하고 있었다. 앞에서 주행 중인 자동차로부터 주행 관련 정보를 받기 위해 V2V로 연결됐다.

그림 13.7 V2V를 이용한 군집주행[10]

---

8 Truck Platooning
9 SARTRE(SAfe Road TRains for the Environment)
10 https://www.youtube.com/watch?v=tQnVGOoVvVk

기계와 기계가 스스로 통신하는 기능은 최첨단 전투기에도 적용돼 있다. 미국의 5세대 전투기 F-22A 랩터들에는 IFDL[11]가 장착돼 있어서 각종 정보를 전투기 간에 자동으로 공유한다. 따라서 편대장은 대원들의 비행기 연료 상태나 무기 상태를 바로 확인할 수 있다. 또한 F-22A 편대 중 단 한 대만이라도 적기를 탐지하면 이 정보는 자동으로 전투기 간에 공유되어 비행 중인 다른 F-22A가 알게 된다. 동일한 기능이 같은 5세대 전투기인 F-35에서는 MADL[12]로 구현돼 있다.

기기와 인공지능의 연결

무인 전투기 드론은 특수한 망원 렌즈를 사용해 수킬로미터 밖에서도 적군의 식별이 가능하다. 초창기 드론에서 사용되는 카메라는 한 대였다. 그런데 오늘날에 사용되는 고르곤 스테어(Gorgon Stare)라는 시스템에서는 368개의 카메라가 사용된다. 각 카메라는 5백만 화소이며, 4개의 망원 렌즈를 공유한다. 이 모든 카메라가 각 사진을 찍으면 컴퓨터는 이를 하나의 이미지로 합성한다. 그러면 100제곱킬로미터에 해당하는 영역의 고해상도 이미지가 완성된다. 도시 하나를 고스란히 담을 수 있다. 하나의 카메라로부터만 영상을 받을 때 마치 빨대를 통해 관찰하는 느낌이었다면 이제는 도시 전 지역을 손바닥 위에 올려놓고 보는 느낌이다.

고르곤 스테어 시스템에서는 하나의 도시 면적을 커버하는 이미지들을 초당 12프레임으로 촬영해서 영상으로 만들고, 이를 인공위성을 이용해 네바다주의 컨트롤 스테이션으로 보낸다. 한편, 미 국방부의 자료에 의하면 전 세계에는 최소 50대 이상의 드론이 비행 중이라고 한다. 이들은 각기 영상 이미지를 본부로 보내온다. 이 영상을 모두 살펴본다는 것은 불가능하다. 그

---

11 IFDL(Intra-Flight Data-Link)
12 MADL(Multifunction Advanced Data Link)

야말로 과유불급의 상황이다. 정보의 과잉으로 오히려 잘못된 전술적 판단이 종종 내려지고 있음을 미 국방부에서도 인정하고 있다. 이러한 문제를 해결하기 위해 미 국방부는 메이븐 프로젝트를 2017년에 시작했다. 이 프로젝트는 엄청난 양의 비디오로부터 무기나 기타 군사 장비들을 자동으로 추출해 내는 시스템을 목표로 하고 있다. 여기에는 딥러닝을 기반으로 한 영상 인식 기술이 사용될 예정이다.

이 시스템이 완성되면 무인전투기는 자신이 촬영한 영상을 데이터 센터로 보내서 인공지능이 판단하게 하고, 인공지능의 결정에 따라 자율적으로 목표물을 공격할 수 있다. 만약 무장한 적군들이 발견되면 즉시 공격을 시도할 수 있다. 적은 미처 피할 겨를도 없이 하늘로부터의 공격에 노출된다. 무인전투기라는 기계와 인공지능이라는 기계가 협업해서 적을 신속히 섬멸하는 것이다.

미래에 무인전투기와 인공지능의 결합은 생각만 해도 소름돋는 장면들을 만들어 낸다. 미래에는 무인전투기의 타깃이 된 목표물은 거의 100%에 가까운 확률로 사망할 것이다. 인공지능은 목표물의 예상되는 움직임까지 이미 파악하고 있다. 마치 알파고가 이세돌과의 경기에서 수 싸움을 하는 것과 같다. 바둑판의 어디에 돌을 놓아야 이길 수 있는지를 아는 것과 같이, 어떻게 목표물을 공격해야 성공할 수 있는지 아는 것이다. 시간이 지나면서 데이터가 쌓이고 딥러닝에 의한 학습의 양이 많아질수록 공격은 더욱 100%에 가깝게 성공하게 될 것이다.

위 내용이 데자뷰처럼 익숙하게 들릴지도 모르겠다. 영화 "터미네이터"에서는 1997년 미국 정부가 인공지능인 '스카이넷'이 무인 스텔스 폭격기를 능숙하게 조종하자 미군의 모든 무기를 스카이넷이 통제하도록 국방체계를 완전히 바꾸면서 시작된다. 영화에서 설정한 시기보다 20년이 지난 시점에서 현실은 영화 속 상상에 조금 더 다가갔다.

그림 13.8 영화 "터미네이터 4(2009)" 속의 스카이넷

무기와 인공지능의 연결은 개발자의 입장에서는 상당히 구미가 당기는 프로젝트다. 난공불락의 과제도 아니다. 충분한 데이터를 어떻게 모을 것인가가 유일한 난제다. 자율무기에 대한 많은 사회적 우려가 있으나 이 역시 기술적으로 해결할 수 있을 것이라고 개발자들은 믿는다.

문제는 기술에는 언제나 허점이 있다는 사실이다. 기술이란 어느 경우에도 완벽할 수 없다. 좀 더 완벽한 기술을 위해 누군가가 비용을 대야 하고, 누군가는 노동력을 제공해야 한다. 주어진 비용과 노동력이라는 한도 안에서 기술 개발이 이뤄진다. 그래서 허점이 생기는 것이다. 무인전투기는 장난감 총을 들고 있는 어린이를 공격할 것이다. 개발자들도 이러한 오류의 가능성을 알고 있다. 이런 상황을 회피하기 위해 최선의 노력을 하겠지만 그 한도는 프로젝트의 예산 범위 안에서만 가능하다. 문제가 되는 상황을 완벽하게 구분하기 위해서는 천문학적인 비용이 들어갈 것이다. 결국 무기 개발을 책임지는 사람들은 적당한 선에서 타협할 것이다. 이렇게 해서 판도라의 상자는 열리게 될 것이다. 다행히 이런 일은 영화 속에서나 벌어질 만한 일이다.

현실에서는 기술 업계 리더들이 자율살상 무기를 생산, 거래, 사용하는 작업에 일절 참여하지 않겠다고 공개적으로 선언하고 있다. 이 선언은 스웨덴 스톡홀름에서 열린 2018 세계 AI 연합 콘퍼런스[13]에서 이뤄졌다. 생명의 미래 연구소(Future of Life Institute)가 주도했고, 150개 기업과 전 세계 90개국 2400명 이상의 전문가가 서명했다. 서명 목록에는 IT 업계의 유명 CEO와 엔지니어, 과학자, 기업 등이 다수 포함됐다. 구글 딥마인드와 엑스프라이즈파운데이션, 일론 머스크 등이다.

컴퓨터 네트워크에서의 협업

컴퓨터 간 협업을 통한 무설정 연결

움직이는 기계가 자율적으로 서로 통신해서 어떻게 동작할지 결정하는 사례는 아직 많지 않다. 앞서 살펴본 자동차가 시험적 단계에 들어선 정도다. 그러나 컴퓨터의 경우에는 사람의 개입 없이 서로 자율적으로 통신해서 동작하는 사례가 풍부하다. 일종의 자동화라고 볼 수 있다. 자동화는 사전에 사람이 작성해 둔 네트워크 소프트웨어에 의해 동작한다.

첫 번째 사례는 인터넷 접속 환경 설정의 자동화다. 인터넷이 보급되던 초창기에는 인터넷에 접속하기 위해 네트워크 환경 설정을 수동으로 입력해야 했다. 필요한 정보는 인터넷 주소, 게이트웨이 주소, 도메인 네임 서비스 주소 등이다. 이 정보들을 입력하기 위한 소프트웨어는 운영체제마다 기본적으로 탑재돼 있었다. 다음은 윈도우 운영체제에서 제공하는 소프트웨어다.

---

[13] 2018 International Joint Conference on Artificial Intelligence

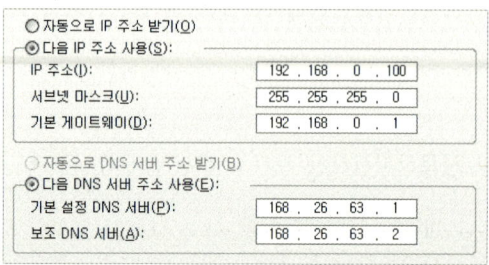

그림 13.9 인터넷 주소 설정

　오늘날에는 일부 개발자만이 제품 테스트 목적으로 수동 설정 작업을 한다. 그 외에는 대부분 자동으로 인터넷 접속 환경 설정이 이뤄진다. 인터넷 주소를 자동으로 할당해주는 프로토콜인 DHCP[14]가 있기 때문이다. 컴퓨터 네트워크에는 이 프로토콜을 담당하는 서버 컴퓨터가 있어서 컴퓨터들의 요청이 있으면 인터넷 접속에 필요한 정보를 제공한다. 컴퓨터들은 서버로부터 정보를 받은 후, 네트워크 환경 설정을 진행한다. 이 과정은 사용자가 인지하지 못하는 사이에 이뤄진다. 그리고 사용자들이 컴퓨터를 켤 때마다 이 과정은 매번 발생한다.

　인터넷 접속 정보 제공이라는 기술이 단순한 정보의 전달로만 보일지도 모른다. DHCP의 핵심은 컴퓨터마다 다른 인터넷 주소를 제공하고 관리하는 데 있다. 한번 할당된 인터넷 주소를 하나의 컴퓨터가 계속 사용하는 것은 아니다. 일정한 시간 동안만 할당된 주소가 유효하게 해서 주소 할당 작업이 다시 이뤄지게 한다.

　두 번째 예로 들 수 있는 컴퓨터 간 자동화는 이미 살펴본 적이 있는 도메인 네임 서비스다. 사용자들은 서버의 인터넷 주소를 몰라도 된다. 서버의 도메인 네임만 알면 된다. 인터넷에서는 도메인 네임을 인터넷 주소로 변

14　DHCP(Dynamic Host Configuration Protocol)

환해 주는 프로세스가 동작하고 있다. 이 역시 사용자가 알지 못하는 사이에 이뤄진다.

자동 서비스 발견을 위한 협업

필자가 넷 하드를 개발할 때 가장 힘들었던 기능 중 하나는 동일한 네트워크 내부에 있는 컴퓨터들이 자동으로 넷 하드를 발견하게 하는 것이었다. USB 저장 장치를 컴퓨터에 연결하면 자동으로 윈도우 탐색기에 장치가 나타나듯이 넷 하드가 네트워크에 연결되면 윈도우 탐색기에 자동으로 나타나게 하고 싶었다. USB 저장장치의 경우 컴퓨터에 직접 연결되기 때문에 전기적 신호로 새로운 장치가 연결됐음을 컴퓨터가 알 수가 있다. 그러나 네트워크 장비의 경우에는 새로운 기기가 연결됐음을 컴퓨터가 직접적으로 알 수 있는 방법이 없다.

그런데 애플 제품의 경우 맥 컴퓨터는 같은 네트워크에 타임머신이라는 애플의 네트워크 저장장치가 있으면 앱 아이콘을 자동으로 화면에 표시했다. 따라서 사용자들은 네트워크 저장장치를 사용하기 위해 기기의 인터넷 주소를 사용할 필요가 없었다. 그냥 타임머신 아이콘을 더블클릭하면 된다. 이는 애플이 닫힌 생태계를 통해 제공하는 훌륭한 서비스 중 하나였다.

애플의 자동 서비스 검색 기능은 봉주르라고 하는 프로토콜을 기반으로 한다. 애플의 모든 제품들은 이 프로토콜을 소프트웨어로 구현하고 있다. 이 프로토콜은 검색과 발견으로 이뤄진다. 먼저 컴퓨터가 새로운 서비스를 찾는 검색 메시지를 네트워크로 브로드캐스트[15]한다. 그러면 새로 연결된 장비가 이에 회신하고, 컴퓨터는 새로 발견된 서비스를 화면에 표시한다. 또는 새로운 기기가 스스로 새로운 서비스가 추가됐음을 알리는 메시지를 브로드

---

[15] 특정한 한 대의 기기에만 메시지를 보내는 것이 아니라 네트워크에 연결된 모든 기기에 메시지를 보내는 방식

캐스트한다. 그러면 컴퓨터는 이러한 정보를 기다리고 있다가, 메시지가 수신되면 새로운 서비스가 발견됐다는 알림을 화면에 표시한다.

애플의 제품들은 하나의 회사에서 일관성 있게 개발되는 관계로 제품 간의 연결성이 안정적이다. 자신의 네트워크에 연결되는 제품들에 대해 속속들이 알고 있기 때문에 컴퓨터는 네트워크에 연결된 기기에 대한 많은 정보를 화면에 보여준다.

그러나 윈도우 컴퓨터들로 구성되는 네트워크에서는 위와 같은 자동 탐색 및 검색 프로토콜이 동작하기 쉽지 않다. 어떤 제품이 어떤 기능으로 네트워크에 연결될지 알 수 없기 때문이다. 같은 윈도우 컴퓨터나 네트워크 프린터 정도가 자동으로 찾아지는 수준이다.

윈도우 운영체제 환경에서 제공하는 자동 탐색 및 검색 기능에 의지할 수 없었기에 넷 하드 개발 프로젝트에서는 전용 프로토콜을 정의했다. 그리고 이 프로토콜로 동작하는 소프트웨어를 직접 개발했다. 넷 하드용 소프트웨어는 공장에서 제품에 포함됐고, 윈도우 컴퓨터용 소프트웨어는 사용자가 직접 설치하게 돼 있었다. 양쪽의 소프트웨어가 준비된 상태에서 사용자가 넷 하드를 켜면 넷 하드는 자신의 존재를 알리는 패킷을 브로드캐스트했다. 그러면 윈도우에 설치된 전용 애플리케이션이 이 패킷을 수신해서 넷 하드의 위치를 파악하는 구조였다.

한편, 가정에서도 네트워크 기기가 많아지면서 네트워크 기기의 자동 연결이 이슈화됐다. 사용자들에게 네트워크 기기의 연결 및 사용은 쉽지 않은 과정이었다. 제품 제조사들 입장에서도 반드시 풀어야 할 숙제였다. 넷 하드의 경우와 같이 업체마다 전용 애플리케이션을 만드는 것보다 업계 공통의 프로토콜을 만드는 것이 효율적이다.

이러한 문제를 해결하기 위해 UPnP[16]가 만들어졌다. UPnP를 통해 제품에 대한 정보가 사전에 정의되고, 기기들은 서로가 갖고 있는 서비스와 기능을 자동으로 파악하는 것이 가능해졌다. 이 프로토콜은 특히 다음에 소개되는 DLNA에서 큰 역할을 담당했다.

스마트 홈을 위한 기기들의 협업

DLNA[17]는 넷 하드 개발 당시 가장 중요한 기능 중의 하나였다. 넷 하드가 멀티미디어 콘텐츠의 저장과 공유를 목적으로 하는 만큼 이를 지원하는 애플리케이션으로 DLNA가 가장 적합했다. 넷 하드뿐만 아니라 당시 멀티미디어와 관련된 전자 제품들은 대부분 DLNA가 동작한다는 마크를 달고 출시됐다. 노트북 컴퓨터, 텔레비전, 디지털 카메라, 프린터, 셋톱박스, 스마트폰까지 DLNA를 지원했다.

DLNA에 의하면 가정의 네트워크 기기들은 자동으로 연결되고, 콘텐츠 및 콘텐츠에 대한 정보를 주고받을 수 있다. 이를 위해 DLNA 기기들은 네트워크에 연결되는 순간부터 자신의 서비스 내용을 모두에게 알린다. DLNA에는 다음과 같은 다섯 가지의 서비스가 정의돼 있다. 디지털 미디어 서버, 디지털 미디어 플레이어, 디지털 미디어 렌더러, 디지털 미디어 컨트롤러, 디지털 미디어 프린터다. 각 기기는 이 가운데 자신이 제공 가능한 서비스가 무엇인지를 모두에게 알린다. 그리고 다른 기기들이 보내오는 정보들도 확인한다. 특히 플레이어에 해당하는 기기들은 디지털 미디어 서버가 있는지를 찾는다.

---

16 UPnP(Universal Plug and Play)
17 DLNA(Digital Living Network Alliance)

플레이어는 스마트 TV에 해당한다. 일반 TV는 재생 장치가 없는 수동형 기기라서 별도의 멀티미디어 플레이어를 연결해야 한다. 그리고 서버는 컴퓨터나 넷 하드가 된다. 이 모든 기기들은 서로의 서비스를 확인한 후에 정보를 주고받는다. 텔레비전을 켜면 컴퓨터에 저장돼 있는 동영상의 리스트가 나타난다. 넷 하드가 있다면 넷 하드의 콘텐츠 리스트도 함께 나타난다. 재생을 시작하면 텔레비전은 컴퓨터 또는 넷 하드에서 콘텐츠를 받아와서 재생하게 된다.

스마트폰은 서버가 될 수도 있고, 플레이어가 될 수도 있고, 컨트롤러가 될 수도 있다. 서버가 된 경우에는 스마트폰에 저장된 콘텐츠를 텔레비전에서 재생해 볼 수 있다. 플레이어라면 컴퓨터에 있는 콘텐츠를 직접 스마트폰 화면에서 재생해 볼 수 있다. 컨트롤러라면 컴퓨터에 있는 영상이 텔레비전에서 재생되도록 제어할 수 있다.

DLNA는 인증받은 기기의 대수에 비해 성공적이지 못했다. 이는 DLNA의 핵심인 멀티미디어 콘텐츠가 온라인을 통한 스트리밍 방식으로 바뀌면서 가정 내 기기들 간 콘텐츠 전송의 필요성이 줄어들었기 때문이다. 심지어 소비자가 직접 제작한 콘텐츠도 가정 내 기기 간의 직접 전송보다는 클라우드를 통해 공유되고 있다. DNLA는 클라우드에 있는 영상 정보를 관리하지 않는다.

한편, 필자는 2015년에 구글과 함께 weave에서 필요로 하는 제품의 스키마 정의 작업을 진행한 적이 있다. 당시 모니터링 카메라와 오디오 제품을 대상으로 작업을 했다. 스키마란 해당 제품의 특성을 정의하는 것으로서, 어떠한 서비스가 가능한지와 이를 동작시키기 위해 어떠한 명령이 필요한지를 정의하는 것이다. 모니터링 카메라의 경우라면 좌우 회전/상하 회전/확대와 함께 사진 촬영이 가능할 것이다. 오디오라면 재생, 정지, 볼륨 조절을 정의할 수 있다.

weave는 DLNA의 만물 인터넷 버전이라고 할 수 있다. weave가 구현된 제품들은 자신이 누구인지를 주변에 있는 기기들에게 알린다. 대상은 모니터링 카메라뿐만 아니라 전등, 도어락, 냉장고, 에어컨 등 weave를 구현한 모든 기기가 된다. 서로에 대한 소개가 끝나면 기기들은 주변에 어떠한 기기가 있고 그 기기는 어떠한 동작을 할 수 있는지 알게 된다. 알게 된다는 것은 이를 활용할 수 있다는 뜻이다. 모니터링 카메라는 도어락을 잠그거나 열게 할 수 있다. 도어락은 모니터링 카메라가 사진을 찍게 할 수 있다. 냉장고, 에어컨도 마찬가지다.[18]

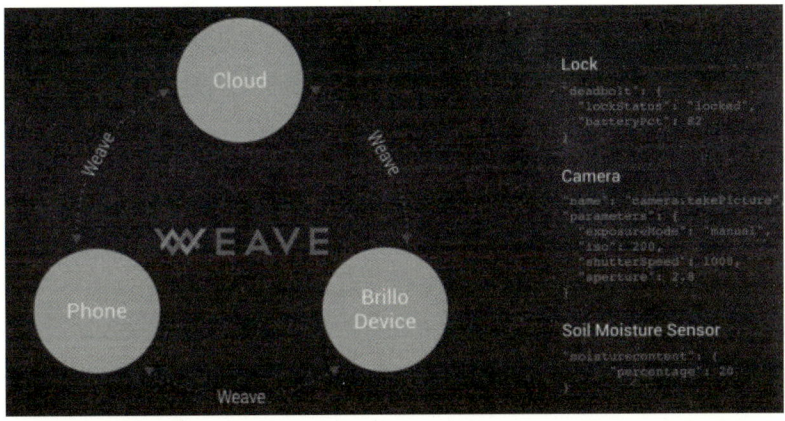

그림 13.10 구글의 weave[19]

분산 컴퓨팅

브로드캐스팅에 의한 서비스의 자동 발견 방식은 소규모의 네트워크에 적합하다. 특히 가정에서는 유무선 공유기 내부에서만 적용이 가능하다. 기본적으로 공유기는 내부에서 브로드캐스팅되는 패킷을 외부로 내보내지 않는다.

---

18 구글의 weave와 유사한 콘셉트가 애플의 Homekit이다.
19 구글 I/O 2015, https://www.youtube.com/watch?v=WYXkWPB_fe8

목적지 주소가 특정되지 않은 패킷을 외부로 내보내면 인터넷은 순식간에 트래픽 정체 현상을 빚게 될 것이기 때문이다.

따라서 현재 인터넷상의 컴퓨터들이 원격에 있는 서비스를 자동 발견하는 방법은 없다. 자동 발견보다는 도메인 네임 서비스를 사용해 사용자들이 도메인 네임을 수동으로 입력하는 방법을 사용한다. 그리고 수동 연결 과정은 필요할 때마다 매번 이뤄진다.

그런데 일부 특수한 목적을 위해 인터넷상의 컴퓨터들이 자동으로 연결되고 동작하는 경우가 있다. 인터넷에 흩어져 있는 컴퓨터 자원을 마치 하나의 슈퍼 컴퓨터처럼 사용하기 위함이다. 이를 분산 컴퓨팅이라고 한다. 이를 위해 자동 연결되는 인터넷상의 컴퓨터에는 별도로 제작된 소프트웨어가 설치된다.

대표적인 사례로, 인터넷에 연결된 컴퓨터들을 이용해 외계 지적 생명체를 탐구하는 프로젝트인 SETI@Home의 경우 이 프로젝트에 참여하는 개인용 컴퓨터들은 자동으로 동작한다. 개인용 컴퓨터의 주인이 컴퓨터를 사용하지 않는 시간이 되면 자동으로 동작해서 서버로부터 데이터를 받아 분석하고, 그 결과를 서버로 전송한다. 현재 전 세계적으로 5백만 대 이상의 컴퓨터가 이 프로젝트를 통해 연결돼 있다.

피어-투-피어 방식으로 동작하는 토렌트도 대표적인 자동화 아키텍처를 갖추고 있다. 사용자가 검색 엔진으로부터 토렌트 파일을 받으면 사용자의 컴퓨터에 설치된 클라이언트 소프트웨어는 자동으로 트래커라는 서버에 접속해서 어느 피어로부터 파일을 받을 수 있는지 정보를 받는다. 그 후, 인터넷상의 여러 피어 컴퓨터들로부터 파일 조각들을 받는다. 한편으로는 자신이 저장하고 있는 파일 조각을 다른 컴퓨터들에게 전송해 주는 역할도 수행한다.

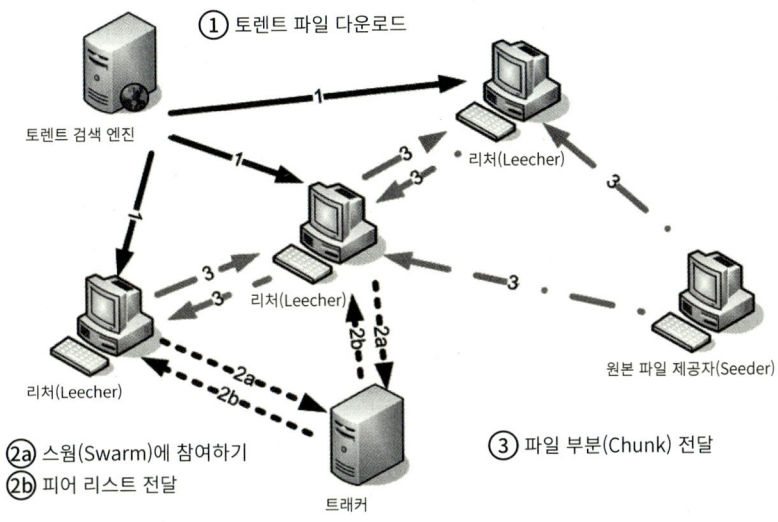

그림 13.11 토렌트의 동작

블록체인의 경우에도 트랜잭션이 발생하면 이 정보는 다른 컴퓨터들에게 자동으로 공유된다. 이를 위해 컴퓨터의 소유자가 자신의 컴퓨터에 블록체인 프로그램을 설치하는 과정이 필요하다. 일단 설치되면 그 이후에는 자동으로 동작한다.

새로운 연결을 위한 경쟁

CPND로 들여다보는 세상

정보통신기술 융합 생태계를 가리키는 용어인 CPND는 콘텐츠(Contents) - 플랫폼(Platform) - 네트워크(Network) - 디바이스(Device)를 함께 일컫는다. 좁은 의미로는 이동통신 산업과 시장의 생태계를 의미한다. 이동통신 산업에서 콘텐츠는 스마트폰으로 소비할 수 있는 각종 멀티미디어와 게임을 가리킨다. 플랫폼은 제작자로부터 콘텐츠를 수집하고 이용자에게 배포

하는 프로세스이자 공간이다. 네트워크는 셀룰러 이동통신망이다. 2세대, 3세대, 4세대, 그리고 미래의 5세대다. 디바이스는 스마트폰이다.

CPND는 다양한 산업으로 확장 가능하다. 콘텐츠는 스마트폰에서 소비되는 것으로 제한되지 않는다. 앱, 게임, 음악, 동영상, 전자책 같은 우리가 즐기고, 듣고, 보는 것을 가리킨다. 콘텐츠를 생산하는 주체는 할리우드를 비롯해 음반 산업, 출판 산업뿐만 아니라 일반 개인들도 포함된다. 개인이 제작한 동영상이 1억 뷰 이상을 기록하는 것은 낯선 일이 아니다. 비전문가들도 콘텐츠를 제작할 수 있는 다양한 하드웨어 및 소프트웨어가 널리 보급돼 있기 때문이다.

콘텐츠를 생산자로부터 소비자에게 유통하기 위해서는 플랫폼이 필요하다. 즉, 온라인 시장이 있어야 한다. 생산자들은 자신들이 제작한 콘텐츠를 전시할 온라인 공간이 필요하며, 소비자들은 이들을 쉽게 검색할 수 있어야 한다. 앱스토어뿐만 아니라 SNS도 플랫폼의 역할을 할 수 있다.

콘텐츠를 이동시키기 위해서는 네트워크가 구축돼 있어야 한다. 초창기 넷플릭스가 사용한 방법은 우편통신이었다. 그러나 오늘날은 인터넷을 통해 콘텐츠를 사용자에게 전달한다. 과거에 유선을 이용했다면 오늘날에는 유무선을 가리지 않는다. 콘텐츠가 전송되는 네트워크는 전통적으로 통신사의 영역이다. 무선 전신과 전화의 시대를 거쳐 오늘날 셀룰러 이동통신망에 이르기까지 끊임없이 네트워크 구축을 위해 투자하고 있다.

디바이스는 콘텐츠를 저장하고 재생할 수 있는 기기다. 스마트폰을 포함해서 스마트TV, 인공지능 스피커, 셋톱박스, 전자책 리더 등이 될 수도 있다. 디바이스는 제조업체들의 몫이다.

CPND 생태계 주도권

생태계에는 최상위 포식자가 존재한다. CPND 생태계에서도 주도권을 갖고 있는 산업이 있다. 이 주도권은 스마트폰의 탄생 이전과 이후로 구분된다. 스마트폰 탄생 이전에는 통신사가 주도권을 갖고 있었다. 네트워크는 당연히 통신사의 영역이었지만 콘텐츠를 유통하는 플랫폼도 사실상 통신사들이 장악하고 있었다. 폴더폰이 사용되던 시절의 플랫폼은 오늘날과 달리 공개돼 있지 않았기 때문에 누구나 접근이 가능한 시장은 아니었다. 콘텐츠 생산자들은 통신사의 선택을 받지 못하면 자신들의 콘텐츠를 해당 네트워크로 전송할 기회도 얻지 못했다. 통신사들은 수익이 날 수 있는 콘텐츠를 찾아내서 이들을 플랫폼에 올렸다.

또한 통신사는 디바이스를 제작하는 업체들에도 강한 영향력을 행사했다. 통신사들은 폰 제조업체에게 모바일폰의 사양서를 제시하고 제조해 줄 것을 요청했다. 하드웨어 사양뿐만 아니라 탑재되는 소프트웨어에 대한 요구사항을 제조업체에게 전달했다. 모바일폰은 특정 통신사의 네트워크를 사용해야 했고, 그들의 판매점을 통해 판매돼야 했기 때문이다. 모바일폰 제조업체들은 제각각인 통신사들의 요구사항에 맞추기 위해 유사하지만 다른 구성의 모바일폰들을 다수 제조해야 했다.

그런데 애플의 아이폰과 구글의 안드로이드폰은 CPND의 생태계를 뒤흔들었다. 콘텐츠는 앱스토어와 플레이스토어를 통해 유통되면서 통신사의 플랫폼을 벗어났다. 플랫폼은 모든 이에게 개방됐다. 모든 콘텐츠 생산자들은 플랫폼을 통해 자신들의 콘텐츠를 판매할 수 있는 기회를 부여받았다. 거대 자본이 뒷받침하는 콘텐츠 제작업체와 디지털로 무장한 개인 간에 플랫폼 이용에 관한 차별은 없어졌다. 덕분에 소비자들은 콘텐츠에 대한 폭넓은 선택권을 부여받았다.

디바이스에 대한 주도권마저 애플, 구글 등에 의해 포기해야 했다. 어느 통신사도 애플에게 스마트폰을 어떻게 만들라고 말하지 못한다. 안드로이드폰을 만드는 제조업체들도 마찬가지다. 통신사들은 고유의 앱을 기본 탑재시켜 달라고 요청할 수 있을 뿐이다. CPND 중 네트워크만 남기고 다른 영역은 모두 빼앗긴 셈이다.

CPND 생태계를 격변에 빠뜨린 기업은 애플과 구글뿐만이 아니다. 카카오 게임이나 페이스북의 여러 시도에서 볼 수 있듯이 SNS 업체들도 플랫폼을 형성하고 콘텐츠 유통의 주도권을 쥐려고 하고 있는 형국이다. 콘텐츠 제작업체인 디즈니는 플랫폼 업체인 넷플릭스에 대항하기 위해 콘텐츠 공급 계약을 종료하고 자체 스트리밍 서비스를 2019년부터 시작하기로 했다. 플랫폼 업체인 넷플릭스는 콘텐츠 제작을 시작했다.

한편, 통신사들도 손 놓고 있는 것은 아니다. 통신사들은 대규모 자본을 동원해 생태계의 주도권을 플랫폼 업체로부터 탈환하기 위해 노력하고 있다. 플랫폼 업체와의 한판을 위해서는 차별화된 콘텐츠의 확보가 절대적이다. 그리고 차별화된 콘텐츠는 통신사들만이 제공할 수 있는 네트워크 사용 권한과 연동된 상품으로 출시될 것이다. 예를 들면, 특정한 콘텐츠에 대해서는 소비자에게 데이터 비용을 부담시키지 않고, 콘텐츠 사업자에게 비용을 부담시키는 방안이다[20].

다가오는 5세대 이동통신 세상에서는 다시 한번 CPND 주도권을 놓고 다양한 플레이어들이 대전을 벌일 것으로 예상된다. 옛날의 영광을 되찾기 위해 고심 중인 통신사, 새로운 기회를 엿보는 플랫폼 업체들, 콘텐츠 제작업체들, 디바이스 제조업체들 간의 한판이 예상된다.

---

20 이를 제로레이팅이라고 한다.

번호

3단계 설정	168
8b/10b	282
8P8C	270
8인의 배신자	116
9인조 갱단	237
2001: 스페이스 오디세이	71

A – B

A2DP	155, 313
AAC	154, 314
ACARS	385
ADSL	94, 269, 330
API	390
aptX	314
ATSC	188
AT&T	4, 6, 26, 47, 48, 80, 106, 108, 253, 347
AV1	155
AVC	155
AVRCP	313
BBN	81, 84
BMS단말기	366
BMW	249, 392
BNC	270

C – E

CAN	230, 247, 249
CCD	371
CDMA2000	28
CES	395
clock skew	143
C-PHY	244
CPND	30, 34, 411
CSMA/CD	271
CSNET	89
C밴드	66
Daala	155
Dead Reckoning	247
DEC	72, 86, 92
DFS	297
DHCP	404
DLNA	407
D-PHY	244, 245
DSRC	255, 367
DVB	188
DVI	280, 286
EDGE	20
EGP	178
E-ISA	236
EPG	189
EUnet	92
EUV	120

F – H

FDDI	267
Field Effect Transistor	113
FlexRay	252
FOTA	388
FTP	171, 179
full browsing	31
GIF	156
GLONASS	365
GNSS	366
GPS	45, 247, 363, 393, 398
GPU	376
GSM	17
HDBaseT	198
HDMI	281
HEVC	155
HTTP 라이브 스트리밍	204

I – K

I2C	228
I3C	246
IBM	71, 116, 126, 235, 282
IBM 360	74
IBM 1401	73
ICMP	178
IEEE	172
IFDL	400
IFTTT	390
IGMP	178
IMT-2000	27
IMT-Advanced	34
IPTV	189
IRNSS	366
ISA 버스	235
ISDB-T	188
ISM	296, 297
IX	350
JPEG	157, 159
KGS 바둑 서버	216
KIX	334
KORNET	94
KPS	366
Ku밴드	66

L – M

LDAC	314
LIN	251
look and feel	278
MADL	400
MHL	287
MILNET	89
MIPI	159, 243
M-PHY	244, 245
MQ-9 리퍼	64
Multipath Propagation	148

N – R

NAS	211
NCP	92
NFC	325
NPL 네트워크	89
NSFNET	89
NTSC	76
OC-1	186
OSI 7계층	170
PCI	237
PCI 익스프레스	238
PCS	27
PNG	156
PN-코드	24
PoP 검색 서비스	339
QZSS	366
RFID	321
RJ45	270
Run-length 인코딩	157

S – T

SARTRE	399
SBC	314
SCORE	47
SDN	92
SDS	72
sine wave	133
SNS	213, 296, 412, 414
SONET/SDH	186
S/PDIF	287
square wave	134
SSH	209, 213
SSIC	246
SSID	301
T-1	348
TCP/IP	80, 87, 165, 199, 396
TDMA	18
Thor	155
Time Division Multiple Access	18
timing skew	143
TOPIS	371
TTL(Time To Live)	178

U – W

UDP	168
UFS	141, 245
UPnP	407
USB-to-이더넷	163, 183
UTP	271
UUCP	93
V2V	398
VESA	237
VGA	279, 280
VP10	155
WAN	331, 335
WCDMA	28
weave	408
WWDC	34

ㄱ – ㄴ

가상현실(VR)	39
갈릴레오	366
개인휴대 통신서비스	27
게이트웨이	163, 317, 330
게이트 지연	136
고든 무어	116
고등연구 계획국	44, 46, 70, 82, 267
고르곤 스테어	400
공개키 방식	208
광전효과	371
구글	43, 155, 215, 315, 339, 342, 350, 355, 388, 389, 392, 397, 403, 408
구형파	133
국제 무선통신위성 기구	51
국제 전기 통신 연합	27
국제해사기구	53
군집주행	41
극초단파	5, 8, 13, 325
금산 위성 통신 지구국	61
기체 상태 관리 시스템	386
넷플릭스	203
넷 하드	211, 384, 405
노드	89, 230
노르딕 모바일 폰 시스템	14
노르사르	87
노스 브리지	233
노키아	7, 14, 396

ㄷ – ㄹ

다이나택	6
다중 경로 전파	148
다중입력-다중출력	148
단파	61
대역폭	37, 138, 303
더블 데이터 레이트	142
데드 레커닝(DR	247
데이지 벨	71
데이터그램 프로토콜	168
데이터 패킷	264
도메인 네임 서비스	356
도이치 텔레콤	212
도핑	111, 121
동기화	49, 133, 134, 184, 214, 224, 286, 290, 311, 365
드론	64, 369, 387, 400
디바이스 클래스	311
디스플레이 포트	185, 196, 289
디지털 전화교환기	25
디지털 트랜스포메이션	396
디포리스트	106, 109
딥러닝	216, 376, 401
라우터	80, 331
라이카	44
라이트닝	262
레너드 클라인록	80
레이저 프린터	268
레이 톰린슨	84
레인	288, 291, 292

로밍	16
로버트 노이스	116, 118
로버트 멧칼프	268
로사	278
루트 허브	263
리처드 머네인	127
리처드슨	105
릴레이	99
릴레이 1호	50

ㅁ - ㅂ

마르코니	106
마스터	307
마이크로컨트롤러	124, 220, 229
마크 1	70
마틴 쿠퍼	5
매시업	390
매킨토시	278
멀티모드	342
멀티페어링	309
멀티포인트	309
멀티플렉싱	206
메시 네트워크	191
메이븐 프로젝트	401
모바일 전화 서비스	4
모토로라	3, 25, 55
무궁화 위성	62
무선 이더넷 호환성 협회	298
무어의 법칙	119, 127
미디어 접근 제어(MAC) 계층	172
미러링	294
밀리미터파	40

ㅂ

밥 칸	87
백도어	353
백본 스위치	351
범용	232, 257, 262, 282, 291, 310
범용 비동기화 송수신기(UART)	232
범용 패킷 무선 서비스	20
벽돌폰	14
병렬 ATA	240
보간법(Interpolation)	373
부동소수점 연산	71
분할 정복 알고리즘	9
브로드캐스트	405
블랙박스	385
블랭킹	286
블록체인	411
블루투스 저전력	191
블루투스 협회	172
비콘	302, 319, 320
빅데이터	216
빅브라더	379
빈튼 서프	87
빌 게이츠	108, 278
빔포밍	193

ㅅ

사설 교환기	332
사우스 브리지	234
사인파	133
삼극 진공관	107
삼변측량	363
샘플링	372
샘플링(표본화)	21
생명의 미래 연구소	403
선(라인) 부호화	152, 281
세그먼트	167
센스와이어	246
셋업 트랜잭션	265
수평 동기화 신호	286
스레드	316
스마트 플러그	316
스타트-스톱 전송	227
스트로저 자동 교환기	98
스트리밍	155, 167, 203, 212, 287, 290, 310, 355, 408, 414
스티브 잡스	32, 257, 277
스푸트니크	43, 69
슬레이브	307
시분할 다중접속	18
시스템-온-칩	122, 223
시어도어 레빗	55
신콤3	50
실리콘(silicon)	110
썬더볼트	185, 197

ㅇ

아서 C. 클라크	42
아카마이	355
아타나소프-베리	103, 106
아파넷	164
알렉산더 벨	98
알로하넷	52, 87, 297
알파고	95, 129, 216, 376, 401
애플	32, 120, 197, 204, 211, 247, 257, 262, 278, 289, 384, 388, 405, 413
애플리케이션 프로세서	122, 221
액세스 포인트	131, 268, 300
앤디 그로브	117
양자화	21
얼리 버드	51
에니악	70, 103, 107, 127
에디슨 효과	105
에릭슨	14, 303, 313
에코 1	47
에티살랏	212
엣지 클라우드	357
온스타	254
와이파이 얼라이언스	297
우리별 1호	62
월터 브래튼	108
웨이브랜	297
위상 변이(Phase Shift)	194
위성 통화	49
윌리엄 쇼클리	108

찾아보기

유니박 1	70
유튜브	354
이더넷	266
이더넷 프레임	181, 274
이리듐	11, 64
이진 지수 백오프	273
이퀴닉스(Equinix)	339
익스플로러 1호	46
인마샛	53
인쇄회로기판	220
인터넷 서비스 제공업체(ISP)	349
인터넷 프로토콜	165
인터페이스 메시지 프로세서	81
인텔	117, 119, 123, 141, 197, 233, 249, 257, 289
인텔샛	51
인텔샛 3호	52, 61
인포테인먼트	124, 246, 293, 303
일론 머스크	43, 403
임베디드 클록	292

ㅈ

장효과 트랜지스터	113
잭 킬비	118
전계효과 트랜지스터	113
전기전자 기술자협회	172
전력선 통신(PLC)	382
전송 제어 프로토콜	166
전자통신연구소	26
전파 인증	319
제록스 파크	268, 277
젠시스	315
조지 오웰	369
존 매카시	78
존 바딘	108
존 바쿠스	78
주소 결정 프로토콜	275
주파수분할 다중접속	12
주파수집성기술	37, 150
주파수 호핑	304
주파수 호핑 동기화(FHS)	308
증강현실(AR)	39
지그비	296, 315
지웨이브	315
직교형 주파수분할 다중접속	36, 192
직렬 ATA	241, 260
직렬 주변기기 인터페이스	231
진보된 모바일 폰 시스템	13

ㅊ - ㅋ

찰스 듀얼	126
채널	295
채널 본딩	150
채널 부호화	152
체크섬	177, 180
카세어링	18
캐리어 센싱	273
캐리어 이더넷	186
캐시 서버	351, 355
캡슐화(Encapsulation)	181, 233, 351
코드분할 다중접속	17, 23, 367
코디네이터	319, 329
콘래드 추제(Konrad Zuse)	103
콘텐츠 전송 네트워크	354, 357
큅패스 인터커넥트	141
클록 틀어짐	143

ㅌ - ㅍ

타이밍 틀어짐	143, 241
타임 슬롯	19, 20, 23, 185, 252, 311, 312
탐색 패킷	307
터널링	183, 186
텔레매틱스	254
텔레타이프	76, 227
텔레포니카	317
텔레하우스	344, 352
텔리아소네라	35
텔스타	48, 110
토큰링	267
토큰 패킷	264
트랜잭션	264
트랜지스터	48, 96
팀 버너스 리	200
패킷	352
펄스부호변조	5, 372
페어링	306
페어차일드 반도체	116
페이지 패킷	307
포토다이오드	371
포트란	71
포트 포워딩	213
풀브라우징	31
프랭크 레비	127
프레데터	67
프레임	182, 272, 285, 300, 329, 351
프로토콜	161, 228
프로토콜 스택	168, 274
프로파일	310
플래터	130
플러그 앤 플레이	237
플러딩	192
플레밍	106
플로우	390

ㅎ

하나(HANA)망	93
하이퍼 트랜스포트	141
할(HAL)	72
핫 스와핑	242
항공우주국	44
핸드셰이크 패킷	264
핸드 오버	12, 57
허프만 코딩	157
헤이로우(HaLow)	191
호스트 컨트롤러	263
호환성	74, 235, 242, 299, 315, 318
활성화 핀	230